ANDREAS GRAESER

ZENON VON KITION
POSITIONEN UND PROBLEME

ANDREAS GRAESER

ZENON VON KITION

POSITIONEN UND PROBLEME

WALTER DE GRUYTER · BERLIN · NEW YORK
1975

449341

B
626
.Z24G7
1975

ISBN 3 11 004673 3

© 1974 by Walter de Gruyter & Co.,
vormals G. J. Göschen'sche Verlagshandlung · J. Guttentag, Verlagsbuchhandlung Georg Reimer ·
Karl J. Trübner · Veit & Comp., Berlin 30 · Alle Rechte, insbesondere das der Übersetzung in
fremde Sprachen, vorbehalten. Ohne ausdrückliche Genehmigung des Verlages ist es auch nicht
gestattet, dieses Buch oder Teile daraus auf photomechanischem Wege (Photokopie, Mikrokopie)
zu vervielfältigen.
Printed in Germany
Satz und Druck: Walter Pieper, Würzburg
Einband: Lüderitz & Bauer, Berlin

Für Isabelle, filiolae

VORWORT

Bei den nachfolgenden Untersuchungen handelt es sich um Teile einer Arbeit, die im Jahre 1972 der Philosophisch-Historischen Fakultät an der Universität Bern als Habilitationsschrift vorgelegen hatte.

Den Professoren M. Bindschedler, Th. Gelzer, O. Gigon, H. Lauener und G. Redard bin ich für Kritik und eine Reihe von Verbesserungsvorschlägen sehr zu Dank verpflichtet, dem Verlag Walter De Gruyter mit Herrn Professor H. Wenzel für die bereitwillige Aufnahme und gute Betreuung auch dieses Buches. Unvorhergesehene Verzögerungen machten eine nachträgliche Verarbeitung inzwischen erschienener Literatur (z. B. M. Lapidge, *Phronesis* XVIII, 3, 1973, 240–278 u. a.) leider unmöglich.

Mein ganz besonderer Dank gilt Olof Gigon für viel freundschaftliches Interesse.

A. G.

Princeton, den 15. X. 1974
The Institute for Advanced Study

INHALTSVERZEICHNIS

ABKÜRZUNGEN

ABG	*Archiv für Begriffsgeschichte*
AGPh	*Archiv für Geschichte der Philosophie*
AJPh	*American Journal of Philology*
BICS	*Bulletin of the Institute of Classical Studies, University College London*
CM	*Classica et Mediaevalia*
CPh	*Classical Philology*
CQ	*Classical Quarterly*
GGA	*Göttingische gelehrte Anzeigen*
GRBS	*Greek & Roman & Byzantine Studies*
HSCPh	*Harvard Studies in Classical Philology*
JHI	*Journal of the History of Ideas*
JHS	*Journal of Hellenic Studies*
JThS	*Journal of Theological Studies*
KS	*Kant – Studien*
MS	*Museum Helveticum*
NGG	*Nachrichten der Gesellschaft der Wissenschaften zu Göttingen*
PSA	*Proceedings of the Aristotelian Society*
PBA	*Proceedings of the British Academy*
PhQ	*Philosophical Quarterly*
PhR	*Philosophical Review*
RAC	*Reallexikon für Antike und Christentum*
RE	*Realenzyklopädie der klassischen Altertumswissenschaft*
REA	*Revue des Études Anciennes*
REG	*Revue des Études Grecques*
RFC	*Rivista di filologia e di instruzione classica*
RhM	*Rheinisches Museum für Philologie*
SO	*Symbolae Osloenses*
TAPhA	*Transactions and Proceedings of the American Philological Association*
ZPhF	*Zeitschrift für philosophische Forschung*

*

D. D. G.	H. Diehl, *Doxographi Graeci* (Berlin 1879)
L. & S.-J.	*A Greek English Lexicon* compiled by H. G. Liddell and R. Scott, a new edition revised and augmented by H. S. Jones (Oxford 1961)
S. V. F.	H. von Arnim, *Stoicorum Veterum Fragmenta* (Berlin 1903–1924) [1]
V. S.	H. Diels – .W. Kranz, *Die Fragmente der Vorsokratiker*[5] (Berlin 1934)

[1] Zur Vermeidung von Unklarheiten sei hier darauf hingewiesen, daß im Allgemeinen die übliche Angabe nach Band und Fragment-Nummer erfolgt (z. B. *S. V. F.* 2, 1234), jedoch da, wo präzisere Angaben wünschenswert erscheinen, auf Band, Seite und Zeile verwiesen wird (z. B. *S. V. F.* II, S. 234. 40–41).

VORBEMERKUNG

Der im Herbst 262 vor Chr.[1] aus dem Leben geschiedene Zenon von Kition gilt als Gründer jener philosophischen Schule, die – neben der Akademie, dem Peripatos und dem Garten Epikurs – eine der vier klassischen Observanzen darstellen sollte.

Die Wirkungen dieser Schule, zu der sich im kaiserzeitlichen Rom u. a. Seneca, Musonius Rufus, Epiktet und Mark Aurel bekannten[2], sind offenbar vielfältig gewesen[3]; als Ganzes hat das, was man mit aller Vorsicht als stoisches ‚System' ansprechen könnte, freilich keine Geschichte gemacht: Immer waren es bestimmte Gesichtspunkte, die als interessant empfunden werden konnten und adaptiert wurden. So war der Einfluß des stoischen Konzepts des Naturrechts[4] auf die römische Jurisprudenz außerordentlich stark; und der Apparat der stoischen Theodicée fand in die Systeme der neuplatonischen Autoren[5] und christlichen Denker[6] ebenso Eingang wie die

---

[1] Zu *S. V. F.* 1. 7, 36 a vgl. W. B. Dinsmoor, *The Archons of Athens in the Hellenistic Age* (Cambridge 1931) 47; W. K. Prichett & B. D. Meritt, *The Chronology of Hellenistic Athens* (Cambridge, Mass. 1940) XX.
Einer Angabe seines Schülers Persaios zufolge dürfte Zenon im Alter von 22 Jahren um 311/10 nach Athen gekommen sein. Die chronologischen Fragen werden noch immer diskutiert: siehe bes. Th. Gomperz, „Zur Chronologie des Zeno", *RhM* 34 (1897) 154–156; ders. „Zur Chronologie des Zeno und Kleanthes", *Sb AkWiss Wien, philhist Kl.* 146 (1903); A. Mayer, „Die Chronologie des Zeno und Kleanthes", *Philologus* 71 (1912) 211–234; C. B. Armstrong, „The Chronology of Zeno of Cition", *Hermathena* 45 (1930) 360–365, ferner A. Grilli, „Zenone e Antigone", *RFC* 41 (1963) 287–301. Eine gestraffte Diskussion dieser Fragen bietet der kürzlich erschienene Artikel „Zenon von Kition" von K. von Fritz, *RE* X, A (1972) 83. 20–87. 58.

[2] Vorläufig bleibt auf A. Bodson, *La morale sociale des derniers Stoïciens* (Paris 1957) zu verweisen.

[3] Eine interessante Übersicht gibt P. Barth, *Die Stoa²* (Stuttgart 1908).

[4] Siehe zunächst G. Watson, „The Natural Law in Stoicism", in *Problems in Stoicism* (London 1971) 216–238. Grundlegend für die rechtsphilosophische Beurteilung sind die Monographien von H. Welzel, *Naturrecht und materielle Gerechtigkeit* (Stuttgart 1962) und F. Flückiger, *Geschichte des Naturrechts* (München 1954).

offenbar weithin bekannte sittliche Forderung nach ἀπάθεια, für welche die
stoischen Schriften selbst kurioserweise kaum triftige Belege geben [7].

Mit Rücksicht auf die sogenannte Moderne mag ein Hinweis darauf angebracht erscheinen, daß die stoische Logik erst in diesem Jahrhundert klar
als *Aussagenlogik* erkannt wurde [8] und entsprechend jetzt ein unmittelbares
Interesse findet [9]. Dieses vielleicht mehr am Horizont der Wissenschafts-
theorie orientierte Interesse dokumentiert sich auch in dem Versuch, die
stoische Sprachlehre durch eine Anwendung der sogenannten generativen
Grammatik besser verständlich zu machen [10], oder in jenem anderen, der die
stoische Physik durch eine Berücksichtigung bestimmter Implikationen der
Feldtheorien erklären wollte [11]. (Und vor einigen Jahren erschien ein von
marxistischen Vorgriffen geleitetes Buch, in dem Zenon als Progressiver be-
gann, um als Revisionist zu enden [12].)

Hier expliziert sich also ein Stück Wirkungsgeschichte ganz besonderer
Natur. Man registriert Verwandtes, weiß sich ihm aber nicht verpflichtet.
Tatsächlich gibt es zwischen G. Freges „Zeichen" – „Sinn" – „Bedeutung"
sowie R. Carnaps „sign" – „intension" – „extension" auf der einen Seite
und dem stoischen „σημαῖνον" – „σημαινόμενον" – „τυγχάνον" auf der anderen Seite ebensowenig historische Abhängigkeiten wie zwischen Chrysipp
hier und N. Chomsky sowie B. Russell dort.

[5] Eine begrenzte Vorarbeit suchte ich zu leisten in *Plotinus and the Stoics. A preliminary study* (Leiden 1972).

[6] M. Spanneut, *Le stoïcisme des Pères de l'Eglise* (Paris 1957) geht auf Origines nicht
mehr ein; immer noch wichtig ist die Arbeit von H. Chadwick, „Origen, Celsus and
the Stoa", *JThS* 84 (1947) 34–48; eine Einflußnahme gänzlich anderer Art stellte jetzt
L. Roberts fest: „Origen and Stoic Logic", *TAPhA* 101 (1970) 433–444.

[7] Dieser Terminus findet sich einmal als Buchtitel notiert (*S. V. F.* I, S. 93). Sonst findet
er sich nur bei einem Anonymus, *In Eth. Nic. 129. 5* (*CIAG* XX) und bei Arrian,
Diss. I 4, 24; vgl. R. P. Haynes, „The Theory of Pleasure of the Old Stoa", *AJPh* 88
(1962) 412 Anm. 1.

[8] Die Entdeckung geht wohl letztlich auf C. S. Peirce zurück, wurde von J. Łukasiewicz
artikuliert: „Zur Geschichte der Aussagenlogik", *Erkenntnis* 5 (1935) 111–131.

[9] Die stoische Logik rekonstruierbar gemacht zu haben, ist das Verdienst von B. Mates,
Stoic Logic² (Berkeley & Los Angeles 1961). Eine neue Monographie liegt nun in
Gestalt der Göttinger Habilitationsschrift (1972) von M. Frede vor.

[10] Siehe U. Egli, „Zwei Aufsätze zum Vergleich der stoischen Sprachtheorie mit modernen Theorien", *Institut für Sprachwissenschaft. Universität Bern. Arbeitspapiere* 2
(1970).

[11] S. Sambursky, *Physics of the Stoics* (London 1959).

[12] H. & M. Simon, *Die ältere Stoa und ihr Naturbegriff* (Berlin 1954).

Dieses augenscheinlich wachsende Interesse, das ein am Standort der analytischen Philosophie orientiertes Denken der Beschäftigung mit der stoischen Philosophie unmittelbar abgewinnt [13], steht in einem umgekehrt proportionalen Verhältnis zu dem, was die historischen Wissenschaften in unserem Sprachraum an Bemühungen um eine entsprechende Erklärung der stoischen Philosophie unternommen haben. Verlangt dies schon nach einer Erklärung, so wird man vielleicht zwei oder auch drei Umstände geltend machen wollen.

Einer von ihnen betrifft generell den Befund der Überlieferung [14]. Tatsächlich sind die Schriften der älteren Stoiker (d. h. aus der Zeit zwischen 312–129) verloren, – von einem vielfach als ‚theoretisch‘ aussagekräftig mißverstandenen Zeus-Hymnus des Kleanthes einmal abgesehen. Man hat es also mit „Fragmenten" zu tun, die in sekundärer Überlieferung auf uns gekommen sind. Und hier bedürfen selbst jene Darstellungen, die wie der Abriß der stoischen *Logik*, *Physik* und *Ethik* bei Diogenes Laertius und die Abrisse der stoischen *Ethik* bei Cicero und Stobaeus nicht aus einer polemischen Feder geflossen sind, eingehender Detailanalysen; bereits eine kursorische Lektüre registriert eigentümliche Inkonzinnitäten namentlich in dem, was die Begründungsverhältnisse angeht. Man hat vielfach mit der Verarbeitung heterogener Materialien zu rechnen, und der Stellenwert mancher Belege erfordert eigene Diskussionen. So leidet eben auch die zur Benutzung vorliegende Sammlung der *Stoicorum Veterum Fragmenta* (und hier vor allem die Bände II und III, in denen Chrysippisches und anderes indiskriminiert zusammen – und nebeneinander gestellt [15] wurde) vor allem darunter, daß die Klassische Philologie in ihren Bemühungen um eine weiterreichende Beurteilung der sogenannten Sekundärüberlieferung kaum über das hinaus gekommen ist, was H. Diels für seine Präsentation der *Doxographi Graeci* zugrunde gelegt hatte [16]. Der Bestand der Überlieferung gleicht noch immer

13 Beispielhaft sind die Bücher von J. Christensen, *An Essay on the Unity of Stoic Philosophy* (Kopenhagen 1962) und G. Watson, *The Stoic Theory of Knowledge* (Belfast 1966) und – mit Einschränkungen (s. u. S. 6 Anm. 27) – J. B. Gould, *The Philosophy of Chrysippus* (Leiden 1971). Im besten Sinn der humanistischen Tradition bietet sich die posthum veröffentlichte Studie von L. Edelstein an: *The Meaning of Stoicism* (Cambridge, Mass. 1966).

14 Darüber informiert M. Pohlenz, *Die Stoa*³ (Göttingen 1964) II 9–12.

15 Vgl. *Gnomon* 44 (1972) 13.

16 Eine interessante Arbeit liegt nun in Gestalt des monumentalen Werkes von M. Giusta vor: *I dossografi di ethica* I/II (Turin 1965/7). Der Autor verfolgt eine bestimmte Hypothese, die im Hinblick auf die Klärung sachlicher Probleme leider wenig Effekt nimmt.

einem Trümmerfeld [17]. Und jede ernsthafte Analyse, die bestimmte stoische Lehrstücke in ihren Problemlinien voll ausziehen will, stößt hier auf
besondere Schwierigkeiten.

Ein anderer Gesichtspunkt, der im Hinblick auf das seltsam nachlassende
geistesgeschichtliche Interesse an der Stoa in Ansehung gebracht werden
könnte, wäre mit dem bloßen Hinweis auf das sogenannte klassizistische
Vorurteil allem nach-Platonischen und nach-Aristotelischen gegenüber kaum
hinreichend angezeigt. (Bereits von Zeitgenossen, mehr noch von den neuplatonischen Autoren wurde die Stoa oder eher die Mentalität der Stoiker [18]
mit dem in Verbindung gebracht, was man als „vergröberte späte Spielform
der klassisch griechischen Philosophie" [19] empfunden haben mochte.) Entscheidend ist vermutlich doch der Umstand, daß es gerade der Geschichts-
schreiber der Stoa war – M. Pohlenz nämlich – der vielleicht sogar mehr
volens als *nolens* manchen Antrieb zu weiteren Beschäftigungen mit dieser
Philosophie blockierte [20]. Denn auf der einen Seite mochte sein nun in der
vierten Auflage vorliegendes Werk einen großen Teil seiner Leser in der
Annahme bestärkt haben, daß es über die Stoa im Prinzip nicht mehr viel
Neues zu wissen gäbe [21]. Auf der anderen Seite scheint gerade dieses Buch
von der Mentalität seines Verfassers in einer Weise geprägt zu sein, die
geeignet ist, dem Leser den Eindruck zu vermitteln, es handele sich bei der
Stoa um etwas schlechterdings Übergehbares: Das auf die Stoa in besonderer Weise zurückfallende klassizistische Vorurteil mochte in diesem Buch
das beste Alibi gefunden haben. Dem Autor selbst lag freilich nichts ferner
als dies.

*

Die nachfolgenden Erörterungen kamen auf eine Anregung von Professor Olof Gigon hin zustande, der mir die Notwendigkeit einer Neubearbei-
tung der Stoiker-Fragmente klar vor Augen führte.

[17] Vgl. *Gnomon* 41 (1969) 11 Anm. 1.
[18] Vgl. J. M. Rist, *Plotinus: The Road to Reality* (Cambridge 1967) 174.
[19] R. Harder, in *Les sources de Plotin* (Genf 1960) 329.
[20] H.-J. Mettes umfangreiche Rezension dieses Werkes im *Gnomon* 22 (1951) 27–39 mo-
niert wohl zurecht eine ganze Reihe von Details; diese sind aber von z. T. drittrangi-
ger Bedeutung. Vgl. auch die Stellungnahme von H. Reiner, *Gymnasium* 76 (1969)
334 Anm. 11. In der Sache hatte diese kritische Studie tatsächlich so gut wie keinen
neuen Horizont eröffnet.
[21] Dazu siehe bes. J. M. Rist, *Stoic Philosophy* (Cambridge 1969) Kpt. 1; zur Kritik
siehe meine Besprechung im *Gnomon* 44 (1972) 14.

In diesem Sinn bedeutet die Beschäftigung mit den Fragmenten des philosophischen Nachlasses des Schulgründers Zenon von Kition immerhin einen Ausgangspunkt, sofern eine systematisch-rekonstruktive Erklärung der orthodox stoischen Philosophie ja nicht ohne eine gewisse Klarheit über die Voraussetzungen als solche auskommen kann.

Der Überlieferungsbefund bringt es mit sich, daß die Interpretation hier gleichwohl in starkem Maße synoptisch vorzugehen hat; der schattenhaften Statur des Philosophen Zenon kann sie weitere Konturen nur dann abgewinnen, wenn die ihm zugeschriebenen Stellungnahmen oder Lehren im Lichte dessen betrachtet wreden, was das von Chrysipp später ausgebaute System beinhaltet. (Mit Rücksicht darauf versuchen die nachfolgenden Erörterungen u. a. auch in dem, was die Lehre von den πάθη angeht, jene Voraussetzungen zu prüfen, die M. Pohlenz und andere zu bestimmten Annahmen führten, die als solche kaum korrekt sein dürften.)

Komplementär dazu kann eine gewisse Klarheit über die Voraussetzungen der Problemstellungen eben nur über den z. T. mühsamen Umweg einer Konfrontation mit jenen Ansichten erlangt werden, von denen Zenon als Schüler des Kynikers Krates, des des Megarikers Stilpon und der Akademiker Xenokrates und Polemon Kenntnis erhalten haben mußte. (Die Geschichte dieser Konfrontation wird bereits in Stellungnahmen wie denen des Karneades reflektiert, in denen die sachlichen Differenzen z. B. zwischen den Stoikern und den Peripatetikern als Streit um Begriffe angesprochen werden.)

Bei all dem geht es im Folgenden aber vor allem um den Versuch, Zenons philosophische Ansätze in dem, was man Ontologie nennen kann, als Momente einer sozusagen gradlinigen Auseinandersetzung mit Platon und Aristoteles verstehen zu lernen [22]. Auch in diesem Punkt reagieren diese Untersuchungen auf die *opinio communis*, sofern diese eben von der Überzeugung getragen wird, daß bestimmte Lehren für Zenon einfach „zu hoch" waren (P. Barth); auch bei M. Pohlenz herrscht im Prinzip der Eindruck vor, als ignoriere die Stoa all das, was mit Platon und Aristoteles in die Welt der Philosophie gekommen ist [23], und als ziehe sie sich allzu gern

---

[22] In diese Richtung arbeitet auch das einschlägige Kapitel II/1 („Zur Vorgeschichte der stoischen Prinzipienlehre") in der Monographie von H.-J. Krämer, *Platonismus und Hellenistische Philosophie* (Berlin & New York) 109–131.

[23] Z. B. verstand M. Pohlenz auch Theophrast als getreuen Schüler des Aristoteles und versuchte u. a. F. Dirlmeiers seinerzeit gewiß nicht ausreichend begründete These von der peripatetischen Herkunft der stoischen *Oikeiosis*-Lehre allen Boden zu entstehen: *Grundfragen der stoischen Philosophie* (Göttingen 1940).

auf (angeblich leichter zu verstehende) Positionen der Vorsokratik zurück [24]. Ein an sich interessantes Buch aus dem Umkreis der Schule M. Heideggers wandte sich gegen die „landläufige Auffassung", die in der Entwicklung von Aristoteles zur Stoa „ein Zeichen des Verfalls, ein Nachlassen der kritischen Strenge und systematischen Kraft" sieht; ein entsprechender Erfolg (d. h. „die innere Kontinuität der Entwicklung von der klassischen zur hellenistischen Philosophie" verständlich zu machen [25]) blieb diesem Buch freilich versagt [26].

Die nachfolgenden Untersuchungen setzen es sich zum Ziel, die Philosophie des Schulgründers der Stoa am Horizont des platonischen und aristotelischen Denkens zu interpretieren und auf diese Weise sowohl in systematischer als auch historischer Hinsicht besser verstehen zu lernen. Zum anderen geht es um eine kritische Beurteilung der für die Diskussion einiger repräsentativer Themenkreise herangezogenen Quellentexte. (Es handelt sich fast durchwegs um solche Lehrstücke, die von je her problematisch behandelt wurden, in ihrer Problematik m. E. aber nicht genügend ausgelotet worden sind. Namentlich für die Rekonstruktion der stoischen Ethik in ihrer Beziehung auf Platon, Aristoteles und Theophrast bleibt noch vieles zu leisten. Von diesem Problem sah ich mich überfordert.) In diesem Zusammenhang werden auch einige Texte berücksichtigt, die für die Rekonstruktion der altstoischen Philosophie m. W. noch nicht herangezogen wurden.

Die Form eines ‚Kommentares' wurde deshalb gewählt, weil die Eigenart des Quellenbestandes die Gefahr birgt, daß sich eine z. B. im Sinne E. Zellers *systematisch* vorgehende Interpretation ihre Grenzen allzu früh setzt [27]: In nicht wenigen Fällen (wie z. B. bei Galen, Plutarch oder auch bei Sextus Empiricus) muß der jeweilige Kontext ins Auge gefaßt werden. Entsprechend wurden manche Lehrstücke extensiver gegeben als in der Sammlung der *S. V. F.* I, deren Numerierung gleichwohl noch benutzt werden mußte. (Und im Falle von *F* 63 mußte überhaupt ein weiterer Text bei-

---

[24] Vgl. auch W. Wiersma, „Die Physik des Stoikers Zenon", *Mnemosyne* III, 11 (1940) 191–216.

[25] E. Grumach, *Physis und Agathon in der alten Stoa* (Berlin 1932). – Eine interessante Sammlung von Zitaten zur Dokumentation der Fehleinschätzung der Stoa findet man jetzt in der Einleitung von J. B. Gould, *The Philosophy of Chrysippus.*

[26] O. Rieth, der E. Grumachs Arbeit sehr kritisch besprach (*Gnomon* 10 [1934] 125–134), sollte später monieren, daß M. Pohlenz sich mit diesem Buch nicht auseinandersetzte; siehe auch H. Reiner, *Gymnasium* 76 (1969) 334.

[27] Das kluge Buch von J. B. Gould, *The Philosophy of Chrysippus* leidet vor allem daran, daß der Belegwert der Quellen so gut wie gar nicht diskutiert wird. Vgl. auch die Rezension von K.-H. Abel, *Gnomon* 44 (1972) 645–651.

gegeben werden, ohne den das bei H. von Arnim notierte Lehrstück *bona fide* unverständlich bleiben müßte; wenigstens drei Zeugnisse wurden sowohl von A. C. Pearson als auch von H. von Arnim übersehen.)

Im Hinblick auf die Darstellung der *Philosophica* Zenons versuchte ich, jeweils nur ein Minimum an systematischem Ballast zur Erwähnung zu bringen; im Fortgang der Erörterungen wird der Leser mehr und mehr auch Einblick in die größeren Zusammenhänge gewinnen.

TEIL I: ZUR LOGIK

§ 1 Die Teile der Philosophie [1]

Einer unbefangenen Lektüre mag sich der bei Diogenes Laertius 7, 39 notierte Sachverhalt so darstellen, als habe Zenon als erster Philosoph überhaupt eine Unterteilung der Physik in *Logik*, *Physik* und *Ethik* vorgenommen. Dem widerspricht zunächst die Behauptung bei Cicero, dessen Angabe sowohl eine Entsprechung bei Sextus, *Adv. Log.* 1, 17 findet (wo Xenokrates als Erfinder oder wenigstens Urheber dieser Unterteilung figuriert, = F 1 *Heinze*), als auch ein offenbar wörtliches Chrysipp-Zitat bei Plutarch, *De Stoic. Repugn.* 1035 A, dem zu entnehmen ist, daß die ‚Alten‘ durchaus korrekt von τρία γένη τῶν τοῦ φιλοσόφου θεωρημάτων gesprochen hätten (= *S. V. F.* 2, 42).

Sofern aber sicher angenommen werden darf, daß Chrysipp nicht etwa die Generation der Schulgründer der Stoa ins Auge gefaßt wissen wollte, wird man diesen Hinweis nicht nur auf die Akademiker beziehen wollen, sondern vielleicht auch auf die Peripatetiker, die in dem bereits erwähnten Zusammenhang bei Sextus (vielleicht stammt der ganze Abschnitt aus Poseidonios) neben Xenokrates genannt werden [2].

---

[1] Diogenes Laertius 7, 39; Cicero, *De Finibus* 4, 4; Diogenes Laertius 7, 40.

[2] Attikos, ein Platoniker des 2. Jhdts., der sich mit Recht gegen die Tendenz der Verharmlosung der sachlichen Differenzen zwischen der Philosophie Platons auf der einen Seite und der des Aristoteles auf der anderen Seite aussprach, vertrat die Auffassung, Platon und nicht erst die Stoiker habe die *Dreiteilung* der Philosophie begründet (F I *Baudry*). Für diese Annahme, zu der auch Cicero tendiert (*Ac.* Pr. 2, 19 *fuit ergo iam accepta a Platone philosophandi ratio triplex*) und die auch in dem von Poseidonios selbst nicht unbeeinflußten Bericht des Sextus (*Adv. Log.* 1, 16–19 = Poseidonios, F 88 *Edelstein-Kidd*) zum Ausdruck kommt (ὧν δυνάμει μὲν Πλάτων ἐστὶν ἀρχηγός), bieten die Dialoge bekanntlich keinen Anhaltspunkt. – Mit Rücksicht auf derartige philosophiegeschichtliche Konstruktionen hat man sich z. B. auch darüber im Klaren zu sein, daß sich Attikos’ Dreiteilung des platonischen τέλος [sic!] [1] an externen und aller Wahrscheinlichkeit nach heterogenen Kategorien orientiert. Derartige Bemühungen lassen sich zumindest bis auf jenen Versuch des Arius Didymus zurückverfolgen, Platons *Homoiosis* „κατὰ τὸ τῆς φιλοσοφίας τριμερές“ zu er-

Hier ergibt sich allerdings ein interessantes Randproblem. Denn Aristoteles unterscheidet bekanntlich an einer (keineswegs notwendig *frühen*) Stelle der *Topik* drei Arten von Problemen [i. e. αἱ μὲν γὰϱ ἠθικαὶ προτάσεις, αἱ δὲ φυσικαί, αἱ δὲ λογικαί] (105 B 20–21, 21–25) [3]. Diese von manchen Interpreten bisweilen mit einigem Argwohn registrierte Stellungnahme kontrastiert seltsam mit der vor allem bei den jüngeren Peripatetikern erkennbaren Tendenz, die *Logik*, für die man auf der Basis der Einteilung der διάνοια [4] in *Metaph.* 1025 B 25 keinen Platz im System des Aristoteles fand, als *Organon* auszusondern (vgl. u.a. Alexander, *In An. Pr.* 1. 9; Ammonius, *In An. Pr.* 8. 20 u. v. ö.) [5]; bereits von hieraus erklärt sich wohl auch der Umstand, daß die logischen Abhandlungen des Aristoteles in dem Ausgangs des ersten vorchristlichen Jahrhunderts arrangierten *Corpus* als propädeutisches Schrifttum erscheinen konnten.

Immerhin scheint jene Tradition der Wirklichkeit näher zu kommen, welche den Ursprung der Dreiteilung der Philosophie in den Umkreis der Schülergeneration Platons verlegt; man kann den Zusammenhang bei Dio-

klären (siehe Stobaeus, *Ecl.* II 49. 8); W. Theiler wollte dieses Referat auf Antiochos zurückführen: *Die Vorbereitung des Neuplatonismus*[2] (Berlin 1964) 53; H. Dörrie glaubte, die *Telos*-Formel des Arius für Eudor in Anspruch nehmen zu dürfen: *Hermes* 79 (1944) 32. – H.-J. Krämer plädiert vorsichtig für einen „altakademischen Ursprung": „Die hier zugrunde gelegte Dreiteilung ist aber diejenige, die Xenokrates als erster eingeführt und stets gelehrt hat (fr. 1). Auch wenn die vorliegende Anwendung nicht von Xenokrates selbst stammt, der immerhin auch sonst Dreiteilungen bevorzugt, so mag damit doch ein Hinweis auf den Ursprung der Tradition gegeben sein, in der die erscheinende Formel steht" (*Platonismus und Hellenistische Philosophie* 174).

[3] Für den Bereich dieser Problematik siehe die Stellungnahmen von E. De Strycker, „On the First Section of Fragment 5 A of the *Protrepticus*", in *Aristotle and Plato in the Mid-Fourth Century* (Göteborg 1960) 78 und I. Düring, *Aristotle's Protrepticus* (Göteborg 1961) 198. H.-J. Krämer glaubt, daß Aristoteles in „seiner Frühzeit" der Dreiteilung der Philosophie durch Xenokrates gefolgt sei (*Platonismus und Hellenistische Philosophie* 288). Stichhaltige Gründe für diese Annahme nennt er nicht.

[4] Diogenes Laertius 3, 84 nennt eine entsprechende Unterteilung der ἐπιστήμη für Platon.

[5] Auch Plotin ist diese Haltung offenbar nicht unbekannt (I 3 [20][1] 5. 9–10 [ἢ φιλοσοφίας μέρος τὸ τίμιον οὐ γὰϱ δὴ οἰητέον ὄϱγανον τοῦτο εἶναι][1]. Diese sachliche Übereinstimmung mit den Stoikern in ihrer Frontstellung gegen die Peripatetiker geht aber bei Lichte besehen nicht weit. Denn der Kontext legt die Vermutung nahe, daß Plotin in der stoischen Frontstellung gegen die peripatetische Haltung letztlich nur eine Möglichkeit zur Rechtfertigung dessen sieht, was er unter *platonischer Dialektik* versteht (vgl. A. Graeser, *Plotinus and the Stoics* 32).

genes Laertius aber auch dahingehend verstehen, daß Zenon eben auch der
erste Stoiker gewesen ist, der diese Unterteilung vornahm [6].

Nun kann diese namentlich in den Handbüchern geführte Kontroverse
über Herkunft und Ursprung der Unterteilung der Philosophie einen echten
Zweck aber nur dann verfolgen, wenn man sich auch über die Bedeutung
des damit zum Ausdruck gebrachten klar wird und mithin auch die Trag-
weite dessen ermessen kann, was ‚Dreiteilung' in diesem oder jenem Fall
besagen soll [7]. Und gerade ein solcher Entscheid ist auf dem Boden des
Überlieferten kaum zu treffen; denn die Basis ist zu schmal [8].

Der Versuch einer Abgrenzung der in Rede stehenden Modelle sollte
sinnvoll von der Diskussion des stoischen *Philosophie*-Verständnisses ausgehen. Was verstanden etwa Zenon und Chrysipp unter ‚Philosophie' [9], und

---

[6] Diese Überlegung findet sich auch bei M. Frede notiert: *Die Stoische Logik*.

[7] Solche Bedenken können in jüngste Zeit namentlich gegen die Betrachtungen H.-J.
Krämers geltend gemacht werden (*Platonismus und Hellenistische Philosophie* 114
Anm. 35).
Unverständlich in der Sache ist übrigens seine Feststellung [„während die ursprünglich auf die platonische Ideen-Dialektik bezogene Logik ... in der Stoa eine neue,
auf die Wissenschaft vom menschlichen, im Denken und Sprechen sich manifestierenden Logos beschränkte Bedeutung erhält und dadurch von der übergreifenden zur
engsten Disziplin herabsinkt"] (a. a. O. 114 Anm. 35). – Tatsächlich wird die *Logik*,
die es als Wissenschaft des menschlichen, im Denken und Sprechen sich manifestierenden *Logos* mit der Untersuchung aller Aussagen schlechthin zu tun hat, zu der wirklich übergreifenden Disziplin, die sie bei Platon und Aristoteles so nie werden konnte;
das wollen ja auch die einschlägigen Vergleiche dokumentieren (s. u. S. 15).
Zutreffend scheint die Beurteilung der ‚Anleihe' Zenons bei Xenokrates durch M.
Pohlenz: „Zenon hat die Dreiteilung der Philosophie von Xenokrates übernommen
Aber wenn sich die moderne Philosophiegeschichte mit dieser Feststellung begnügt,
wird sie seiner eigenen Leistung nicht gerecht. Denn er hat dieser Dreiteilung einen
ganz neuen Sinn gegeben, indem er hinter den Teilen die Einheit suchte und neu bestimmte" (*Die Stoa* I 34). Leider führte M. Pohlenz seinen Gedanken nicht wirklich
aus.

[8] Dies ist etwa auch durch den Umstand angezeigt, daß – wie Varro als Sprecher bei
Cicero zu berichten weiß – die eigentlichen Neuerungen Zenons *in tertia parte* vor
allem im Bereich *de sensibus* lokalisierbar seien: *in his fere commutatio constitit om-
nis dissensio Zenonis a superioribus* (F 55); hier wird impliziert, daß nicht nur Zenon
sondern auch die ‚Älteren' die Erkenntnislehre zur *Logik* rechneten; aber die hier zu-
gestandenen Neuerungen betreffen mehr oder weniger ausschließlich den Umkreis der
Phantasia-Lehre (s. u. S. 30). Ich glaube, es ist fair zu sagen, daß die wirklich cruzial
wichtigen neuen Ansatzpunkte des stoischen Philosophierens glatt verschwiegen
werden!

[9] Auf die Frage der Herkunft dieses Begriffes (siehe Herakleides Pontikos, F 88
Wehrli) ist hier nicht einzugehen. Wichtig sind die Arbeiten von W. Burkert, „Platon

welches Geschäft wird ihr zugewiesen? Sicher bezeugt ist zunächst einmal
Chrysipps Bestimmung der Philosophie als ἐπιτήδευσις λόγου ὀρθότητος [10].
In diesem Augenblick hat uns weniger die vergleichsweise bescheiden anmutende Abwendung etwa vom Anspruch der pythagoreischen Bestimmung
(im Sinne von ζῆλος σοφίας [11]) oder der platonischen (*Euthydemos* 288 D
κτῆσις ἐπιστήμης) oder gar von der als aristotelisch kolportierten Bestimmung im Sinne von τέχνη τεχνῶν καὶ ἐπιστημῶν [12] zu interessieren; wichtiger scheint vielmehr der Umstand, daß im unmittelbaren Kontext von
S. V. F. 2, 131 (II, S. 41. 28–32) Wert auf die Feststellung gelegt wird,
daß Philosophieren im Sinne des richtigen Gebrauches der „von der Natur
allen Menschen verliehenen Vernunft" eine analytische Einsicht in die
Struktur des *Logos* verlangt [13]. Gerade die Frage nach der Bedeutung dessen,
was mit den Termini ‚Teile' bzw. ‚Bestandteile' (μόρια) und ‚Zusammen-
stellung' (σύνταξις) des *Logos* zum Ausdruck gebracht werden soll, verweist nun auf einen offenbar ähnlichen Zusammenhang bei Zenon [14].

oder Pythagoras?", *Hermes* 78 (1960) 159–177 und B. Gladigow, *Sophia und Kosmos*
(Hildesheim 1965) 21.

[10] Zu den bekannten stoischen Zeugnissen bei Clemens, *Paed.* 1, 13 (S. 159 *Pott*) und
Seneca, *Epist.* 89. 5 [*a quibus dicta est appetitio rectae rationis*] tritt nun n e b e n
dasjenige im *Herc. Papyr.* 1920 (= S. V. F. 2, 133, II, S. 48. 28), worüber H. von
Arnim, *Hermes* 25 (1890) 473–495 bes. 485 handelte, ein von B. Keil bei Isidor von
Sevilla gefundenes Chrysipp-Zeugnis: PG 5, LXXVII, 1637 (dazu siehe B. Keil,
„Chrysippeum", *Hermes* 40 [1905] 155), das nicht in den *S. V. F.* figuriert (dafür
Philosophie = ἐπιτήδευσις σοφίας, *S. V. F.* 2, 36). – Siehe auch J. B. Gould, *The
Philosophy of Chrysippus* 45 und bereits E. Bréhier, *Chrysippe et l' ancien stoïcisme*
(Paris 1910) 29 Anm. 1.

[11] Neben Isidor, *loc. cit.* (oben, Anm. 10) siehe Jamblich, *Vit. Pyth.* 59.

[12] Diese Bestimmung findet sich m. W. nicht im *Corpus Aristotelicum*, was aber nicht
viel besagen muß. Sie findet u. a. bei Ammonius, *In Porph. Isag.* 6. 25 ebenso Erwähnung, wie bei Elias (vermittelt durch Olympiodor, *In Porph. Isag. et in Cat.*
XLII) *In Porph. Isag.* 20. 18. Vgl. B. Keil, *Hermes* 40 (1905) 156.

[13] H. von Arnims Erklärung [„Den Zusatz, daß er jetzt vom Logos rede, welcher allen
vernünftigen Wesen von der Natur verliehen sei, macht der Schriftsteller deswegen,
weil Logos nach stoischem Gebrauch auch die objektive Weltvernunft bezeichnen
kann, die zu verstehen und mit welcher sich in Einklang zu setzen, das letzte Ziel
aller Wesen ist"] (*Hermes* 25 [1890] 486) dieses Passus kulminiert in der Erläuterung „specielle Einsicht in die Bestandteile derselben und ihr Zusammenwirken zu
richtigem Denken" (a. a. O. 486); dies ist eine Fehleinschätzung dessen, um was es
hier geht (s. u.).

[14] F 14 θεωρήματα τοῦ φιλοσόφου [. . .] ἃ Ζήνων λέγει, γνῶναι τὰ τοῦ λόγου στοιχεῖα, ποῖόν τι ἕκαστον αὐτῶν ἐστι καὶ πῶς ἁρμόττεται πρὸς ἄλληλα καὶ ὅσα τού-
τοις ἀκολουθᾶ ἐστι (Arrian, *Diss.* IV 8, 12).

Wenn Zenon das Ziel der *Philosophie* als τὸ ὀρθὸν ἔχειν τὸν λόγον bestimmt und unter den *Theoremata* des Philosophen die ‚Bestandteile‘ bzw.
‚Elemente‘ [15] des Logos verstanden wissen will, so kann eigentlich kein
Zweifel daran aufkommen, daß es hier ganz elementar um den Zusammenhang von *Tatsachen*, *Sprache* und *Denken* geht [16]. Äußerlich ist dies bereits
durch den Umstand angezeigt, daß μέρη τοῦ λόγου in stoischer Terminologie
„Teile der Rede" sind [17], d. h. syntaktische Klassen von phonetischen Zeichen
als Bedeutungsträger, wobei *Logos* unserem Satz entspricht und einen be-

[15] Das deutsche Wort *Element* bedarf in derartigen Zusammenhängen immer wieder
semasiologischer Überprüfung; siehe im übrigen die Studie von W. Burkert, *Philologus* 102 (1959) 167–197.

[16] Im Prinzip offenbar ähnlich wie von Arnim zu *S. V. F.* 2, 131 (s. o. Anm. 10 [„specielle Einsicht in die Bestandteile derselben und ihr Zusammenwirken zu richtigem
Denken"] – was immer dies überhaupt bedeuten soll –) empfand L. Stein: „die Erkenntnis der Elemente des Denkens, d. h. wie das Denken beschaffen sei und worin
die gegenseitige Verbindung der Gedanken bestehe und welche Konsequenzen sich
aus dieser Gedankenverbindung ergeben" (*Die Erkenntnistheorie der Stoa* [Berlin
1888] 90–91). Was damit eigentlich genau gemeint sein kann, ist mir schleierhaft; mit
dem, was die Texte (*S. V. F.* 1, 51 bzw. 2, 113) wirklich sagen, hat dies vermutlich
nichts zu tun.

[17] Siehe *S. V. F.* II, S. 213. 24 – 214. 4 (= Diogenes von Babylon, F 21–22). Daß auch
der Terminus στοιχεῖον so verwendet werden durfte, beweist *S. V. F.* III, S. 214. 3
und *S. V. F.* 2, 148 [ἃ πάλιν ὁ Χρύσιππος ὀνομάζει τοῦ λόγου στοιχεῖα]. Aber diese
Bedeutung ist vielleicht nicht „general enough", wie man A. C. Pearson zunächst zu-
gegeben hat (*The Fragments of Zeno and Cleanthes* 57).
Man hat sich freilich auch über den Zusammenhang dessen im Klaren zu sein, was
Theophrast über τὰ τοῦ λόγου στοιχεῖα sagt (vgl. Simplicius, *In Cat.* 10. 24; dazu
siehe A. Mayer, *Theophrasti* Περὶ λέξεως *Libri Fragmenta* [Leipzig 1910] 15 und
J. Stroux, *De Virtutibus Theophrasti Dicendi* [Leipzig] 1912 23 und M. Pohlenz,
NGG III, 6 [1939] 161). Und auf der Basis dessen, was bereits für Theophrast zu
sichern ist, der seinerseits ja auf die einschlägigen Stellen in Aristoteles, *De Interpr.*
Bezug nimmt, scheint mir A. P. Pearsons eigene Erklärungs-Hypothese [„that Zeno is
here expressing, possibly in an early work, the nominalism of Antisthenes and the
λόγου στοιχεῖα = the (indefinable) elements of definition. It is now generally admit-
ted ... that the opinion stated ... in Theat. p. 201 E – 202 E is that of Antisthenes,
and that the words στοιχεῖον and λόγος in this sense must have belonged to his
terminology"] (*The Fragments of Zeno and Cleanthes* 57) allerdings denkbar unwahrscheinlich: Zenon interessierte sich für die syntaktische Dimension des Zeichens. –
Im Übrigen ist die Forschung heute nicht mehr so sicher, in Platons *Theaitet* überall
nur Antisthenes zu begegnen. Eine interessante Überprüfung dieser Möglichkeit findet
man in dem Aufsatz von M. F. Burnyeat, „The Material and Sources of Plato's
Dream", *Phronesis* 15 (1970) 101–122, bes. 108 ff.

stimmten Sinn ausdrückt[18]. Bei den in Rede stehenden μέρη τοῦ λόγου würde es sich demnach um ὄνομα, ῥῆμα, σύνδεσμος und ἄρθρον handeln[19]. Auf der anderen Seite wissen wir, daß σύνταξις – im *Herc. Papyr.* Col. I n (= *S. V. F. II*, S. 41. 29) wird von den μόρια τοῦ λόγου und deren σύνταξις gesprochen – in Buchtiteln Chrysipps erscheint (siehe z. B. *S. V. F. II*, S. 18). Und es besteht Grund zu der Annahme, daß beide Zeugnisse deshalb zueinander gerückt werden dürfen, weil sie das Geschäft der Philosophie unmittelbar mit der Sprachanalyse in Verbindung bringen[20]: Das *richtig-Sprechen* hat (im Unterschied zum gut-Sprechen als Gegenstand der *Rhetorik*[21]) seinen Platz in der *Dialektik*; sie ist die *Wissenschaft von dem, was wahr und falsch und was keines von beiden ist*[22].

[18] Vgl. R. Haller, *ABG* 7 (1962) 81; richtig ist sein Verweis auf λόγος = φωνὴ σημαντικὴ ἀπὸ διανοίας ἐκπεμπομένη ⟨οἷον „ἡμέρα ἐστί“⟩ (*S. V. F.* III, S. 213, 8–9).

[19] Vgl. wiederum *S. V. F.* III, S. 213 und zu diesem Zusammenhang M. Pohlenz, *NGG* III, 6 (1939) 163 ff.

[20] Natürlich ist man versucht, die (auch biographisch suggerierte) Möglichkeit einer Beeinflussung Zennons durch Antisthenes hier in Betracht zu ziehen. Wie weit eine solche Beziehung aber tatsächlich in Rechnung gestellt werden kann, ist kaum sicher zu entscheiden. K. von Fritz hatte in seinem zurecht berühmten Aufsatz „Zur Antistheneischen Erkenntnislehre und Logik“ (*Hermes* 71 [1927] 453–484 bes. 457) eine weitreichende Rekonstruktion versucht. Im Hinblick auf die Frage der Beeinflussung Zenons durch Antisthenes resümiert er seine Position jetzt folgendermaßen: „An Stelle des sokratischen Hinführens zu der lebendigen Erkenntnis setzte er die ὀνομάτων ἐπίσκεψις, die Untersuchung der Worte, und auf Grund der Annahme oder Vorstellung, daß das Wort, sofern es wirklich ein Wort ist und nicht ein bloßer Laut, ein bloßer φθόγγος oder eine bloße φωνή ist, einen Gegenstand bezeichnet, und daß man daher, wenn man das Wort wirklich als Wort besitzt und versteht, auch den Gegenstand, der durch dieses Wort bezeichnet wird, besitzen muß“ (*RE* X, A [1972] 94. 15–24). Diese Beurteilung scheint ansprechend; beweisen läßt sie sich nicht ohne weiteres. Minimalistischer ist die Einschätzung dieses Fragebereiches durch G. M. A. Grube [zu Epiktet, *Diss.* I 17, 10 = *F* 38 *Caizzi*] „which may point to the fact that Antisthenes had some theory of the importance of names ... In any case, it is no evidence to attribute to Antisthenes any elaborate theory of language“ (*TAPhA* 71 [1950] 16–27 bes. 24 [was K. von Fritz m. E. auch nicht tut.]). Relevant war die von Antisthenes womöglich bereits gegen die platonische Ideenlehre in Anspruch genommene ὀνομάτων ἐπίσκεψις auch für Zenon und die Stoiker nach ihm, sofern Worte ja *Bedeutungsträger* sein sollen (was man in Fällen wie „ἱππότης“ [s. u. S. 78] mit Recht in Zweifel ziehen kann).

[21] Die Unterteilung der *Logik* in Dialektik und Rhetorik ist für die Stoa – wenn man die Quellenlage hier pedantisch genau nimmt – erst durch Kleanthes vorgenommen wurden, der zudem auch die *Ethik* in Ethik und Politik sowie die *Physik* in Physik und Theologie auffächerte (*S. V. F.* 1, 482; R. Hirzel, *Untersuchungen zu Ciceros philosophischen Schriften* II [Leipzig 1883] 170–178 glaubt hierbei spezielle Gründe zu

Beinahe wichtiger als der Befund als solcher scheint in diesem Zusammenhang die Vermutung, daß Zenons Betrachtung der Beziehung der Worte als Bedeutungsträger zueinander – also die Beobachtung der syntaktischen Dimension des Zeichens – den Grundstock und Ausgangspunkt zu jenem Lehrstück bildete, welches unter dem Kennwort ‚stoische Kategorienlehre‘ [23] bekannt wurde und seinerseits insofern eine ontologische Dimension hat, als es die Funktion einer Art Organisationsmodell der Außenwelt übernimmt [24].

erkennen). Tatsächlich setzt diese Sechs-Teilung aber die Drei-Teilung voraus; und daß Zenon *Rhetorik* und *Dialektik* nebeneinander gestellt hat, geht in der Tat aus *F* 75 hervor. Womöglich hat er auch Fragen der Rhetorik behandelt: *F* 81. 82 (siehe M. Pohlenz, *Die Stoa* II 21).

[22] Diogenes Laertius 7, 42. In diesem Zusammenhang darf die Aussage Chrysipps in seinem Buch Περὶ τῆς τοῦ λόγου χρήσεως Erwähnung finden, wonach „man von der Vernunftkraft zur Entdeckung von Wahrem und Falschen und ihrem Zusammenhang Gebrauch machen soll, nicht aber zum gegenteiligen Zweck, obschon dies genau das ist, was andere Leute tun" (*S. V. F.* 2, 129; dazu die Beurteilung von J. B. Gould, *The Philosophy of Chrysippus* 67).

[23] H. von Arnims Präsentation des Materials unter *‚quattuor categoriae‘* (*S. V. F.* II, S. 124–126) ist aus verschiedenen Gründen nicht zufriedenstellend: siehe mein *Plotinus and the Stoics* 87. 1.
Zur Diskussion des Quellenmaterials (*S. V. F.* 2, 314–315. 319. 320. 326. 371. 375. 376. 400. 402) siehe bes. E. Elorduy, *Die Sozialphilosophie der Stoa* (Leipzig 1936) 90 ff.; Ph. De Lacy, *TAPhA* 86 (1945) 246–263; M. Reesor, *AJPh* 88 (1957) 63–82 und J. M. Rist, *Stoic Philosophy* 152–172 (abgedruckt in *Problems in Stoicism* 38–57). – J. B. Gould stellt nicht die Existenz einer stoischen Kategorienlehre in Abrede, gelangt aber im Angesicht der Bezeugungs-Lage zu der eigentlich doch erstaunlichen Diagnose, daß „the systematization of these categories is postchrysippean" (*The Philosophy of Chrysippus* 103–107, bes. 107).

[24] Die Tatsache, daß den stoischen Kategorien (ὑποκείμενον = *Substrat*, ποιόν = *Qualifikation*, πως ἔχον = *Disposition*, πρός τι (πως) ἔχον = *interne* bzw. *externe Relation*, diesen Unterschied arbeitet Simplicius heraus: *In Cat.* 165. 32 – 166. 29 = *S. V. F.* 2, 403; siehe auch J. M. Rist, *Stoic Philosophy* 169 Anm. 3) in den uns erhaltenen Texten und Berichten keine wirkliche Systemstelle zugewiesen ist, hat dazu geführt, daß man ihre Systemstelle entweder in der *Physik* oder in der *Logik* lokalisieren wollte. Vgl. z. B. A. Virieux-Reymond: „Les catégories sont rattachées non à la logique mais à la physique" (*La logique et l'épistémologie des stoïciens* [Chambéry 1948] 65). Nun zeigt aber eine Sichtung des gesamten Umfanges ihres Anwendungsbereiches, daß nicht nur *physikalische* Dinge oder *ethische* Dinge (z. B. ‚Freund‘, ‚Tugend‘ etc.) nach Maßgabe der Kategorienlehre klassifiziert wurden (Ph. De Lacy, *TAPhA* 86 [1945] 246–263 spricht in diesem Sinne nicht schlecht von „methodological principles … [not restricted] to one area or one level of analysis only, but [applied] to any subject whatever", a. a. O. 263), sondern – dies hat jetzt A. C. Lloyd wahrscheinlich gemacht (in *Problems in Stoicism* 58–74) – auch sprachliche Ausdrücke mit ihren Bedeutungen. Im Prinzip stimme ich mit J. Christensen überein, welcher

Hier, wenn überhaupt irgendwo, liegt der für uns etwas nebulöse Kern der Wahrheit im Aspruch jener stoischen Aussagen, die von der unbedingten *Einheit* der Philosophie sprechen [25]. Sollte es mit dem Gedanken der originären Einheit der Philosophie nämlich tatsächlich etwas auf sich haben, so wird sich die Frage nach dem Grund dieser Beziehung vermutlich nur auf dem Umweg über die Frage nach der metaphysischen Zusammengehörigkeit von *„Sprache'*, *„Denken'* und *„Welt'* beantworten lassen. Denn auf jeder dieser Ebenen, der des Sprechens [26] und Denkens nicht anders als im Bereich der Gegenstände, über die gesprochen wird, geht es ja um Exemplifikatio-

sagt: „They indicate classes of objects in so far as these are denotata of meanings of basic types ... I suggest [they] may be called general reference classes" (*An Essay on the Unity of Stoic Philosophy* 48).

[25] Das Verhältnis der Disziplinen untereinander wurde z. B. mit dem Bild des ‚Fruchtgartens' illustriert (i. e., *Logik* = Mauer, *Physik* = Baum, *Ethik* = Früchte) oder mit dem des ‚Ei (Schale, Weißes, Dotter). Siehe *S. V. F.* 2, 49, 49 a, 38. Poseidonios habe [ἐπεὶ τὰ μὲν μέρη τῆς φιλοσοφίας ἀχώριστά ἐστι ἀλλήλων], um diese Einheit noch stärker zu betonen, dieses Verhältnis durch das Bild des ζῷον illustriert: *Blut/Fleisch* (Physik), *Knochen/Sehnen* (Logik), *Seele* (Ethik); siehe Poseidonios, F 88 *Edelstein-Kidd* und im Ganzen M. Pohlenz, *Die Stoa* II 19 sowie I 33.

[26] ‚Sprechen' (s. o. 13 Anm. 18) wird folgendermaßen bestimmt: διαφέρει δε καὶ τὸ λέγειν τοῦ προφέρεσθαι· προφέρονται μὲν γὰρ αἱ φωναί, λέγεται δὲ τὰ πράγματα, ἃ δὴ καὶ λεκτὰ τυγχάνει (Diogenes Laertius 7, 56 [vgl. bereits Platon, *Theaitet* 163 B]) und Sextus Empiricus, *Adv. Log.* 2, 80 λέγειν γάρ ἐστι ... τὸ τὴν τοῦ νοουμένου πράγματος σημαντικὴν προφέρεσθαι φωνήν (*S. V. F.* 2, 167). Anders als in der Theorie G. Freges, der zwischen dem ‚Sinn' und der ‚Bedeutung' eines ‚Zeichens' in der Weise unterscheidet, daß unter dem *Sinn* die Art der Gegebenheit des vom Wort bezeichneten Gegenstandes zu verstehen ist, unter der *Bedeutung* hingegen der vom Wort objektiv bezeichnete Gegenstand („Über Sinn und Bedeutung", *Zeitschrift für Philosophie und philosophische Kritik* 100 [1892] 25–50; Neudruck in dem von G. Patzig herausgegebenen Band: G. Frege, *Funktion, Begriff, und Bedeutung* [Göttingen 1962] 40–65), stellt sich das Verhältnis zwischen *significans*, *significatum* und *denotatum* in der stoischen Theorie so dar, daß das phonetische Zeichen (σημαῖνον = φωνή) isomorph das über einen Sachverhalt oder Vorfall (πρᾶγμα bzw. τυγχάνον) Gemeinte bezeichnet (σημαινόμενον). Der t. t. für dieses *Gemeinte* ist λεκτόν (*S. V. F.* 2, 166). Dazu vgl. Mrs. Kneale: „‚What is meant' is probably the most literal translation" (*The Development of Logic* [Oxford 1962] 140), entsprechend auch Ch. L. Stough, *Greek Skepticism* (Berkeley & Los Angeles 1969) 37 Anm. 7. I. M. Bochenski spricht von „sens objectif" (*La Logique de Théophraste* [Fribourg 1942] 39). – Auf die z. T. erstaunliche Affinität des stoischen λεκτόν zum Frege'schen ‚Gedanken' („Der Gedanke. Eine logische Untersuchung", *Beiträge zur Philosophie des deutschen Idealismus* 1 [1918/1919] 58–77; Neudruck in dem von G. Patzig herausgegebenen Band: G. Frege, *Logische Untersuchungen* [Göttingen 1966] 30–71) macht auch Ch. H. Kahn aufmerksam: „Stoic Logic und Stoic LOGOS", *AGPh* 51 (1969) 170–171 Anm. 25.

nen dessen, was in der stoischen Philosophie allerdings sehr weitläufig unter den Begriff des λόγος fällt [27].

Bleiben wir also für einen Moment auf der Ebene der syntaktischen Dimension des Zeichens. Bereits der gerade im Zusammenhang mit dem Zeugnis *S. V. F.* 2, 131 [i. e. die *syntaxis* der Teile des Satzes] interessante Umstand, daß in dem Zeugnis Epiktets offenbar ganz unverdächtig die Termini „ποιόν" und πῶς Erwähnung finden, kann uns in der Vermutung bestärken, daß Zenon, der von M. Pohlenz als „Schöpfer der abendländischen Sprachphilosophie" betrachtet wurde, für die Beschreibung der syntaktischen Beziehung der Bedeutungsträger zueinander eine Art Modelltheorie zugrundegelegt hatte. Unmittelbar einleuchtend ist die Beziehung der syntaktischen Auffassung des Zeichens zur sogenannten Kategorienlehre im Falle von ὄνομα und ῥῆμα. ‚Name' (= *nomen proprium*) [28] fungiert als Bezeichnung einer individuellen Qualität (z. B. *Dion, Sokrates*) [29] und korrespondiert somit der Kategorie des ποιόν. ‚Verb' ist das phonetische Zeichen für ein ἀσύνθετον κατηγόρημα [30], also wohl für ein *nicht* aus Copula und Nomen zusammengesetztes Prädikat [31]. Das ῥῆμα, das bereits von Platon, *Sophistes* 262 A als etwas aufgefaßt wurde, was über eine Handlung Aufklärung bringt und auf der semantischen Ebene in Freges Terminologie als *Funktionsname* zu verstehen wäre, korrespondiert der Kategorie des πως ἔχον [32]. Im Falle z. B. von „Δίων τρέχει" handelt es sich in der Tat um die Attribuation einer bestimmten Disposition zu einer Qualität bzw. zu einem qualifizierten Subjekt [33]. Unklar bleibt dann zunächst nur noch die Entsprechung zu den Kate-

---

[27] S. u. S. 64.

[28] Die Unterscheidung zwischen dem *nomen proprium* und *nomen appellativum* (προσηγορία: dazu s. u. S. 73) scheint erst auf Chrysipp zurückzugehen. Vgl. M. Pohlenz, *NGG* III, 6 (1939) 165–166 und R. Pfeiffer, *History of Classical Scholarship* I (Oxford 1968) 244.

[29] *S. V. F.* III, S. 213. 30–31.

[30] *S. V. F.* III, S. 213. 32–34.

[31] Vgl. M. Pohlenz, *NGG* III, 6 (1939) 166. – B. Mates erklärt richtig: „We may thus translate κατηγόρημα as ‚predicate', if it is understood that in this usage ‚predicate' does not denote a sign or any other physical object" (*Stoic Logic* 17, vgl. auch Anm. 39: „This agrees with Frege's usage of *Prädikat*."). Schief ist die Erklärung „Attribut" bei M. Laffranque, *Poseidonios d' Apamée* (Paris 1964) 314.

[32] Vgl. A. C. Lloyd: „From the semantic point of view, the verb belongs undoubtedly with the category called disposition, whether or not some Stoic said the same also of adjectives such as ‚pink' and ‚soft'" (in *Problems in Stoicism* 67).

[33] Bereits O. Rieth sagte: „das bestimmt Befindliche fügt der schon qualifizierten Substanz einen besonderen Aggregatzustand zu" (*Grundbegriffe der stoischen Ethik* 77 f.). Diese Äußerung wurde von J. M. Rist, *Stoic Philosophy* 169 [„Dispositions do not

gorien ‚Substrat/Subjekt' und ‚relative Disposition bzw. Relation'. Man ist geneigt, im ὑποκείμενον das zu vermuten, was als Subjekt eines gewöhnlichen Satzes bestimmt wird und mithin Existenz haben soll. Diese Funktion konnte offenbar durch *bestimmte Artikel* oder *Demonstrativpronomina* wahrgenommen werden [34]. Ohne hier in eine Diskussion der relativ komplizierten Theorien über die Artikel und Pronomina eingehen zu müssen, kann gesagt werden, daß die Stoiker eine Unterklasse dessen berücksichtigten, was sie ‚bestimmte Artikel' nannten, die der Kategorie des ὑποκείμενον entsprachen. Tatsächlich impliziert auch die Wahrheit eines Satzes wie ‚Dion geht' für die Stoiker ja die Wahrheit eines Satzes von der Form ‚Dieser (Mann) geht' [35]. Der Kategorie der ‚relativen Disposition' würde dann auf der Ebene der semantischen Dimension des Zeichens der σύνδεσμός entsprechen [36], unter dem auch Präpositionen begriffen wurden? In der Tat weiß man, daß sich die aristotelische Kategorienlehre in der frühen Kaiserzeit den Vorwurf gefallen lassen mußte, daß sie weder Konjunktionen noch Präpositionen hinreichend in Betracht zog. Und diese Kritik scheint von seiten stoischer Kreise her geltend gemacht worden zu sein [37]. Die Möglichkeit einer derartigen Entsprechung ist gleichwohl gering. Immerhin hat man sich ja darüber im Klaren zu sein, daß eine präpositionale ‚Verknüpfung' allein keine *Relationen* herzustellen vermag. Dazu bedarf es in der Regel transitiver Verben, die die Funktion zweistelliger Prädikate wahrnehmen können. Die Stoiker sprachen hier generell vom ὀρθὸν κατηγόρημα bzw. von defizienten Prädikaten [38].

act on the substrate ... they are states of that entity"] vermutlich mißverstanden; siehe *Gnomon* 44 (1972) 18. Wichtig zu erwähnen ist A. C. Lloyds Bemerkung zum t. t. κατηγόρημα „The fact is probably to be connected with their dynamic view of the external world as a moving continuum" (in *Problems in Stoicism* 74 Anm. 46).

[34] Im Zusammenhang mit Sextus Empiricus, *Adv. Log.* 2, 96–97 (= *S. V. F.* 2, 205) vgl. Priscian, *Inst.* 11, 1 und Apoll. Dysc. 5 ff. sowie Priscian, *Inst.* 2, 20 und A. C. Lloyds Diskussion, der auch darauf aufmerksam macht, daß der stoische ‚bestimmte Artikel' dem ‚logischen Eigennamen' bei Russell entspricht (in *Problems in Stoicism* 67–68).

[35] Vgl. auch Ch. H. Kahn, *AGPh* 51 (1969) 169. Auf die von Chrysipp ins Auge gefaßte Problematik des ‚sterbenden Behauptungssatzes' kann hier nicht weiter eingegangen werden; dazu siehe z. B. A. A. Long, in *Problems in Stoicism* 97–98.

[37] Dazu vgl. A. C. Lloyd, in *Problems in Stoicism* 66 Anm. 29 mit Hinweis auf Simplicius, *In Cat.* 64. 18–19. Die konnektiven Partikel haben nach Aristoteles keine ‚Bedeutung'. Sie leben zwar im λεκτόν, drücken eine Beziehung der Wörter zueinander aus, haben aber keine Referenz zu einer ‚Sache'; vgl. A. Virieux-Reymond, *La Logique et l'épistémologie des stoïciens* und J. Pinborg, *CM* 23 (1962) 171.

[38] Siehe Diogenes Laertius 7, 64 (= *S. V. F.* 2, 183) mit dem Kommentar von U. Egli, *Zur Stoischen Dialektik* 34–35 sowie 32. Diese Auffassung wird auch von J. Christen-

Schematisch stellt sich die Beziehung zwischen den Kategorien und sprachlichen Ausdrücken, bzw. ihrer Bedeutung etwa folgendermaßen dar [39]:

significans (σημαῖνον)	——	significatum (σημαινόμενον)	——	Referenz (τυγχάνον)
ἄρθρον (*pronomen demonstrativum*)	——	πτῶσις δεικτική (≈ οὐσία)	——	ὑποκείμενον
ὄνομα (*nomen proprium*)	——	πτῶσις (≈ ἰδία ποιότης)	——	ἰδίως ποιόν
προσηγορία (*nomen appellativum*)	——	πτῶσις (≈ κοινὴ ποιότης)	——	κοινῶς ποιόν
ῥῆμα (*verbum intransitivum*)	——	κατηγόρημα (ἀσύνθετον)	——	πως ἔχον
	——	κατηγόρημα (τέλειον)	——	
—— (*verbum transitivum*)	——	κατηγόρημα (ἐλλιπές)	——	πρός τι πως ἔχον

Gemessen an der semantischen Situation, die in *De Interpretatione* entwickelt wird (16 A 13–18) und von einer formalen Identität oder isomorphen Beziehung zwischen ‚Gedanke‘ und ‚Objekt‘ (bzw. Begriff und Sache) gekennzeichnet ist (wobei also die Beziehung zwischen ‚Wort‘ bzw. ‚Ausdruck‘ und ‚Begriff‘ willkürlich bleibt, der Begriff hingegen die durch den Intellekt rezipierte Form des Gegenstandes ist) [40], scheint die stoische Theorie eine bessere semantische Analyse zu geben. Hier besteht eine notwendige Verknüpfung zwischen dem sprachlichen Ausdruck und seinem Inhalt; das sprachliche Zeichen bezeichnet isomorph das ‚Gemeinte‘ [41], d. h. das vom

sen, *An Essay on the Unity of Stoic Philosophy* 50 und A. C. Lloyd, in *Problems in Stoicism* 69 geteilt.

[39] Vgl. auch die Darstellungen bei J. Christensen, *An Essay on the Unity of Stoic Philosophy* 50; J. Pinborg, CM 23 (1962) 170; U. Egli, *Zur Stoischen Dialektik* 32.

[40] Vgl. J. Pinborg, *Logik und Semantik im Mittelalter. Ein Überblick* (Freiburg 1972) 30–31.

[41] Zum λεκτόν siehe ausführlicher S. 26 Anm. 10.

Ausdruck Konnotierte ist formal mit dem Bedeutungsträger identisch. Hingegen stellt die Stoa keine Entsprechung zwischen dem *‚significatum'* und dem *‚denotatum'* in Rechnung, die etwa im aristotelischen Sinn als Isomorphie anzusprechen wäre. Dieser Unterschied kann nicht stark genug betont werden [42]. Denn die spekulative Kraft des platonischen und aristotelischen Philosophierens beruht ja nicht zuletzt auf der definitiv seit Parmenides verbindlichen Annahme einer wenn nicht isomorphen Entsprechung so doch formalen Identität zwischen ‚Gedanke' und ‚Objekt' (s. u. S. 26), wobei also durchwegs mit einer sozusagen *natürlichen* Beziehung zwischen dem ‚Gegenstand' und seiner durch den Intellekt als Begriff rezipierten Form gerechnet wird. In der ontologischen These der Stoa expliziert sich die Welt als eine Substanz im Sinne eines bestimmten Aggregatzustandes der universalen, kontinuierlichen Materie. Entsprechend konstituieren die Ausschnitte der Wirklichkeit nicht ein relativ starres, natürlich vorgegebenes Bezugssystem etwa im Sinne der aristotelischen Ontologie: Ein τυγχάνον, ein stoischer Ausschnitt der Wirklichkeit, „gehört nicht eo ipso in ein bestimmtes Bezugssystem, sondern es kann verschiedenen zugeordnet werden, je nach der Frage, die gestellt wird". (Ein gutes Beispiel für diese These ist m. E. die πόλις, von der es *S. V. F.* 3, 328 heißt, daß von ihr mit Rücksicht auf δύο σημαινόμενα die Rede sein kann...; siehe auch „κόσμος" [*S. V. F.* 2, 526]. Verbinden wir mit den Begriffen verschiedenerlei Sinn, so wird ein und derselbe objektiv bezeichnete Gegenstand jeweils einem verschiedenen Bezugssystem zugeordnet.) „Die ‚Dinge', wie wir sie auffassen, sind nicht ‚natürlich', sondern Produkte des menschlichen Intellektes und seiner Abstraktion, ein Ergebnis der Artikulierung." [43] Vermutlich stellen die Kategorien Klassen von ‚Sinn' dar – *Arten von Gegebenheiten* (in der Terminologie G. Freges) [44] – den unsere Sätze als syntaktisch geschlossenes Gefüge von Zeichen mit einer semantischen Dimension über die Welt den Dingen abgewinnen, ja ihnen geradezu auferlegen [45]. Tatsächlich scheint es

---

[42] Radikal wurde dieser Befund m. W. erstmals von J. Christensen in seinen Problemlinien voll ausgezogen (*An Essay on the Unity of Stoic Philosophy* 45 ff.). Vgl. auch G. Watson, *The Stoic Theory of Knowledge* 40 und passim; ich habe diese Thesen in *KS* 63 (1972) 214 mit Anm. 5 aufgenommen (so auch *ABG* 15 [1971] 299–300).

[43] J. Pinborg, *CM* 23 (1963) 156, – eine Paraphrase von dem, was J. Christensen sagt: *An Essay on the Unity of Stoic Philosophy* 51.

[44] S. o. S. 15 Anm. 26.

[45] Wichtig ist die Erläuterung von A. C. Lloyd: „Most philosophers have found it easier to start from the assumption that there is one world but more than one way of describing it, so that the choice of the description depends on, or is relative to, the describer while its truth or falsity depends on the world state of affairs. The Stoics

ungerechtfertigt, die Kategorien der *Physik* zuzuordnen; auch die *Gegensätze* qua Gegensätze gehören zu den λεκτά (siehe *S. V. F.* 2, 173). So sind ‚Hitze‘, ‚Kälte‘, ‚Weisheit‘ und ‚Torheit‘ für die Stoiker gleichermaßen materielle bzw. körperliche Entitäten. Aber als Gegensätze betrachtet stellen sie jeweils zwei verschiedene Typen dar. Und dies zu entdecken ist, wie A. C. Lloyd richtig sagt, Sache des Dialektikers [46]. Die Kategorien gehören also zur semantischen Ebene, wobei sie eine Unterklasse der Klasse von Inhalten von sprachlichen Ausdrücken verschiedenen Typus überhaupt repräsentieren. Und handelt es sich hierbei mit größter Wahrscheinlichkeit um so etwas wie „basic types of meanings" [47] so ist klar, daß die stoischen Kategorien keineswegs platonisch-akademische Klassen von Seiendem (γένη τῶν ὄντων) darstellen, sofern damit reine Denotierungsklassen von „realen Objekten" [48] zu verstehen sind. Daß sie gleichwohl Referenz-Charakter haben und sich auf eine Organisation der Welt beziehen, die so erfahren nicht allein das Produkt eines bloßen Idealismus sein können, geht freilich daraus hervor, daß sie grundlegende Arten von Gegebenheiten darstellen, die der Mensch als Träger des λόγος an der vom gleichsam objektiven Logos durchdrungenen und entfalteten Substanz ‚abliest‘ und in Form von Sätzen (λόγοι) über die Wirklichkeit wieder zum Ausdruck bringt [49].

Für den Versuch einer Klärung des Gedankens der organischen Einheit der Philosophie lassen sich die Überlegungen insofern in Anspruch nehmen,

shared Heraclitus' belief that *logos* was part of nature, not something imposed on it by a human convention; they also shared his belief that it pervaded all nature, with the result that everything natural possessed some properties which it possessed. But they interpreted *logos* more plainly, as sounds which signified by describing. Features of description therefore were features of nature, so that their categories were, like Aristotle's facts of nature" (in *Problems in Stoicism* 71).

[46] a. a. O. 70.

[47] J. Christensen, *An Essay on the Unity of Stoic Philosophy* 48 (s. o. S. 15 Anm. 26).

[48] M. Pohlenz, *Die Stoa* I 69. – H.-J. Krämer bemüht sich ausgesprochen, die sog. stoische Kategorienlehre aus demjenigen Lehrstück heraus verständlich (und abhängig!) zu machen, welches er für Platons Akademie rekonstruiert. Es wäre ungerecht, seinen gelehrten Darlegungen diesen Verdienst absprechen zu wollen. Tatsächlich macht sich H.-J. Krämer nicht die Mühe, nachzuprüfen, ob die sog. stoische Kategorienlehre überhaupt jene Funktion haben soll und kann, welche die der Akademie wahrnimmt. Fragen der ‚Abhängigkeit‘ und ‚Beeinflussung‘ können natürlich nicht wirklich beantwortet werden, wenn man nicht auch den jeweils maßgeblichen Anwendungsbereich prüft, und – wie im Falle der stoischen Kategorien – die Beziehung auf die Sprache.

[49] In diesem Sinn würde ich der Behauptung von A. C Lloyd zustimmen, daß es sich bei den Kategorien um so etwas wie „facts of nature" handelt (s. o. S. 19–20 Anm. 45).

als sich Zenons Dialektik ja in der Tat als die umgreifende [50] Disziplin erweist, als die sie in den Vergleichen erscheint [51]. Zum Gegenstand hat sie ja
die Organisation der an sprachliche Zeichen gebundenen Inhalte unseres
Denkens, – also die Welt als System semantischer Repräsentationen [52]. Und
diese Inhalte unseres Denkens betreffen zum überwiegenden Teil solche
Sachverhalte, die nach stoischer Auffassung Äußerungsformen dieses sich
schöpferisch in der einen Substanz entfaltenden *Logos* sind. Natürlich handelt es sich bei diesen Vorgängen um Geschehnisse, die als Gegenstände
physikalischer Erklärung ins Auge gefaßt werden. (Hier eröffnet sich der
Bereich von Körper und Existenz, der auf seine verschiedenen Komponenten hin befragt werden muß.) Aber auch so betrachtet handelt es sich bei
diesen im Prinzip empirisch nachprüfbaren Vorfällen nicht um etwas, was als
Gegenstand wissenschaftlicher Erklärung einen Bereich *sui generis* ausmacht. Gerade die (unbewiesene) Annahme, daß sich diese Geschehnisse
und Vorgänge als Ausdrucksformen einer schöpferisch tätigen Vernunft ausweisen, erschließt für die Stoiker von vornherein die Dimension einer weiteren Interpretation, nämlich den Horizont der sogenannten Ethik: „Die
Physik hatte zu zeigen, wie er [i. e. der *Logos*] als schöpferisches Prinzip
den Kosmos gestaltet, die Ethik, wie er dem Menschen sein Lebensziel weist
und die Norm für das Handeln ist." [53] – Tatsächlich ist im stoischen *Welt-
modell* das *Weltbild* pragmatisch impliziert; überhaupt reduziert sich der
Anspruch auf die Berechtigung zu einer ethischen Interpretation des Kosmos
nicht anders als im Falle der platonischen und aristotelischen Philosophie
au den bloßen Umstand, daß man zunächst metaphorisch das Modell der
τέχνη in die autonome Wirklichkeit hineinprojiziert, um sich dann nicht

---

50 Gegen H.-J. Krämers Feststellung [„während die ursprünglich auf die platonische
   Ideen-Dialektik bezogene Logik ... in der Stoa ... von der übergreifenden zur engsten Disziplin herabsinkt"] (*Platonismus und Hellenistische Philosophie* 114 Anm. 35
   [s. o. S. 10] ist geltend zu machen, daß die stoische Dialektik mindestens ebenso
   „übergreifend" war wie die platonische, – vermutlich noch „übergreifender", denn
   sie verfügte ja über Wege und Mittel, semantisch unsinnige Gebilde zu eliminieren.
51 S. o. S. 15 Anm. 25.
52 Interessant ist das, was G. Watson bemerkt: „They indicated clearly the subjective
   contribution, while safeguarding universality by their emphasis on the common nature
   of the means by which we handled and generalized sense-input. These dispositional
   tendencies were manifested in speech, the best indication of the superiority of man
   because of the subtlety of the structures of which it is capable. Speech followed
   naturally from these tendencies, the tendencies to establish order or meaning in
   reality: it is then φύσει (*The Stoic Theory of Knowledge* 84–85).
53 M. Pohlenz, *Die Stoa* I 35.

mehr bewußt zu sein, daß man in Metaphern denkt. Nun wissen wir auch, daß die ‚Gesetze' der Physik rein deskriptiven Charakter haben, die ‚Gesetze' aber, die unser Handeln bestimmen sollen, präskriptiver Art sind; und die Annahme einer logischen Berechtigung zur Zurückführung normativer Konzepte auf empirische Konzepte, stellt eine der folgenreichen Täuschungen dar, der nicht nur die antike Philosophie verfallen ist.

Ein weiterer Berührungspunkt mit der *Physik* ist nun dadurch angezeigt, daß die numerisch vergleichsweise geringe Anzahl von *Gütern* für die Stoa zu der Klasse derjenigen Dinge gehören, die über körperliche Existenz verfügen (ὅσα δ' οὐσίας μετέχει [*S. V. F.* 1, 190]); als solche können sie bekanntlich einer physikalischen Betrachtungsweise unterzogen werden: man spricht offenbar immer wieder von extremen Qualifikationen des ‚bestimmt-befindlichen Leitorgans' [54]. D. h.: Gutheit (ἀρετή) wird im Prinzip nicht anders als andere hochgradig durch die Vernunft strukturierte Ausschnitte dieser Wirklichkeit als besondere Verfassung des Logos charaktersiert. (Entsprechend bleibt die Verwendung des Terminus ‚gut' in der strikten stoischen Diktion der Beschreibung von charakterlichen Eigenschaften und Tugenden vorbehalten [55].) Auch hier sondert stoisches Denken bestimmte Arten von Gegebenheiten, wobei die menschliche Existenz verschiedenen Bezugssystemen zugeordnet werden kann. So bedarf es keiner großen Phantasie, sich vorzustellen, daß die Stoiker sich z. B. den Sachverhalt, daß zwischen *X* und *Y* ein Verhältnis der Freundschaft besteht, als (hier eindeutigste) Relation dachten (*S. V. F.* 3, 112), der auf der Ebene der sinnvollen, beschreibenden Sprache in bestimmter Weise Ausdruck zu geben ist.

Der stoische Anspruch auf Anerkennung der unbedingten Einheit der Philosophie beruht also einmal auf der durchaus begründeten Annahme, daß es Sache der Vernunft sei, den in Gestalt von Sätzen über die Wirklichkeit geäußerten Behauptungen sprachlich adäquaten Ausdruck zu geben und zugleich zu klären, welches Verhältnis zwischen den Sätzen und den von ihnen zum Ausdruck gebrachten (womöglich abgebildeten) Tatsachen ist; dieses Problem scheint eminent modern. Zum anderen beruht dieser Anspruch auf der allerdings zu keiner Zeit bewiesenen Annahme der Existenz eines universalen *Logos*, der die Wirklichkeit strukturieren und unsere Gedanken über sie in der Weise bestimmen soll, daß er vermittels einer φύσει-Sprache als Sinn von Sätzen Ausdruck findet.

---

[54] Siehe die Belege bei M. Pohlenz, *Die Stoa* II 40.

[55] Vgl. A. A. Long: „the Stoics disliked linguistic ambiguity and in their strict statements reserved the terms agathon and kakon for description of moral character and actions" (*PhQ* 18 [1968] 329).

Zudem versteht sich die stoische These von der Einheit der Philosophie vermutlich als pointierte Frontstellung gegen Platon und Aristoteles: Für Zenon gibt es nur eine Wirklichkeit und nur einen Geltungsbereich von Gesetzen; und es ist eine Sprache, der sich sämtliche Ausschnitte der einen Wirklichkeit unterwerfen lassen müssen.

Nun mag man sich fragen, ob die hier knapp skizzierten Überlegungen tatsächlich bereits den Schulgründer der Stoa beschäftigen. Von der philologischen Evidenz her müßte diese Frage vermutlich abschlägig beantwortet werden; hinzukommt freilich die durch nichts zu begründende Annahme, daß Zenon einfach nicht über die intellektuelle Kapazität eines Chrysipp verfügte. Der durchaus sekundäre Quellen-Befund ist aber kein geeigneter Maßstab zur Beurteilung dessen, was an systematischem Verband hinter den zum Teil gedanklich isolierten Lehrstücken des Zenon von Kition vernünftigerweise stehen muß.

§ 2   ,Wahr' und ,Falsch' als Eigenschaften nicht von ,Dingen' sondern von Urteilen [1]

Sextus Empiricus hat die bisweilen eigentümlich modern anmutende Neigung, Verschiedenartiges unter einen ihn interessierenden systematischen Gesichtspunkt zusammenzurücken. Worum es ihm hier zu tun ist und wofür er u. a. die Autorität Zenons in Anspruch nimmt, wird freilich klar, wenn man unter διαίρεσις das versteht, was in *Adv. Log.* 2, 10 allerdings als gesamtstoische Auffassung referiert wurde (= *S. V. F.* 2, 195; H. von Arnim hat diesen Zusammenhang nicht explizit gemacht).

Daß Sextus' systematische Konfrontation der Auffassungen Demokrits, Epikurs und Zenons zum Problem der Erkennbarkeit der außenweltlich vorgegebenen Dinge gerade der Position des Stoikers ein sachfremdes Gedankenschema überwirft, zeigt (implicite) die Verwendung des Ausdrucks ,wahr' zur Kennzeichnung der sogenannten αἰσθητά, i. e. die Gegenstände der Wahrnehmung. Unabhängig von der an sich interessanten Frage, ob unter dem Begriff „αἰσθητά" gleichermaßen *wahrnehmbare Dinge* wie durch die Wahrnehmungen vermittelte Wahrnehmungsinhalte von zeit-räumlichen Dingen subsumiert werden, bleibt hier festzustellen, daß diese Verwendung – wie zu sehen sein wird – nicht legitim ist; auch wird in diesem

---

1 Sextus Empiricus, *Adv. Log.* 2, 355; *Adv. Log.* 2, 10.

Stoiker-Zeugnis nicht ausdrücklich in Rechnung gestellt, daß nur jene „αἰσθητά" (um einmal in der Terminologie des Sextus zu bleiben) *wahr* sind, über welche ἀξιώματα [2] getroffen werden können, die den Wahrheitswert ‚wahr' haben; tatsächlich geht es hier um das erst wieder in der neueren Philosophie thematisierte Problem der Beziehungen von ‚Tatsachen' und ‚Sätzen' [3]. Und mit Rücksicht auf die andere wiederum nur implizite Behauptung, daß es ‚wahre' und ‚un-wahre' „νοητά" gebe, ist festzuhalten, daß sie rein klassifikatorisch betrachtet der stoischen Lehre von den *Intelligibilia* [4] insofern nicht wirklich gerecht wird, als die Stoiker in die Klasse der νοητά bzw. νοούμενα πράγματα eben auch solche Dinge einbezogen, die überhaupt keinen Wahrheitswert haben (also z. B. *Zeit, Ort, Leeres* –

[2] Das Wort ἀξίωμα (von ἀξιοῦθαι [vgl. *S. V. F.* 2, 193]) kann ungefährlich eigentlich nur mit *Aussage* wiedergegeben werden. – „Proposition" ist der in der angelsächsischen Literatur bevorzugte Ausdruck; I. M. Bochenski, *Formale Logik* (Freiburg 1956) 130 wandte sich gegen die Wiedergabe durch „Urteil", – offenbar deshalb, weil er diesen Terminus auf jenes Verständnis festlegt, welches G. Frege herausgearbeitet hatte. Mit dem Ausdruck „Satz-Urteil" nimmt M. Hossenfelder, *AGB* 11 (1967) 238 offenbar den vor-Frege'schen Sinn wieder auf. Für *Aussage* oder *Behauptung* entscheide ich mich insofern, als unser Wort „Urteil" dem intensionalen Charakter des stoischen ἀξίωμα nicht gerecht wird: vgl. *Gnomon* 44 (1972) 14.
Die philosophische Herkunft dieses Begriffes, den Aristoteles einigemale alternierend an Stelle von πρότασις verwendet (*Top.* 155 B 15, 156 A 4, 179 B 14; *An. Pr.* 62 A 13 – bei den Kommentatoren findet sich dieser Gebrauch nicht, offenbar deshalb, weil ἀξίωμα als eigentümlich stoisch gilt?), ist nicht gesichert. Diogenes Laertius 2, 112 zufolge hat der Megariker Kleinomachos über ἀξιώματα geschrieben (*F* 32 A Döring). Vielleicht handelt es sich in der Tat um einen megarischen terminus technicus, der von Zenon übernommen worden war und in der stoischen Tradition heimisch wurde; siehe auch K. Döring, *Die Megariker* (Amsterdam 1972) 101.
Interessant – gerade im Hinblick auf den freilich in einem anderen Zusammenhang notierten Umstand, daß dem Ausländer Zenon mangelndes Einfühlungsvermögen in die attische Sprache vorgehalten werden konnte (*S. V. F.* 1, 57) – nimmt sich aber die Tatsache aus, daß die auch sonst vielfach in Rechnung gestellte Beziehung Zenons zur megarischen Schule (vgl. Diogenes Laertius 7, 65; Ammonius, *In An. Pr.* 27. 1) n i c h t die Lösung zum Verständnis des Wortes ἀξίωμα zu geben vermag; denn die Stoiker faßten das ἀξίωμα nicht etwa der Wortbildung entsprechend als etwas auf, *was für wahr gehalten* wird, sondern als *unkörperliches Ding* (πρᾶγμα), was wahr oder falsch sein kann (*S. V. F.* 2, 186). – Darauf macht auch M. Frede aufmerksam: *Die Stoische Logik,* zur weiteren Diskussion siehe auch W. & M. Kneale. *The Development of Logik* 138 ff. und B. Mates, *Stoic Logic* 27 ff.
[3] S. o. S. 27.
[4] Grundsätzlich wichtig ist das Buch von E. Bréhier, *La théorie des incorporels dans l' ancien stoïcisme*[2] (Paris 1928), sowie die bemerkenswert klare Studie von A. A. Long, „Language and Thought in Stoicism", in *Problems in Stoicism* 75–115.

Poseidonios vielleicht auch ἀϱχαί: s. u. S. 103); hier handelt es sich um ‚Gedankendinge‘, Funktionalbegriffe vielleicht, denen in der Realität gegenständlich nichts derartiges entspricht. (Das gleiche gilt, wie zu sehen sein wird, für das οὗ αἴτιον, den *Effekt* qua Wirkung: s. u. S. 82.)

Dies alles wurde in aller Knappheit vorausgeschickt, um dem Leser einen ersten Eindruck von jenen Schwierigkeiten zu vermitteln, welche die Zeugnisse bei Sextus Empiricus oft genug mit sich bringen.

Nun, Aristoteles konnte von den αἰσϑητά bzw. den φαινόμενα als ἀληϑῆ in dem Sinn sprechen, daß sie weder *unverborgen* noch *unerkennbar* sind. „ἀληϑές“ sagt hier, wie vorzugsweise auch bei Platon (z. B. *Politeia* 515 D μᾶλλον ὄν = ἀληϑέστεϱον) etwas über die Realität der Dinge (vgl. auch *Metaph.* 1051 B 5). Denn *wahr* sind die Dinge so, wie sie sind, und nicht etwa deshalb, weil wir meinen, daß sie so-und-so sind (vgl. 1011 B 27). Am ‚Wahr-Sein‘ der Dinge ändert also auch das nichts, was wir von ihnen aussagen (vgl. *De Int.* 18 B 37, 19 A 33 [5]).

Dieser Wahrheitsbegriff hat sicher einen ausgesprochen objektivistischen Charakter [6]. (Weniger durchsichtig als Aristoteles stellt die Kanonik Epikurs dann alle Wahrheit auf die Evidenz ihrer sinnlichen Gewißheit, welche die Existenz des Gegenstandes bezeugt; und weil diese Gewißheit auf dem Fundament ihrer eigenen Evidenz beruht, kann sie in keinem Fall geleugnet werden.)

Grundlegend im Hinblick auf einen Neuansatz der Frage nach der Beziehung zwischen *Wahrheit* einmal (1) als Eigenschaft unseres Denkens und Sprechens [7] und zum anderen (2) als Kennzeichnung von Seiendem ist wohl der Gesichtspunkt, daß die aristotelische Ontologie nicht anders als *mutatis mutandis* die platonische eine Art von isomorpher Entsprechung oder formaler Identität zwischen ‚Ding‘ und ‚Gedanke‘ in Rechnung gestellt hatte; nur mit Rücksicht auf diese Beziehung zwischen ‚1‘ und ‚2‘ wird dieser aristotelische Wahrheitsbegriff [8] mit seinem ausgesprochen objektivistischen

---

[5] *De Int.* 19 a 33 [ὁμοίως οἱ λόγοι ἀληϑεῖς ὥσπεϱ τὰ πϱάγματα] wird von G. Patzig „wörtlich übersetzt“: *Die Sätze sind entsprechend wahr, wie es die Dinge sind* („Satz und Tatsache“, in *Sprache und Logik* [Göttingen 1970] 39). Wahrscheinlich kann man sich darüber streiten, ob „πϱάγματα“ nicht doch „Sachverhalte“ besagen soll.

[6] J. L. Ackrill spricht in diesem Zusammenhang von einer „rather crude realistic correspondence theory of truth“ (*Aristotle's Categories and De Interpretatione* [Oxford 1963] 140).

[7] Das, was man *logische Wahrheit* nennt, hatte natürlich auch Platon schon ins Auge gefaßt (z. B. *Kratylos* 385 B, *Euthydemos* 284 A). Interessant ist die Untersuchung von W. Detel, *Platons Beschreibung des falschen Satzes* (Göttingen 1972).

[8] Um eine Analyse des Wahrheitsbegriffes im *Corpus Aristotelicum* bemüht sich K.

Charakter letztlich verständlich und mithin auch jene Art des Anstoßes, welchen die Stoa an der vermutlich seit der Zeit des Parmenides von Elea bekannten Theorie von der metaphysischen Zusammengehörigkeit von Den-

Tatsache ist, daß die Stoa diese Voraussetzung platonisch-aristotelischer Observanz nicht anerkennt: Für sie gilt ja, daß das phonetische Zeichen isomorph das ‚Gemeinte' als *significatum* bezeichnet. Und dieses *significatum* hat nun eine bestimmte Beziehung auf die real vorgegebene Welt: denn es bedeutet einen ‚Vorfall' (τυγχάνον) oder ein ‚Ding' (πρᾶγμα) in dem Sinn, daß in einem ἀξίωμα das zum Ausdruck kommt, was über den in Form eines Wahrnehmungsinhalts rezipierten Sachverhalt gemeint wird [10]. Eine formale Identität zwischen dem, was bei Aristoteles *Gedanke* heißt, und seinem Objekt besteht also nicht. Wenn nun für Aristoteles im Grunde kein Unterschied zwischen dem *significatum* und dem *denotatum* besteht, so wird dies eben von daher verständlich, daß Aristoteles unter den *denotata* in erster Linie οὐσίαι begreift. Denn die Welt expliziert sich seinem Denken als ein Zusammenhang von οὐσίαι. Und daraus erhellt, daß sich die aristotelische Methaphysik und Logik um eine Klarlegung vor allem jener Beziehungen bemüht, die zwischen οὐσίαι bestehen, bzw. als bestehend angenommen werden.

Wenn nun die Stoa anders als Aristoteles die Beziehung zwischen einem σημαινόμενον und dem *Vorfall* im Sinne einer ‚Bedeutung' verstanden wissen will, dann dürfte dieser Umstand nicht zuletzt auf bestimmte Implikationen einer generisch verschiedenen Ontologie zurückweisen. Und tatsächlich reduziert sich die physikalische Welt für die Stoa zu einem bestimmtbefindlichen Aggregatzustand der universalen, kontinuierlichen Materie [11].

Bärthlein in seinem Buch *Die Transzendentalienlehre der alten Ontologie* I (Berlin & New York 1972) 22–76.

[9] Diese metaphysische Zusammengehörigkeit meint, wie H.-G. Gadamer in einem anderen Zusammenhang vermerkt, das „transzendentale Verhältnis zwischen Sein und Wahrheit, in dem das Erkennen als ein Moment des Seins selber gedacht ist" (*Wahrheit und Methode*[2] [Tübingen 1965] 434); zu Parmenides selbst siehe seine Äußerungen in *Gnomon* 12 (1936) 84.

[10] Neben B. Mates, *Stoic Logic* 33 ff. siehe auch G. Watson, *The Stoic Theory of Knowledge* 40: *„Lekta* are the patterns which the mind tends naturally to impose on reality." Anders sind M. & W. Kneale der Meinung, daß „the true proposition has a structure corresponding to a similiar structure in the object described" (*The Development of Logic* 153), so auch A. A. Long, in *Problems in Stoicism* 94.

[11] Interessant sind die Bemerkungen bei Sextus Empiricus, *Adv. Log.* 2, 352 und Proklos, *In Euclid.* 98 F (*S. V. F.* 2, 665), wonach „Ganzes" und „Teil" von den Stoikern als Bewußtseinsinhalte angesehen werden, und „Begrenzungen bzw. Umgrenzungen von Körpern" allein als Beitrag unseres Denkens anzusehen seien; auf

Mit individuellen, selbst-identischen οὐσίαι aristotelischer Prägung kann sie nicht rechnen. Entsprechend registriert die Stoa *Geschehnisse*, – Vorkommnisse an dieser in einem bestimmten Aggregatzustand befindlichen Materie. Die stoische Ontologie ist offenbar keine Ontologie der Substanzen, sondern eine Ontologie der Tatsachen; und von hieraus dürfte sich der Umstand erklären lassen, daß die Stoiker ihre *denotata* vorwiegend als τυγχάνοντα ansehen und entsprechend den λεκτά keine exakte Gegenstandsbezogenheit im Sinne der bewußten isomorphen Entsprechung zuerkennen können. Auch damit zusammenhängen wird der sonst nur schwer verständliche Gedanke, daß die λεκτά unkörperlich seien: *Unkörperlich* (d. h. nicht wirklich existent [s. u. S. 96]) sind sie insofern, als dasjenige, was den Sinn der über einen Sachverhalt ausgedrückten Behauptung ausmacht, eine *Intension* ist. Unverkennbar ist hier der nominalistische Einwand, den sich die Platoniker hinsichtlich ihrer Annahme der substantiellen *und* kognitiven Existenz von Ideen von Zenon einhandeln mußten (s. u. S. 69).

Von hieraus eröffnet sich nun ein Weg, jenen Neuansatz kurz zu beschreiben, durch den die Stoiker auch zu einer Revision jener Beziehung genötigt wurden, die dem aristotelischen Wahrheitsbegriff in der erwähnten Form zugrunde liegt.

Für die Stoa besteht ein grundsätzlicher Unterschied zwischen ‚Wahrheit‘ und ‚wahr‘ [12]. Und zwar bestimmen die Stoiker diese Differenz nach Maß-

---

diese Aussagen bezieht sich G. Watsons These „there is, of course no body corresponding to our statement in reality" (*The Stoic Theory of Knowledge* 27).
A. A. Long bemerkt demgegenüber kritisch: „Yet it cannot be correct to say that all *lekta* are impositions on reality by us. The Stoics did not hold such a view when they said ‘It is day’ is true ‘if it is day’, ‘It is day’ is a statement which describes an empirical situation, not a mental construct" (in *Problems in Stoicism* 94). Dieser Einwand verfängt m. E. nicht wirklich. In der Tat stellt, wie L. Wittgenstein sagt, „der Satz das Bestehen und Nichtbestehen der Sachverhalte dar" (*Tractatus logico-philosophicus* [London 1922] 4. 1); aber „die Worte sind in der Regel nicht den von ihnen bezeichneten Dingen ähnlich, ebensowenig entspricht ihre Anordnung im Satz der Anordnung der Dinge in der Wirklichkeit, über die der Satz spricht" (G. Patzig, in *Sprache und Logik* 40), und bejaht oder verneint wird nicht eine Tatsache (die man übrigens auch nicht sehen kann) sondern der Sinn des Satzes (vgl. L. Wittgenstein, a. a. O. 4. 064.)

12 Zu Sextus Empiricus, *Adv. Log.* 1, 38 ff. siehe näher B. Mates, *Stoic Logic* 16, 33–36 und G. Watson, *The Stoic Theory of Knowledge* 45–46.
R. Haller *ABG* 7 (1962) 84 macht auf ein entsprechendes Verhältnis bei E. Bolzano aufmerksam: „Wohl haben erkannte, oder auch nur gedachte Wahrheiten in dem Gemüthe desjenigen Wesens, das sie erkennt oder denkt, ein wirkliches Dasein zu bestimmter Zeit; nämlich ein Dasein als gewisse Gedanken, welche in einem Zeit-

gabe von drei Gesichtspunkten. Wichtig für unseren Zusammenhang ist eigentlich nur der erste: Ἀλήθεια und ἀληθές unterscheiden sich dem Bestand bzw. der Substanz nach (οὐσίᾳ) [13]; Wahrheit gilt den Stoikern als Körper, während „ἀληθές" als Eigenschaft von vollständigen λεκτά etwas unkörperliches ist. Wahrheit betrachten die Stoiker dann folgerichtig als ‚Zentralorgan in einer bestimmten Verfassung' (ἡγεμονικόν πως ἔχον). Denn die Seele betrachten sie als Körper und entsprechend auch die Qualifikationen, die an ihr vorkommen, wie z. B. Tugend oder eben auch Wahrheit. Etwas grob wird man gerade im Hinblick auf einen Vergleich mit Aristoteles von einer Hereinnahme der Wahrheit in den Menschen sprechen wollen. Ganz eklatant zeigt sich auch die Analogie zu den ethischen Vorstellungen der Stoa: Güter bestehen *an* der Seele, oder jedenfalls nicht ohne Beziehung auf sie.

Von entscheidender Bedeutung für die Beurteilung des Stoiker-Zeugnisses bei Sextus ist also der Umstand, daß der Ausdruck „ἀληθές" für die Stoiker in erster Linie eine bestimmte Eigenschaft von ἀξιώματα bedeutet, also eine Qualität von etwas Unkörperlichem, die selbst unkörperlich ist [14].

punkte angefangen, in einem anderen aufgehört haben. Den Wahrheiten selbst aber, welche den Stoff dieser Gedanken sind, d. h. Wahrheiten an sich, kann man kein Dasein zuschreiben" (*Wissenschaftslehre* I, hrgb. von F. Kambartel [Hamburg 1963] 112).

[13] Die beiden anderen sind „συστάσει" (*Wahrheit* konstituiert sich als System von wahren Behauptungen, *wahr* ist μονοειδές, d. h. nicht-komplex) und „δυνάμει" (Ersteres hat eine andere Funktion als letzteres: ein Dummer mag einen wahren Satz aussprechen, ohne damit auch Wahrheit zu besitzen).

[14] Wenn Sextus sagt: „ihnen gilt als wahr, was wirklich ist und das kontradiktorische Gegenteil von etwas ist, falsch hingegen dasjenige, was nicht wirklich ist und das kontradiktorische Gegenteil von etwas ist" (s. o. S. 23 Anm. 1), so bedeutet ὑπάρχειν nicht sozusagen aristotelisch, wie P. Hadot zu verstehen gibt, das „Charakteristikum eines aktuellen Prädikates, d. h. eines Prädikates, das sich faktisch auf ein Subjekt bezieht, das ihm zukommt ... Der wahre Urteilssatz ὑπάρχει, weil er in gewisser Hinsicht für die Stoiker ein vollständiges Prädikat darstellt und weil dieses vollständige Prädikat, wenn es sich faktisch auf ein Subjekt bezieht, wahr ist" (*ABG* 14 [1969] 123).
Tatsächlich können die Stoiker aber nicht von einer Seinsweise des Prädikates einerseits und einer Seinsweise des Subjektes andererseits sprechen (ausführlicher nehme ich gegen P. Hadot Stellung in *ABG* 17 [1971] 229). Das Wort ὑπάρχειν, das in der aristotelischen Metaphysik und Termlogik die Zugehörigkeit eines Terminus X zu einem Terminus Y ausdrückt, wird von den Stoikern zur Kennzeichnung (a) der gegenständlichen Existenz des *Außendinges* verwendet, zur Kennzeichnung (b) der Gegenstandsbezogenheit des in einem ἀξίωμα über einen bestehenden Sachverhalt zum Ausdruck Gebrachten; aber diese Gegenstandsbezogenheit betrifft natürlich

Als Stoiker darf und kann man also nicht sagen, „dieses αἰσθητόν ist wahr", sondern „diese Behauptung (über jenes αἰσθητόν) ist wahr".

In der Praxis – vermutlich im Dialog mit den Akademikern (wie man aus den Darstellungen bei Cicero und Sextus Empiricus schließen kann) mag es sich eingebürgert haben, auch von den *Wahrnehmungsinhalten* als ‚wahr' oder ‚falsch' zu sprechen, – offenbar in dem Sinn, daß eine *Phantasia* (s. u. S. 43) eine zutreffende Behauptung über das in ihr Begriffene gestattet (vgl. Sextus Empiricus, *Adv. Log.* 1, 244). Eben diese Art von derivativem Wahr-Sein indiziert womöglich die nicht ganz sattelfeste *Beziehung*[15] – was Sextus, *Adv. Log.* 2, 10 mit dem Ausdruck ἐπιφορά sagen will – der Erkenntnislehre auf die ‚Logik': Ein λεκτόν qua σημαινόμενον (im Gegensatz zu dem es isomorph bezeichnenden Bedeutungsträger) ist etwas, was „nach Maßgabe einer artikulierbaren[16] Vorstellung besteht"[17]. Ist eine solche φαντασία adäquat genau in dem Sinn, daß das in ihr Begriffene den Tatsachen entspricht, dann steht zu erwarten, daß die über diesen Vorstellungsinhalt ausgesprochene Behauptung als Tatsachenbehauptung das „semantische" Prädikat ‚wahr' erhält.

Nur mit derartigen Vorbehalten dürfte Zenon also von einem ‚Wahr-Sein' der „αἰσθητά" gesprochen haben. Vermutlich hat er es nicht getan; nichts wäre einem Stoiker mehr zuwider als terminologische Ambiguitäten.

Daß eine derartige Unklarheit gut und gern auch Sextus Empiricus angelastet werden könnte, soll im Folgenden kurz verdeutlicht werden: Die

---

nicht die λεκτά qua λεκτά. Qua λεκτά wird ihnen ein ὑφίστασθαι zugesprochen, wie übrigens auch den anderen *Incorporalia*. P. Hadot verkennt, daß ein *vollständiges Lekton* (λεκτὸν αὐτοτελές) eben k e i n „vollständiges Prädikat" ist und hier keine termlogische Beziehung ins Spiel gebracht werden darf.
Die Pointe des von Sextus Gesagten ist jedenfalls, daß alles, was Wahrheitswerte haben kann, einen Gegensatz anzeigt: „For everything said to be true it is possible to indicate something which is a false. This is the function of the particle ‚not' in language. But sensibles as such have no contradictories..." (W. & M. Kneale, *The Development of Logic* 151).
15 Eine ähnliche Frage stellt sich für B. Russell: „... a belief is true when it corresponds to a certain associated complex, and false when it does not ... Thus, although truth and falsehood are properties of belief, yet, they are in and sense extrinsic properties ... (*The Problems of Philosophy* [Oxford 1970] 14–15).
16 „Aussprechbar" (wie U. Egli, *Zur stoischen Dialektik* 18 übersetzt) erklärt sich aus Diogenes Laertius 7, 51 und Sextus Empiricus, *Adv. Log.* 2, 70. 80. Ursprünglich hatte auch A. A. Long diese Wiedergabe erwogen; er kam aber zu dem Schluß, daß im gegebenen Kontext mit der Übersetzung „expressible" eine Tautologie entstehen würde (in *Problems in Stoicism* 108 Anm. 25).
17 Vgl. Diogenes Laertius 7, 63 und Sextus Empiricus, *Adv. Log.* 2, 70.

Äußerung in *Adv. Log.* 2,185 [οἱ ἀπὸ Στοᾶς καὶ Περιπάτου μέσην ὁδὸν τέμνοντες ἔνια μὲν ὑποκεῖσθαι τῶν αἰσθητῶν ἔλεξαν ὡς ἀληθῆ, ἔνια δὲ μὴ ψευδομένης περὶ αὐτῶν τῆς αἰσθήσεως] verrät wiederum eine gewaltsam anmutende Neigung zur Systematisierung. Daß die *neutr. pl.* in der orthodoxen Stoa je substantivisch (wie auch νοητά bei Platon, *Timaios* 37 B; Aristoteles, *De Anima* 431 B 22; *Metaph.* 999 B 4) gebraucht wurden und in diesem Sinn terminologisch festgelegt waren, kann nur auf Grund mangelnder Evidenz nicht bestritten werden. Bekannt ist hingegen, daß Sextus sie mit Vorliebe verwendet (unangemessen auch in einem ähnlich gelagerten Zusammenhang wie dem in *Adv. Log.* 1, 349). Sehr instruktiv ist z. B. auch der Abschnitt in *Adv. Log.* 2, 56 (und 2, 62), wo Platon und Demokrit an Hand einer derartigen Schematisierung als Aprioristen hingestellt werden [18].

Vermutlich hatte also Zenon in strikter terminologischer Rede (und die Stoiker nach ihm: οἱ ἀπὸ τῆς Στοᾶς) nicht etwa die Klasse der Gegenstände der Wahrnehmung in „wahre" und „falsche" aufgeteilt, sondern – wenn überhaupt – Wahrnehmungsinhalte, die in Form eines Urteils artikuliert werden können [19].

§ 3 Zur Erklärung der Phantasia [1]

Anders als bei Aristoteles, der der φαντασία eine Art Zwischenstellung zwischen αἴσθησις und ὑπόληψις [2] (*De Anima* III 6) zuweist und sie entweder als mit Wahrnehmung [3] verbunden oder aber zeitlich beliebig abge-

---

[18] Dazu siehe A. Graeser, *Hermes* 98 (1970) 309.

[19] Vgl. Ciceros Zeugnis: *visis non omnibus adjungebat fidem sed iis solum quae propriam quandam haberent declarationem earum rerum quae viderentur* (F 60). *Visum* ist der Ausdruck, durch den Cicero gern φαντασία wiedergibt; womöglich hat er hier aber ganz konkret φαντασθέν im Sinn (s. u. S. 44).

[1] Sextus Empiricus, *Adv. Log.* 1, 228–231; a. a. O. 1, 236.

[2] Der Ausdruck ‚Zwischenstellung' macht aus der Not, daß Aristoteles die φαντασία nicht lückenlos einzuordnen vermag, keinesfalls eine Tugend. Zur Differenzierung siehe De Anima 428 A 5–16, 16–18, 18–22, 24 – B 9; interessant ist die Diskussion bei W. Hamlyn, *Aristotle's De Anima* (Oxford 1968) 129–135.

[3] Das griechische Wort kann sowohl ‚sensation' als auch ‚perception' bedeuten. Im letzteren Fall involviert αἴσθησις so etwas wie ‚Bewußtsein' und ‚Urteil'. Zur Diskussion siehe W. Hamlyns Arbeit in *PhQ* 9 (1959) 6 ff. sowie seine Monographie *Sensation and Perception. A history of the philosophy of perception* (London 1961) 13 sowie A. A. Long, *BISC* 18 (1971) 130 Anm. 11.

sondert ansah (vgl. *De Mem.* 450 A 12–15; *De Insom.* 459 A 14–22, 462 A
8–31), nähert sich das stoische Verständnis dieses Begriffes [4] dem, was man
am ehesten vielleicht als *Wahrnehmungsinhalt* bezeichnen wird [5].

Genauer gesagt ist φαντασία in stoischer Sicht sowohl die Vorstellung
(= Repräsentation) von etwas, als auch dasjenige, was den Vorstellungsinhalt ausmacht [6]. Vermutlich soll diese Bestimmung dem Unterschied Rechnung tragen, den wir dann berücksichtigen, wenn zwischen „ich sehe *X*"
und „ich sehe, daß *p*" differenzieren [7]. – Diese offenbar gemeinstoische Auffassung wird jedenfalls dann verständlich, wenn man sie auf die Voraussetzung der zenonischen Lehre von Ursache und Wirkung [8] hin überprüft.
Denn danach gibt es kein αἴτον, welches nicht simultan (ὁμοῦ) vom οὗ αἴτιον
begleitet würde. Dieser Gesichtspunkt markiert nicht nur die Differenz zu
dem, was Aristoteles in *De Mem.* 450 A 12–15, *De Insomn.* 459 A 14–22,
462 A 8–31 mit Rücksicht auf den Umstand geltend macht, daß ‚Vorstellungen' auch dann zustande kommen, wenn die Wahrnehmung des Objektes
selbst nicht mehr vorhanden ist; auf die Lehre von den *Phantasiai* bezogen
bringt das Lehrstück von der Koexistenz von αἴτιον und οὗ αἴτιον auch
den Gedanken mit sich, daß jede *Phantasia* qua τύπωσις die Existenz eines
wirklich so und nicht anders beschaffenen Objektes in der Außenwelt logisch voraussetzt [9]. Auch dieser Gedanke bedeutet einen klaren Unterschied
zu der Auffassung des Aristoteles; denn dieser stellt ja in Rechnung, daß
φαντασίαι auch im Schlaf (d. h. wenn keine optische Wahrnehmung stattfindet: *De Anima* 428 A 7–8) zustande kommen. (Der neue Sinn, den Aristoteles dem von ihm durch φαντασία bezeichnetes *Vorstellungsvermögen*
beimißt, liegt ja wesentlich in der Annahme begründet, daß φαντασία eben

---

[4] Sowohl Aristoteles (*De Anima* 429 A 3–4) als auch Chrysipp (*D. D. G.* 402. 1–5
εἴρηται δὲ φαντασία ἀπὸ τοῦ φωτός· καθάπερ γὰρ τὸ φῶς αὐτὸ δείκνυσι, καὶ τὰ
ἄλλα τὰ ἐν αὐτῷ περιεχόμενα, καὶ ἡ φαντασία δείκνυσι ἑαυτὴν καὶ τὸ πεποιηκὸς
αὐτήν) erklären dieses Wort etymologisch von φῶς her (vgl. auch Sextus Empiricus,
Adv. Log. 1, 63).

[5] Man begibt sich damit in die Nähe der von Platon im *Sophistes* 264 A–B skizzierten
Position im Sinn der Vermischung von Wahrnehmung und Meinung; dazu siehe
F. M. Cornford, *Plato's Theory of Knowledge* (London 1935) 319. Wichtig ist die
Diskussion bei D. Dudley, *A History of Cynism* (London 1937) 216–220 (Appen-
dix 2).

[6] Vgl. Nemesios, *De Nat. Hom.* 76 (= 172. 3–6/173. 2–4 Matth.) und *D. D. G.* 402.
6–9.

[7] Vgl. L. Wittgenstein, *Philosophische Untersuchungen* (Frankfurt, Suhrkamp-Edition:
1967) Teil II, Abschnitt 11.

[8] S. u. S. 82.

[9] Zur stoischen Lehre vom Sehen vgl. jetzt H. G. Ingenkamp, *RhM* 115 (1971) 240–246.

nicht sozusagen platonisch ‚Meinung zusammen mit Wahrnehmung‘ ist,
oder vermittels einer Wahrnehmung zustande kommt, noch eine ‚Vermischung von Meinung und Wahrnehmung‘ darstellt.)

Die Stoiker scheinen solchen Überlegungen aber insofern Rechnung zu
tragen, als sie hier von φαντάσματα sprechen können. Tatsächlich ist die
stoische Lehre von den Vorstellungen in unterschiedlicher Terminologie
überliefert [10].

Die eine, vielleicht klarere Terminologie findet sich bei Diogenes Laertius
7, 46 (317. 3–6 ed. H. H. Long) und Sextus Empiricus, *Adv. Log.* I/II
[φαντασία καταληπτική] und [φαντασία ἀκατάληπτος]. Die andere findet
sich bei Aëtius, *Plac.* IV 12, 1 (= *S. V. F.* 2, 54 = *D. D. G.* 401. 14–21)
und wiederum bei Diogenes Laertius 7, 50 [φαντασία und φάντασμα].
Ohne zu diesem Zeitpunkt bereits in eine Diskussion der Lehre von der
φαντασία καταληπτική eintreten zu wollen (s. u. S. 39), wird man festhalten dürfen, daß φαντασία in stoischer Sicht vorzugsweise einen Wahrnehmungsinhalt bedeutet, der eine Beziehung zu einem außenweltlichen Objekt aufweist [11].

Die Position Zenons läßt sich als Ganzes nicht mehr exakt ausmachen.
Auch kann sie eigentlich nicht aus dem ermittelt werden, was Sextus Empiricus im Rahmen seiner Darstellung der schulinternen und außerschuli-
schen Diskussion [12] jener offenbar klassischen und nominell verbindlichen
Bestimmung „φαντασία = τύπωσις ἐν τῇ ψυχῇ“ [13] zu berichten weiß. Daß
beide in dieser Bestimmung enthaltenen Termini τύπωσις und ψυχῇ unter-
schiedlich ausgelegt wurden, kann als Hinweis darauf verstanden werden,

---

[10] S. u. S. 70.

[11] Vgl. W. Hamlyn: „It seems, however, that they [i. e. die Stoiker] may have used the
first term [i. e. *phantasia*] quite generally to cover any mental event, as long as it has
some connection with external phenomena, i. e. as long as it was not a *phantasma*-
dream-image or a delusion“ (*Sensation and Perception* 36). Der von ihm verwendete
Ausdruck ‚mental event‘ findet in unserer Sprache wohl keine Entsprechung. Er
scheint mir geeignet, den Umstand zu kennzeichnen, daß die Stoiker im Falle der
Menschen ja von λογικαί φαντασίαι sprechen; es sind dies Wahrnehmungsinhalte,
die artikulierbar sind (s. o. S. 29 Anm. 16): „They are impressions convertible into
(or perhaps received as) words“ (A. A. Long, in *Problems in Stoicism* 83). Nicht
schlüssig scheint mir die Behandlung dieses Gesichtspunktes bei Ch. L. Stough, *Greek
Skepticism* 34.

[12] Sextus, *Adv. Log.* 1, 232–233. 237; *Pyrrh.* 2, 70.

[13] Auch Plotin kennt diese Bestimmung: siehe mein *Plotinus and the Stoics* 24–25.

daß eine authentische Erklärung Zenons womöglich doch nicht mehr bekannt war[14].

Genauer faßbar ist zunächst einmal Kleanthes Position. Er verstand τύπωσις als ‚Einprägung‘, also κατ᾽ εἰσοχήν τε καὶ ἐξοχήν (= S. V. F. 1, 484). Die heute vorherrschende Meinung besagt, daß Kleanthes nur die Auffassung Zenons wiedergebe[15], wohingegen Chrysipps Interpretation des Begriffes τύπωσις als ἑτεροίωσις (S. V. F. 2, 56) bzw. als ἀλλοίωσις (so Diogenes Laertius 7, 50) eine Abkehr vom authentischen Verständnis bedeute[16]. Beweisen läßt sich diese Annahme nicht[17].

Was Kleanthes Erklärung der τύπωσις ἐν ψυχῇ anbetrifft, so ist festzuhalten, daß der Wachssiegelvergleich, der die Abbildung des Wahrnehmungsinhalts vom Gegenstand der Wahrnehmung illustrieren soll, in der griechischen Erkenntnis- und Wahrnehmungslehre durchaus nicht ohne Beispiel ist[18].

(1) Demokrit scheint die verdichtete Luft, aus der Wahrnehmungsbilder geformt werden, mit einer Wachsmasse verglichen zu haben (Theophrast, De Sensu 51 = D. D. G. 513. 28 – 514. 2).

(2) Platon entwickelt im Theaitet (191 C ff.) eine Hypothese, wonach die Seele eine wächserne Prägemasse ist, in welche die Gedanken so eingeformt werden, wie sich Konturen von Siegelringen in Wachs einzeichnen. – Auf wen die bei Platon skizzierte Auffassung zurückgehen könnte, läßt sich jedenfalls nicht sicher sagen; richtig ist jedenfalls die Diagnose, daß „die

---

14 Diese Überlegung äußert L. Stroux, Vergleich und Metapher in der Lehre des Zenon von Kition (Diss. Heidelberg 1965 [Berlin 1965]) 66.

15 Kritisch äußert sich m. W. nur F. H. Sandbach: „It retain a lingering doubt whether it is right to ascribe such a simpleminded view to Zeno“ (in Problems in Stoicism 20 Anm. 20).

16 Siehe u. a. K. von Fritz, Hermes 70 (1927) 474; M. Pohlenz, NGG II, 9 1938) 174 ff. (u. ö.); G. Verbeke, Kleanthes van Assos (Brüssel 1948) 96–99 oder z. B. C. J. De Vogel, Greek Philosophy III (Leiden 1964) 94.
Anders versuchte R. Hirzel zu zeigen, daß Kleanthes an die in Platons Theaitet widerlegte Lehre anknüpft, nämlich an Heraklit [sic!] (Untersuchungen zu Ciceros philosophischen Schriften II 160–180).

17 Tatsächlich hat man sich offenbar daran gewöhnt, auch diese Annahme im Licht der wesentlich biographisch suggerierten Meinung zu betrachten, wonach „Cleanthes is a truer exponent of his masters teaching than Chrysippus“ (A. C. Pearson, The Fragments of Zeno and Cleanthes 61). Ohne weitere Begründung modifiziert J. B. Gould: „It seems that Cleanthes is a more faithful expounder of Zeno in this point than Chrysippus“ (The Philosophy of Chrysippus 54 Anm. 1).

18 Wichtig hierzu ist der Beitrag von K. von Fritz in Science, Medicine and History [Essays in Honour of Ch. Singer] (Oxford 1964) 83 ff.

Schwierigkeiten, an den die ἐντύπωσις-Lehre bei Platon scheitert [. . . . .]
die demokriteische Form derselben [nicht] trifft" [19]. Sofern man sich schon
mit Hypothesen zufrieden geben will, wird man dem Gedanken ein gewis-
ses Maß an innerer Wahrscheinlichkeit zubilligen, wonach sich Platon hier
mit einem Gedanken auseinandersetzt, der auf Antisthenes zurückgehen
könnte [20], und daß das entsprechende Lehrstück der alten Stoa (*S. V. F.* 1,
484) an Antisthenes orientiert ist.

(3) Schließlich benutzt auch Aristoteles den Wachssiegelvergleich [21].

Daß Zenon, der anders als Aristoteles das πνεῦμα nicht als Organ bzw.
Instrument der Seele ansah, sondern als deren materielles Wesen, die Abbildung eines Wahrnehmungsinhalts im Seelenstoff als eine Art Abdruck
oder Eindruck verstanden wissen wollte, geht unzweideutig aus den Zeugnissen zur *kataleptischen Vorstellung* hervor (s. u. S. 39). Denn wenigstens
die Zeugnisse bei Sextus Empiricus können für Zenon in Anspruch genommen werden [22]. Und schließlich sichert Ciceros ,*impressum effictumque*' sowie ,*impressum et signatum et effictum*' den Wachssiegelvergleich für Zenon.

Fraglich und vielleicht doch problematisch bleibt indessen, ob Zenon die
in der Definition der kataleptischen Vorstellung verwendeten Termini ἐναπομεμαγμένη καὶ ἐναπεσφραγισμένη bildlich, oder – wie M. Pohlenz
meint – „gewiß nicht bildlich" [23] verstand; Chrysipps reductio ad absurdum
beruht auf der Annahme, daß Zenon natürlich kein Interesse daran gehabt
haben konnte, in eine Reihe von widersprüchlichen Behauptungen verstrickt
zu werden. Mit einer derartigen (heuristisch selbstverständlichen) Überlegung ist natürlich nichts über die Frage der Unrichtigkeit oder Richtigkeit
der Auslegung des zenonischen Lehrstücks durch Kleanthes präjudiziert.

Interessant nimmt sich vielleicht der Umstand aus, daß sich für einen

---

[19] K. von Fritz, *Hermes* 72 (1927) 482, vgl. 478.

[20] Die Diskussion auch anderer mit diesem Problem verbundenen Themenkreise durch
K. von Fritz (a. a. O.) läßt dies immerhin als glaubhaft erscheinen.

[21] *De Anima* 424 A 17–22. Vgl. auch *De Mem. 450 A 30*. Immerhin bemerkenswert ist
der Umstand, daß sich Alexander von Aphrodisias zu der Stellungnahme genötigt
fühlte, daß dieser Vergleich nicht wörtlich gemeint sei (*In De An.* 72. 12).

[22] Dies ergibt sich aus der Überlegung, daß die Polemik des Arkesilaos, welche Sextus
hier referiert, aller Wahrscheinlichkeit nach nur Zenon gegolten haben konnte (vgl.
neben H. von Arnim, *S. V. F.* I, S. 17 auch M. Pohlenz, *NGG* II, 9 [1939] 177 sowie J. M. Rist, *Stoic Philosophy* 137).

[23] *NGG* II, 9 (1938) 176. Die Begründung ist freilich nicht stichhaltig. Denn die Bemerkung a. a. O. [„Da für ihn die Seele als Pneuma körperlich war, ist es von vornherein wahrscheinlich, daß er auch den ,Abdruck' ganz sinnlich verstand"] ist natürlich kein Argument. Auch für Chrysipp war die Seele etwas ,körperliches'.

spätantiken Platoniker wie Plotin dieses ‚Problem' in dieser Form gar nicht mehr stellt. Zwar macht er wiederholt gegen die stoische τύπωσις-Lehre Front [24]. Den Ausdruck τύπος vermeidet er gleichwohl nicht: IV 3 (27) 26. 29. Doch bedeutet die stoische Lehre für ihn insofern einen Stein des Anstoßes, als er in dem Hauptgedanken der Theorie selbst einen klaren Hinweis auf die Annahme physiologischer Veränderungen in der Seele finden muß. Und gleich ob Zenon und womöglich andere Stoiker nach ihm den Wachssiegelvergleich bildlich oder „gewiß nicht bildlich" verstanden, – das Zustandekommen einer *Phantasia* bedeutet in jedem Fall eine solche physiologische Veränderung. Und gerade dies wollte ja Chrysipp anders als Poseidonios (der das ἡγεμονικόν als ἄτρεπτον ausgab [25]) nun keineswegs in Abrede gestellt haben. Im Gegenteil: Entscheidend – für einen Philosophen von der Observanz Plotins freilich von durchaus untergeordnetem Interesse – ist aber die Frage, wie eine solche ‚physiologische Veränderung' aufzufassen ist, und was sie womöglich zu leisten vermag.

Gegen Kleanthes offenbar konkret wörtliches Verständnis des Ausdrucks τύπωσις (*S. V. F.* 1, 484), wonach jeder Wahrnehmungsinhalt einen dreidimensionalen Eindruck im Seelenstoff hinterläßt, machte Chrysipp geltend, daß Zenon [26] von τύπωσις im Sinne von ἑτεροίωσις gesprochen haben *mußte*. Chrysipps Einwände sind folgende:

(a) Wenn τύπωσις tatsächlich *Einprägung* bedeutet, dann müßte die Seele bei verschieden gearteten Eindrücken von ein und demselben Wahrnehmungsobjekt entsprechend verschiedenartige Einprägungen aufnehmen (Sextus Empiricus, *Ad. Log.* 1, 229).

Dieser Einwand soll vermutlich der Forderung nach Geltung des Satzes vom Widerspruch Rechnung tragen; erstaunlich ist nur der (fast skeptisch) anmutende Umstand, daß Chrysipp eine solche Möglichkeit seinerseits überhaupt ins Auge gefaßt haben sollte. Denn nach stoischer Auffassung dürfte dieser Fall normalerweise gar nicht eintreten.

(b) Wenn die Seele zur gleichen Zeit manigfache Vorstellungen (= *Einprägungen*) von verschiedenen Wahrnehmungsgegenständen hätte, so müßte sie entsprechend manigfache Formationen annehmen (Sextus Empiricus, *Adv. Log.* a. a. O.).

Die Logik dieses Einwandes ist die des ersten. Chrysipp versteht diesen Einwand offenbar als *a fortiori* Argument. Überdies ist dieses Argument demjenigen nicht unähnlich, welches Theophrast gegen Demokrit geltend macht (*De Sensu* 53).

(c) Wenn Vorstellungen tatsächlich ‚Wachssiegelabdrücke' sind, dann muß der jeweils nachfolgende Eindruck den vorausgegangenen auslöschen; *Erinnerung* (ϑη-

---

[24] Vgl. III 6 (26) 3. 27 bes. 29–30; IV 9 (8) 2. 20 und VI 6 (41) 1. 1.

[25] Vgl. F 163 *Edelstein-Kidd* (aus Galen, *De Hipp. et Plat. Plac.* 409. 1).

[26] Der Hinweis geht nur aus der Angabe des Sextus hervor (*Adv. Log.* 1, 230).

σαυρισμὸς φαντασιῶν)²⁷ wäre damit ebenso unmöglich, wie ‚Können'/‚Kunst' = ἄθροισμα καταλήψεων²⁸ (Sextus Empiricus, *Adv. Log.* 1, 373).

(d) Manigfache und verschiedenartige Eindrücke können nicht im Zentralorgan Bestand haben, wenn sie von Zeit zu Zeit variieren, so daß der jeweils vorherrschende Eindruck eben nicht den Charakter einer Vorstellung hätte (Sextus Empiricus, a. a. O.).

Chrysipp glaubte, die durch Kleanthes' Auslegung des zenonischen τύπωσις-Begriffes aufgegebenen Aporien dadurch vermeiden zu können, daß er für τύπωσις den Sinn von ἑτεροίωσις bzw. ἀλλοίωσις annimmt. Als ἀλλοίωσις hatte bekanntlich Aristoteles die *Wahrnehmung* aufgefaßt (vgl. *De Anima* II 5)²⁹. Mit diesem Terminus kennnzeichnet er in der Regel jede Art von Prozeß, d. h. jeden Umschlag von Potentialität zu Aktualität. Über die Eigenart dieses *Prozesses* sagt Aristoteles freilich nichts. – Auch mit Rücksicht auf Chrysipps Gedanken scheint es schwierig, dem Terminus ἑτεροίωσις (bzw. ἀλλοίωσις) inhaltliche Konturen abzugewinnen. Es muß sich freilich um eine Art qualitative Veränderung in der Disposition des Seelenpneumas handeln.

Tatsächlich gestattet die stoische *Physik* den Gedanken, daß an ein und demselben Substrat verschiedene Qualifikationen vorkommen, und daß eine jede dieser Qualifikationen nach Maßgabe dessen weiter differenziert werden kann, was die Stoiker als interne und externe Disposition verstehen. Diese Überlegung dürfte auch jenem Gedanken zugrunde liegen, den Chrysipp zur Rechtfertigung *seiner* Ausdeutung der τύπωσις im Anschluß an den zweiten Einwurf geltend gemacht haben konnte. Auffällig ist hier ja nicht zuletzt der Umstand, daß Chrysipp seine „positive Theorie von der Heteroiosis durch die Analogie der Luft stützt³⁰. Denn Theophrast hatte in seiner (?) Kritik der Wahrnehmungslehre Demokrits den Einwand geltend gemacht, daß eine Koexistenz verschiedener Wahrnehmungen unmöglich wäre, wenn die Luft simultan verschiedene ‚Abdrücke' aufnähme (*De Sensu* 53). Womöglich kennt Chrysipp ältere Debatten oder auch mehr zeitgenössische Ein-

²⁷ A. C. Pearson vertritt mit gutem Grund die Auffassung, daß diese Definition der Erinnerung auf Zenon zurückgehen müßte; andersfalls würde Chrysipps Argument wenig Durchschlagskraft haben.

²⁸ Gut vermerkt K. von Fritz: „Unter den ἀ. κ. kann kein Nebeneinander von Erinnerungen an lauter Einzeldinge verstanden werden [...] sondern nur ein Ineinander, aus dem die allgemeine auf alle Fälle anwendbare Einsicht hervorgeht..." (*Hermes* 62 [1927] 475).

²⁹ Vgl. auch Theophrast, *De Sensu* 49 (wo – wie M. Pohlenz, *NGG* II, 9 [1938] 175 Anm. 2 vermutet – an *De Anima* 416 B 5 angeknüpft wird).

³⁰ M. Pohlenz, *NGG* II, 9 (1938) 177.

wände, die gegen die stoische τύπωσις-Lehre erhoben worden sein konnten? Der von M. Pohlenz übrigens nicht weiter berücksichtigte Passus *Adv. Log.* 1, 323 gestattet zumindest den Schluß, daß eine außerschulische [31] Diskussion um die sogenannte Verbesserung dieses Lehrstückes stattfand; ferner kann man *Adv. Log.* 1, 232 entnehmen, daß die φαντασία-Lehre, so wie sie Kleanthes dargestellt hatte, schon vor Chrysipp Gegenstand kritischer Überlegungen von außerschulischer Seite her gewesen sein mußte. Aber selbst wenn dieser Eindruck, wie er sich aus der Darstellungsweise des Sextus ergeben kann, richtig ist und einen sachlichen Kern hat, – notwendig über die Position des Kleanthes zurückweisende Schlüsse auf die authentische Fassung dieses Lehrstückes bei Zenon selbst ließen sich daraus noch immer nicht ableiten. Denn die bloße Kenntnis der Existenz kritischer Repliken von seiten der Gegner Zenons allein versetzt uns immer noch nicht in die Lage zu entscheiden, ob Zenon tatsächlich das gemeint haben mußte, was ihm Kritiker akademischer Observanz unterstellten [32].

Fraglich bleibt also, ob die Verbesserung Chrysipps jene Schwierigkeiten auszuschalten vermag, die in den vier Einwänden gegen die φαντασία-Lehre zur Sprache kamen. Womöglich kann sie es. Denn ebenso wie im Falle seiner Erklärung der ‚Einheit‘ / ‚Vielleicht‘ der ἀρετή (s. u. S. 138) darf Chrysipp hier den Gedanken in Rechnung stellen, daß qualitativ unterschiedene Dinge ein und dasselbe Substrat haben können. Die Methodik der Differenzierung von (beliebig vielen,) individuellen Zügen an *einem* Substrat kann auch auf das sogenannte ἡγεμονικόν angewendet werden, i. e. das gemeinsame Substrat von φαντασία, συγκατάθεσις, ὁρμή und λόγος (*S. V. F.* 2, 862): So wie der *Logos* wiederum die Substanz verschiedener Tugenden ist, so ist die φαντασία als δύναμις hier die Substanz allermöglichen Vorstellungen [33]. Mit S. Sambursky wird man die Veränderungen in der Seele also als „different dynamics states of the pneuma" aufzufassen haben: „Such modifications can undergo superposition without loosing their identity, whereas a superposition of static states like Cheanthes' imprpession, does away with each of them ... Howewer, the superposition of the modfiications of the pneuma is of a specific character since each modification is given by a definite movement of the pneuma." [34]

---

[31] ἄλλοι in 2, 233 kann nicht ‚andere Stoiker‘ bedeuten; siehe den Anfang von 1, 233.
[32] L. Stroux rechnet damit, daß bereits Epikur auf Zenons τύπωσις replizierte: *Epist. ad Herodt.* 49 (*Vergleich und Metapher in der Lehre des Zenon von Kition* 56). Der Zusammenhang bei Epikur ist freilich sehr gedrängt und kaum diagnostizierbar.
[33] Vgl. M. E. Reesor, *AJPh* 75 (1954) 46 und *AJPh* 77 (1957) 67–68.
[34] *Physics of the Stoics* 26.

Am Rande ist noch auf einen anderen Gesichtspunkt der kritischen Diskussion der Formel „τύπωσις ἐν ψυχῇ" hinzuweisen. Er betrifft das Verständnis des Terminus ψυχή. So wurde von Kritikern darauf hingewiesen, daß selbst Chrysipps Formel „ἑτεροίωσις ἐν ψυχῇ" insofern nicht unangreifbar sei, als nicht jede physiologische Veränderung im Seelenpneuma auch eine φαντασία bedeuten müsse.

Die Stoiker scheinen demgegenüber geltend gemacht zu haben, daß die Bestimmung ‚Einprägung in der Seele' im Sinne von ἑτεροίωσις ἐν ἡγεμονικῷ verstanden werden müsse. D. h. analog κάθα γὰρ ἐφλότης λέγεται λευκότης ἐν ὀφθαλμῷ συνεμφαινόντων ἡμῶν τὸ ὡς ἐν ὀφθαλμῷ τουτέστι τὸ κατὰ ποιὸν μέρος τοῦ ὀφθαλμοῦ ist mit ψυχή dann die jeweils bestimmte Region der Seele gemeint, in welcher Repräsentationen zustandekommen[36]. Explizit heißt dies: φαντασία ἐστὶν ἑτεροίωσις ἐν ἡγεμονικῷ (Sextus Empiricus, *Adv. Log.* 1, 233 fin.).

Eine andere und – wie Sextus zu verstehen gibt – mehr subtile Form der Erwiderung gegen den Gebrauch des Terminus ‚Seele' im Zusammenhang dieser Bestimmung rekurriert auf den Hinweis, daß die Stoiker hier mit zweierlei Sinn rechneten. In dieser Hinsicht ist „Seele" einmal als dasjenige verstanden, was die gesamte menschliche Konstitution ausmacht, i. e. den Menschen zusammenhält, im eigentlichen Sinn aber als ‚Leitorgan': ἡγεμονικόν. Entsprechend dem Gebrauch des Wortes Seele im Zusammenhang z. B. von seelischen Gütern, die sich sinnvoll ja nur auf das ἡγεμονικόν beziehen lassen, weist der Terminus Seele stets auf eine Art von Gegebenheit, die dem Sinn des Wortes ἡγεμονικόν entspricht (Sextus Empiricus, *Adv. Log.* 1, 236).

Versucht man also, sowohl Chrysipp als auch Kleanthes Gerechtigkeit widerfahren zu lassen, so wird man die Möglichkeit in Betracht zu ziehen haben, daß sich Zenon in jenem Vortrag, auf den Kleanthes anspielt, ähnlich ausgedrückt haben mochte wie *mutatis mutandis* Aristoteles an jener Stelle, die Alexander nur bildlich verstanden wissen will (s. o. S. 34). Zenon mochte hier sogar nicht einmal anders als im Falle der Demonstration der Stufen der Erkenntnis (F 60. 66), oder der Demonstration des Un-

[35] Der Passus bei Sextus, *Adv. Log.* 1, 232–233 impliziert, daß sich diese gegen Chrysipp wandten. Hingegen erweckt 1, 235–236 den Eindruck, als habe eine andere Gruppe von Stoikern sich gegen diese Einwände wehren müssen, die gegen Zenon geltend gemacht wurden. Unsere immer noch durchaus mangelhafte Kenntnis der Arbeitsweise des Sextus erlaubt hier keine präzise Diagnosen.

[36] Sextus Empiricus, *Adv. Log.* 1, 233.

terschiedes zwischen Rhetorik und Dialektik einen Handvergleich zur Hilfe genommen haben[37], den Kleanthes seinerseits allzu wörtlich verstand.

§ 4 Die kataleptische Vorstellung[1]

Daß der Wortlaut des Zeugnisses bei Sextus so für Zenon in Anspruch genommen werden darf, ist durch die Angaben bei Cicero mit hinreichender Sicherheit angezeigt[2]. Hinzu kommen noch zwei Passagen bei Diogenes Laertius, die sich von denen bei Sextus darin unterscheiden, daß 7, 50 (318. 21–24) zu ἐναπομεμαγμένη noch ἐναποτετυμένη hinzugefügt ist, während in 7, 46 (317. 7–8) die Worte ὁποία ... ὑπάρχοντος keine Erwähnung finden, dafür aber mit ἀκαταληπτέον δὲ τὴν ἀπὸ ὑπάρχοντος, ἢ ἀπὸ ὑπάρχοντος μὲν μὴ κατ' αὐτὸ δε ὑπάρχον τὴν μὴ τρανῆ μηδὲ ἔκτυπον (817. 8–10) eine negative Abgrenzung artikuliert wird.

Vom systematisch-rekonstruktiven Gesichtspunkt her ergibt sich die Überlegung, daß für Zenon der Terminus κατάληψις (er kennzeichnet einen bestimmten Schritt im Wahrnehmungsprozeß zur Erkenntnisbildung[3]) am Anfang stand, und das Adjektiv καταληπτικός davon abgeleitet wurde[4]; der Diskussion des fast schon notorischen Problems, das sich mit der Frage nach der exakten Bedeutung von καταληπτικός angezeigt ist (s. u.) hat der Versuch einer Klärung dessen vorauszugehen, was κατάληψις bedeuten soll. Aus dem Zusammenhang des Diokles-Fragmentes bei Diogenes Laertius

---

37 L. Stroux, *Vergleich und Metapher in der Lehre des Zenon von Kition* 72–85 zieht ausgerechnet diese Möglichkeit auch im Zusammenhang seiner Behandlung des Wachssiegelvergleiches nicht in Betracht.

1 Numenius, bei Eusebius, *PE* XIV 6, 13 = F 2 *Leemans;* Cicero, *Ac. Pr.* 2, 18; Sextus Empiricus, *Adv. Log.* 1, 248; vgl. 1, 402. 410; *Pyrrh.* 2, 4; 3, 242.

2 Vgl. A. C. Pearson, *The Fragments of Zeno and Cleanthes* 64; H. von Arnim, *S. V. F,* I, S. 18; M. Pohlenz, *NGG* II, 9 (1938) 177 und J. M. Rist, *Stoic Philosophy* 137.

3 Zenon scheint den Prozeß der Erkenntnisbildung durch folgenden Vergleich illustriert zu haben: *hoc quidem Zeno gestu conficiebat. Nam cum extensis digitis adversam manum ostenderat „visum" inquiebat „huiusmodi est". Deinde, cum paullum digitos contraxerat, „adsensus huiusmodi". Tum plane compresserat pugnum fecerat, comprehensionem illam dicebat: qua ex similitudine etiam nomen rei, quod antea non fuerat,* κατάληψις *imposuit. Cum autem laevam manum admoverat et illum pugnum arte vehementer compresserat scientiam talem esse dicebat, cuius compotem nisi sapientem neminem* (F 66).

4 Vgl. *S. V. F.* 2, 58 und dazu M. Pohlenz, *NGG* II, 9 (1938) 186 Anm. 2.

7, 52 (wo αἴσθησις als Form der Wahrnehmung im engeren Sinn erscheint[5]), kann die Bedeutung *Erkennen* bzw. *Erkenntnis* gewonnen werden [„Wahrnehmung wird nach den Stoikern der Strom, welcher von dem Zentralorgan zu den Sinnesorganen durchgeht, ferner Erkenntnis durch die Sinnesorgane und ihre Einrichtung, in der einige verstümmelt sind, genannt; auch die Sinnestätigkeit wird Wahrnehmung genannt.“[6] – „*Erkenntnis* bzw. *Erkennen* entsteht nach ihnen durch die Wahrnehmung im Falle von weißen, schwarzen, von rauhen der glatten Dingen, durch die Vernunft bei den Dingen, die durch einen Beweis erschlossen werden, z. B. daß es Götter gibt und daß diese vorsorgen.“[7]]. Von hieraus gewinnt man den Eindruck,

[5] Vgl. Aëtius, *Plac.* IV 8, 12 [οἱ Στωικοὶ πᾶσαν αἴσθησιν εἶναι συγκατάθεσιν καὶ κατάληψιν] (= *D. D. G.* 396. 3-4, = *S. V. F.* 2, 72) und Galen, *In Hipp. De Med. Off.* 654, Bd. XVIII *Kühn* [αἰσθάνεσθαι οὐκέτι μὴ καταληπτικῶς] = *S. V. F.* 2, 75). *Wahrnehmen* heißt hier soviel wie realisieren, erkennen. Unrichtig scheint mir die Einschätzung dieses Zusammenhanges bei E. Bréhier, *Chrysippe et l'ancien stoïcisme* 98 Anm. 3.

[6] = *S. V. F.* 2, 71. Die Wiedergabe von *Katalepsis* durch „Erkenntnis“ (U. Egli, *Zur Stoischen Dialektik* 15) läßt sich mit unserem Sprachgebrauch nicht gut vereinbaren.

[7] = *S. V. F.* 2, 84. U. Egli übersetzt hier „Verstehen“ (*Zur Stoischen Dialektik* 15), was in keinem der beiden Fälle angemessen erscheint.
Der Passus [ἡ δὲ κατάληψις γίνεται κατ' αὐτοὺς αἰσθήσει μὲν λευκῶν καὶ μελάνων καὶ τραχέων καὶ λείων, λόγῳ δὲ τῶν δι' ἀποδείξεως συναγομένων, ὥσπερ τοῦ θεοὺς εἶναι καὶ προνοεῖν τούτους] (*S. V. F.* 2, 84) bedarf wohl noch weiterer Erläuterung: Einmal machte A. Bonhöffer gegen L. Steins (*Die Erkenntnislehre der Stoa* II 183 Anm. 369) Verständnis des Zusammenhanges λόγῳ-αἰσθήσει [i. e. die *Katalepsis* ergreife nur die „empirischen Tatsachen“, der *Logos* die „transzendentalen Tatsachen“] auf die korrekte Konstruktion dieses Passus aufmerksam (*Epiktet und die Stoa* [Stuttgart 1890] 156). Unklar bleibt aber seine Feststellung: „So klar und deutlich als möglich ist hier gelehrt, daß die κατάληψις nur zu einer Hälfte aus der αἴσθησις stammt, zur anderen aber aus dem λόγος“ (a. a. O.). Richtig dabei ist die Betonung des Gesichtspunktes, daß jede Form der Erkenntnis an Daten der Wahrnehmung gebunden ist (vgl. *S. V. F.* 2, 108 [καὶ πᾶσαν κατάληψιν ἠρτῆσθαι τῶν αἰσθήσεων] und *S. V. F.* 2, 88 [πᾶσα γὰρ νόησις ἀπὸ αἰσθήσεως ἢ οὐ χωρὶς αἰθήσεως]. Aber A. Bonhöffers Artikulierung dieses Sachverhaltes scheint insofern verfänglich, als nicht auch der Umstand Berücksichtigung findet, daß hier eine Art von Erkennen gemeint ist, dem ein Typus von φαντασία zugrunde liegen muß, von dem es bei Diogenes Laertius heißt: οὐκ αἰσθητικαὶ δὲ αἱ διὰ διανοίας, κάθαπερ τῶν ἀσωμάτων καὶ τῶν ἄλλων λόγῳ λαμβανομένων (*S. V. F.* 2, 61); der hierzu heranzuziehende Passus bei Sextus Empiricus, *Adv. Log.* 2, 176 mit der Darstellung der stoischen Unterscheidung von πράγματα als durch (a) αἴσθησις erkennbare (z. B. ‚weiß‘, ‚bitter‘ etc.) und (b) durch διάνοια erkennbare (z. B. ‚schön‘, ‚fromm‘) gestattet die Überlegung, daß es sich im Falle der λόγῳ λαμβανόμενα (vgl. Cicero, *Ac. Pr.* 2, 26 ἀπόδειξις = *ratio quae ex rebus perceptis ad id quod non percipiebatur adducit*) um Inferenzen handeln soll. Für den einer solchen κατάληψις zugrunde liegenden Vorstellungsinhalt

daß sich *Erkennen* bzw. Erkenntnis ganz im Sinne der Position des Realismus [8] auf die Dinge selbst bezieht; nun wird aber κατάληψις als φαντασίας καταληπτικῆς συνκατάθεσις bestimmt [9], also als Anerkennungsurteil gegenüber einer bestimmten Art von Vorstellungsinhalt. Vermutlich handelt es sich dabei um Vorstellungsinhalte, die sich in Sätze wie „ich sehe *X*" oder „ich sehe, daß *p*" umsetzen lassen.

Sämtliche Elemente dieser Definition sind nachweislich zenonisch; ob sie von Zenon selbst so aufgestellt wurde, mag gleichwohl diskutabel erscheinen. Für die Annahme dieser Definition als zenonisches Lehrstück muß aber der Umstand sprechen, daß es sich bei den im Kontext von Sextus, *Ad. Log.* 1, 151 (=*S. V. F.* 2, 98) von Arkesilaos anvisierten Stoiker eigentlich um Zenon und Kleanthes gehandelt haben muß; diese methodische Faustregel soll natürlich nicht darüber hinwegtäuschen, daß die Definitionsangabe ἥτις κτλ. auch ein Zusatz von Sextus' Hand sein könnte. Tatsächlich legt aber der ganze Zusammenhang eine entsprechende systematische stoische δόξα nahe. Gegen die Annahme dieser Definition als zenonisch könnte allenfalls der Umstand geltend gemacht werden, daß aus *F* 66 (s. o. S. 39) der Eindruck zu gewinnen ist, als gäbe es einen Phasenunterschied zwischen *assentio* = συγκατάθεσις und *comprehensio* = κατάληψις [10].

hat man mit einem Komplex zu rechnen, der eben *nicht* zur Hälfte aus αἴσθησις besteht, sondern mit einer μὴ αἰσθητική = μὴ δ᾿ αἰσθητηρίου λαμβανομένη φαντασία (*S. V. F.* 2, 63), obschon das entsprechende Erkennen nicht ohne Wahrnehmung zustande kommt. – Besser als A. Bonhöffer erklärt hier E. Bréhier: „c'est par la sensation qu'a lieu da compréhension des choses blanches, et par la raison qu'a lieu celle des conclusions raisonnées" (*Chrysippe et l'ancien stoïcisme* 101 Anm. 2).

8 Vgl. D. M. Armstrong: „Direct realism answers that the immediate object of awareness is never anything but a physical existent" (*Perception and the Physical World* [London 1961] XI).

9 Diese Definition ist nur durch Sextus bezeugt (*S. V. F.* 2, 90. 91. 97). Der Ausdruck συγκατάθεσις ist, wie auch L. Stroux richtig sagt, „an sich dem Bild der Abstimmung entnommen" (*Vergleich und Metapher in der Lehre des Zenon von Kition* 72–73. [Vgl. Platon, *Gorgias* 501 C σὺ δὲ δὴ πότερον συγκατατίθεσαι ἡμῖν περὶ τούτων τὴν αὐτὴν δόξαν ἢ ἀντίφῃς (eigentlich ψῆφον, vgl. L. & S.-J., s. v. συνκατατίθεσθαι, M. Pohlenz, *Die Stoa* II 32) *Protagoras* 330 C σὺ δὲ τίν᾿ ἂν ψῆφον θεῖο; τὴν αὐτὴν ἐμοὶ ἢ ἄλλην]) und bedeutet entsprechend „Anerkennungsurteil". Vgl. A. Schmekel, *Die positive Philosophie in ihrer geschichtlichen Entwicklung* (Berlin 1918) 651. Andere Ausdrücke wie „Gutheißen", „Billigung" (A. Bonhöffer, *Epictet und die Stoa* 176) sind nicht unproblematisch, denn sie bedeuten ja als Charakterisierungen von *moralischen Urteilen* συγκατεθέσεις von der Art, denen man im Licht der modernen Emotivationstheorie keinen deskriptiven Charakter zuerkennen würde; sie haben keine Wahrheitswerte.

10 So stellt L. Stroux fest: „Aus dem Handvergleich ergibt sich, daß die Synkatathesis

Bedeutet κατάληψις demnach *kein* Erfassen von außenweltlichen Dingen als solchen sondern von Vorstellungsbildern [11]? In jedem Fall hat man sich zu fragen, wie die stoische These vom *Erkennen* als *Bejahung* eines be-

eine gesonderte Stufe der Erkenntnisbildung ist: Damit ist der Versuch ausgeschlossen, sie – wenigstens zeitlich – mit der κατάληψις zusammenfallen zu lassen [i. e. als ‚Urteil' im Sinne der Darstellungen u. a. von A. Schmekel, E. Zeller, M. Pohlenz] anzusehen. Die Synkatathesis enthält im Gegensatz zur Katalepsis nur den Antrieb zu einer Aneignung. Die Seele beginnt, nach dem vorgestellten Objekt zu greifen. Man kann die Synkatathesis von der Sache her als ein Zuneigen bezeichnen" (*Vergleich und Metapher in der Lehre des Zenon von Kition* 73).
    L. Stroux gibt freilich an keiner Stelle zu erkennen, ob dies prinzipiell die Meinung der Stoa gewesen sein soll oder nur die Zenons; auf jeden Fall werden die Zeugnisse *S. V. F.* 2, 90. 91. 97 für die Erörterung von *F* 66 nicht berücksichtigt. Gleichwohl wird z. B. Anm. 78 eine Argumentation von einer gemeinstoischen Lehre abhängig gemacht. Auch der weitere Zusammenhang (a. a. O. 73–74) indiziert einige Unklarheiten. – Unverständlich scheint zunächst einmal, daß der so klar am Bild der Urteilsabgabe orientierte Begriff συγκατάθεσις bereits in *statu nascendi* verwässert worden sein sollte! Soll „Zuneigen" eine Gunstbezeugung bedeuten oder den Sachverhalt, daß jemand *zu* einer bestimmten Meinung (eines anderen?) *neigt?* Gerade der „Antrieb" zu einer Aneignung bedeutet streng genommen doch, daß es eine Auffassung gibt, die man sich zu eigen machen will; und dies impliziert, daß das ‚zuneigende' Subjekt diese Auffassung bereits artikuliert vorfindet. Entsprechend müßte dem Akt der συγκατάθεσις ein affirmativer Charakter eignen (dies liegt auch hinter dem Gedanken in *S. V. F.* 2, 72 [πᾶσαν αἴσθησιν εἶναι συγκατάθεσιν]). Wahrnehmungen haben einen bestimmten Grad von Distinktheit.
    M. E. diente Zenons Handvergleich nicht der Darstellung von zeitlich gesonderten Phasen (siehe auch *F* 55, eine Darstellung, die L. Stroux, a. a. O. 78 sogar auf eine Lehrschrift Zenons zurückgehen lassen will), – solche gibt es ja in der Regel garnicht – sondern der Klarstellung des für die stoische Position offenbar wichtigen Gesichtspunktes, daß *nur* die Rezeption der Vorstellung eine Passivität auf seiten des Subjektes bedeutet (vgl. die antike Beurteilung in *F* 55).
11 *Per definitionem* bezieht sich κατάληψις also auf φαντασίαι. Bereits E. Bréhier legt jedoch Wert auf die Feststellung: „κατάληψις désigne la sensation en tant que perception des choses extérieures" (*Chrysippe et l'ancien stoïsme* 98 Anm. 3 [„qu'il ne sagit pas seulement de juger des représentations mais d'atteindre des réalités"] a. a. O. 100 Anm. Sein Verweis auf *S. V. F.* 2, 65 [II, S. 25. 44] ist aber problematisch, denn hier liegt mit einiger Sicherheit eine Inferenz des Sextus Empiricus vor!). Besser sagt F. H. Sandbach: „But although grasp, apprehension, cognition, whatever we call it, is primarily of the presentation, it is secondary of the external object" (in *Problems in Stoicism* 13–14). Der Grund dafür ist nach F. H. Sandbach in dem Umstand zu suchen [„because the presentation ... declares or makes plain the object and a cognitive presentation is then also, and more importantly to apprehend the object from which it originated"], daß die phantasia als δεικνυμένη ἑαυτὴν καὶ τὸ πεποιηκὸς ἑαυτήν (*S. V. F.* 2, 54 und 2, 64) bestimmt ist. Auf diesen Punkt rekurriert vermutlich auch M. Pohlenz, wenn er sagt: „Zenon nannte diese Vorstellung eine kataleptische, weil

stimmten Vorstellungsinhalts zu verstehen ist. Denn bejaht werden kann nur ein Urteil[12], nicht aber eine Vorstellung qua τύπωσις bzw. ἑτεροίωσις. Keines der auf uns gekommenen Zeugnisse enthält einen Hinweis darauf, daß Zenon diesen Punkt näher diskutiert hätte. Daß sich die Stoiker über diese Seite des Problems freilich nicht im Unklaren gewesen sein dürften, kann aus der lapidaren Feststellung „συγκατάθεσις μὲν ἀξιώμασι" im Stoiker-Bericht bei Stobaeus, *Ecl.* II 88.4 erschlossen werden[13], sowie aus der Bemerkung, ὃ περὶ συγκαταθέσεως ... λόγος οὐκ ἄνευ φαντασίας συνίσταται (Diogenes Laertius 7,52 [= *S. V. F.* 2,52]). ‚Zustimmung' zu einem Vorstellungs- bzw. Wahrnehmungsinhalt kann recht verstanden nur bedeuten wollen *Zustimmung zu einem Urteil, welches den Inhalt der Vorstellung ausdrückt*[14]. Nun gelten ja die ἀξιώματα qua λεκτά für die Stoiker

---

sie eine Katalepsis, *eine wirkliche Erfassung des Objekts* ermöglicht" (*Die Stoa* I 60). Daß diese Erklärung ungenügend ist, kann leicht daraus ersehen werden, daß im Falle der Erkenntnis von „transzendentalen Tatsachen" (L. Stein s. o. S. 40 Anm. 7) oder „choses raisonnées" (E. Bréhier) wie bei der Erkenntnis, „daß es Götter gibt und daß diese vorsorgen" (s. o. S. 40) gewiß kein Objekt erkannt wird, von dem eine *phantasia* ausginge. Gegenstand der Erkenntnis ist hier vielmehr ein Sachverhalt, der als Rückschluß-Produkt zu betrachten ist und als solcher einer ‚nicht-sinnlichen Vorstellung' entspricht (s. o. S. 40 Anm. 7). Anders auch als Ch. L. Stough („the Stoics were in a position to define knowledge as the unerring apprehension ... of a real entity through the intermediary impression" [*Greek Skepticism* 37]) ist wohl zudem damit zu rechnen, daß sich allein die Wahrnehmung auf die außenweltlichen Objekte richtet, das mit ihr koextensive Moment der κατάληψις hingegen auf das, was die Vorstellung uns repräsentiert. – Unter den von F. H. Sandbach in Betracht gezogenen Stellen („of the surprisingly few passages that explicitly state κατάληψις to have external reality as its object") scheint allein F 60 einige Aussagekraft zu besitzen (siehe jedoch S. 30). Im Fall von Sextus, *Adv. Log.* 2,25 kommt die Meinung des Autors zur Geltung. Ch. L. Stoughs Verweis auf *Adv. Log.* 2,151 ist kein Beleg; ebensowenig Diogenes Laertius 7,47 (*Greek Skepticism* 37 Anm. 2). E. Bréhiers Verweis (*Chrysippe et l'ancien stoïcisme* 99–100 Anm. 2) auf *S. V. F.* 2,65 ist problematisch (s. o. S. 42) und Diogenes Laertius 7,46 ἦν κριτήριον τῶν πραγμάτων kann womöglich nicht als stoische Formulierung betrachtet werden!

12 Darauf machte bereits Arkesialos aufmerksam (Sextus Empiricus, *Adv. Log.* 1,154).

13 A. Bonhöffer zitiert *Adv. Log.* 1,153 als stoische Doxa (*Epictet und die Stoa* 176).

14 Vgl. Ch. L. Stough, *Greek Skepticism* 39–40: „It would seem that to assent to an impression is, in effect to assent to the proposition expressing its content. That is, I am implicitly giving my assent to the perceptual proposition ‚It is light', though I need not do so explicitly." – Erwähnung verdient das, was F. H. Sandbach hierzu sagt: „Suppose I look at a round object. It will – at any rate for Chrysippus – lie the basis of a cone of air in tension, and in some way its roundness will be conveyed along that cone to mey eyes and thence to the *hegemonikon*, which will be affected thereby. Now, if I am aware of the affect in my hegemonikon there can be no

als etwas, was „gemäß einer artikulierbaren Vorstellung besteht"[15], und
von artikulierbaren Vorstellungen scheinen die Stoiker dann zu sprechen,
wenn das vorgestellte Ding (τὸ φαντασθέν) vermittels der Sprache als Gegenstand des Denkens dargestellt werden kann[16]. Natürlich ändert die Berücksichtigung dieses Zusammenhanges zwischen λεκτόν und φαντασία
nichts an der Tatsache, daß ersteres als σημαινόμενον auf einer anderen
Ebene lokalisiert werden muß als die φαντασία und συγκατάθεσις[17], welche
als seelische Ereignisse über einen realen, nämlich körperlichen Bestand verfügen[18]. Entsprechend handelt es sich auch bei der κατάληψις, die als φαν-

question of giving or withholding assent to that; only a deliberate could I deny the
awareness. But a presentation is something more. What ‚appears' to me is not merely
that there is a certain affect in my *hegemonikon*, but that there is an external round
object. More than that, the object will be normally, identified as belonging to some
class of round object, as being an orange or a cricket-ball; or even as a particular
member of a class, as when we say, not ‚that appears to be a planet' but ‚that appears
to be Venus'" (in *Problems in Stoicism* 12–13).

[15] S. o. S. 43 Anm. 14. Vgl. A. A. Long: „The specific character of a *logike phantasia* is
its ability to say something, *lekton*: ‚it can reveal by speech what is presented'. *Logikai
phantasiai* (unlike some olfactory and tactile impressions) are expressible; they are
impressions convertible into (or perhaps received) as words" (in *Problems of Stoicism*
83).

[16] Unrichtig ist die Darstellung der λογικὴ φαντασία bei Ch. L. Stough, *Greek Skepticism* 37 Anm. 7: „They did not originate in sense experience They were analogous
to sense impressions, being occasioned by real, though incorporeal hence inperceptible
entities, which the Stoics called ‚lekta'." Wieweit A. A. Longs Diagnose [„it is not
implied that every species of human *phantasia* is *logike*"] (in *Problems in Stoicism*
83 Anm. 31) zutrifft, läßt sich schwer überprüfen.

[17] A. Bonhöffer hat das Problem immerhin gesehen. Freilich ist es nicht korrekt zu
sagen „und doch soll ihr [i. e. der συγκατάθεσις] Objekt, das ἀξίωμα, etwas un-
wirkliches sein!" *(Epictet und die Stoa* 177). Seine Überlegung „Ob und wie die
Stoiker diesen Widerspruch zu lösen versuchten, wissen wir nicht: eine befriedigende
Lösung konnten sie unmöglich finden" (a. a. O.) mag mit derjenigen von A. A. Long
konfrontiert werden: „The connexion between *logike phantasia, lekton* and ‚the presented object' *(to phantasthen)* seems to be the same in fact as the connexion between
sign, lekton and (external) object. For the words which an auditor receives must be
the untterance of the speaker's rational presentation" (in *Problems in Stoicism* 83),

[18] H.-J. Krämer spricht in diesem Zusammenhang von einer „Urteilsfunktion" der
συγκατάθεσις *(Platonismus und Hellenistische Philosophie* 139). – Diese Ausdrucksweise ist nicht schlecht doch zumindest nicht unverfänglich, denn der Tatbestand der
συγκατάθεσις als (vermutlich in der Terminologie Chrysipps) ἑτεροίωσις τοῦ ἡγεμο-
νικοῦ = ἐνέργεια kann vermutlich nicht wegdisputiert werden. Auch in Zenons
Handvergleich kommt eine derartige Auffassung zum Ausdruck. Dem physiologischen
Vorgang der Adaption einer artikulierbaren *Phantasia* korrespondiert ein Urteil von
der Art „Ja, es ist der Fall, daß *p*".

τασίας καταληπτικῆς συγκατάθεσις definiert wird (s. o. S. 41 Anm. 9) um eine Aktivität des ἡγεμονικόν und in diesem Sinn um ein physiologisches Geschehen; man ist versucht, den Akt der κατάληψις als bewußte Speicherung einer Information zu verstehen. (Entsprechend kann man die ἐπιστήμη, die ja u. a. als κατάληψις ἀσφαλής oder βέβαια καὶ ἀμετάπτωτος ὑπὸ λόγου definiert wird[19], als Bewußtsein des Gespeichert-Seins einer solchen Information verstehen[20], bzw. im Fall von ‚Wissenschaft‘ als regelrechten Komplex von zusammengehörigen Informationen.)

Haben wir von der Voraussetzung auszugehen, daß κατάληψις physiologisch den Akt der Aneignung einer bestimmten Art von Vorstellungsbild bedeutet und damit auch die affirmative Bestätigung der über den Inhalt der Vorstellung zum Ausdruck gebrachten Behauptung, so scheint die Überlegung unausweichlich, daß ein Vorstellungsinhalt nur dann *ergriffen* werden kann, wenn die Vorstellung als solche *ergreifbar* ist. Und das heißt, daß sie über einen bestimmten Grad von Distinktheit verfügen muß, den Epikur (und offenbar schon Theophrast[11]) durch den Begriff „Evidenz" bedeutet wissen wollte.

Man hat von jeher gerätselt, ob καταληπτικός aktivisch[22] oder passivisch

---

19 Siehe die Zeugnisse *S. V. F.* 2, 90–97 und die Diskussion bei A. Bonhöffer, *Epictet und die Stoa* 182–187.

20 Vermutlich steckt hinter der Ausdrucksweise ἀμετάπτωτος ὑπὸ λόγου mehr als nur „eine … Erkenntnis, die durch den Logos nicht schwankend gemacht resp. in Frage gestellt werden kann oder als Erkenntnis, welche unerschütterlich ist, weil sie auf dem λόγος ruht" (A. Bonhöffer, *Epictet und die Stoa* 183 Anm. 1). Warum sollte der *Logos* sie umstoßen wollen? Vielmehr ist ein derartiges Wissen selbst (physiologisch betrachtet) *Logos*-haft, und der *Logos* kann sich unmöglich selbst dissoziieren.

21 Vgl. Sextus Empiricus, *Adv. Log.* 1, 218. E. Zeller plädierte für eine Verwendung dieses Begriffes bei den Kynikern (*Philosophie der Griechen* II, 1 [Leipzig 1928] 251 Anm. 2).

22 Von der Wortbildung -τικός her wäre zu erwarten, daß καταληπτικός aktivischen Sinn hat (vgl. definitiv bei Aristophanes, *Equites* 1380, *Nubes* 318 oder Sextus Empiricus, *Adv. Log.* 1, 289–292 und Themistius, *In De An.* 62, 27 [καταληπτικὴ καὶ γνωριστική]). Dafür, daß *verbalia* auf -τικός passiven Sinn haben können, macht F. H. Sandbach auf Platon, *Timaios* 55 E, 58 D aufmerksam (in *Problems in Stoicism* 21 Anm. 15).
    Die Meinung derjenigen Interpreten, die καταληπτικός verstehen wollten, tendiert (a) zu der Auffassung wie derjenigen E. Zellers, wonach eine φαντασία καταληπτική eine Vorstellung sei, die uns durch sich selbst καταληπτικός ist = dasjenige, woran die Wahrheit einer Vorstellung erkannt wird, die ihr innewohnende Überzeugungskraft" nötigt, ihr Beifall zu schenken (*Philosophie der Griechen* III, 1³ 83. 85: auf die mit E. Zeller übereinstimmenden Auffassungen von A. Schwegler u. a. weist R. Hirzel, *Untersuchungen zu Ciceros philosophischen Schriften* II 182 hin).

zu verstehen sei[23], und ob die Stoiker gar eine Zweideutigkeit beabsichtigt hatten[24].

Gemeinsam ist dieser Interpretation – abgesehen von ihrer Berufung auf den regulären Sinn der *verbalia* dieser Bildung – der Rekurs auf die stoische Meinung bei Sextus, *Adv. Log.* 1, 257 bzw. 405, wonach uns eine derartige Vorstellung beinahe an den Haaren ergreift und zur *Synkatathesis* nötigt; es ist schwer zu glauben, daß diese Stellen tatsächlich etwas zu den hier vorliegenden Problemen aussagen: Im Zusammenhang des sog. Kriterienlehre/Kriterienstreites mochten einige Stoiker natürlich ein Interesse daran gehabt haben, den Anstoß für die *Synkatathesis* nicht allein als ‚subjektivistischen' Akt ausdeuten zu lassen, sondern ihn im Rahmen des Möglichen auch zu objektivieren, um damit auch die akademische *Epoche* als absurd erscheinen zu lassen.

(b) Die andere Interpretationsrichtung geht von der Wortbedeutung „erkennend" aus und versteht als Objekt der φαντασία καταληπτική entsprechend die außenweltlichen Dinge. Vgl. z. B. E. Bréhier: „Tandis, que la simple représentation révèle seulement son objet, l'image compréhensive le révèle d'une façon particulièrement claire" (*Chrysippe et l'ancien stoïcisme* 97 [Seine Formulierung ist etwas unglücklich. Denn eine *Phantasia* eröffnet, per definitionem: S. V. F. 2, 54. 63, sich selbst und das sie verursacht habende Objekt; sein Hinweis auf Cicero, *Ac. Pr.* 2, 17 ist kein Beleg!]), oder E. Grumach: „... was die φαντασία καταληπτική erkennen soll, sind selbstverständlich nicht wir, sondern das ὑποκείμενον, die jeweils zugrunde liegende Sache, die einen bestimmten Sinneseindruck hervorruft und durch ihn erkennbar wird als das, was sie ist" (*Physis und Agathon in der alten Stoa* 74. Sein Hinweis auf Sextus Empiricus, *Adv. Log.* 1, 248 ἀντιληπτικὴν εἶναι τῶν ὑποκειμένων kann nicht verfangen. Denn in diesem Zusammenhang, den E. Grumach nicht weiter auszitiert, geht es darum, daß d i e s e *Phantasia* ihr Objekt in einem besonderen Maß exakt reproduziert, und ἀντιληπτικὴν besagt demnach, wie R. G. Bury übersetzt, „that this presentation is eminently perceptive of real objects". Es ist immerhin interessant zu vermerken, daß Sextus n i c h t sagt, „diese *Phantasia* sei καταληπτικὴ τῶν ὑποκειμένων"), M. Pohlenz: „Zenon nannte diese Vorstellung die kataleptische, weil sie eine Katalepsis, eine wirkliche Erfassung des Objektes ermöglicht" bzw. „Aber bei Zenon kann kein Zweifel sein, daß er die kataleptische Vorstellung so genannt hat, weil sie eine Katalepsis ermöglicht, und daß diese Katalepsis die Erfassung des Objektes durch das erkennende Subjekt meint" (*Die Stoa* I 60. 62), – entsprechend auch G. Watson: „It is called καταληπτική because it permits κατάληψις, a real grasp of the object" (*The Stoic Theory of Knowledge* 35).

Kritisch zu bemerken bleibt hier, (1) daß diese Interpreten implizieren, daß sowohl die *kataleptische Vorstellung* als auch die *Katalepsis* eine auf das außenweltliche Objekt hin orientierte Aktivität bekunden. Dieser Gedanke – er scheint auch dem zenonischen Handvergleich zu widersprechen – ist aber absurd; zudem wissen wir, daß die einzige Art von Aktivität, die man der *Phantasia* als τύπωσις oder ἑτεροίωσις als Rezeptivität bzw. Passivität auf der Seite der Seele überhaupt zusprechen könnte darin besteht, daß sie sich selbst wie auch das in ihr abgebildete Objekt ‚zeigt' (*S. V. F.* II, S. 22. 1; 24. 37). Tatsächlich gibt es aber nirgendwo ein Indiz dafür, daß die *Phantasia* etwa das sie verursacht habende (τὸ πεποιηκὸς ἑαυτήν, τὸ φανταστόν) außen-

Wichtig für die Beurteilung dieses Problems ist natürlich der Gesichtspunkt, daß das zenonische Lehrstück von Cicero offenbar so verstanden wer-

weltliche Objekt (τὸ ὑπάρχον) direkt ergreift, erfaßt, oder erkennt (selbst A. Bonhöffer, *Epictet und die Stoa* 163 sieht dies nicht richtig.). (2) Nicht – *kataleptische* Vorstellungen, was immer dies auch bedeuten soll, werden als ἀκατάλληπτοι φαντασίαι angesprochen (z. B. Sextus, *Adv. Log.* 1, 408). Dieser Typus von Verbaladjektiv hat vorwiegend passivische Bedeutung (siehe auch F. H. Sandbach, in *Problems in Stoicism* 14); auch A. Bonhöffers methodische Skrupel (*Epictet und die Stoa* 162) müssen sich in dem Augenblick erübrigen, wo man realisiert, daß Cicero καταληπτόν als *id autem visum cum ipsum per se cerneretur comprehendible* wiedergibt (*Ac. Post.* 1, 41) und sich nach eigener Aussage darüber im Klaren ist, was er zu übersetzen hat. Schwierig ist hier allerdings der Gedanke, auf den wieder F. H. Sandbach aufmerksam macht (in *Problems in Stoicism* 20–21 Anm. 13), daß hier der Eindruck vermittelt wird, Zenon habe die mit Zustimmung belegte *Phantasia* καταληπτόν genannt (dazu siehe u. S. 48); καταληπτός als diesbezüglicher Terminus ist freilich durch den *Herc. Papyr.* bezeugt (*S. V. F.* 2, 131), wohingegen in καταληπτῶν bei Epiktet (Arrian, *Diss.* IV 4, 13) offenbar eine Radierung von -ιξ- vorgenommen wurde (*Cod. Bodleianus*).

23 Dafür entschied sich R. Hirzel, *Untersuchungen zu Ciceros philosophischen Schriften* II 185 [„so bleibt nur noch die Möglichkeit übrig, daß κατάληψις im passiven Sinn zu nehmen sei, wie dies bei den mit -ικος abgeleiteten Adjektiven zwar nicht das erste und gewöhnliche, aber durchaus nicht unzulässig ist. Dann würde also καταληπτικός dasselbe bedeuten wie καταληπτός und καταληπτικὴ φαντασία eine Vorstellung sein, welche ergriffen werden kann, das Gegenteil ἀκατάληπτος eine solche, ben welcher dies nicht möglich ist"] und stand mit dieser Auffassung „ziemlich allein" (A. Bonhöffer, *Epictet und die Stoa* 160). Ohne weitere Begründung spricht jetzt auch J. M. Rist von „recognizable presentations" (*Stoic Philosophy* 136).
R. Hirzel begründet diese Auslegung auf einen Hinweis (a) gegen die ihm in Gestalt der Darstellung von F. Überweg vorliegenden Auffassung, wonach die Dinge außer uns das Objekt sind, welches ergriffen wird: „Gegen diese Erklärung . . . muß aber eingewandt werden, daß φαντασία in diesem Zusammenhang ‚d. h. wenn von der φαντασία καταληπτική die Rede ist, nicht das Vermögen oder die Tätigkeit des Vorstellens, sondern die Vorstellung als etwas Objektives oder Vorgestelltes bezeichnet; das ergibt sich schon daraus, daß sie als ἐναπεσφραγισμένη καὶ ἐναπομεμαγμένη bestimmt wird. Von einer Vorstellung dieser letzteren Art kann aber nicht gesagt werden, daß sie die Dinge ergreift" (a. a. O. 185), (b) auf den ‚stoischen Sprachgebrauch', „nach dem die φαντασία nicht das Subjekt des καταλαμβάνειν ist, welches ergreift sondern vielmehr das Objekt, welches ergriffen wird. Das ergibt sich aus Cicero, *Ac. Post.* 1, 41" (a. a. O. 184), (c) auf die Unmöglichkeit der Annahme einer „Confusion des Ausdrucks", mit der man dann zu rechnen hätte, wenn man der Erklärung folgt, „die καταληπτικός im aktiven Sinn und den Geist als Objekt faßt, so würde in der stoischen Theorie ein und dieselbe Vorstellung bezeichnet werden als diejenige, welche den Geist erfaßt und als die, welche von ihm ergriffen wird" (a. a. O. 184).

24 Zu dieser Annahme fand schon L. Stein Zuflucht (*Die Erkenntnislehre der Stoa* II

den konnte, als habe der Stoiker von einer φαντασία καταληπτός gesprochen [25]:

Visis non omnibus adjungebat fidem sed eis solum quae propriam quandam haberent declarationem earum rerum quae viderentur: id autem visum cum per ipsum se cerneretur comprehendibile – (feretis hoc? nos vero, inquam: quonam alio modo καταληπτόν *diceres?) – sed cum acceptum iam et approbatum esset comprehensionem appellabat (F 60).*

Diese Darstellung impliziert aber, daß Zenon jene Unterscheidung vor Augen gehabt haben muß, die explizit von Chrysipp bei der Bestimmung der φαντασία als „ἑαυτὴν δεικνυμένη καὶ τὸ πεποιηκὸς ἑαυτήν" beobachtet worden ist (*S. V. F.* 2, 54. 56). Die Ambiguität des von Cicero originell als selbstgebildeten lateinischen Terminus eingeführten *visum* [26] verlangt nach

170 u. ö.), um damit dem – wie er meinte – aktiven und passiven Verhältnis zwischen Verstand und Vorstellung Rechnung zu tragen.

Subtiler argumentiert hier F. H. Sandbach: „The adjective *kataleptike* is ambiguous. It is formed from the verb *katalambanein*, which means ‚grasp‘, ‚apprehend‘ and may have an active or passive sense. There is no English adjective with the same ambiguity. ‚Cognitive‘ is always active. I shall later argue that the Stoics made use of the ambiguity of the word [. . .]. The *kataleptike* i. e. *phantasia* is so called in deliberate ambiguity. It is one which when grasped entails grasp of the object. Although strictly speaking the presentation is not itself the agent that grasps its object but the medium through which the mind grasp it; the adjective can be understood in an active sense ‚the presentation associated with the process of grasping‘" (in *Problems in Stoicism* 10. 14). Seine Position wird noch verständlicher, wenn das berücksichtigt wird, was er zum Unterschied zwischen φαντασία καταληπτική und φαντασία ἀκατάληπτος sagt: „If *katalepsis,* apprehension, is a grasp primarily of the presentation but secondarily of the external object . . . the distinction fits. The *akatalepton* is a presentation that cannot be grasped, and so no question arises of a secondary grasp of the object" (a. a. O. 14). Vgl. E. Grumach: „καταληπτική ist eine Vorstellung, die ihren Gegenstand erkennen läßt, und diese Aufgabe erfüllt eben nur diejenige Vorstellung, die selber καταληπτός ist. Beide Formen des Terminus geben also ein und denselben Tatbestand wieder, nur von verschiedener Seite gesehen, einmal im Hinblick auf die Vorstellung selbst, das andere Mal auf die durch sie vorgestellte Sache, entsprechend der Doppelfunktion der Vorstellung, die immer sich selbst ‚vorstellt‘ und mit sich die Sache, von der sie hervorgerufen worden ist" (*Physis und Agathon in der alten Stoa* 74–75).

[25] Vgl. F. H. Sandbach: „Then why does he suggest that the Greek term was καταληπτός not καταληπτικός?" (in *Problems in Stoicism* 20 Anm. 13).

[26] Vgl. auch *Ac. Pr.* 2, 18. Vermutlich wurde dieser Ausdruck also bereits im *Catulus* verwende: vgl. H.-J. Hartung, *Ciceros Methode bei der Übersetzung griechischer philosophischer Termini* (Diss. Hamburg 1970) 32 Anm. 2. *Visum* bedeutet eigentlich „das gesehene Ding", wird aber von Cicero vorwiegend zur Wiedergabe von φαντασία verwendet. Daneben verwendet Cicero aber auch *visio* und *visus*. Aus vielen Stellen –

einer Umschreibung dessen, was die Stoiker innerhalb des Vorstellungskomplexes als τὸ φαντασθέν oder τὸ φανταστόν aussonderten. Ciceros Formulierung des zenoischen Gedankens gestattet einen Hinweis auf entsprechende Phrasierungen bei Sextus (... καί πως παθοῦσα τήν τῶν ἐναργῶν
ὑπόπτωσιν, τότε ἐνθείκνυται τὰ πράγματα ... τοῦτο δὲ πάθος αὐτοῦ
ἐνδεικτικὸν ὀφείλει τυγχάνειν καὶ τοῦ ἐμποιήσαντος αὐτὸ φαινομένου [*Adv.
Log.* 1, 161 [27]] ἐξ αὐτοῦ καταληπτόν [*Adv. Log.* 2, 167; vgl. 2, 273 [28]]).
Danach läßt sich immerhin sagen, daß Zenon ‚Vorstellungen‘ nur in dem
Fall *zustimmen* wollte, daß die Existenz der vorgestellten Sache keines Beweises bedurfte. (Ein Beweis wäre zumindest dann notwendig, daß jemand
hinter dem Wald Rauch aufsteigen sieht und sagt „Hinter dem Wald
brennt Feuer".) D. h.: Das Kriterium der Entscheidung zu einer *Synkatathesis* ist – vielleicht anachronistisch gesagt [29] – das distinkte Merkmal der
Evidenz der Vorstellung; von *Evidenz* spricht man aber nur dann, wenn
die unverwechselbare Realität des vorgestellten Dinges nicht erst noch be-
wiesen zu werden braucht.

Die Logik des Gedankens läßt erwarten, daß es sich bei demjenigen,
was nun unzweideutig als *comprehendibile* = καταληπτος angesprochen
wird [30], im strikten Sinn um das ‚vorgestellte Ding‘ handeln müßte, nicht

namentlich im Zusammenhang der Diskussion der akademischen Überlegungen – kann
der Eindruck gewonnen werden, daß von den ‚gesehenen Dingen‘ die Rede ist. Ein
derartiger Übergang ist gut z. B. in *De Nat. Deor.* 1, 70 erkennbar: *urgebat Arcesilas
Zenonem, cum ipse falsa omnia diceret quae sensibus viderentur; Zeno autem nonulla
visa esse falsa, non omnia* (= F 63).

[27] In diesem Kontext bezieht sich Sextus Empiricus auf eine Argumentation des Karneades.

[28] Dieser Zusammenhang stammt aus Sextus Kritik der stoischen Lehre von den „Zeichen". Der Gedanke impliziert, daß die ‚πρόδηλα‘ aus sich selbst heraus erkennbar
sind.

[29] Für die Stoa läßt sich „ἐνάργεια" nicht vor Antipater von Tarsos belegen; dies mag
freilich reiner Zufall sein.

[30] Das geht aus dem Zusammenhang unmißverständlich hervor: „Ebenso läß sich nicht
leicht annehmen, daß Cicero in seiner Quelle καταληπτική nicht καταληπτός gelesen
habe: denn wenn er sich ausdrücklich entschuldigt, daß er καταληπτόν nicht anders
als durch comprehendiblie wiedergeben könne, so wird er sich's doch wohl genau
angesehen haben, ob es wirklich καταληπτόν heißt" (A. Bonhöffer, *Epictet und die
Stoa* 163). Daß Cicero den Ausdruck auch sonst – zugegebenermaßen nicht nur in
stoischen Zusammenhängen – vor Augen hatte, zeigen verbale Umschreibungen wie
qui persuadere vellent esse aliquid, quod comprehendi et percipi posset oder *quale
sit, quod percipi et comprehendi possit* und *alia visa esse, quae percipi possint.*
Cicero kannte auch den dazu komplementären Begriff ἀκατάληπτον (*Ac. Pr.* 2, 18; dazu siehe J. Reid, *Academica. The text revised and explained* [London 1885] 194),

aber primär um die Vorstellung in ihrer bekannten Doppelfunktion[31]. Diese an den Texten nicht auszumachende Unterscheidung scheint aber insofern angebracht, als sie uns eine Möglichkeit eröffnet, das von Zenon und seinen Nachfolgern zur Charakterisierung einer bestimmten Art von φαντασίαι verwendete Verbaladjektiv dem herrschenden philosophischen Sprachgebrauch entsprechend *aktivisch* zu verstehen, ohne das damit angezeigte Charakteristikum auch so interpretieren zu müssen, wie dies in den oben erwähnten Darstellungen (S. 45–47 Anm. 21–22) geschieht.

wagte es aber womöglich nicht, etwa die Form ‚in-comprehendibilis‘ zu bilden. Vgl. O. M. Liscu, *REL* 27 (1930) 123; H.-J. Hartung, *Ciceros Methode bei der Übersetzung griechischer philosophischer Termini* 29 Anm. 5 macht auf die Arbeit von C. W. Berhardt, *De Cicerone Graecae Philosophiae Interprete* (Berlin 1885) aufmerksam, die mir nicht zugänglich war.

31 Aber Ciceros Formulierung bringt diesen Gedanken eben nicht klar heraus. Zudem spricht er ja das *visum*, welches Zustimmung erfahren hat, als *comprehensio* = κατάληψις an, was sich aus zweierlei Erwägungen heraus als sonderbar ausnimmt: Einmal erwartet man (auch im Hinblick auf die Fortführung des Gedankens: *similem iis rebus quae manu prenderentur*) hier unbedingt *comprehensum*. Zum anderen kann man sich, wie auch F. H. Sandbach, an der Bestimmung selbst stören: „There is no evidence that any Stoic gave the name of κατάληψις comprehensio to a φαντασία κατάληψις that had received assent; it was the assent that they called κατάληψις" (in *Problems in Stoicism* 20).

Im Hinblick auf den ersten Anstoß mag man sich zur Not noch mit der Überlegung helfen wollen, daß *comprehensum* im Griechischen wiederum ein καταληπτόν signalisieren müßte, was aber dem geltenden terminologischen Sprachgebrauch entgegenstünde; daß diese Überlegung aber nicht weiterhelfen kann, ist durch den Umstand angezeigt, daß Cicero im Folgenden ja doch den Ausdruck *comprehensum* benutzt (*„quod autem erat sensu comprehensum id ipsum sensum appellabat, et si ita erat comprehensum ut convelli ratione non posset, scientiam, sin aliter inscientiam nominabat ... inter scientiam et inscientiam comprehensionem ..."*) und dabei bewußt jeweils dasjenige als Art von Erkenntnis ausgibt, was vom Akt der Erkenntnis betroffen ist, – also genau auf der Linie jenes Verfahrens, dessen Berechtigung F. H. Sandbach im Hinblick auf die Bestimmung der *comprehensio* nicht ohne Grund in Frage stellt. Denn die uns bekannten Bestimmungen besagen ja κατάληψις = φαντασίας καταληπτικῆς συγκατάθεσις (s. o. S. 41 Anm. 9). – Was Zenon gemeint haben dürfte, ist freilich nicht schwer zu erkennen. Ein Vorstellungsinhalt [„Dies dort ist Dion beim Zeitunglesen"] wird auf Grund der ihm erteilten Zustimmung Inhalt eines Erkennens, und durch einen entsprechend festen ‚Griff‘ auch Gegenstand von Wissen (vgl. A. Bonhöffer, *Epictet und die Stoa* 179: „Durch die κατάληψις wird also die φαντασία καταληπτική zu einem anerkannten Inhalt des Denkens erhoben." – R. Hirzel, *Untersuchungen zu Ciceros philosophischen Schriften* II 188 bemerkt: „Die φαντασία καταληπτική und die κατάληψις sind inhaltlich vollkommen gleich und ihr Unterschied ist nur der, der zwischen δύναμις und ἐνέργεια besteht.").
Wie wir uns diesen Vorgang physiologisch oder psychologisch erklären sollen, ist eine

Denn beruht die besondere Qualität der in Rede stehenden Vorstellung eben darauf, daß das vorgestellte Objekt evident ist (i. e. seine Realität keines Beweises bedarf), weil es dem ‚Zentralorgan' gegenüber von der Vorstellung eigentümlich distinkt eröffnet wird, so müßte καταληπτικός soviel besagen wollen, wie daß diese Vorstellung ein eigentümlich distinktes Bild dessen enthält, was sie ‚verursacht' hat. Nicht das Außending als solches ist in eine Relation zu der durch den Terminus καταληπτικός bezeichneten Eigentümlichkeit der Vorstellung gesetzt, sondern sein Bild. (*Mutatis mutandis* hört man umgangsprachlich z. B. „ich mache mir ein klares Bild von einer Sache", „ich sehe dies so", „meine Vorstellung davon ist die, daß".) Und eine φαντασία ist καταληπτική wenn sie ein klares Bild faßt. Nur dann, wenn ein distinktes Bild vorliegt und der damit angezeigte Vorstellungsinhalt so und nicht anders bejaht werden kann, darf Zenon von einer ‚Erfassung' des vorgestellten Objektes in dem Sinne sprechen, daß ein Vorstellungsinhalt zu einem Gegenstand unseres Denkens transformiert werden kann (s. o. S. 50 Anm. 31), und unter den entsprechend nötigen Voraussetzungen auch zu einem Gegenstand unseres Wissens.

Wie muß nun eine Vorstellung beschaffen sein, um einen Vorstellungsinhalt präsentieren zu können, welcher so distinkt ist, daß er zu einem Gegenstand des Wissens bzw. Denkens transformiert werden kann? Auf der Basis der mehr allgemein gehaltenen Bestimmung der Vorstellung als eines Eindrucks muß Zenon das *definiens* näher qualifizieren; und die in den verschiedenen Zeugnissen ziemlich gleichlautenden [32] Bestimmungen besagen, daß der Eindruck [33] ein exaktes Abbild dessen darstellen muß, was dieser

Frage für sich. Tatsache ist jedenfalls, daß der sogenannte Handvergleich (*F* 63) eher auf den hier in *Ac. Post.* 1, 41 beschriebenen Vorgang hin ausgelegt werden kann, als die durch Sextus auf uns gekommenen Bestimmungen der κατάληψις auf *Ac. Post.* 1, 41.

Im Hinblick auf F. H. Sandbachs Anstoß bleibt also zu bemerken, daß beide Bestimmungen nicht das gleiche *Definiendum* ins Auge fassen. Bei Sextus geht es um die Bestimmung des Aktes des Erkennens: ‚Ein Erkennen besteht darin, daß man einem Vorstellungsinhalt zustimmt.' Anders fassen die durch Cicero, *Ac. Post.* 1, 41 und *Ac. Pr.* 2, 145 vermittelten Bestimmungen nicht den Vollzug des Erkenntnisaktes ins Auge sondern den Prozeß der Bildung von Erkenntnisinhalten.

[32] Eine eingehende Diskussion der lateinischen Versionen durch Cicero findet man bei H.-J. Hartung, *Ciceros Methode bei der Übersetzung griechischer philosophischer Termini* 34–39.

[33] Die Tatsache, daß sich die Ausdrucksweise (ἐναπομεμαγμένη καὶ ἐναπεσφραγισμένη) auch in der gemeinstoischen Lehre, i. e. nach der Kritik Chrysipps an der Auslegung des Wachssiegelvergleiches durch Kleanthes weiterhin auf der Ebene des zenonischen Wachssiegelvergleiches bewegen, kann (vgl. E. Bréhier, *Chrysippe et l'ancien stoïcisme*

Vorstellung außenweltlich, also gegenständlich entspricht, – eine Vorstellung, „die von einem realen Objekt ausgeht und in einer diesem adäquaten Gestalt in der Seele abgeknetet und abgesiegelt ist, in einer Eigenart wie sie ohne den Bestand des Objektes nicht auftreten könnte" [34]. Die Kriterien sind also folgende:

(1) Die Vorstellung muß von etwas real existierendem ausgehen.

(2) Die Vorstellung muß dem außenweltlichen Objekt entsprechen.

(3) Die Vorstellung muß derart distinkt abgebildet sein, daß kein Zweifel daran aufkommen kann, daß sie von dem in Rede stehenden (und keinem anderen, womöglich verwechselbaren) Gegenstand ausgeht.

Die beiden ersten Punkte bedürfen eigentlich keiner weiteren Erläuterung. „Ὑπάρχειν" = existieren kennzeichnet im strikten terminologischen Sinn vorzugsweise die Existenz körperlicher Dinge [35]. Tatsächlich bestimmen einige Stoiker, wie Sextus zu berichten weiß, τὸ ὑπάρχον offenbar zirkulär als dasjenige, ὃ κινεῖ τὴν φαντασίαν καταληπτικήν (S. V. F. 2, 97) [36]. Auch ohne diese Bestimmung als solche unbedingt bereits für Zenon in Anspruch nehmen zu wollen, läßt sich die Überlegung nicht abweisen, daß der damit zum Ausdruck gebrachte Gedanke Zenons Grundüberzeugung entspricht, wonach φαντασίαι qua τυπώσεις von real existierenden Dingen verursacht werden. (Für Traum- oder Wahnerscheinungen, die als reine Produkte eines Vorstellungsvermögen anzusehen sind, stand den Stoikern der Terminus

96 Anm. 1 [„elle ne s'accorde pas avec la représentation-altération de Chrysippe. Aucun indice ne permit de supposer que Chrysippe ait changé la définition de la φαντασία καταληπτική"), zeigt, daß jene angeblich fundamentalen Differenzen, mit denen M. Pohlenz im Hinblick auf eine allzu materialistische Psychologie Zenons (und *a fortiori* Kleanthes) einerseits, und der sogenannten intellektualistischen Auffassung Chrysipps rechnet (*De Stoa* I 61–62; und in seiner Nachfolge: N. Festa, *I frammenti degli Stoici antichi* II [Bari 1935] 100), auf diesen Punkt n i c h t zurückgewirkt haben und vermutlich auch nicht zurückwirken mußten.

[34] M. Pohlenz, *Die Stoa* I 63.

[35] Vgl. A. A. Long: „I suggest then, or rather I am convinced, that the basic sense of *hyparchein* in Stoicism is ‚exist' and in this sense applies strictly only to material objects" (in *Problems in Stoicism* 91–92), und A. Graeser, *ABG 15* (1971) 303.

[36] Richtig macht A. A. Long gegen F. Adornos Ansicht, wonach τὸ ὑπάρχον in diesem Zusammenhang nicht etwa das außenweltliche Objekt ist sondern dasjenige, was nur im Akt der Wahrnehmung existiert (*Parola del Passato* 12 [1966] 369), geltend, daß „unless τὸ ὑπάρχον is independent of the act of sensation it will not serve, as it must, to distinguish καταληπτικαί from other φαντασίαι" (in *Problems in Stoicism* 110 Anm. 72). Wichtiger aber scheint doch der Gesichtspunkt zu sein, daß ein Stoiker auf der Basis des von F. Adorno angesetzten Gedankens keinen Unterschied zwischen φαντασίαι auf der einen Seite und φαντάσματα auf der anderen angenommen haben dürfte. Man wäre zu dieser Unterscheidung nicht einmal berechtigt.

φάντασμα zur Verfügung[37].) In dem Fall, daß jemand glaubt, einen Kentaurn zu sehen (wobei es sich tatsächlich aber um ein Felsrelief handelt, das unter bestimmten Licht- und Blickverhältnissen als Kentaur erscheint), würde ein Stoiker die Realität des sich ihm so-und-so präsentierenden Gegenstandes in Frage stellen; denn der vernünftige Menschenverstand sagt ihm, daß es keine Kentaurn gibt. Mithin wäre es unsinnig, sich mit diesem Eindruck zufrieden zu geben bzw. auf einer Bejahung des Vorstellungsinhalts („ich sehe X") beharren zu wollen und das in Frage stehende ὑπάρχον als ‚Kentaurn' anzusprechen. Tatsächlich hat aber die uns vermittelte Vorstellung ein ὑπάρχον. Nur handelt es sich dabei eben nicht um ein Kentaurn. Vermutlich würde sich ein Stoiker sagen, daß eine klare Beurteilung seines Vorstellungsinhalts nur dann erlangt werden kann, wenn er nahe genug an das Objekt herantritt. Er würde dann vermutlich zu dem (neuen) Befund kommen, daß dasjenige, was aus der Distanz wie ein Kentaur aussah, in Wirklichkeit ein Felsrelief ist, welches so formiert ist, wie wir uns die Gestalt eines Kentaurn vorstellen. Womöglich verliert aber der Gegenstand aus dem Blickwinkel einer verringerten Distanz all jene Züge, die ihn kentaurnhaft aussehen ließen, und man gelangt nun zu dem Befund: „Dies ist eine Felswand."

Offenbar soll die Bestimmung „κατ᾽ αὐτό κτλ." der Notwendigkeit Rechnung tragen, die Möglichkeit eines Irrtums im Hinblick auf die Identifikation von τὸ φανταστόν für alle die Fälle auszuschließen, daß ein ὑπάρχον einen ‚falschen' Eindruck erweckt[38].

37 Wieder ist hier darauf aufmerksam zu machen, daß die stoische Terminologie nicht einheitlich ist. Zumindest scheint sie nicht einheitlich zu sein (s. o. S. 32 und u. S. 70). Schwierig scheint z. B. die Formulierung bei Diogenes Laertius 7, 51 εἰσὶ δὲ τῶν φαντασιῶν καὶ ἐμφάσεις, αἱ ὡς ἂν ἀπὸ τῶν ὑπαρχόντων (= S. V. F. 2, 61). Aber ἔμφασις ist ein terminus technicus der neueren Akademie (vgl. Sextus, Adv. Log. 1, 169), was bereits G. Ménage, Observationes et Emendationes in Diogenem Laertium in H. G. Hübner, Commentarii in Diogenem Laertium II (Leipzig 1833) ad loc. vermerkte. V. Goldschmidts Unterscheidung zwischen „quasi objects" auf der einen Seite und φαντάσματα „qui sont entièrement irréels et imaginaires" (Le système stoïcien et l'idée de temps 114 Anm. 4) scheint unanfechtbar. Im Falle eines Kentaurn hätte man es also, sofern diese Erscheinung anders als ein φάντασμα von einem körperlichen Dinge ausgeht, mit einer „Quasi-ὑπάρχον" zu rechnen (i. e. als ob das ὑπάρχον, von dem diese Vorstellung ausgeht, ein Kentaur ist.)?

38 Sextus Empiricus, Adv. Log. 1, 249 macht hier auf den Fall des Orest aufmerksam, der einen Eindruck von einem realen ὑπάρχον [‚Electra'] erhielt, welches eben nicht „κατ᾽ αὐτὸ τὸ ὑπάρχον" abgebildet war, so daß er dem Vorstellungsinhalt [‚Dies ist Electra'] seine Zustimmung verweigerte und vielmehr meinte, es handele sich um eine der Furien (= S. V. F. 2, 65).

Unklar bleibt, ob die Bestimmung „ἐναπομεμαγμένη καὶ ἐναπεσφραγισμένη" eine weitere, über „κατ᾽ αὐτὸ τὸ ὑπάρχον" hinausweisende Bedingung
in die Feststellung der φαντασία καταληπτική einführen soll[39] und überhaupt kann[40]. Wichtig ist natürlich der Gesichtspunkt, daß in einem sokra-
tisch nachempfundenen oder nachstilisierten Dialog zwischen Zenon und
Arkesilaos (siehe F 59) auf eine diesbezügliche Explikation keinen Wert
gelegt wird. Tatsächlich impliziert aber die Assoziation des ‚unverwechselbaren, eigentümlichen Siegelabdrucks' den für die Stoiker charakteristischen
Gedanken, daß eine adäquate Abbildung eines Gegenstandes auch dessen
Identität unverwechselbar klarlegt. (Von den Kritikern wurde dieser Gedanke als absurd oder zumindest als sonderbar empfunden.) Denn keine
zwei Objekte können einander wirklich gleichen, da es keine zwei Objekte
gibt, die nicht von einander verschieden wären[41]. (Diese Auffassung gründet wohl in einer Voraussetzung metaphysischer Art, wonach das Produkt
der Qualifikation eines mehreren Dingen wohl gemeinsamen Substrates zu
einem logisch distinkten Ding auch jeweils eine qualitative Differenz darstellt.)

Diese Implikation wurde von den Kritikern akademischer Observanz
nicht ohne weiteres mitgedacht. Jedenfalls legt Cicero Wert auf die Feststellung, daß Zenon die Zusatzbedingung (ὁποία κτλ.) erst auf Grund einer
von Arkesilaos insinuierten Überlegung (*etiam si eius modi esset visum
verum quale vel falsum*) ins Auge gefaßt habe: *hic Zenonem vidisse acute
nullum esse visum quod percipi posset si id tale esset ab eo quod est cuius-
modi ab eo quod non posset esse* (F 59). Daß sich Zenon allerdings von

---

[39] M. Pohlenz Paraphrase [. . . Sie muß dieses Objekt auch so zeigen, wie es real ist . . .
  Sie muß alle Eigentümlichkeiten des Objektes scharf wiedergeben"] (*Die Stoa* I 60)
  rechnet also mit vier Bedingungen und folgt hierbei womöglich der Gliederung, die
  bei Sextus, *Adv. Log.* 1, 249 ff. zum Ausdruck kommt. Bezeichnenderweise kommen-
  tiert Sextus aber gerade diesen Punkt nicht weiter (siehe 1, 251). Und laut 1, 402 hat
  auch Karneades *diesen* Punkt nicht weiter der Kritik unterzogen. In 1, 408–9 wird
  allerdings (retrospektiv aus der Kritik der Bedingung ὁποία κτλ.) eine akademische
  Kritik vermerkt (siehe auch 1, 252). – Jedenfalls hat Zenon, wenn man die sum-
  marische Nachgestaltung seines Dialoges mit Arkesilaos überhaupt mit einer derartigen Fragestellung belasten darf, die Bedingung *ex eo quod esset sicut esset impressum
  et signatum et effictum* (*Ac. Pr.* 2, 77) sozusagen in einem Atemzug vorgebracht.
[40] Ch. L. Stough [„The cataleptic impression was said to be (1) true (an exact replica
  of the object that causes it) and (2) of such nature that it could have no other origin
  (its own guarrantee of truth)"] gibt zu erkennen, daß sie keine neuen Bedingungen
  eingeführt sieht (*Greek Skepticism* 47).
[41] Siehe die Anspielungen bei Cicero, *Ac. Pr.* 2, 54. 56. 86 und J. M. Rist, *Stoic Philosophy* 137.

Arkesilaos sozusagen erst auf die Sprünge helfen lassen mußte, was Cicero hier ja zu verstehen gibt, ist eine nicht eben leicht akzeptable Behauptung [42].

Gerade im Lichte jenes anderen Zeugnisses bei Cicero, aus dem ziemlich klar hervorgeht, daß Zenon die spezifische Frage nach den notwendigen und zureichenden Bedingungen für eine κατάληψις durchaus ins Auge gefaßt hatte [43], wird man eher der Annahme zuneigen, daß Zenon aus der konkreten Situation eines Miß- oder auch Unverständnisses heraus durch die Hinzufügung des Definitionszusatzes (ὁποία κτλ. [44]) genau den Gedanken expliziert haben wollte, der der Überlegung „κατ' αὐτὸ τὸ ὑπάρχον ἐναπομεμαγμένη καὶ ἐναπεσφραγισμένη" als Voraussetzung zugrunde gelegen haben mußte.

[42] Sextus gibt zu erkennen, daß die Stoiker diesen Zusatz nur deshalb vorgenommen haben ἐπεὶ οὐχ ὥσπερ οἱ ἀπὸ τῆς Στοᾶς ἀδύνατον ὑπειλήφασιν κατὰ πάντα ἀπαράλλακτόν τινα εὑρεθήσεσθαι οὕτω καὶ οἱ ἀπὸ τῆς Ἀκαδημίας (Adv. Log. 1, 252). Wenn Arkesilaos bei Cicero, Ac. Pr. 2, 77 diesen Definitionszusammenhang für angemessen erachtet [recte consentit ad definitionem additum, neque enim falsum percipi posse neque verum si esset tale vel falsum], so scheint sich hier eine Differenz zu der Reaktion des Karneades abzuzeichnen, der gerade das letztere Glied in der Bestimmung der kataleptischen Vorstellung unter Beschuß nahm: τούτων δὲ τὰ μὲν ἄλλα λέγουσιν οἱ περὶ Καρνεάδην συγχωρήσειν τοῖς ἀπὸ τῆς Στοᾶς, τὸ δὲ „οἵα οὐκ ἂν γένοιτο ἀπὸ μὴ ὑπάρχοντος" ἀσυγχώρητον εἶναι (Adv. Log. 1, 402).

[43] Siehe F 60 (dazu s. u. S. 58).

[44] Der Satz ὁποία οὐκ ἂν γένοιτο ἀπὸ μὴ ὑπάρχοντος bedarf womöglich weiterer Erläuterung: J. M. Rist nimmt an dem herkömmlichen Typus der Übersetzung „such as could not be derived from a non-existent object" Anstoß, da sie die Bedeutung des Griechischen nicht erschöpfe und übersetzt folgendermaßen: „and of such kind as could not come from what is not that existing object" bzw. „a presenttation of such kind as could not arise ἀπὸ μὴ ὑπάρχοντος must have been one which could not arise from any other existent object than the existent from which it did in fact arise" (Stoic Philosophy 136–137. 138). – Für diese Annahme beruft er sich auf zwei Argumentationen des Karneades bei Sextus Empiricus, Adv. Log. 1, 402 und 1, 409, wobei die erstere [„Vorstellungen die von einem nicht existierenden Gegenstand ausgehen, wie z. B. Genuß beim Trinken im Traum, können die gleiche Form haben wie die entsprechend wirkliche Vorstellung"] offenbar den Sinn des in der herkömmlichen Übersetzung zum Ausdruck Gebrachten indiziert. Der andere Einwand des Karnades (genauer: der Akademiker, wie Sextus sagt!) betrifft allerdings konkret die Verwechselbarkeit des einen ‚Ei' mit dem anderen ‚Ei'. D. h.: Kein Mensch ist in der Lage zu behaupten, dieses ihm gezeigte Ei ist ‚Ei Nr. 1' und nicht etwa ‚Ei Nr. 3'.
Tatsächlich ist J. M. Rists Übersetzungsvorschlag als interessant zu bewerten, sofern er als Exegese verstanden werden soll (?). Qua Übersetzung setzt sich „what is not that existing object" bzw. „from any other existent object than the existent from which it did in fact arise" (s. o.) ohne Not darüber hinweg, daß ἀπὸ μὴ ὑπάρχοντος

§ 5   ‚Zeichen' oder ‚Merkmal'?
Augustins Bericht über Zenons ‚Kriterium'[1]

Eine Synopse dieser vier Zeugnisse (H. von Arnim und A. C. Pearson
kannten offenbar nur das dritte, i. e. III 9, 18[2]) führt zu der Überlegung,
daß Augustin die ihm durch Cicero geläufige Formulierung der Definition
der *kataleptischen Vorstellung* in freier Begrifflichkeit paraphrasiert, – ja
sogar in eine Begrifflichkeit umsetzt, die sich kaum an einem entsprechenden
Text Zenons orientiert haben dürfte. Jedenfalls kann Augustin nach II 5, 11
und II 6, 14 *diese* Paraphrase hernach in III 9, 18 regelrecht als zenonische
Definition ausgeben; denn daß beide Ausdrucksweisen (wie aus II 5, 11 und
II 6,14 hervorgehen soll) für ihn äquivalent sind, kann aus III 17, 34 erschlossen werden (*... quodsi Zeno ... vidisset neque quicquam comprehendi
posse nisi quale ipse definiebat*); hier sieht Augustin von einer abermaligen
Angabe der Definition schließlich ab.

Was sind nun *signa* und *notae*? Der Umstand, daß in den Sammlungen
von H. v. Arnim und A. C. Pearson eben nur das Zeugnis III 9, 18 erscheint,
mochte zur Folge gehabt haben, daß L. Stroux hier „den logischen Begriff
des Zeichens" verwendet sah: „Er wird von Zenon nun, möglicherweise
nicht zum ersten Mal, mit dem im Wachssiegelvergleich traditionellen Begriff des Kennzeichens und dadurch mit einer speziellen bildlichen Vorstellung verbunden." [3] Diese Überlegung geht jedoch von einem falschen Verständnis dessen aus, was die Stoiker unter dem ‚logischen Zeichen' – einem
σημεῖον – verstanden. Denn das logische Zeichen [σημεῖον εἶναι ἀξίωμα ἐν
ὑγιεῖ συνημμένῳ καθηγούμενον, ἐκκαλυπτικὸν τοῦ λήγοντος][4], das sich

im Sinn der zirkulären Bestimmung von ὑπάρχον = ὃ κινεῖ φαντασίαν beide Fälle
impliziert: Sowohl den, daß es das in Rede stehende Objekt nicht gibt, als auch den,
daß es sowohl Objekt Nr. 1 wie auch Objekt Nr. 3 gibt, aber nur *jeweils* eines von
beiden als τὸ ὑπάρχον in Betracht kommt. Ist also Objekt Nr. 3 das ὑπάρχον, und
meinen wir, Objekt Nr. 1 zu sehen, so ist Objekt Nr. 1 ein μὴ ὑπάρχον, sofern die
Vorstellung tatsächlich nicht von ihm ausgeht. – Cicero läßt Arkesilaos stets die Ausdrücke ‚*verum*' und ‚*falsum*' verwenden. Und gemeint ist jeweils ‚das, was das zugrunde liegende ist', bzw. ‚was nicht das zugrunde liegende ist'.

[1] Augustin, *Contra Academicos* II 5,11; a. a. O. II 6,14; a. a. O. III 9,18; a. a. O.
III 9,21.

[2] H. von Arnim, *S. V. F.* I, S. 18; A. C. Pearson, *The Fragments of Zeno and Cleanthes* 64.

[3] L. Stroux, *Vergleich und Metapher in der Lehre des Zenon von Kition* 67.

[4] Sextus Empiricus, *Adv. Log.* 2, 245.

als Modifikation dessen verstehen läßt, was Aristoteles im Zusammenhang mit der Struktur defekter Syllogismen sagt [5], bedeutet eine Form des Schließens von etwas, was πϱόδηλον ist, auf etwas *anderes*, was entweder temporär oder überhaupt ἄδηλον ist (*S. V. F.* 2, 221).

Diese Form der Anwendung ist aber von jener bei Augustin für Zenon in Rechnung gestellten Operation von Grund auf verschieden.

Denn die *signa* bzw. *notae*, von denen Augustin (offenbar in Anlehnung an a k a d e m i s c h e Ausdrucksweisen wie „*sed propria veri non communi veri et falsi nota*" [Cicero, *Lucullus* 33] oder „*. . . quia proprium in communi signo notari non potest*" [a. a. O. 34]) Zenon sprechen läßt, dienen ja der Identifikation des φαντασθέν, d. i. des Vorstellungsinhaltes. Ob eine φαντασία das ist, was Zenon unter einer φαντασία καταληπτική versteht, hängt ja von der Erfüllung zumindest zweier Kriterien ab: (1) Über die gegenstandsbezogene Realität des abgebildeten Dinges darf kein Zweifel bestehen. (2) Es darf keine Unsicherheit darüber aufkommen, daß es sich bei dem der Vorstellung zugrunde liegenden Objekt nur um dieses und kein anderes handeln kann.

Wenn Augustin Zenon also im Sujet des Wachssiegelvergleiches sagen läßt *quae signa non potest habere quod falsum est*, so müßte dies entsprechend streng genommen zweierlei besagen können: (1) Einmal nämlich, daß z. B. die Erscheinung eines nicht-existierenden Objektes [‚Furie‘, ‚Pegasus‘ etc.] eben nicht über distinkte Merkmale der Existenz verfügen kann wie ein φαντασòν, welches eine feststellbare außenweltliche Existenz hat. (2) Zum anderen, daß das φαντασθέν (z. B. ‚Orest‘) so spezifische Merkmale unverwechselbarer Identität hat, daß es nicht mit einem anderen [z. B. ‚Pylades‘] verwechselt werden kann. Das ‚*falsum*‘ wäre in diesem (für die Stoiker bekanntlich unerlaubten Sinn) einmal das φάντασμα ‚Furie‘, im anderen die φαντασία ἀκατάληπτος ‚Orest/Pylades‘.

Nun referiert Augustin aber nur den zweiten Teil der Definition der φαντασία καταληπτική (*. . . quod ita . . . ex eo unde non esset = καὶ κατ' αὐτò . . . ὁποία οὐκ ἂν γένοιτο*). Und wenn nun tatsächlich mit dem Fall zu rechnen ist, daß Augustin etwas zenonisches in dem Sujet des Wachssiegelvergleiches leicht umformt, dann müßte es sich bei den *signa* bzw. *notae* eben um jene Merkmale handeln, die die unverwechselbare Identität eines Dinges ausmachen und mithin eine Unterscheidung zwischen einem unverwechselbar vorgestellten existierenden Objekt und einem anderen (schein-

---

[5] *An. Pr.* 70 A 3–38 bes. A 8; vgl. auch A. A. Long, in *Problems in Stoicism* 109 Anm. 42.

bar) verwechselbaren ermöglichen sollen. Man weiß, daß die Stoiker der
Überzeugung waren, daß keine zwei ἰδίως ποιά identisch sein können, daß
nullum esse pilum omnibus rerum talem, qualis sit alius pilus, nullum granum
(*S. V. F.* 2, 113). Und die exzessive Polemik des Arkesilaos gegen Zenons
Identifikationskriterium bemüht sich gerade um einen empirischen Nachweis
der Verwechselbarkeit aller Sinneseindrücke[6]. Wie weit Zenon hier seine
These von den distinkten Charakteristika eines jeden Dinges überzeugend
dargelegt hatte, oder wenigstens den Versuch unternahm, diesen Punkt klar
zu stellen, ist nicht auszumachen[7].

Wenn Cicero Wert auf die Feststellung legt, daß Zenon *non omnibus
adiungebat fidem sed iis solum, quae propriam quandam haberent declarationem earum rerum quae viderentur* (F 60), so erweckt er den Eindruck,
daß Zenon seine These (?) von den unverwechselbaren, unverkennbaren individuellen Charakteristika eines jeden Dinges in den Zusammenhang einer
Auffassung rückte, die von der Evidenz der sinnlichen Gewißheit sprach;
und man kann den Gedanken vielleicht in der Weise weiterspinnen, daß
man als das Kriterium der Evidenz gerade als das Vorhandensein solcher
unverwechselbaren Merkmale versteht. Aber dies ist natürlich reine Hypothese; und daß Zenons Gedanke tatsächlich leicht mißverstanden werden
konnte, zeigt die uns in zwei Versionen erhaltene Anekdote über Zenons
Schüler Sphairos[8]. Man kann mit einigem Recht sogar auf die Überlegung
verfallen, daß sie gar nicht detailliert ausgearbeitet war[9]. Hinzu kommt natürlich der Gesichtspunkt, daß der Terminus ἐνάργεια spezifisch epikureischer Observanz ist und für Zenon und Chrysipp nicht belegt werden
kann[10]

Sollte Zenon aber tatsächlich von unverkennbaren Merkmalen gesprochen haben, so dürfte die Möglichkeit, daß er in einem solchen Zusammenhang den Ausdruck σημεῖον verwendet haben konnte, natürlich nicht deshalb ausgeschlossen werden, weil der Terminus σημεῖον in der ausgebilde-

---

6 Vgl. dazu O. Gigon, *MH* 1 (1944) 51.

7 Siehe bes. J. M. Rist, *Stoic Philosophy* 146.

8 Vgl. *S. V. F.* 1, 624. 625.

9 Dies zeigt m. E. auch der Umstand, daß Arkesilaos die Frage nach dem stoischen
    Kriterium für den Fall der Ethik mit einer eigenen Theorie zu beantworten suchte
    (siehe Sextus, *Pyrrh.* 2, 97; *Adv. Log.* 2, 145 ff. und Cicero, *Ac.* 2, 32).

10 Er gilt bekanntlich als epikureisch (scheint aber bereits von Theophrast verwendet
    worden zu sein: s. o. S. 45). Richtig sagt F. H. Sandbach: „By ἐνάργεια Epicurus
    meant to denote just that quality of a φαντασία which Zeno denoted by the word
    καταληπτική, that quality which makes a man feel certain of its truth" (*CQ* 24
    [1930] 50–51).

ten Lehre der Stoa etwas anderes bedeutet, und mithin eine nicht-eindeutige Verwendung ein und desselben Terminus denkbar unwahrscheinlich anmutet [11]. (Daß die Beziehung, die L. Stroux zwischen dem „logischen Begriff des Zeichens" und der „speziellen bildlichen Vorstellung" des im „Wachssiegelvergleich traditionellen Begriff des Kennzeichens" finden möchte, stoisch n i c h t möglich ist, wurde gesagt.)

Das Wort σημεῖον findet sich für Zenon nur noch in einem Buchtitel bezeugt (Diogenes Laertius 7, 4). Und von dieser Schrift Περὶ σημείων kennen wir nichts außer dem Titel. Zwar gelangte man wohl unter dem Eindruck eines Hinweises bei Cicero, *De Divinatione* 1, 6 [*quod Zeno in suis commentariis* [12] *quasi semina sparsisset*] zu der Überzeugung, daß es sich hier um eine Abhandlung über *Divination* gehandelt haben müsse [13], bzw., wie E. Zeller meinte, „Über Vorzeichen der Zukunft" [14]. Vielleicht ist diese Annahme richtig. Doch läßt sich aus dem Satz *„quasi semina sparsisset"* (vgl. vorsichtig *Rep.* 1, 41; *Fin.* 4, 18; *Tusc. Disp.* 5, 69) sicherlich nicht herauslesen, daß sie nur Divination zu ihrem Gegenstand gehabt hatte. Immerhin hat man sich auch darüber im Klaren zu sein, daß Divination im Grunde einen Anwendungsbereich des Gedankens des logischen Zeichens darstellt. Denn „Divination starts from the assumption that constantly reoccurring sequences of the same signs and events can be expressed as a rule" [15]. Daß Zenon jedenfalls den Begriff des logischen Zeichens für die Stoa erarbeitet haben konnte, scheint insofern denkbar [16], als ja jene Theorie, wie wir sie bei Sextus für die Stoa [17], und bei Philodem für den Epikureismus bezeugt finden [18], gleichermaßen eine Anknüpfung auch an Aristoteles erkennen lassen (außer *An. Pr.* 70 A 3–30, vgl. *Soph. El.* 167 B 9 und *Rhet.* 1357 A 32 bis B 36).

11 Es ist also zu vermuten, daß Augustin sich hier an der ihm durch Cicero geläufigen Terminologie der Akademiker orientiert (s. o. S. 56); siehe den Index der Ausgabe der *Academici Libri* von Plasberg.

12 Dazu vermerkt A. S. Pease: „Not infrequent for philosophical writings" (M. T. Ciceronis, *De Divinatione* [Urbana, Ill. 1920] 60).

13 A. C. Pearson, *The Fragments of Zeno and Cleanthes* 21.

14 *Die Philosophie der Griechen* III, I⁵ 33 Anm. 3; das ist auch die Meinung von R. Philippson, *De Philodemo Libro qui est* Περὶ σημείων καὶ σημειώσεων *et Epicureorum doctrina logica* (Berlin 1881) 68.

15 S. Sambursky, *Physics of the Stoics* 43 und *The Physical World of the Greeks* 174.

16 Dies ist auch die Meinung von A. A. Long, in *Problems in Stoicism* 85.

17 Interessant ist die Diskussion bei B. Mates, *Stoic Logic* 11–16 (nur die Identifizierung von σημαῖνον und σημεῖον beruht auf einem Irrtum!).

18 Dazu siehe P. & E. De Lacy, *Philodemus. On Methods of Inference* (Philadelphia 1941) 120 ff.

Doch läßt sich die eigentliche Entwicklung dieser Lehren nur unzureichend verfolgen. Namentlich wissenswert wäre der Anteil der Medizin und des Empirismus [19]. Immerhin darf auch die Möglichkeit nicht außer Acht bleiben, daß die speziellen Lehren vom σημεῖον ἐνδεικτικόν und σημεῖον ὑπομνημαστικόν bei Sextus, *Pyrrh.* 2, 97–103. 104–144 ihrer Herkunft nach nicht spezifisch stoisch sind [20].

§ 6   Das Kriterium der Wahrheit [1]

Hat Zenon, der den Begriff von ‚Zeit‘ als Kriterium der Beurteilung von ‚langsam‘ und ‚schnell‘ verstand (s. u. S. 78), von einem κριτήριον τῆς ἀληθείας oder einem κριτήριον τῶν πραγμάτων gesprochen? Nach allem, was über das stoische Verständnis von „wahr" als Eigenschaft von Urteilssätzen und „Wahrheit" als Eigenschaft der Seele gesagt wurde, muß bezweifelt werden, daß Zenon oder überhaupt ein orthodoxer Stoiker etwa im Sinne der skeptischen Terminologie [2] von einem ‚Kriterium der Wahrheit‘ (bzw. der ‚Dinge‘) gesprochen haben konnte. Denn eine ἀληθεία τῶν πραγμάτων (Diogenes Laertius 7, 46) gibt es für die Stoiker *so* ja nicht [3].

---

[19] Vgl. die Beurteilung der Materialien bei K. Deichgräber, *Die griechische Empirikerschule*[2] (Berlin 1965) 141.

[20] Zur Diskussion dieser speziellen Problematk siehe O. Rieth, *Grundbegriffe der stoischen Ethik* 181–190.

[1] Sextus Empiricus, *Adv. Log.* 1, 253; Diogenes Laertius 7, 54.

[2] Eine Reihe von interessanten neuen Diskussionen der Problemstellungen der Skepsis bietet C. L. Stough, *Greek Scepticism* (19, 69); dazu siehe A. A. Long, *ClR* 26 (1971) 196.

[3] E. Bréhier behauptet im Blick auf *S. V. F.* 2, 65. 117 u. a. bes. 2, 53 [κριτήριον τῶν πραγμάτων] „qu'il ne s'agit pas seulement de juger des représentations mais d' atteindre des réalités" (*Chrysippe et l'ancien stoïcisme* 99–100 Anm. 1), berücksichtigt jedoch nicht, daß eine authentisch stoische Formulierung in keinem der von ihm genannten Fälle vorliegt (s. o. S. 43). – Verläßt man sich als Interpret auf die Darstellung der stoischen Dialektik im 7. Buch des Diogenes Laertius, so kann der pointierte Gebrauch des Terminus πράγματα (? τὰ νοούμενα πράγματα) die Überlegung nahelegen, daß „Kriterium der Dinge" stoisch betrachtet soviel bedeutet wie „Maßstab der Beurteilung von (empirischen) Aussagen"; die πράγματα wären keine sprach- und wahrnehmungsunabhängig existierenden Dinge sondern soviel wie ‚Sachverhalte‘ bzw. ‚Tatsachen‘. Ich vermute, daß die idiosynkratisch stoische (und eklatant moderne) Auffassung in dieser Richtung von den Positionen anderer Observanz abgegrenzt werden müßte.

Nun sollte man sich aber vom rein Terminologischen nicht abhalten lassen, die sachliche Frage auch für Zenon ins Auge zu fassen. Denn das Erkenntnisproblem gehört zu den ganz wenigen wirklich perennierenden Fragestellungen der griechischen Philosophie. Tatsächlich hat man in der Radikalität, mit der diese Fragestellung sozusagen programmatisch diskutiert wurde, eine der wirklich produktiven Leistungen dieser Philosophie überhaupt anzuerkennen. – Aussagen wie der etwa von E. Zeller [„Man wird allerdings in der skeptischen Verzichtleistung auf alles Wissen und in der Beschränkung auf eine mehr oder weniger unsichere Meinung ein Zeichen von der Ermattung des wissenschaftlichen Geistes und von dem Erlöschen der wissenschaftlichen Produktivität finden müssen"] wird man heute allerdings ebenso wenig ernst nehmen können[4] wie das Konstatieren einer „Krise der Philosophie"[5]. Und Zenons Bemühungen um die Ausarbeitung der φαντασία καταληπτική zeigt hinlänglich, daß der Gründer der Stoa die bekannten Schwierigkeien des Erkenntnisproblems als solche in der Sache ungleich ernster genommen hatte[6] als Epikur[7] (auf den die skeptische und vor allem akademische Kritik dann auch so gut wie gar nicht eingeht). Dies wurde auch von Arkesilaos keineswegs bestritten. Im Gegenteil!

Ein explizites Zeugnis für ein zenonisches Kriterium ist nicht auf uns gekommen[8]. So muß es auch nicht verwundern, daß die seltsam divergierenden Auskünfte auf die Frage nach dem Kriterium in der Forschung bisweilen gegeneinander ausgespielt wurden, um so als Ausgangspunkt bestimmter (z. T. abenteuerlich anmutender) Rückschlüsse verwendet werden zu können[9].

---

[4] An E. Zeller stellt O. Gigon die Gegenfrage: „Aber ist Philosophie nichts anderes als ‚wissenschaftlicher Geist' und ‚wissenschaftliche Produktivität'?" (*MH* 1 [1944] 164).

[5] Ich beziehe mich hier auf die allerdings informative Arbeit von P. Steinmetz, „Die Krise der Philosophie in der Zeit des Hochhellenismus", *Antike und Abendland* 15 (1969) 122–134.

[6] Der Sache nach korrekt sagt M. Pohlenz: „Daß es ein solches Kriterium geben müsse, ist für die Stoa Axiom, weil davon unsere ganze geistige Existenz und praktische Lebensführung abhängt" (*NGG* II,9 [1938] 178). – Aber Zenon wurde zur Annahme der Existenz eines Kriteriums gewiß nicht von einer existentiellen Furcht vor der möglichen τοῦ βίου σύγχυσις getrieben.

[7] In diesem Zusammenhang ist auch auf die Arbeit von D. J. Furley aufmerksam zu machen: „Knowledge of Atoms and Void in Epicureanism", in *Essays in Ancient Greek Philosophy* (New York 1971) 607–619, sowie auf A. A. Long, „Aisthesis, Proplepsis and Linguistic Theory in Epicurus", *BICS* 18 (1971) 114–133 und auch J. M. Rist, *Epicurus* (Cambridge 1972) 14–40.

[8] Zu F 60 s. u. S. 66.

[9] Einen interessanten Einblick in diese Diskussionen vermitteln die Darstellungen bei

Tatsächlich hat man sich im Hinblick auf diesen Befund divergierender Aussagen zum ‚Kriterium' (φαντασία καταληπτική, ὀϱθός λόγος, πϱόληψις, αἴσϑησις, νοῦς etc.) vor Augen zu halten, was möglich trivial anmuten wird, nämlich, daß vermutlich nicht alle wie immer in Frage gestellten Aussagen auf Grund ein und desselben ‚Kriteriums' entschieden werden können. So ist z. B. die Aussage auch für die Stoiker „Es gibt Götter und sie sorgen vor" [10] nicht auf Grund der φαντασία καταληπτική als Kriterium entscheidbar. Und wird ein Stoiker z. B. gefragt „Wer sagt Dir, daß Deine Aussage ‚Dies ist weiß' den Tatsachen entspricht?", so wird er vermutlich antworten: „Meine Wahrnehmung" [11]. Ein wiederum anderes ‚Wahrheitskriterium' wird für den Fall der Geltung der chrysippischen Implikation zugrunde gelegt werden müssen. Auch ohne hier weiter ins Detail zu gehen, ist leicht erkennbar, daß es im Grunde Kriterien unterschiedlicher Ordnung gibt und das Problem der Entscheidbarkeit von Sätzen unterschiedlichen Geltungsbereiches nicht auf Grund der Annahme *eines* ‚Kriteriums' gelöst werden kann, es sei denn, es handelt sich bei diesem einen Kriterium um so etwas wie den vernünftigen Menschenverstand, der den Maßstab zur Entscheidung mehr oder weniger komplizierter Sätze in sich trägt und nötigenfalls auch kreativ über diesen verfügen kann. Jedenfalls scheinen die von einander abweichenden Auskünfte zur Frage nach dem Kriterium darauf hinzuweisen, daß sich die stoische Philosophie spätestens eines Chrysipps durchaus der Notwendigkeit bewußt war, für Entscheidungen mit jeweils unterschiedlichem Geltungsbereich entsprechend mehr spezifische Kriterien in Anspruch zu nehmen [12].

z. B. R. Hirzel, *Untersuchungen zu Ciceros philosophischen Schriften* II 11 ff., und A. Bonhöffer, *Epictet und die Stoa* 223 ff.

[10] Zu Diogenes Laertius 7, 52 (= *S. V. F.* 2, 84) s. o. S. 40 Anm. 7. Hier handelt es sich um eine *Erkenntnis* [λόγῳ γινομένη], die auf Grund eines *Beweises* [ἀποδείξις] erlangt werden kann.

[11] *S. V. F.* 2, 84. Hierbei handelt es sich um eine κατάληψις αἰσϑήσει γινομένη.

[12] Im Blick auf *S. V. F.* 2, 105 (s. o. 60 Anm. 1.) stellt M. Pohlenz fest: „Zugrunde liegt wohl, daß er [i. e. Chrysipp] in längerer Erörterung die kataleptische Vorstellung in ihre Komponenten zerlegte und ausführte, die Phanatasia sei die im Bewußtsein aufgenommene Aisthesis und werde kataleptisch, wenn sie zu den vorher in uns gebildeten Allgemeinvorstellungen stimme. Für sich genommen konnte die Prolepsis in seinen Augen sowenig selbständiges Kriterium sein wie die Aisthesis" (*Die Stoa* I 62). Dies ist merkwürdig unklar und m. E. auch nicht hinreichend durchdacht; sie läßt sich durch kein Zeugnis stützen geschweige denn rechtfertigen. – Ohne hier eigens in die Diskussion jenes notorischen Problems einzugehen, das mit der Frage nach dem exakten stoischen Verständnis des Terminus πϱόληψις aufgegeben ist, den Chrysipp aller Wahrscheinlichkeit nach von Epikureismus übernommen hatte (die beste mir

Hat diese Vermutung schon einige innere Wahrscheinlichkeit für sich, so wäre es kaum weiter verwunderlich, wenn sich herausstellen würde, daß Zenon ein Kriterium allgemeinerer Art angenommen hatte, wie man es sich in Gestalt etwa des ‚vernünftigen Menschenverstandes' vorstellen kann, der als ‚Richtschnur' und ‚Maßstab' der Beurteilung dient. Ein diesbezügliches Zeugnis im strengen Sinn guter Bezeugung gibt es freilich nicht.

Nun spricht das Zeugnis des Diokles bei Diogenes Laertius 7, 54 [13] von älteren Stoikern [14] die den ὀρθός λόγος als Kriterium betrachteten [15]. Ist

bekannte Diskussion der *Prolepsis* bietet F. H. Sandbach, „Ennoia and Prolepsis in the Stoic Theory of Knowledge", in *Problems in Stoicism* 22–37), muß darauf hingewiesen werden, daß es für die Stoiker ja eine bestimmte Klasse von Einsichten bzw. Erkenntnissen gibt, deren Übereinstimmung mit den Tatsachen offenbar auf Grund von πρόληψις als Kriterium behauptet wurde (*S. V. F.* 2, 1126 zusammen mit Antipater, F 33 = *S. V. F.* III, 249. 10–16). Auf der anderen Seite gibt es distinkte Wahrnehmungsinhalte bzw. Erkenntnisse (*S. V. F.* 2, 84 [i. e. der sinnlich wahrnehmbaren Eigenschaften von Dingen wie ‚weiß' ‚schwarz', ‚hart' und ‚spröde']), deren Erfassung Sache der *Aisthesis* ist und welche als solche untrüglich ist (vgl. *S. V. F.* 2, 78), – einen derartigen Wahrnehmungsinhalt („Dies ist weiß") zu bejahen ist natürlich nicht Sache der *Phantasia Kataleptike*. Mit anderen Worten: M. Pohlenz' These zu Chrysipps ‚anderen Kriterien' im Sinne einer Analyse der Komponenten der kateleptischen Vorstellung ist so vermutlich nicht haltbar.

13 Dieses Zeugnis dürfte letztlich auf Poseidonios zurückgehen (= F 42 *Edelstein-Kidd*).

14 P. Corssen hatte Στωικῶν getilgt und uns damit zur Wahl jene Denker angeboten, die von Sextus Empiricus unter einer rein systematischen Fragestellung als Kriterien-Forscher behandelt werden (*Adv. Log.* 1, 38 ff.), also auch diverse Vorsokratiker! Gegen diese nahezu absurde Annahme stellte sich R. Hirzel (*Untersuchungen zu Ciceros Philosophischen Schriften* II 12 ff.), der seinerseits die Auffassung vertrat: „Die Wahrscheinlichkeit spricht dafür, daß hinter der unbestimmten Bezeichnung der Stifter selbst und Kleanthes verborgen sind" (a. a. O. I 14). Erwägenswert ist sein Hinweis a. a. O. Anm. 1) auf Zenon und Kleanthes „ὡς ἂν ἀρχαιότεροι" bei Diogenes Laertius 7, 84. Auch dieser Bericht könnte letztlich aus Poseidonios selbst stammen, der sich einmal mehr als letzter Gewährsmann genannt findet (= F 89 *Edelstein-Kidd*).

15 Bereits L. Stein legte Wert auf die Feststellung, daß der Ausdruck „ἀπολείπουσιν" intendiere, daß die in Rede stehenden ἀρχαιότεροι den ὀρθός λόγος „nur neben anderen" als Kriterium gelten ließen (*Die Psychologie der Stoa* II 253 Anm. 549; 259). Zu einem ähnlichen Verständnis gelangte auch R. Hirzel: „Sie weisen nicht zurück, verwerfen nicht, wie man ἀπολείπειν τινα δικαστήν sagte. Das setzt voraus, entweder, daß aus einer großen Zahl von Kriterien nur den ὀρθός λόγος solchen übrig ließen, oder daß sie dem ὀρθός λόγος seine Bedeutung ließen, die andere ihm bestritten. In jedem Fall würde Diogenes Laertius wohl gesagt haben τὸν ὀρθὸν λόγον μόνον ἀπ. Es findet also der zweite Fall statt, und ἀπολείπουσι bezieht sich auf die Polemik, die man gegen diese Lehre führte" (*Untersuchungen zu Ciceros Philosophischen Schriften* II 11 Anm. 1). Hier handelt es sich im Grunde um un-

man schon versucht, diesen Hinweis auf Zenon (und vielleicht auf Kleanthes) zu beziehen[16], so mag eine derartige Annahme auch mit der Überlegung verknüpft werden, daß die stoische Philosophie bereits *in statu
nascendi* mit einem jedenfalls für modernes Denken erstaunlich vagen Begriff des ὀϱϑὸς λόγος[17] operierte, der auch als ϰοινός νόμος verstanden
wurde[18] und als solcher gleichermaßen deskriptive wie auch präskriptive

kontrollierbare Thesen [vis-à-vis der These L. Steins könnte man fordern, daß im
Text noch ein ϰαὶ vor τὸν ὀϱϑὸν λόγον gewesen sein müsse!]. Die Problematik sol-
cher Spekulationen zeigt sich deutlich, wenn man bedenkt, daß keiner der beiden
Interpreten auch nur ein Wort darüber verliert, daß wenige Zeilen zuvor auch der
Meinung des Häretikers Boethos durch „ἀπολείπει" Ausdruck gegeben wird, – was,
wie A. Bonhöffer richtig sagt, „nichts anderes heißt als: Boethos nimmt mehrere
Kriterien an" (*Epictet und die Stoa* 227). Wenigstens aus den Zusammenhängen bei
Diogenes Laertius 7, 135 (= Poseidonios, F 16 *Edelstein-Kidd*) und 7, 158 geht für
ἀπολείπειν die Bedeutung eines *verbum declarandi* hervor, die mit „to leave undis-
puted" (*L. & S.-J.* s. v. ἀπολείπω, 4) zu vereinbaren ist.

[16] Vgl. auch M. Pohlenz, *Die Stoa* I 61 und *NGG* II, 9 (1938) 187: „Bei den τινές denkt
man mit Recht meist an Zenon". Kritisch sagt F. H. Sandbach: „To refer to the foun-
der of your school by the phrase ‚certain others of the older Stoics' would seem to
me, I must confess, a strange usage of language" (in *Problems in Stoicism* 17).

[17] Es ist hier nicht der Ort, die vielfach – auch im Hinblick auf Aristoteles selbst (bei
dem „ϰατὰ τὸν ὀϱϑὸν λόγον" bereits als selbstverständliche Formulierung erscheint,
welche nicht weiter erörtert werden braucht *EN* 1103 B 31–32; 1144 B 17; *MM*
1198 A 13) gestellte Frage nach der Herkunft des ὀϱϑὸς λόγος zu diskutieren; die
wichtigsten Literaturhinweise findet man in den verdienstvollen Arbeiten von
K. Bärthlein, *AGPh* 45 (1963) 213 und *AGPh* 46 (1964) 130 Anm. 3. – Alle Hypothesenbildungen im Hinblick auf die Genese des stoischen „ὀϱϑὸς λόγος" bleiben solange denkbar unsicher, wie wir die Auffassungen anderer Sokratiker und auch die
der Akademie nur unzureichend kennen. M. E. wurde der stoische Begriff mit seiner
Dimension als objektiviertes und sich selbst zur Geltung bringendes universelles Gesetz weitgehend durch Platons *Nomoi* vorgeformt. (Nicht schlecht bemerkt F. Dirl-
meier, *Aristoteles. Die Nikomachische Ethik* [Berlin 1966] 301 im Blick auf Platons
Politikos 309 C 5 – D 4: „Wenn wir Platons Stillage nachahmen wollen, dürfen wir
sagen: das ist die Intronisationsurkunde des richtigen Logos.") Zenon hat also dem
ὀϱϑὸς λόγος, der in den Dialogen Platos überwiegend „richtiges Denken" oder all-
tagssprachlich einfach „Vernunft" bedeutet (*Apol.* 34 B 3–4; *Phaidon* 73 A 9–10;
Sophistes 23 B 8–10; 245 A 8–10; *Philebos* 43 E 8–10 u. a.), ohne als solcher im
System der ideenphilosophischen Epistemologie ausgewiesen zu werden, und der sich
in der aristotelischen Ethik in einer deutlichen Nähe zur *praktischen* Vernunft befindet, eine außerordentlich weite zusätzliche Dimension zugefügt. (Kritisch betrachtet
ist dies vermutlich eine Konfusion *par excellence*; der ausgesprochen pedantischen
Exaktheit der Stoiker korrespondiert hier etwas, was man wohlmeinend am ehesten
noch als „Kühnheit" bezeichnen möchte.).

[18] Zu diesem Komplex siehe G. Watson, in *Problems in Stoicism* 216 ff.

Züge aufweist. So konnte ein Verständnis des ὀϱϑὸς λόγος, der ja einen objektiven und einem subjektiven Aspekt hat, im Sinn des Kriteriums geradezu auf der Hand liegen [19]. Die Gültigkeit eines Urteilssatzes wie „Dies ist gut, dies muß ich tun" beruht ebenso auf einem autonomen Entscheid der gleichsam richterlichen Instanz des ὀϱϑὸς λόγος wie auch die Richtigkeit der moralisch irrelevanten Behauptung: „Dieser Mann dort ist Orest"; im ersteren Fall ist es Sache des (ὀϱϑός) λόγος darüber zu entscheiden, ob – wie die Stoiker es ausdrücken könnten – die Zuschreibung eines Wertattributes zu X bejaht werden soll (siehe den Zusammenhang von *S. V. F.* 3, 171). Im letzteren Fall obliegt es dem λόγος, eine bestimmte Vorstellung als φαντασία καταληπτική auszuweisen – was freilich nur auf Grund einer *petitio principii* geschehen kann – um dem entsprechend artikulierten ἀξίωμα unsere Zustimmung zu geben. Streng genommen ist es also so, daß die Vernunftkraft über Kriterien verfügen soll (und muß!), nach Maßgabe derer solche Behauptungen, die als λεκτὰ αὐτοτελῆ bzw. ἀξιώματα ‚gemäß artikulierbarer Vorstellungen' zustande kommen, beurteilt werden können [20].

Aber diese Lösung ist als solche kaum wirklich zufriedenstellend. Auch abgesehen davon, daß vermutlich allein der *Weise* über den *Orthos Logos* wirklich verfügen kann, mochte Zenon sich ja gefragt haben, auf Grund welcher Kriterien man überhaupt sagen könne, daß diese oder jene Vorstellung „καταληπτική" ist. (Und selbst die minutiöse Ausarbeitung der Kriterien, die einer φαντασία καταληπτική gesetzt sein müssen, konnte die jüngeren Stoiker schließlich doch nicht vor einer zirkulären Bestimmung

[19] Ich würde F. H. Sandbach in der Vermutung zustimmen „that whoever it was who spoke of correct reason as test of truth did not do so with primary reference to the testing of sense-data; rather they saw in correct reason a test of universal applicability, but one which only the select few had the power to use. It is to be noted that Diogenes (VII 47) defines the virtue of ἀματαιότης, the possession of the wise, as ‚a state that refers presentations to correct reason'" (in *Problems in Stoicism* 17). – Interessant ist übrigens auch die Feststellung des Karneades bei Sextus Empiricus (= *S. V. F.* 2, 68), wonach eine ‚Erkenntnis' z. B. dann nicht zustande kommt, wenn sich die διάνοια παρὰ φύσιν verhält. (M. Pohlenz spricht in *Die Stoa* II 35 unbefangen von ‚κατάληψις'; tatsächlich spricht Karneades aber von ‚ἀντίληψις'!). Im Prinzip hat M. Pohlenz aber mit der Behauptung Recht, daß der *Weise* die *Phantasia kataleptike* „prüft" und „approbiert" (*NGG* II, 9 [1938] 187). Siehe J. Pinborg: „Indem derselbe Logos in der Weltsubstanz und im Menschen ist und wirkt, wird die Wahrheit der Erkenntnis prinzipiell gewährleistet" (*CM* 23 [1962] 157).

[20] In diesem Sinn wird man die von E. Zeller (s. o. S. 45) überdimensionierte Stellungnahme einiger Stoiker zur *Phantasia kataleptike,* die ein derartiges Quantum an Evidenz besitze, daß sie die Zustimmung des Logos gewissermaßen ursurpiert, als Flucht nach vorn zu betrachten haben.

bewahren: τὸ ὑπάρχον ist dasjenige, was eine *kataleptische Vorstellung* verursacht [*S. V. F.* 2, 70. 97] [20]). Es wäre naiv zu meinen, daß sich Zenon
nicht auch der Tatsache bewußt war, daß der *Orthos Logos* für sich genommen keinesfalls mehr als die ‚notwendige Bedingung' darstellt; die Existenz
des Lehrstückes der φαντασία καταληπτική legt ja die Vermutung nahe, daß
Zenon hier der Forderung nach einer ‚zureichenden Bedingung' Rechnung
tragen wollte.

Nun gibt es aber ein Zeugnis [21], das sich auf den ersten Blick vielleicht
nicht fugenlos in diesen allerdings hypothetischen Rahmen einordnen läßt
und das von M. Pohlenz für den systematisch weitgespannten Zusammenhang seiner bekannten Behauptung [22] außerordentlicher Differenzen zwischen den Positionen Zenons und Chrysipps in Anspruch genommen
wurde [23]. Seine These ist – im Hinblick auf die uns interessierende Frage
nun grob verkürzt – die, daß Zenon mit der *comprehensio* (= κατάληψις)
als Wahrheitskriterium [24] eine Kombination zweier Faktoren, nämlich der
im sogenannten Handvergleich (*F* 66 s. o. S. 39) genannten φαντασία und
συγκατάθεσις angenommen habe, wohingegen Chrysipp nun im bewußten
Gegensatz zu Zenon als Kriterium die φαντασία καταληπτική verstand.
Wichtig für M. Pohlenz ist eben der Gesichtspunkt, daß eine *Katalepsis*
nur dann zustande kommt, wenn der *Logos* seine Zustimmung zur *Phantasia*
gibt [25].

Dies alles ist ja nun durchaus nicht befremdlich; warum sollte Zenon
nicht die *Katalepsis* als Kriterium angenommen haben [26], – es fragt sich

---

21 F 60 *Sed inter scientiam et inscientiam comprehensionem illam quam dixi, collocabat,*
   eamque neque in rectis neque in pravis numerabat, sed soli credendum esse dicebat.
22 *NGG* II, 9 (1938) 181 und *Die Stoa* I 62–63.
23 Zur Kritik dieser Anschauungen (s. o. S. 34 und u. S. 166) siehe O. Rieth, *Gnomon*
   16 (1940) 106; J. M. Rist, *Stoic Philosophy* 138–147 und F. H. Sandbach, in *Pro-*
   blems in Stoicism 15–19.
24 M. Pohlenz muß natürlich dem *soli* große Beachtung schenken. F. Sandbach bezweifelt
   mit Recht „that Cicero can have meant that *comprehensio* was the only thing we can
   trust. We must be able to trust knowledge also. And unless the presentation can be
   trusted, how can trust be put in *comprehensio*? Either Cicero, as so often, is not
   precise, or by *soli* he means *per se: comprehensio* is by itself sufficient for belief; we
   do not need its conversion into knowledge before it can be trusted" (in *Problems in*
   Stoicism 21 Anm. 22).
25 Vgl. M. Pohlenz: „Aber nicht schon in der φαντασία καταληπτική selbst hat er das
   Kriterium gesehen, sondern in der Katalepsis, die entsteht, wenn der prüfende Verstand die Vorstellung als kataleptisch anerkennt und zum geistigen Besitze des Menschen macht" (*NGG* II, 9 [1938] 181).
26 Wenn man einmal mehr die Regel beobachtet, daß die von Arkesilaos bei Sextus

eben nur als Kriterium wofür? Ist der *Orthos Logos* die Instanz, auf Grund derer wir als Stoiker einen Vorstellungsinhalt als *kataleptisch* anerkennen, so ist die *Katalepsis* streng genommen nur der B e w e i s dafür, daß entsprechender Vorstellungsinhalt *kataleptischer* Natur ist; *Kriterium* ist hier die bestimmte, distinkte und evidente Eigentümlichkeit des Vorstellungsinhaltes, d. h. deren deklarativer Charakter, wie Cicero sagt (*F* 60), sowie die beurteilende Instanz, welche diese Eigentümlichkeit erkennt und anerkennt. Will man die *Katalepsis* schon als Kriterium verstehen, so kann man sie vernünftigerweise nur als Voraussetzung zur ἐπιστήμη verstehen, und zwar in dem Sinne, daß ein *Wissen* eines Sachverhaltes nur dann möglich ist, wenn man über eine entsprechende *Katalepsis* verfügt. Aber auch in diesem Fall bedarf es ja, wie der Handvergleich lehrt, einer Art Zustimmung höherer Ordnung, vermutlich also wieder eines Aktes des *Orthos Logos: norma scientiae* (*F* 60) [27].

Die antiken Kritiker – und hier besonders Arkesilaos und Karneades – haben bekanntlich keine systematischen Widersprüche geltend gemacht, die ihnen eine Kritik der Positionen Zenons und Chrysipp noch hätte erleichtern können. Warum sollten wir es tun? Die leichten terminologischen Divergenzen (κατάληψις auf der einen Seite, καταληπτικὴ φαντασία auf der anderen Seite und schließlich noch ὀρθὸς λόγος [28]) lassen *bona fide* nur auf sozusagen perspektivische Verschiedenheiten des Standortes schließen, der

Empiricus, *Adv. Log.* 1, 151 ff. (= *S. V. F.* 2, 90) verfolgte Stoa-Kritik auf Zenon gemünzt sein müßte, und die dabei implizierten stoischen Annahmen also Lehrgut des Schulgründers sind, so wird man sich der Tatsache der Übereinstimmung zwischen Cicero auf der einen Seite und Sextus auf der anderen nicht verschließen können: Beide sprechen von der *Katalepsis* als Kriterium, – Sextus bzw. Arkesilaos behauptet aber, daß die Stoiker ausdrücklich *drei* Kriterien (ἐπιστήμη, δόξα und neutral dazwischen κατάληψις, die offenbar ἐπιστήμη oder δόξα werden kann.). Dieser Gesichtspunkt ist hochinteressant; er impliziert die Überlegung, daß sich Zenon die Frage stellte, „Was ist für welchen Typus von Menschen (Weisen bzw. Toren) Kriterium für seine Annahme, daß *p*?" Seine Antwort darauf mochte lauten: „Der Weise verläßt sich auf sein *Wissen,* der Tor verläßt sich notgedrungen auf seine *Meinung".* Im ersten Fall „findet eine συγκατάθεσις statt, die einer Tatsachenfeststellung gleichkommt, im anderen Fall kann diese Tatsachenfeststellung auf einer mehr oder weniger unbegründeten Meinung basieren.

[27] Was unter der *„norma scientiae"* genau zu verstehen ist, geht aus dem Zusammenhang bei Cicero m. E. nicht klar hervor. – Wichtig zu bemerken ist natürlich, daß *Scientia* für Zenon allein Sache des Weisen ist. Soll das *„soli"* also implizieren, daß der Weise nicht der *„norma scientiae"* glaubt, wohl aber der *„comprehensio"* (s. o. Anm. 24)?

[28] Auch Karneades Kritik bei Sextus Empiricus, *Adv. Log.* 1, 159 setzt die Annahme u. a. des *Orthos Logos* als eines der Kriterien voraus.

ja auch durch eine unterschiedliche Auslegung des Begriffes des κριτήριον [29] bestimmt worden sein konnte. So legt jedenfalls jene Auffassung, die es vorzieht, als Kriterium die φαντασία καταληπτική anzusprechen, doch offenbar Wert auf die Feststellung, daß man über einen außenweltlichen (vorzugsweise empirisch nachprüfbaren) Vorgang nur dann eine den Tatsachen entsprechende Aussage treffen kann, wenn der der Aussage zugrunde liegende Vorstellungsinhalt über bestimmte, unzweifelbar distinkte Züge verfügt. Hier bedeutet „Kriterium" soviel wie *Wahrheitsbedingung, welche erfüllt werden muß*. Anders versteht die Auffassung eines Zenon, der es vorgezogen hatte, in diesem Zusammenhang unter *Kriterium* die Katalepsis zu begreifen, als Kriterium die bereits *erfüllte Wahrheitsbedingung*: Denn formal besagt die *Katalepsis* ja soviel wie „Ja, es ist der Fall, daß *p*", wohingegen die *Phantasia kataleptike* sich mit einer Behauptung wie „Ich sehe, daß *p*" bescheidet.

Es wurde eingangs darauf hingewiesen, daß die Stoiker eigentlich nicht von einem „κριτήριον τῆς ἀληθείας" oder „κριτήριον τῶν πραγμάτων" in dem Sinne gesprochen haben konnten, wie es unter den Akademikern und Skeptikern Gang und Gebe gewesen zu sein schien. So sei hier der Vermutung Ausdruck gegeben, daß Zenon nicht von sich aus auf ein ‚Kriterium' zu sprechen kam, sondern in der Diskussion vielmehr auf eine Berücksichtigung solcher Fragen festgelegt wurde, wie ein bestimmtes erkenntniskritisches Interesse aufwarf. Der sozusagen ununterbrochene Dialog der Stoiker Zenon, Kleanthes und Chrysipp (um nur die exponierten Verfechter der stoischen Philosophie zu nennen) mit den Gegnern vor allem akademischer Observanz brachte es mit sich, daß die vorwiegend stoa-kritischen Berichte also auch stoische Lehrmeinungen zu Problemen festhalten, die im Grunde keine stoischen Probleme waren. (Ein interessantes Phänomen ist z. B. die Tatsache, daß Cicero den Stoikern gern die Termini „*verum*" und „*falsum*" in den Mund legt, wo die Stoiker tasächlich „ὑπάρχον" bzw. „μὴ ὑπάρχον" gesagt hätten!) Das ‚Kriterium der Wahrheit' war für die Stoiker vermutlich nur dort ein stoisches Problem, wo es um die Frage von logischen Regeln zur Klassifizierung der Schlußweisen unterschiedlicher komplexer Argumente ging. Indes ist das Problem des κριτήριον τῆς ἀληθείας ein vermutlich akademisches Problem, zu dem die Stoiker freilich Stellung nehmen mußten.

---

[29] Selbst Sextus Empiricus hält es unumgänglich, seiner Untersuchung *Über die Wahrheit* (*Adv. Log.* 1, 38 ff.) eine Abklärung des Kriterium-Begriffes vorauszuschicken (a. a. O. 29–37).

§ 7   Kritik an der platonischen Annahme der Existenz von Ideen[1]

Über das eigentliche Zustandekommen dieses schwierigen Textstückes (angeblich aus dem Kompendium des Arius Didymus) würde man natürlich gern genaueres wissen wollen. Fraglich ist, ob der Gedankengang so, wie er sich hier arrangiert findet, auf ein Textkontinuum bei Zenon zurückgehen kann.

Nach außen hin registriert man die redaktionelle Verknüpfung zweier Stücke; das eine dürfte sich als das systematische Lehrstück von den φαντάσματα herausstellen (vgl. Diogenes Laertius 7, 61 ἐννόημα δέ ἐστι φάντασμα διανοίας, οὔτε τι ὄν οὔτε ποιόν, ὡσανεὶ δέ τι ὄν καὶ ὡσανεὶ ποιόν, οἷον γίνεται ἀνατύπωμα ἵππου καὶ μὴ παρόντος). Das andere scheint auf einen polemischen Exkurs Zenons auf die Ideenlehre Platons hinzuweisen. Auf jeden Fall verrät der Text ein deutliches Bemühen, die an und für sich kaum noch lokalisierbare stoische Polemik gegen die platonische Annahme von Ideen auf eine sozusagen systematische Grundlage zu stellen.

Aber wer konnte einen solchen Gedanken artikuliert haben? Interessant ist ja folgendes: Die das Referat beschließenden Zeilen, über deren Sinn von je her gerätselt worden ist, haben eine unverkennbare Ähnlichkeit mit dem Text, der bei Simplicius (*In Cat.* 209. 11–14) offenbar eine Lehrmeinung der Akademiker wiedergeben soll: ἐκάλουν δὲ τὴν ποιότητα καὶ ἕξιν οἱ ἀπὸ τῆς Στοᾶς, οἱ δὲ ἀπὸ τῆς Ἀκαδημίας ἀπὸ τοῦ ἔχεσθαι τὰς ἕξεις ἑκτὰ ἐκάλουν, ὥσπερ τὰ ἐννοήματα μεθεκτικὰ ἀπὸ τοῦ μετέχεσθαι καὶ τὰς πτώσεις τευκτὰς ἀπὸ τοῦ τυγχάνεσθαι. Damit ergibt sich eine Reihe von neuen Fragen. Denn wenn die Stoiker für das, was die Akademiker unter πτῶσις verstanden wissen wollten, nun (angeblich) den Terminus προσηγορία eingesetzt hätten (ᾶς δὴ προσηγορίας ἐκάλουν.), – würde dies nicht die Annahme gestatten, daß die stoische Polemik gegen die Annahme des substantiellen Daseins von Ideen auf eine akademische Denkweise replizierte?

Nicht undenkbar wäre dann auch die Möglichkeit, daß dem zweiten Teil des bei Stobaeus überlieferten Textes eine regelrechte ‚terminologisch-theoretische‘ Kontroverse über den Status der *Intelligibilia* zwischen der Stoa und der Akademie zugrunde gelegen haben dürfte. Wenn nun Zenon derjenige Stoiker gewesen sein soll, auf den die durchwegs ablehnende stoische Einstellung zu den platonischen Ideen zurückgehen müßte, so wird man

---

[1] Stobaeus, *Ecl.* I 136. 21–137. 6, = D. D. G. 472. 1–8; Aëtius, *Plac.* I 10, 5 = D. D. G. 309. 9–10.

wie frühere Erklärer (M. Wellmann, L. Stein) an die Schrift Καθολικά denken wollen. Von ihr wissen wir aber außer dem Titel aber gar nichts. Vielleicht hat aber auch jene Vermutung etwas für sich, wonach die Polemik
gegen die Annahme der Existenz von Ideen in den weiteren Zusammenhang
jener Platon-kritischen Stellungnahmen gehören, die über Numenius Erwähnung gefunden haben [2]. Der Gedanke, daß eine solche Kontroverse zwischen Arkesialos und Zenon stattgehabt haben könnte, scheint umso mehr
verlockend, als eine Reihe von Zeugnissen den Rückschluß gestatten, daß
Arkesilaos die Ideenlehre eben nicht aufgegeben hatte, obschon er sie nach
außen hin auch nicht propagierte [3]. Ein geschichtlicher Kern müßte diesen
Überlieferungen, die von einem innerschulischen Dogmatismus des Arkesialos sprechen, eigentlich doch zugrunde liegen [4].

Doch nun zum Einzelnen: Ἐννοήματα, die von ἔννοιαι unterschieden
werden müssen [5], sind *Vorstellungsgebilde*, ‚mental pictures‘, die im Unterschied zu den φαντασίαι aber nicht von Objekten der Wahrnehmung ausgehen [6]. Ἐννόημα genau zu bestimmen, scheint nicht so einfach. Denn nach
der einen Terminologie sollen sich φαντασία und φάντασμα dahingehend
unterscheiden, daß erstere qua τύπωσις auf Grund der Tatsache als φαντασία bestimmt werden könne, daß sie von einem real existierenden Objekt
ausgehen muß. Vorstellungsbilder bzw. Fiktionen können hingegen auch
Traumerlebnisse sein. Im Lichte der anderen Terminologie ist freilich anzusetzen, daß φάντασμα und φαντασία ἀκατάληπτος zusammenfallen müßten (?). Der Sache nach müßte diese präsumierte Beziehung aber besagen
wollen, daß φαντάσματα als Species der φαντασίαι ἀκατάληπτοι betrachtet
werden können, sofern sie durch den Test ja als *nicht-καταληπτικαί* auszuweisen sind [7]. (Und aus Ps. Plutarch, *Epit.* IV 11, 5 ergibt sich, daß die Beziehung zwischen φαντάσματα, welchen Tieren eigentümlich seien, und ἐννοήματα diejenige zwischen Genus und Species ist.) Jedenfalls versteht

---

[2] *F 3 Leemans.* Vgl. auch A. C. Pearson, *The Fragments of Zeno and Cleanthes* 73.

[3] Vgl. Diokles von Knidos, auf den sich Numenius beruft (bei Eusebius, *PE* XIV
6, 6) und Sextus Empiricus, *Pyrrh.* 1, 234 u. a.). Die Einschätzung dieser Stellen
durch A. Weische, *Cicero und die neuere Akademie* (Münster 1961) 2–26 scheint mir
nicht richtig.

[4] Vgl. O. Gigon, *MH* 1 (1944) 55–56.

[5] E. Bréhier, *La théorie des incorporels* 18 geht über diesen Unterschied hinweg.

[6] Vgl. Aëtius, *Plac.* IV 12 (= *S. V. F.* 2, 54).

[7] Auf den Konflikt der beiden Terminologien (s. o. S. 32) hatte U. Egli aufmerksam
gemacht. Siehe auch V. Goldschmidt, *Le système stoïcien de l'idée de temps* 114.
Die daraus erwachsenden Probleme wurden von A. A. Long in dem entsprechenden
sachlichen Zusammenhang (in *Problems in Stoicism* 110) nicht weiter berücksichtigt.

Chrysipp φάντασμα als etwas, zu dem wir „vom Vorstellungsvermögen auf Grund einer leeren Attraktion hingezogen werden"[8]. Im Gegensatz zu einem φαντασθέν ist also φάντασμα etwas, was keine Gegenstandsbezogenheit hat und mithin nichts wirkliches darstellt.

Nun heißt es bei Diogenes Laertius bzw. Stobaeus: ὡσανεὶ δέ τι ὄν . . . ποιόν bzw. ὡσανεί τινα . . . ποιά. „Τι" scheint in der stoischen Lehre die Klasse derjenigen Dinge zu markieren, von denen gesprochen werden kann. Und wenn das „Τι" als γεννικώτατον das Seiende und Nichtseiende umfaßt [. . .] allgemeinstoische Lehre ist[9], so fällt ‚Körperliches' und ‚Unkörperliches' gleichermaßen in den durch „τί" bezeichneten Bereich[10]. An dieser Theorie bemessen wäre ὡσανεὶ τι ὄν als „quasi-etwas" zu verstehen, mit der Implikation, daß ein ἐννόημα bzw. φάντασμα und mithin die platonische Idee weder zu den *Corporalia* noch zu den *Incorporalia* zu rechnen ist? Irritierend ist freilich auch der Umstand, daß die andere Qualifikation „ὡσανεὶ ποιά", sofern man von „ποιά"[11], ja überhaupt nur mit Rücksicht auf körperliche Dinge spricht (*S. V. F.* 2, 329), streng genommen nur eine Mitgliedschaft in der Klasse der „ὄντα" in Abrede stellt[12].

Wenn ἐννοήματα weder ποιά noch überhaupt τινά sein sollen, sondern bloß „quasi-bestimmtes" und „quasi-etwas", dann müßten sie eigentlich die Bedingungen zur Klassenmitgliedschaft in dem erfüllen, wofür Sextus Empiricus (*Adv. Log.* 1, 17) und Simplicius (*In Cat.* 105, 11) den Begriff οὔτινα kennen; ziemlich entsprechend macht Alexander darauf aufmerksam, daß die Stoiker ἐννοήματα als μηδέτερα τούτων betrachten (*In Top.* 359. 16). Und gerade im Hinblick auf den Anspruch der stoischen Frontstellung

---

[8] *S. V. F.* 2, 54 (= *D. D. G.* 402. 17–19).

[9] M. Pohlenz, *Die Stoa* II 37. – Seine These [„Die Lehre selbst ist die notwendige Konsequenz aus der Anerkennung der ἀσώματα und gewiß nicht erst, wie Schmekel . . . meint, durch Antipater eingeführt worden"] (a. a. O.) kann aber – allgemein gehalten wie sie ist – z. B. nicht den Umstand erklären, wieso im Bericht *S. V. F.* 2. 323 ‚Kentaurn' und ‚Giganten' unter den τινά figurieren und nicht eher (wie die platonischen Ideen) als „Gleich-als-ob-Seiendes". Wichtig ist die Diskussion bei J. M. Rist, *Stoic Philosophy* 153–158.

[10] Sehr apodiktisch: V. Goldschmidt, *Le système stoïcien et l' idée de temps* 14–15; gleichfalls G. Watson, *The Stoic Theory of Knowledge* 49–50.

[11] Der Gesichtspunkt des ποιόν verfügt die Möglichkeit einer Beschreibung des qualifizierten Einzeldinges mit Rücksicht auf seine Differentiation gegenüber dem unqualifizierten Substrat.

[12] Einen Anstoß ähnlicher Art mochte P. DeLacy genommen haben, wenn er zu Diogenes Laertius 7, 61 (s. o. S. 69) feststellt: „Here τί apparently is used in a physical sense, and means ‚something real'; for there is no reason why an ἐννόημα is not in a methodological sense" (*TAPhA* 76 [1945] 253 Anm. 24).

gegen die platonischen Ideen nimmt sich natürlich der Umstand wichtig aus,
daß Universalien von den Stoikern, wie Simplicius weiß, als „Nicht-Dinge"
betrachtet wurden: οὔτινα τὰ κοινὰ παρ' αὐτοῖς λέγεται.

Der folgende Abschnitt bietet keine Verständnisschwierigkeiten. Eine
Karrikierung als bloße Gedankenprodukte mußten sich die Ideen wahrscheinlich zu Platons Lebzeiten gefallen lassen [zu Antisthenes s. u. S. 73]
(*Parmenides* 132 B 3–5 ἀλλὰ . . . τῶν εἰδῶν ἕκαστον ᾖ τούτων νόημα καὶ
οὐδαμοῦ . . . ἄλλοθι ἢ ἐν ψυχαῖς). „Ὑποπίπτειν" ist hier nicht „the regular
word for the presentation of external impressions to the organ of sense" [13].
Sinngemäß ist nämlich, mit Rücksicht auf die Genus/Species-Beziehung von
φάντασμα und ἐννόημα, φ α ν τ α σ μ ά τ ω ν zu ergänzen. Und ὑποπίπτειν
bedeutet dann eher, was *L. & S.-J.* (s. v. ὑποπίπτειν) mit „to enter the mind,
of ideas" wiedergeben, also im Gegensatz zu „impressions".

Zu οἷον κτλ. ist am Rande darauf aufmerksam zu machen, daß sich die
hier notierte Auffassung irgendwie mit der bei Aristoteles, *Metaphysik*
1007 A 18 berührt, wonach Platon Ideen *nur* von φύσει ὄντα angenommen
habe. Jedenfalls scheint es doch so zu sein, daß die Stoiker in Platons Gedanken an die Was-Heit (nach der die Dinge homonym benannt werden:
Phaidon 102 A–B, *Parmenides* 133 D, *Timaios* 53 A und *Politeia* 596 A)
mit einigem Recht nur die Konstruktion der generischen Eigenschaft er-
kannten. „Genus" fällt für sie aber *a fortiori* unter die οὔτινα (zur Definition des „Genus" siehe Diogenes Laertius 7, 60 γένος δέ ἐστι πλειόνων καὶ
ἀναφαιρετέων ἐννοημάτων σύλληψις οἷον ζῷον. τοῦτο γὰρ περιείληφε τὰ
κατὰ μέρος ζῷα).

Der Terminus ἀνύπαρκτος ist eigentlich aus sich selbst heraus verständlich. Im philosophischen Griechisch weist ὑπάρχειν etwa vier Bedeutungs-
richtungen auf: 1. *Existieren*, im Gegensatz zu Erscheinen, 2. *Der Fall sein*,
im Sinne von wahr sein, 3. *In einem Subjekt sein*, im Sinne von prädiziert
werden, 4. *Wirklich sein*, im Sinne von echt sein. Sämtliche dieser Bedeu-
tungsnuancen kommen im stoischen Sprachgebrauch zum Tragen, besonders
aber die beiden ersten [14]. Nicht unerwähnt bleiben darf der Umstand, daß
sich ὑπάρχειν in der stoischen Terminologie oft ὑφίστασθαι gegenüberge-
stellt findet [15]. Letzteres charakterisiert die Art der Existenz der sogenannten ἀσώματα [τόπος, κενόν, χρόνος, λεκτά] [16].

---

[13] A. C. Pearson, *The Fragments of Zeno and Cleanthes* 74.
[14] Vgl. A. A. Long, in *Problems in Stoicism* 89–90.
[15] So eklatant auch im Rahmen der Diskussion über die Realität von *Zeit* bei Stobaeus,
Ecl. I 106. 18–20; dazu siehe V. Goldschmidt, *Le système stoïcien de l'idée de temps*
36 sowie J. M. Rist, *Stoic Philosophy* 278–279.
[16] „It seems that *hyphestanai/hyphistasthai* expresses a state subordinate to that donoted

Wissenswert wäre sicher, inwieweit die stoische Argumentation gegen das *Dasein* der Ideen von Antisthenes her beeinflußt sein mochte; mit Rücksicht auf die bekannte Stellungnahme des Antisthenes z. B. bei Simplicius, *In Cat.* 208. 30–31 ὦ Πλάτων, ἔφη, ἵππον μὲν ὁρῶ, ἱππότητα δὲ οὐχ ὁρῶ (= 50 A *Caizzi*) [17] könnte K. Praechter mit der Annahme recht haben, daß Antisthenes die Ideen nicht etwa nur subjektivistisch umdeuten, sondern geradezu den „leeren Einfällen" zurechnen wollte. Nur darf sich diese Interpretation vermutlich nicht auf den Satz „τὰ εἴδη ἐν ψιλαῖς ἐπινοίαις" bei Ammonius, *In Porph. Isag.* 40. 6 (= F 50 C *Caizzi*) berufen wollen [18]. Denn diese Stelle weist ihrerseits auf einen Satz des Porphyrius zurück (*Isag.* 1. 6 εἴτε ὑφέστηκεν [τὰ εἴδη καὶ τὰ γένη] εἴτε ἐν ψιλαῖς ἐπινοίαις); und nur „λέγω ὅτι ἵππον μὲν ὁρῶ" kann für Antisthenes in Anspruch genommen werden, während mit „ἔλεγε τὰ γένη κτλ." die interpretierende Ansicht des Ammonius zum Ausdruck kommt. (Wenn dann schließlich J. Tzetzes auch den Satz ψιλαῖς ἐπινοίαις als antistheneisch ausgibt [*Chil.* VII 143. 604–609], so muß es sich dabei um eine Wiedergabe des Ammonius handeln [19].)

Der letzte Abschnitt gilt von jeher als schwierig. So wie H. von Arnim den Text druckt (*S. V. F.* I, S. 19), nämlich ohne den Ausfall eines Subjektes für τῶν πτώσεων τυγχάνειν in Rechnung stellen, scheint der Satz auf den ersten Blick überhaupt unverständlich zu sein. So wollte E. Zeller etwa an Stelle von τυγχάνειν τ ὰ τ υ γ χ ά ν ο ν τ α lesen und erklärte folgendermaßen: „Die Gedanken seien in uns, die Bezeichnungen gehen auf die Dinge." [20] Was E. Zellers interpretatorische Überlegung diskreditieren muß, ist der Umstand, daß 1. die (stoischen) Bezeichnungen nicht auf die Gegenstände gehen, 2. daß πτῶσις und προσηγορία nicht gleichermaßen indiskriminiert als ‚Bezeichnungen' verstanden werden dürfen. Denn während πτῶσις als *Wortbedeutung* des grammatischen Subjektes in die Klasse der σημαινόμενα gehört, fällt προσηγορία als Teil der Rede unter die σημαίνοντα. Und im Lichte der von Sextus, *Adv. Log.* 2, 11 klar explizierten Lehre kann kein Zweifel darüber bestehen, daß die Stoiker eben nicht das ausdrücklich be-

---

by *hyparchein* or *einai* where the terms occur together, or where one of the latter may be mentally supplied the relation is between *to hyphistamenon* etc. and something which exists" (A. A. Long, in *Problems in Stoicism* 90). Siehe auch meine Stellungnahme in *ABG* 15 (1971) 299 ff.

[17] Skeptisch hinsichtlich der Authentizität ist die Beurteilung bei G. C. Field, *Plato and his Contemporaries*³ (Oxford 1967) 168.
[18] *Geschichte der Philosophie, I. Die Philosophie des Altertums*¹⁶ (Basel 1957) 162.
[19] Vgl. K. von Fritz, *Hermes* 62 (1927) 481 Anm. 1.
[20] *Die Philosophie der Griechen* III, 1⁵ 80–81.

rücksichtigt haben, was wir heute unter der pragmatischen Dimension des Zeichens verstehen.

Daß der Text aber bis auf ein hinter τυγχάνειν ausgefallenes Subjekt in Ordnung sein sollte, meinte A. C. Pearson [21] unter Hinweis auf Simplicius, *In Cat.* 209. 11–14 [... ὥσπερ τὰ ἐννοήματα μεθεκτικὰ ἀπὸ τοῦ μετέχεσθαι καὶ τὰς πτώσεις τευκτὰς ἀπὸ τυγχάνεσθαι] feststellen zu können und ergänzte τὰ ὑπάρχοντα [22]. Das syntaktische Problem wäre damit gelöst, aber nicht mehr. Denn weder A. C. Pearson noch O. Rieth scheinen dem Umstand Rechnung getragen zu haben, daß Simplicius *loc. cit.* offenbar eine akademische Sprachkonvention zum Ausdruck bringt. Dazu wäre aber bereits im Hinblick auf die Tatsache Anlaß gegeben, daß aus dem Text bei Stobaeus ja hervorgehen muß, daß die Stoiker πτῶσις und προσηγορία mehr oder weniger gleichgesetzt oder zumindest auf der gleichen Ebene behandelt hätten; tatsächlich handelt es sich hier aber um zwei verschiedene Arten von Dingen. Denn πτῶσις [23] ist im Sinn von ‚Wortbedeutung des grammatischen Subjektes' ein σημαινόμενον, bzw. ein defizientes λεκτόν (vgl. Plutarch, *Quaest.* 1009 C τὸ ἀξίωμα ἐξ ὀνόματος καὶ ῥήματος συνέστε ὧν τὸ μὲν πτῶσιν [sc. die Stoiker] τὸ δὲ κατηγόρημα καλοῦσιν). Προσηγορία [24] hingegen gehört zu der φωνή: ἔστι δὲ προσηγορία μέρος λόγου σημαῖνον ποιότητα, οἷον ἄνθρωπον, ἵππον [...] ὄνομα δέ ἐστι μέρος λόγου δηλοῦν ἰδίαν ποιότητα, οἷον Διογένης κτλ. (Diogenes Laertius 7, 58 = Diogenes von Babylon, F 22).

Die eigentliche Problematik dieses Passus liegt damit klar zu Tage. Wenn man versteht: „Diese (i. e. die Ideen), meinen die Stoiker, hätten keine gegenständliche Existenz, und an den Gedanken hätten wir (i. e. unser Denken) Anteil, die Wortbedeutungen des Nomen, die sie als den auf das Individuum angewandten Gattungsnamen bezeichnen [25], kämen den objektiv vorhandenen Dingen zu", so müßte man einen gravierenden Irrtum in Rech-

---

[21] *The Fragments of Zeno and Cleanthes* 174–175.

[22] Vgl. auch O. Rieth, *Grundbegriffe der stoischen Ethik* 174–175.

[23] Zur Differenz zwischen dem stoischen und dem aristotelischen Verständnis dieses Begriffes äußert sich K. Barwick, *Gnomon* 9 (1933) 590–593.

[24] Dazu siehe neben M. Pohlenz, *NGG* III, 6 (1939) 165–166 und R. Pfeiffer, *History of Classical Scholarship* I (Oxford 1968) 244 bes. R. Haller, *ABG* 7 (1962) 82.

[25] ‚Auf das Individuum angewandte Gattungsname' ist die Erklärung O. Rieths (*Grundbegriffe der stoischen Ethik* 175), welche den Terminus πτῶσις verständlich machen soll. Ich halte diese Erklärung für unrichtig (denn „πτῶσις" umfaßt jedes σημαινόμενον, daß von ‚Eigenname', ‚Gattungs-Term', ‚bestimmten Artikel' bzw. ‚Demonstrativpronomen' bedeutet wird) und gebrauche seinen Ausdruck, um das verständlich zu machen, was m. E. προσηγορία besagen soll.

nung stellen. Ein derartiger Irrtum ist aber nur jemanden zuzutrauen, der
die stoische Theorie (a) nicht genau kennt, und (b) ihr eine andere Begrifflichkeit überwirft. D. h.: (a) einmal ist der in der stoischen Theorie fixierte
Unterschied zwischen dem einen als σημαῖνον und dem anderen als σημαί-
νομενον nicht beachtet; (b) beiden Ausdrücken, sicher an dem letzteren, ist
ein Verständnis unterlegt, welches nicht an der stoischen Theorie bemessen ist.

Was die Stoiker den Ideen-Freunden gerade nicht zugeben können, ist
deren Annahme, daß ein und derselbe Terminus „F" homonym ein Genus
als etwas an sich seiendes [z. B. Φ] *benennt* (qua Eigenname) u n d als Prädikat die spezifische Eigenschaft [F] eines distinkten Dinges [x] *bezeichnet.*
Denn dies wäre Platonismus in seiner reinsten Form; die Ideenlehre besagt
ja, daß für jeden Charakter F eines Individuum x eine homonyme Idee Φ
besteht; und x ist nur dann F, wenn x an Φ teilhat.

Man könnte den in Rede stehenden Passus aber auch folgendermaßen
verstehen: „... die Wortbedeutung des Nomen, wie sie die Appellativa
nennen [i. e. von denen sie an Stelle von unseren Appellativa sprechen],
kämen ...". – In diesem Fall könnten wir womöglich nur mit einer Un-
genauigkeit im Sinne des Irrtums vom Typus ‚a' rechnen; man registriert
dies etwa auch in dem Bericht bei Plutarch (s. o.), in dem nicht klar auseinander gehalten wird, daß es sich bei ὄνομα und ῥῆμα einerseits und πτῶσις
und κατηγόρημα andererseits um jeweils verschiedene Arten von Dingen
handeln soll. (Im Prinzip muß natürlich die Möglichkeit eingeräumt werden, daß dem stoischen Terminus πτῶσις ein anderer substituiert werden
darf, sofern dieser in der konkurrierenden Theorie eine ähnliche Funktion
erfüllt; eine solche Überlegung darf aber nicht darüber hinwegtäuschen, daß
eine entsprechende Substitution nur dann legitim ist, wenn die konkurrie-
rende Theorie – hier also wohl die der Akademiker – ebenfalls Bedeutungen
ins Auge gefaßt hatte. Und gerade diese Möglichkeit ist aber mit großer
Sicherheit auszuschließen.) Beide Verständnismöglichkeiten haben also mit
ein und derselben Schwierigkeit zu rechnen. Das, was sich auf die Dinge bezieht, sind der stoischen Theorie zufolge ‚*Bedeutungen*', die durch die phonetischen Zeichen bezeichnet werden, – nach der hier zur Debatte stehenden
akademischen Theorie (Simplicius, *In Cat.* 209. 14) aber ‚*Bezeichnungen*'.
Dieser Gesichtspunkt bringt die Unvereinbarkeit der beiden metaphysischen
Voraussetzungen gut zum Ausdruck.

Was einem Interpretationsversuch auf der Basis des zweiten Überset-
zungsvorschlages vollends den Boden entzieht, ist der Umstand, daß der
Terminus προσηγορία außerhalb der stoischen Theorie offenbar (nach Alex-

ander, *In Top.* 103.33) keine Systemstelle hat. Hingegen scheint eben der
Terminus πτῶσις auch in der platonischen Tradition Verwendung gefunden
zu haben; dies geht aus einer Stellungnahme des Jamblich bei Simplicius
hervor: ὅταν λέγωμεν τοὺς ὁρισμούς ἐκ γένους εἶναι καὶ διαφορῶν οὐ κυρίως
τὸ γένος ἐνταῦθα λαμβάνοντες, ἀλλ' ἀντὶ τῆς πτώσεως ἧς ἐξηγητικόν ἐστι
τοῦ μετέχειν τοῦ γενικοῦ (*In Cat.* 53.16–19 [vorausging 9–13 ὅταν γὰρ
λέγωμεν „Σωκράτην", οὐ τὸν γενικόν φαμεν αὐτὸν ἄνθρωπον εἶναι, ἀλλὰ
μετέχειν τοῦ γενικοῦ]). Συμπαραληπτέον δὲ καὶ τὴν συνήθειαν τῶν
Στωικῶν περὶ τῶν γενικῶν ποιῶν, πῶς αἱ πτώσεις κατ' αὐτοὺς προσφέρονται
(*S. V. F.* 2, 278) indiziert, daß πτῶσις in der eigenen Theorie anders verstanden wurde [26]. Wenigstens aus der Erklärung Jamblichs geht hervor, daß
πτῶσις zugleich den auf das Individuum bezogenen Gattungsnamen bedeuten soll; und dies scheint auch mit jener Überlegung verträglich zu sein, die
Ammonius äußert: γενικόν τι ὄνομα ὑποτιθεμένους, κατ' ἐκείνου πεπτωκέναι
τὸ ἕκαστον ὄνομα λέγοντες: „Dieses bedeutet nur die Verwirklichung eines
Allgemeinen unter besonderen räumlichen, zeitlichen und causalen Umständen. Dies mag der Sinn des Terminus πτῶσις bei Aristoteles sein." [27]
    Würden wir aber gleichwohl mit der Möglichkeit zu rechnen haben, daß
der Sinn des Gesagten darauf hinweist, daß die Stoiker den Terminus
πτῶσις dafür eingesetzt hätten, wofür die Akademiker den Terminus προσηγορία verwendeten, so ergäbe sich ein weiterer unbefriedigender Befund.
Denn die Wortbedeutungen des Subjekts konnten in der stoischen Theorie
gleichermaßen durch einen *Namen, Appellativum* oder *Pronomen* bezeichnet
werden; selbst für einen fehlerhaften Zusammenhang im Sinn von ‚a' und
‚b' wäre die Angabe unglaubhaft, daß „πτῶσις" in der stoischen Theorie ausgerechnet nur über jene Extension verfügen sollte, welche der Terminus
προσηγορία womöglich in einer akademischen Theorie hat?! Selbst jene
Überlegung, die mit einem Irrtum des Berichterstatters rechnet, stößt genau hier an die Grenzen der Interpretationsmöglichkeiten.
    Sucht man nach einem anderen Weg, diesem Satz einen guten Sinn abzu-
gewinnen, so ergibt sich in Konformität mit dem Überlieferten i. e. *ohne*
den Zusatz τὰ ὑπάρχοντα folgendes Verständnis: τῶν δὲ πτώσεων [ἀσωμά-

---

[26] Darüberhinaus ist dem Text nichts Sicheres zu entnehmen. O. Rieth (*Grundbegriffe
der stoischen Ethik* 175) versucht, aus den Angaben des Simplicius die stoische
Theorie herauszupräparieren. Er erkennt freilich nicht, daß Simplicius hier (im Hinblick auf das ‚Paradox') nicht die Lösung der Stoa angibt sondern seine eigene.

[27] H. Steinthal, *Geschichte der Sprachwissenschaft bei den Griechen und Römern* **I**
(Berlin 1890) 304.

τῶν οὐσῶν könnte dabei stehen] τυγχάνειν ἃ [wegen des folgenden Prädikativum ἅς] προσηγορίς καλοῦσιν. D. h.: *An den Gedanken* (d. h. den psychologistischen Entsprechungen zu den Wortbedeutungen – den Vorstellungen, die wir mit dem Sinn eines Terminus verbinden) *hat unser Denken Anteil, die Wortbedeutungen gehören zu den Appellativa*[28].

Dieser Interpretationsversuch gestattet auch, den springenden Punkt dieser stoischen Ideenkritik besser ins Auge zu fassen. Denn wesentlich ist ja wohl der Gesichtspunkt, daß die bezeichnete *gemeinsame Qualität* (τὸ κοινὸν τῆς ποιότητος) keine eigene Existenz hat[29]. So läßt dieses Zeugnis die Überlegung zu, daß die Stoiker hinter der platonischen Idee so etwas wie eine hypostasierte Bedeutung verstanden und daß man auf der Basis der Annahme einer Isomorphie zwischen dem sprachlichen Zeichen und der Intension folgerichtig zu bedenken gab, daß Bedeutungen als nicht-sprachunabhängige Entitäten auch nicht über außersprachliche Existenz verfügen können[30].

Ob und in welcher Form diese Ideenkritik so auf Zenon selbst zurückgehen kann, läßt sich kaum sicher ausmachen. Immerhin wissen wir jedoch, daß Kleanthes die platonischen Ideen als ἐννοήματα bezeichnete (*S. V. F.* 1, 494). Und wenn auch Syrians Stellungnahme (*In Metaph.* 105. 23 = Archedem, *F* 13) keinen dahingehenden Rückschluß gestattet, daß Chrysipp, Archedem und ,die meisten Stoiker' gerade mit diesem Vorwurf zurückhielten, so kann es doch so gewesen sein, daß Chrysipp u. a., wie Syrian wissen will, an den dem umgangsprachlichen Gebrauch zuwiderlaufenden Ausdrükken oder gar Wortbildungen Anstoß genommen haben[31]. Im Hinblick auf οὔτε πρὸς τὴν χρῆσιν τῆς τῶν ὀνομάτων συνηθείας möchte man an Worte

---

28 Den Anstoß zu diesem Lösungsversuch verdanke ich einem klärenden Gespräch mit Prof. W. Theiler. – Er ist umso plausibler, wenn man eine Stelle wie die bei Clemens, *Strom.* VIII 26, 5 berücksichtigt: ὃ λέγεις, διέρχεταί σου διὰ τοῦ στόματος, ὅπερ ἀληθές, οἰκίαν δὲ λέγεις, οἰκία ἄρα διὰ τοῦ στόματός σου διέρχεται, ὅπερ ψεῦδος· οὐδὲ γὰρ τὴν οἰκίαν λέγομεν σῶμα οὖσαν, ἀλλὰ τὴν πτῶσιν ἀσώματον. Dafür, daß mit οἰκία σῶμα οὖσα (bzw. ἧς οἰκίας τυγχάνει) die φωνὴ „οἰκία" gemeint ist, siehe *S. V. F.* 2, 279 und 2, 167.

29 Unbefriedigend ist m. E. die Erklärung, die G. Verbeke versuchte: „Ieder mens is in het bezit van een zeker aantal denkbeelden di het stramien vormen van zijn intellectueel leven; anderzijds nochtans bezit ook ieder mens een zeeker aantal igenshappen die door deze gemeenamen worden betekend en waardoor dus de allgemene kenmerken van zijn wezen word aangeduid" (*Kleanthes van Assos* 110).

30 Korrekt müßte man im Hinblick auf die platonische Idee als Symbiose von Bedeutung und Bezeichnung von einem doppelten Hybrid sprechen. Denn ,Eigenschaft' ist die Intension eines Prädikatszeichens, ,Gegenstand' die Extension von Eigennamen. Über diesen Aspekt der platonischen Idee werde ich in der *ZPhF* (1975) handeln.

31 Vgl. E.-G. Schmidt, „Archedemos", in *RE* Suppl. 11 (1971) 1364. 32–35.

denken wie „ἱππότης"? Gerade die von Antisthenes bekanntlich erhobene Forderung nach einer τῶν ὀνομάτων ἐπίσκεψις scheint für die alte Stoa von Anfang an Gewicht gehabt zu haben. Und in der Tat handelt es sich ja bei einem σημαινόμενον wie ἱππότης nun nicht gerade um ein λεκτόν, das stoischer Theorie entsprechend überhaupt gemäß einer ‚artikulierbaren' Vorstellung (s. o. S. 44) zustande gekommen sein dürfte.

§ 8   Zeit[1]

Die auf uns gekommenen Zeugnisse geben für eine Beurteilung von Zenons Auffassung von ‚Zeit' so gut wie nichts aus. Allenfalls eine kursorische Diskussion der gemeinstoischen[2], i.e. chrysippischen Position[3] kann uns helfen, jenen Umkreis abzustecken, innerhalb dessen sich Zenons Überlegungen bewegt haben mochten.

Allgemein betrachtet rechnen die Stoiker ‚Zeit' unter die *Incorporalia* (*S. V. F.* 2, 331). Im Hinblick auf die zumindest seit Aristoteles diskutierte Frage πότερον τῶν ὄντων ἐστὶν ἢ τῶν μὴ ὄντων [scil. ὁ χρόνος] (*Phys.* 217 B 32, 218 A 31)[4] bedeutet dies, daß ‚Zeit' von der Anschauung der Objekte im Wandel abstrahiert eine Gedankenkonstruktion ist[5], welcher außenweltlich nicht derartiges entspricht. *Zeit* hat keine οὐσία, also keinen Bestand, der als solcher bestimmbar wäre[6]. D.h.: Sind ‚Zeit', ‚Raum', ‚Leeres' (und womöglich auch ‚Prinzipien' [s. u. S. 107]) eigentlich als das betrachten, was aus einer an der sprachphilosophischen Kritik des sogenannten Neopositivismus orientierten Sicht mit dem Ausdruck ‚Funktional-

---

[1] Stobaeus, *Ecl.* I 104. 7–11 = *D. D. G.* 461. 4–6; Simplicius, *In Cat.* 350, 15–16.

[2] Die Mehrheit der Stoiker (*nicht* Zenon, wie J. M. Rist, *Stoic Philosophy* 273 Anm. 5 konstatiert) habe nach Aëtius, *Plac.* I 22, 7 (= *D. D. G.* 318. 24–25) die Zeit als *Bewegung* betrachtet. E. Bréhier bemühte sich darum, diese Notiz als falsche Angabe zu erweisen (*La théorie des incorporels dans l' ancien stoïcisme* 56–57); vgl. auch J. M. Rist, a. a. O. 273 Anm. 3.

[3] Wichtig sind die Diskussionen bei V. Goldschmidt, *Le système stoïcien et l'idée de temps* bes. 30–45, und J. M. Rist, *Stoic Philosophy* 273–288 sowie J. B. Gould, *The Philosophy of Chrysippus* 112–118.

[4] Dazu siehe näher P. F. Conen, *Die Zeittheorie des Aristoteles* (München 1964) 17–21. 169–171.

[5] Vgl. J. Christensen, *An Essay on the Unity of Stoic Philosophy* 25.

[6] Richtig sagt J. Christensen: „signifying but not denoting" (a. a. O. Anm. 3, 25. 47).

begriff' belegt werden darf, so erklärt sich ,Zeit' für die Stoiker als ,Bedeutung', also als Frege'scher *Sinn*.

Die stoische Ansehung der ,Zeit' als eines ἀσώματον läßt auch erkennen, daß man die Aussagen der entsprechenden Zeugnisse nicht in eine Beziehung zu dem Verständnis von ,Zeit' im Sinne der absoluten Zeit Newtons rücken darf [„Absolute, true and mathematical time, of itself, and from its own nature flows equally without relation to anything external . . ." [8]]. Durchaus näher liegt ein Hinweis auf Newtons Konzeption der relativen Zeit [„relative, apparent, and common time is some sensible and external measure of duration by means of motion, which is commonly used instead of true time" a. a. O.]. Denn Zeit kommt in Aussagen über Vorfälle vor; und Prozesse vollziehen sich in der Regel für uns registrierbar als ,Intervalle' von Bewegungen.

Chrysipp, der ,Zeit' qua διάστημα κινήσεως als registrierbares Geschehen mit der sich manifestierenden Rotation des Universums verknüpfte [9], scheint an eine Art von *quantum continuum* [10] gedacht zu haben. Denn wie von Erde, Wasser etc. kann man von Zeit als einem Ganzen oder auch von beliebigen Teilen sprechen [11]. Und wie oft man eine beliebig vorgestellte Einheit von Wasser oder Erde teilt, – die Teilung wird stets Wasser bzw. Erde ergeben. D. h.: Zeit besteht, wie I. Kant sagte, „nur aus Zeiten". Zeit ist demnach nach beiden Seiten hin unbegrenzt (καὶ τὸν χρόνον πάντα ἄπειρον ἐφ' ἑκάτερα [Stobaeus, a. a. O. Z. 11–12]), und jedes beliebig kleine Element von Zeit müßte also genau wie sein mikroskopisches Pendant als διάστημα beschreibbar sein; mithin war Chrysipp auch der Meinung, daß „keine Zeit gänzlich präsent" sei. Denn geht die Teilung der *continua* schon ins Unendliche, so hat jede Zeit ihrerseits unbegrenzt kleine Teile. Daher ist keine Zeit im strikten Sinn wirklich präsent, – sondern man spricht von ihr im Sinne von „Oberflächlichkeit" [12]. Nur der Bezug auf die unmittelbare Gegenwart des ,Jetzt' ist real [ὑπάρχει], während Vergangenheit und Zukunft zwar ὑφίσταται, ὑπάρχειν δ' οὐδαμῶς (Stobaeus, *Ecl.* I 106. 19–20),

---

8 I. Newton, *Principia* [ed. F. Cajori] (Berkeley 1947) 6.

9 Dies müßte stoischer Doktrin zufolge bedeuten, daß Zeit als Bewegungsintervall mit den kosmischen Zikeln einsetzt (vgl. Apollodor, bei Stobaeus, *Ecl.* I 105. 8).

10 Vgl. I. Kant, *Kritik der reinen Vernunft* A 169.

11 Stobaeus, Ecl. I 106. 14–15. Diese Auffassung wird Poseidonios zugeschrieben (= F 98 *Edelstein-Kidd*), wobei allerdings der Passus λέγεσθαι τὸ „νῦν" κατὰ τὸν ἐλάχιστον πρὸς αἴσθησιν darauf hinweist, daß Poseidonios womöglich im Gegensatz zu Chrysipp die kleinste wahrnehmbare Einheit als diskretes Element (vgl. L. Edelstein, *AJPh* 77 [1936] 295).

12 Stobaeus, *Ecl.* I 106. 9–10.

wie man ja „ich gehe" nur dann den Tatsachen entsprechend sagen kann, wenn es der Fall ist, daß „ich gehe".

Mit dieser Kennzeichnung des Präsens (τὸ ἐνεστώς) als an sich lockerer Bestimmung (κατὰ πλάτος) scheinen Chrysipp und Platon jenem Gedanken nahezukommen, den Platon zu der Überlegung veranlaßt, daß es sich hier um ‚inakkurate Ausdrucksweisen' handelt (*Timaios* 38 B) [13]. In der Tat wird aus einer aoristischen Form ja nicht ersichtlich, ob eine Handlung unvollendet oder abgeschlossen ist [14]. Man hat in diesem Zusammenhang auf eine erstaunliche Ähnlichkeit mit der Theorie von A. N. Whiteheads hingewiesen [15]: „A moment has no temporal extension and is in this respect to be contrasted with a duration which has such extension . . ." [16] Wichtig ist demnach der Gesichtspunkt, daß sich die stoische Auffassung von Zeit als dynamisches Kontinuum [17] vielleicht aus einem bewußten Gegensatz zu der Theorie des Xenokrates heraus verstand [18], welche die Existenz von atomaren Einheiten von Zeit in Rechnung stellte [19].

Wenden wir uns nun den Zenon-Zeugnissen selber zu: Daß Zenon den Begriff διάστημα an Stelle der *Zahl* bei Aristoteles [20] setzt [21], ist dann verständlich, wenn vorausgesetzt werden darf, daß damit der für die stoische Vorstellung wichtige Zusammenhang zwischen räumlicher und zeitlicher Ausdehnung (siehe die Analogie zu Wasser, Erde etc. bei Chrysipp) zum Ausdruck gebracht werden sollte. (Es ist immerhin möglich, daß Stratons Kritik F 75–78 *Wehrli* die stoische Position zu artikulieren mithalf. Denn Stratons Einwände gegen den Begriff ‚Zahl' gründen in der Überlegung, daß Zeit und Zahl insofern nicht in einer Definition verbunden werden dürfen, als Zahl eine diskrete Quantität bedeute, Zeit aber ein Kontinuum sei [22].)

---

[13] Das nämliche Problem hat Aristoteles besonders im Zusammenhang mit der Frage nach den Unterscheidungsmerkmalen von κίνησις und ἐνέργεια interessiert (*EN* X 3–4; *Metaph.* Θ 6).

[14] Vgl. M. Pohlenz, *NGG* III, 6 1939) 183–184 und J. M. Rist, *Stoic Philosophy* 281.

[15] S. Sambursky, *Physics of the Stoics* 105; *The Physical World of the Greeks* 152. (London 1925) Kapt. 7.   [17] Vgl. noch Plutarch, *De Comm. Not.* 1081 C, F.

[16] *The Concept of Nature* (Cambridge 1920) Kapt. 3; *Science and the Modern World*

[18] Vgl. S. Samburky, *Physics of the Stoics* 103–104: „In fact, we have here two completely different conceptions . . . the static notion of the continuum and the dynamic one of the Stoics".

[19] Vgl. Sextus Empiricus, *Adv. Math.* 10, 193–195; *Pyrrh.* 3, 143 (= F 41–53 *Heinze*).

[20] Vgl. *Phys.* 219 B 2 τοῦτο γὰρ ἐστιν ὁ χρόνος, ἀριθμὸς κινήσεως κατὰ τὸ πρότερον καὶ ὕστερον.

[21] Simplicius sagt unter Berufung auf Jamblich, daß Archytas *Zeit* als κινάσιός τις ἀριθμὸς ἢ καθόλου διάστημα τοῦ παντὸς φύσιος bestimmt habe (*In Phys.* 786. 12).

[22] Soweit scheint S. Samburskys Beurteilung des entsprechenden Zusammenhanges bei

Daß Zeit (als Bewegungsintervall) als Maß der Langsamkeit oder Schnelligkeit fungieren soll, ist an sich nicht schwer verständlich; bereits Aristoteles gibt zu verstehen: ἔτι δὲ μεταβολὴ μέν ἐστι θάττων καὶ βραδυτέρα, χρόνος δ᾽ οὐκ ἐστι· τὸ γὰρ βραδὺ καὶ ταχὺ χρόνῳ ὥρισται, ταχὺ μὲν τὸ ἐν πολλῷ ὀλίγον (*Phys.* 218 B 13–18, vgl. 221 B 7). Ziemlich entsprechend muß auch für Zenon angesetzt werden, daß διάστημα κινήσεως das Kriterium darstellen soll, nach dessen Maßgabe eine Beurteilung darüber erlangt werden kann, ob sich ein Prozeß langsam oder schnell abwickelt. Wie aber kann ein solches Kriterium sinnfällig gemacht werden? Um zu Aussagen darüber gelangen zu können, ob sich ein Bewegungsverlauf schnell oder langsam vollzieht, bedarf es zusätzlicher Orientierungspunkte, die generell eine Beziehung des einen Bewegungsverlaufs zu einem anderen ermöglichen; aus den Zeugnissen geht freilich nicht hervor, wie diese Art von Beziehung genau gesehen wird.

Chrysipp scheint diese Frage insofern expliziert zu haben, als er das διάστημα als παρακολουθοῦν τῇ τοῦ κόσμου κινήσει versteht und damit zu verstehen gibt, daß die Rotation des Himmels distinkte und konstante Intervalle anzeigt, zu denen solche Intervalle in Beziehung gesetzt werden können, über welche gesprochen werden soll.

Wenn Zenon, wie Simplicius zu wissen meint, von Zeit als Intervall jeden beliebigens Bewegungsablaufes sprach, Chrysipp hingegen ausdrücklich von dem Intervall, welches durch die Rotation des Himmels angezeigt wird, so muß dies – wie auch aus der Formulierung bei Stobaeus, *Ecl.* I 106. 5–9 (= *D. D. G.* 461. 23–25) hervorgeht – keinen Widerspruch [23] in der Sache bedeuten; Chrysipp macht nur auf das aufmerksam, was bei Zenon nicht unmittelbar zum Ausdruck kommt: Von Zeit als einem διάστημα eines Bewegungsablaufes kann man im Blick auf das Ganze und seine Teile sprechen. Und in diesem Sinn ist auch die Angabe bei Aëtius (s. o. S. 78 Anm. 2) haltbar: Zeit wird – wenn überhaupt – in der Tatsache der Bewegung sinnfällig.

Straton korrekt (*Physics of the Physics* 100–101). Problematisch scheint aber (im Hinblick auf die Fragmente [bei F. Wehrli, *Die Schule des Aristoteles* Bd. 5, 63–66; dazu siehe auch E. G. Schmidt, „Straton-Zitate bei Damascius", *MH* 19 (1962) 218–222]) seine Auffassung im Ganzen, da er das Zeugnis bei Sextus Empiricus, *Adv. Math.* 10, 177 nicht berücksichtigt.

[23] J. M. Rist, *Stoic Philosophy* 279 bemüht sich, hier einen tiefergreifenden Unterschied auszumachen („... thesis of Chrysippus, which we observed to differ from the view of Zenon, namely the explanation of the doctrine that time is an extension of movement by the idea that it is an extension accompanying movement, or, as Plotinus puts it, simply an accompanying of movement"), der m. E. nicht zu rechtfertigen ist.

TEIL II: ZUR PHYSIK

§ 1   ‚Ursache‘ und ‚Effekt‘ [1]

Dafür, daß dieses Zeugnis aus der *Epitome* des Arius Didymus für Zenon in Anspruch genommen werden darf, spricht wohl auch der Umstand[2], daß nach Galen, *De Caus. Procat.* 199 bereits der Arzt Herophilos das Problem kennt, ob ein *aition* σῶμα ὑπάρχον ἀσωμάτου τινός ἐστι ποιητικόν [in der Rückübersetzung von Bonggard] ist. Hat Herophilos also einen Gedanken Zenons ausgenommen, so müßte auch der bei Stobaeus a. a. O. nicht weiter explizit gemachte Gedanke vom κατηγόρημα als ἀσώματον für Zenon vorausgesetzt werden; dafür spricht ja auch die Antithese σῶμα/κατηγόρημα. (Spätestens für Kleanthes ist übrigens die Lehre von den κατηγορήματα als λεκτά nachweisbar, vgl. *S. V. F.* 1, 488 = Archedem, *F* 8[3]; Diogenes Laertius 7, 125 nennt den Titel einer Schrift Περὶ κατηγορημάτων).

Daß συμβεβηκός[4] etwa im Sinn von „result“ oder (besser) „inseparable consequence“ zu verstehen ist und somit auch an die von Aristoteles, *Metaph.* 1024 A 30–32 ins Auge gefaßte Bedeutungsrichtung anknüpfen kann, wurde von A. C. Pearson im Prinzip richtig gesagt[5]. Denn daß mit συμβεβηκός nicht etwa schlechthin ‚Akzidens‘ gemeint sein darf, geht schon aus der Erklärung hervor, daß ein αἴτιον nicht präsent sein kann, ohne vom οὗ αἴτιον begleitet zu werden.

Eine Beurteilung dieses Lehrstückes hat sich unmittelbar mit der Frage auseinanderzusetzen, ob das herkömmliche Urteil, wie es sich auch bei A. C. Pearson formuliert findet [„Zeno did not adopt the four Aristotelian causes, because his materialistic views led him to regard the efficient as the only

---

[1] Stobaeus, *Ecl.* I 138, 14–22 = *D. D. G.* 457. 4–10.

[2] Darauf machte M. Pohlenz aufmerksam: *Grundfragen der stoischen Philosophie* 105; *Die Stoa* II 60.

[3] Dazu siehe E.-G. Schmidt, „Archedemos“, in *RE* Suppl. 12 (1971) 1362.

[4] M. Pohlenz (*Grundfragen der stoischen Philosophie* 104) bezweifelt, daß dieses Wort von Zenon verwendet wurde.

[5] *The Fragments of Zenon and Cleanthes* 76.

true cause", a. a. O.], zur Erklärung dessen ausreicht, was Zenon im Auge hatte[6].

Zunächst ist festzuhalten, daß Zenon nicht über αἰτία handelt, sondern über αἴτιον. (Eine Unterscheidung zwischen αἴτιον und αἰτία qua λόγος des αἴτιον ὡς αἴτιον ist für Chrysipp festgehalten: Stobaeus, *Ecl.* I 138. 3–4). Jedenfalls hatte Aristoteles beide Termini für ein und denselben Zweck verwendet[7]. Und dem offenbar (noch heute) außerordentlich weiten Sprachgebrauch entsprechend[8] konnte er nicht zuletzt auch auf dem Hintergrund der platonischen Dialoge *Phaidon*[9], *Lysis* und *Timaios* ‚aition‘-Relationen auch da in Rechnung stellen, wo modernes Denken nicht an *kausale* Beziehungen denken würde.

Jedenfalls folgt Zenon grundsätzlich der platonisch-aristotelischen Frage nach dem δι’ ὅτι (*Metaph.* 984 A 24) und läßt wie Aristoteles[10] die Antwort auf die Frage nach dem δι’ ὅτι durch die Angabe des διά τι explizieren. Freilich scheint Zenon nicht etwa an eine Beziehung zu denken wie „*A* ist Ursache (Grund) von *B*" sondern denkt mehr funktional „*A* ist ursächlich für eine Geschehen *B* an *x*"[11]. Diese Art, Erklärungen zu denken, könnte sich auf Platons Metaphysik berufen. Denn dort erfährt die Frage „Warum ist *x* *F*?" die Antwort: „*x* ist *F* auf Grund seiner Teilhabe an Φ" (i. e. die Idee, nach der wir als Platoniker z. B. das Einzel-Schöne benennen)[12]. *Aitia* bedeutet für Platon in diesem Zusammenhang den *Erklärungsgrund*, der eine logisch-epistemologische Beziehung klarstellen soll, so ganz eklatant im Falle der *klugen Aitia*, die z. B. folgende Erklärung zu leisten vermag: „*x* ist *F*, weil *G*-seiend *x* an Γ teilhat, Γ aber Φ enthält..." (*Phaidon* 103 C ff.).

Tatsächlich wäre es irrig, die platonischen Ideen auch als das fungieren zu lassen, was bei Aristoteles mit dem Begriff der *causa efficiens* gekenn-

---

[6] Weitere Zeugnisse: Stobaeus, *Ecl.* I 138. 28–139. 4 für Chrysipp (= *S. V. F.* 2, 336); Clemens, *Strom.* VIII 9 für Archedem, F 8; Stobaeus, *Ecl.* I 139. 5–8 für Poseidonios (F 95 *Edelstein-Kidd*); zum letzteren siehe gegen L. Edelstein, *AJPh* 67 (1936) 302 die Darstellung bei K. Reinhardt, „Poseidonios", in *RE* 21, 2 (1953) 643. 49 – 644. 5.

[7] Vgl. H. Bonitz, *Index Aristotelicus* 22 B 12 ff.

[8] Das Lexikon von *L. & S.-J.* nennt (s. v. αἰτία) 1. ‚responsibility‘, 2. ‚Cause‘, 3. ‚occasion‘, ‚motive‘, 4. ‚head category‘, 5. ‚case in dispute‘.

[9] Unentbehrlich ist die Arbeit von G. Vlastos, „Reason and Causes in the *Phaedo*", *PhR* 88 (1969) 291–325 sowie die Studie von E. Burge, „The Ideas as Aitiai in the Phaedo", *Phronesis* 16 (1971) 1–13.

[10] Vgl. *An. Post.* 85 B 28, *Phys.* 194 B 15, *Rhet.* 1349 A 31, *Metaph.* 983 A 29, 1041 A 10.

[11] Vgl. auch *ABG* 15 (1971) 301 und *ZPhF* 26 (1972) 421.

[12] Vgl. *Phaidon* 102 A 10 – B 2, *Politeia* 596 A, *Parmenides* 133 D u. ö.

zeichnet wird. (Aristoteles scheint aber diese Art der funktionalen Beschreibung dort berücksichtigt zu haben, wo er im Hinblick auf die Frage nach
der ‚Ursächlichkeit‘ des sogennannten Mittel-Terminus für die Konklusion
des Syllogismus auf solche αἰτίαι zu sprechen kommt, die Elemente der Definition dessen sind, wofür sie als ursächlich abgenommen werden: So ist
z. B. ‚absoluter Mangel an Wärme‘ ein Element in der Definition von Eis
als ‚verdichtetes Wasser auf Grund von absolutem Mangel an Wärme‘ [An.
Post. 95 A 16–21] und zugleich eben ein Element der causa formalis.)

Ähnlich wie dem platonischen Sokrates bei seiner Frage (Phaidon 100
D ff.) „Warum ist x F?“ stellt sich für Zenon die Frage nach dem Warum
eines bestimmten Prädikates, welches wir anläßlich der Beschreibung eines
Vorfalles oder Vorganges in der Weise realisieren, daß wir einem logischen
Subjekt ein bestimmtes Prädikat geben.

Das Wort κατηγόρημα, so wie es die Stoa verstanden wissen will[13], ist
nun ein Begriff der Sprachlehre [i. e. ein σημαινόμενον bzw. defizientes λεκ-
τόν] und hat als solches keine Beziehung auf das, was ein Platoniker oder
Aristoteles im Hinblick auf die Bezeichnung eines ‚einem Subjekt (= Ding)
zukommenden Attributes‘ Prädikat nennen könnte. Dies im Auge zu behalten, scheint wichtig. Denn recht verstanden scheint Zenons Frage nach
dem αἴτιον des unkörperlichen Prädikates eine nominalistische Haltung
demgegenüber zu verraten, was traditionell als ‚Ursache/Wirkung-Bezie-
hung‘ verstanden wird. Amplifizierend darf man Zenons Frage vielleicht so
formulieren: Was passiert in der Außenwelt, daß wir auf dem Boden unseres sprachgebundenen Denkens dazu kommen, einem grammatischen Subjekt
ein grammatisches Prädikat zu geben[14]? Was hat es mit kausaler Sprache
eigentlich auf sich?

Das Beispiel von der φρόνησις[15], die als ursächlich für das φρονεῖν angenommen wird, dokumentiert zunächst einmal zwei Dinge: (1) Als Antwort auf die Frage nach der Angabe des αἴτιον besagt dieses Beispiel, daß
man als kausal nur solche Beziehungen annimmt, die eine Art von innerer

---

13 S. o. S. 16 Anm. 31.
14 Hier lohnt sich ein Hinweis auf A. J. Ayers Äußerung: „[Because] it happens to be
   the case that we cannot, in our language refer to the sensible properties of a thing
   without introducing a word or phrase which appears to stand for the thing itself as
   opposed to anything which may be said about it … [we tend to] assume that it is
   necessary to distinguish logically between the thing itself and any, or all of its sensible
   properties“ (Language, Truth and Logic[2] [Oxford 1956] 51).
15 Daß die für Zenon in Anspruch genommenen Beispiele (s..o. S. 82 Anm. 1) authentisch sein können, darf aus Stobaeus, Ecl. II 98. 4–6 (s. u.) erschlossen werden.

Relation bedeuten; anders gesagt: die Angabe eines αἴτιον – soll es die Bedingungen erfüllen, die ihm vernünftigerweise gesetzt sein müssen – drückt eben nicht „wie die anderen meinen'[16] eine πρός-(externe) Beziehung aus (z. B. „A verursacht B"). Das stoische Verständnis der Begriffe αἴτιον und οὗ αἴτιον zielt auf die Berücksichtigung nur solcher Beziehungen, die gewissermaßen intrinsizistisch bestehen. – Daß man damit nur einen bestimmten Sektor der aristotelisch möglichen αἴτιον-Beziehungen anerkennt und sich eher in die Nähe der metaphysischen, von Platon im *Phaidon* 99 C – 105 C diskutierten Problemkreises begibt, ist unschwer zu erkennen. Charakteristisch für die stoische Position nimmt sich etwa folgender Vergleich aus: In *An. Post.* 94 A 37 – B 2 demonstriert Aristoteles „Warum machten die Perser Krieg gegen Athen?" – „Weil die Athener Sardis überfallen hatten". Im Hinblick auf die Anfangsverse der euripideischen Medea bemerkten die Stoiker: „Nicht der Bau der Argo sondern Medeas Zorn ist Ursache des Kindermordes"[17]. Entsprechend hätte Aristoteles auf die Frage „Warum ist Sokrates weise?" antworten können „Weil er in der Schule gelernt hatte". Zenons Antwort hätte demgegenüber lauten müssen: „Weil er über Weisheit als Disposition seiner Seele verfügt".

Kennzeichnend scheint das vielleicht präzis zu nennende aber auch pedantisch einengende Verständnis des Begriffes αἴτιον[18], welches weit hinter dem von Aristoteles in *Phys.* II 2, *Metaph.* 2 und *An. Post.* II 12 auf dem Boden des geltenden Sprachgebrauches Erarbeiteten zurückzubleiben scheint.

(2) Interessant ist nun der Umstand, daß etwas *ursächliches* in jedem Fall σῶμα sein soll[19]. Jedenfalls wurde dieser Gesichtspunkt stets mit der Annahme verknüpft, daß Zenon als Materialist erster Ordnung nur *causae efficientes* anerkennt. Im gewissen Sinn ist dies richtig. Tatsächlich liegen die Dinge aber wohl doch komplizierter. Denn wenn Zenon, wie Stobaeus zu entnehmen ist, etwa φρόνησις als ursächlich für φρονεῖν annahm, dann kann dies nichts anderes bedeuten, als daß eine ποιότης an einem Individuum *a* ursächlich ist für einen Vorfall (etwa *aA*), welcher realiter gar nicht von dem qualitativ bestimmten Sein des Dinges unterschieden ist. (Für Zenon läßt sich nicht definitiv nachweisen, daß er wie Chrysipp von ἀρετή

---

[16] Vgl. Sextus Empiricus, *Pyrrh.* 3, 16; dazu richtig (gegen O. Rieth, *Grundbegriffe der stoischen Ethik* 148) M. Pohlenz, *Grundfragen der stoischen Philosophie* 104.

[17] Vgl. Clemens, *Strom.* IX 9; Cicero, *De Fato* 35; *Top.* 61.

[18] Vgl. *S. V. F.* 2, 349.

[19] Daß es sich dabei um den physikalischen Körper handeln muß (und daß Dreidimensionalität und Widerstandsfähigkeit die Kriterien sind, die einem Ding gesetzt sind, soll es die Fähigkeit zu πάσχειν und ποιεῖν haben), wird uns im nächsten Kapitel zu beschäftigen haben.

als ποιότης [20] gesprochen hat; es muß dies aber aus dem Umstand erschlossen werden, daß er bereits den Gedanken von der totalen Mischung von οὐσία und ποιότης [21] ins Auge gefaßt hatte und in diesem Sinn offenbar auch von der Seele als der ποιότης des Körpers sprach [22].) Natürlich sind die Qualitäten für die Stoa *Körper*; sie sind δυνάμεις und qua λόγοι also ebenso Körper wie dasjenige, mit dem sie eine Mischung eingehen [23].

Nun sehen die Stoiker „eine körperliche Beschaffenheit als Ursache an, welche aus sich heraus den Körper zu dem macht, was er ist" [24]. Besonders im Hinblick auf jene stoische Auffassung, nach der ein qualifiziertes Einzelding (ἰδίως ποιόν) mit seiner οὐσία nicht einfach identisch ist [25], sondern seine spezifische Unterschiedenheit gegenüber dem Subtrat durch die ποιότης erhält, läßt sich hier ein Stück Auseinandersetzung mit der aristotelischen Ontologie gar nicht verleugnen; denn an die Stelle der begrifflichen, nur im Geist abtrennbaren *Form*, die das Wesen konstituiert, rückt hier die ποιότης der οὐσία. Daß aber der sogenannte formale wie finale Aspekt des aristotelischen εἶδος, welches ja das Was- und Wozu-Sein der sogenannten natürlichen Substanzen bestimmt, in der dynamisch vorgestellten ποιότης angesiedelt wird, bedeutet nicht, daß die Stoiker etwa nur *causae efficientes* berücksichtigten.

Vielmehr soll die Logos-Natur der ποιότης genau die Funktion gewährleisten, die Aristoteles mit bekanntlich ungleichmäßigem Erfolg auf ‚separate Gründe‘ delegiert wissen wollte. (Daß die οὐσία-konstituierenden αἰτίαι schließlich doch irgendwie im Wesen der Substanz zusammenfallen, wird klar, wenn man realisiert, wie schwer es Aristoteles im Grunde fällt, das ‚reine εἶδος‘ unter Absehung all jener Bestimmungen aufzudecken, die einem raumzeitlichen Ding nun einmal eignen: *Metaph.* Z–H.) So gesehen muß es scheinen, daß Zenon den Immanenz-Gedanken des Aristoteles sehr konsiquent weiterführt [26].

---

20 Vgl. Plutarch, *Virt. Mor.* 441 B, Galen, *De Hipp. et Plat. Plac.* 584. 1–4.
21 Vgl. F 92.
22 F 145.
23 Siehe bes. M. E. Reesor, *AJPh* 75 (1954) 41–43; *AJPh* 78 (1957) 65.
24 O. Rieth, *Grundbegriffe der stoischen Ethik* 154.
25 Vgl. *S. V. F.* 2, 369. 1064.
26 Ideengeschichtlich interessant nimmt sich der Umstand aus, daß die im Mittelplatonismus vollzogene Angleichung es sog. immanenten Aspekts der platonischen Idee (W. J. Verdenius, *Mnemosyne* IV, 3 [1958] 232–233) an die aristotelische immanente Form (z. B. Albinus, *Isag.* 155. 34 *Hermann*) bei Plotin dann mit ausgesprochen stoischen Zügen ausgestattet erscheint (siehe mein *Plotinus and the Stoics* 41–43).

Eine systematische Unklarheit ist freilich nicht zu übersehen. In der Stoa bestand offenbar die Tendenz, die *Qualitäten* von den dem Körper zukommenden *Prädikaten* her zu bestimmen[27]. Dies kommt z. B. klar bei Simplicius zum Ausdruck (*In Cat.* 216. 19), wo die Stoiker zwar nicht expressis verbis genannt sind, gleichwohl aber von ihnen die Rede sein muß[28]. Instruktiv ist jedenfalls die von O. Rieth wohl übersehene Stellungnahme bei Plutarch, *Virt. Mor.* 441 A–B. Danach leitete Chrysipp seinen „Schwarm von Tugenden" ab ὡς παρὰ τὸν ἀνδρεῖον ἀνδρείαν κτλ. (= *S. V. F.* 3, 255) und definiert die qua ὑποκείμενον eine ἀρετή sozusagen individuell nach dem besonderen Formalobjekt: ποιητέον, αἱρετέον, θαρρητέον[29]. Daß Chrysipps augenscheinlich gegen Aristons von Chion artikulierte Interpretation der zenonischen Tugendlehre in sich geschlossen ist, scheint soweit sicher. Im Hinblick auf unsere Problemstellung ergibt sich aber der Eindruck, daß Chrysipp zugestehen muß (a) „Dieser Mann φρονεῖ, weil er φρόνησις hat (i. e. seine Seele hat diese Qualität)" und (b) „Dieser Mann hat φρόνησις, weil er φρόνιμος ist bzw. φρονεῖ". Denn streng genommen sieht es doch so aus, daß eine jede der diversen Tugenden κατὰ ποιόν definiert wird, wobei also diese faktisch an einem Prädikat bemessene Qualität eine ἐνέργεια ἀσώματος bewirkt[30], – ein unkörperliches Prädikat also, (Vgl. Stobaeus, *Ecl.* II 98. 3–6 τὴν γὰρ φρόνησιν αἱρούμεθα ἔχειν καὶ τὴν σωφροσύνην, οὐ μὰ Δία τὸ φρονεῖν . . . ἀσώματα ὄντα καὶ κατηγορήματα.)

Daran schien etwa E. Bréhier Anstoß genommen zu haben, wenn er dem faktisch zu postulierenden Zusammenhang zwischen ‚Ursache' und ‚Wirkung' insofern nicht Rechnung getragen sieht, als ein αἴτιον immer zugleich als Ursache von einem unkörperlichen Prädikat verstanden werden soll, daß aber seinerseits keine Substanz oder Qualität sei[31].

Einem derartigen Einwand mochte Zenon freilich entgegen gehalten haben, daß in Wirklichkeit kein Unterschied zwischen dem besteht, auf was das Prädikat bezogen wird, und dem, was an einem Gegenstand durch den Begriff der ποιότης gekennzeichnet wird. Denn tatsächlich „gibt es kein Vorher und kein Nachher, keine Überordnung und Unterordnung. Die Beschaffenheit kann ohne den beschaffenen Körper ebensowenig gedacht werden, wie der beschaffene Körper ohne Beschaffenheit[32].

---

[27] O. Rieth, *Grundbegriffe der stoischen Ethik* 55–62 und M. E. Reesor, *AJPh* 78 (1957) 67 Anm. 17.

[28] Vgl. O. Rieth, *Grundbegriffe der stoischen Ethik* 57.

[29] *S. V. F.* 3, 256.   [30] Vgl. Archedem, *F* 8.

[31] *Études de philosophie antique* (Paris 1955) 106.

[32] O. Rieth, *Grundbegriffe der stoischen Ethik* 61.

Ein sehr instruktives Beispiel für Zenons Kernpunkt, daß jeder Vorfall an einem Ding im Grunde nur eine Art von ‚In-Szene-Setzen‘ [33] der ihm immanenten Eigenschaft sein, bietet Gellius, *Noct. Att.* VII 2, 11: Der einen Abhang hinabrollende Zylinder *rollt* auf Grund seiner *Rollbarkeit* (*volubilitas*); der Mann, der den Zylinder angestoßen hat, verfügte also nur die „ὧν οὐϰ ἄνευ". *Hinreichende Ursache* [αἰτία αὐτοτελής], wie Chrysipp sagen wird [34], ist aber seine *volubilitas*. Dieser Begriff der hinreichenden Ursache trägt dem Grundgedanken Zenons insofern vollgültig Rechnung, als der λογος des αἴτιον die Verhaltensweise eines Dinges gewissermaßen analytisch impliziert [35]. Es ist also die ποιότης, die ein Ding zu dem macht, was es ist [36]. Ganz entsprechend kann Chrysipp von den αἰτίαι des συνέχεσθαι im Bereich der unbelebten Körper sprechen (*S. V. F.* 2, 449).

Wichtig scheint an dem allem vor allem der Gesichtspunkt, daß die im herkömmlichen philosophischen Denken verwurzelte ‚Ursache/Wirkung-Beziehung‘ von der Stoa von Beginn als interne Relation gesehen wird: Man registriert Sachverhalte, die – will man sie in kausaler Sprache beschreiben – durch bestimmte Eigenschaften der Dinge erklärt werden, welche also die in Rede stehenden Verhaltensweisen, Zuständlichkeiten etc. erklären können. (In dem λεϰτόν „Dion geht", das ja gemäß einer artikulierbaren Vorstellung zustande kommt [37], ist keine Aussage über das *Warum* dieses Sachverhaltes i. e. der gehende Dion getroffen; wenn wir aber die durch die Verknüpfung von einem grammatischen Subjekt mit einem grammatischen Prädikat bezeichnete Meinung über diesen Vorstellungsinhalt in eine kausale Kategorie überführen wollen, so bedeutet dies für die Stoiker, daß τὸ ἡγεμονιϰόν πως ἔχον als ursächlich dafür anzunehmen ist, daß wir einen ‚*gehenden* Dion' wahrnehmen und über diesen Wahrnehmungsinhalt eine Aussage treffen, die den Vorfall als solchen sprachlich in Subjekt und Prädikat aufsplittert.) Aus der Perspektive des erkenntnistheoretischen Anspruches an die Naturwissenschaft registriert S. Sambursky im stoischen *aition*-Denken „the first transition from causal thought to functional thought" [39].

---

[33] Vgl. *S. V. F.* 3, 344.

[34] Vgl. bei Plutarch, *De Stoic. Rep.* 1056 B; Cicero, *De Fato* 51.

[35] Vgl. die Auffassung vom ϰατὰ λόγον = ϰατὰ φύσιν γιγνόμενον bei Alexander, *De Fato* 169. 18–23; *De An. Mant.* 182. 4–11 und offenbar bereits bei Theophrast, Aëtius, *Plac.* I 29, 4 = *D. D. G.* 325 B 30–32.

[36] Vgl. auch M. E. Reesor, *Phoenix* 19 (1965) 286 und J. M. Rist, *Stoic Philosophy* 121.

[37] Diogenes Laertius 7, 63; Sextus Empiricus, *Adv. Log.* 2, 70.

[38] Siehe *S. V. F.* 1, 525; 2, 836.

[39] *Physics of the Stoics* 52.

Als Stoiker hat man sich also darüber im Klaren zu sein, daß die wirkliche *kausale* Begründung und Verbindung von Vorfällen in der Pneuma-Struktur des jeweils ins Auge gefaßten dynamischen Kontinuums verankert ist; was kausales Denken darüber interpretierend zu sagen vermag, ist ,unkörperlich', – Gedanke [40].

§ 2   Körper und Existenz [1]

Ciceros Angabe über Zenons Auffassung von dem, was Subjekt oder Objekt von ποιεῖν und πάσχειν bzw. γίγνεσθαι sein kann, liegt durchaus sinnvoll eingebettet in dem Bericht über Zenons Ablehnung dessen, was bereits unmittelbar nach Aristoteles indiskriminiert unter dem Begriff *„quinta natura"* subsumiert wurde [2]. Für diesen Zusammenhang genügt ein Hinweis darauf, daß das in den aristotelischen Lehrschriften gelegentlich erwähnte πρῶτον σῶμα (auch πρῶτος οὐρανός) mit der offenbar nur für die sogenannten exoterischen Schriften bezeugen ,unbenennbaren' *quinta essentia* identisch sein muß [3]. In ihrer Potenzialität auf die Kategorie des ποθὲν ποί beschränkt, kommt das πρῶτον σῶμα unter allen Substanzen noch dem am nächsten, was Aristoteles als *prozeßfrei* und mithin *materiefrei* betrachtet.

Daß Zenon die Lehre von der *quinta natura* kannte, geht übrigens auch aus *De Finibus* 4, 12 hervor. Seine Ablehnung der Existenz ,geistiger Wesenheiten' trifft also nicht so sehr die platonisch-aristotelische Annahme der Existenz vernunftbegabter Potenzen oder Substanzen. Sie richtet sich vielmehr gegen die Vorstellung, daß *immaterielle Dinge* zur kausalen Erklärung bzw. Begründung innerweltlicher Vorgänge angesetzt werden müssen, welche faktisch anders erklärt werden können. Überhaupt wäre es interessant zu

---

[40] Vgl. G. Watson: „In other words, what is real is the process of events. Any other linking up between them, as in causality language, is our construction and incorporeal. But through this language, by hypothetical enunciation, one approaches a reliable law of events" (*The Stoic Theory of Knowledge* 57–58).

[1] Cicero, *Ac. Post.* I, 39.

[2] Zur Geschichte dieses Vorstellungskomplexes siehe P. Moraux, „Quinta Essentia", in *RE* 33 (1963) 1171–1263.

[3] Vgl. die in der Tendenz gegensätzlichen Diskussionen bei H. J. Easterling, *MH* 21 1964) 73–85 und B. Effe, *Studien zur Kosmologie und Theologie der aristotelischen Schrift ,Über die Philosophie'* (München 1970) 148–156.

wissen, ob Zenon bereits das ins Auge gefaßt hatte, was Gilbert Ryle in seiner kritischen Analyse der aristotelisch-cartesischen Disjunktion von ‚Körper' und ‚Geist' als *Category-mistake* [i. e. „to look for the wrong king of thing"] zu entlarven suchte [4].

Rein historisch läßt sich sagen, daß Zenon den Geltungsbereich der Hypothese Platons im *Sophistes* [λέγω δὴ τὸ καὶ ὁποιανοῦν κεκτήμενον δύναμιν εἴτ' εἰς τὸ ποιεῖν ἕτερον ὁτιοῦν πεφυκός, εἴτ' εἰς τὸ παθεῖν καὶ σμικρότατον ὑπὸ τοῦ φαυλοτάτου, κἂν εἰ μόνον εἰς ἅπαξ, πᾶν τοῦτο ὄντως εἶναι] (247 D–E) [5] auf die Klasse materiell vorgestellter Dinge beschränkt und mit dieser Einschränkung zugleich den Status der Existenz aller solcher Dinge in Frage stellt, die diesen Kriterien nicht genügen [6].

Indes wird aus Ciceros Bericht nun nicht ersichtlich, was Zenon unter *corpus* bzw. *expers corporis* genau verstanden wissen wollte; aus *F* 87 ist zwar zu ersehen, daß Zenon die Fähigkeit zu ποιεῖν/πάσχειν in der einem jedem Körper eigentümlichen ποιότης begründet sieht. Was ist aber ein physikalischer Körper? Oder besser: Welche Bedingungen sind ihm gesetzt? Mit der Erklärung „that what can act or be acted upon" [7] ist noch nicht viel gewonnen. Denn zum einen leistet sie einer *petitio principii* Vorschub. Zum anderen findet der Terminus σῶμα in der Stoa eine (vielleicht un-terminologisch) weite Anwendung, „embracing geometrical quantities ... substances and even qualities" [8]. Zu denken gibt nun aber auch der Umstand, daß vor allem in der Doxographie die Tendenz besteht, den Stoikern eine Identifikation von ὕλη und σῶμα [9] zu unterstellen. Als muß schon im Hinblick auf den Umstand, daß die Stoiker auch mathematische Gebilde als σώματα ansprechen konnten [10], nach den Kriterien gefragt werden, die der Fähigkeit „to act" und „to be acted upon" gesetzt wurden. Aus Diogenes Laertius 7, 135 wird ersichtlich, daß dies ‚Dreidimensionalität' und ‚Solidität' sind: σῶμα δ'

---

[4] *The Concept of Mind* (Oxford 1956) Kapt. 1.

[5] Auf diese ‚Reminiszenz' wurde u. a. von A. C. Pearson (*The Fragments of Zeno and Cleanthes* 85) und M. Pohlenz (*Die Stoa* II 37) aufmerksam gemacht. Vgl. auch J. Moreau, *L'Ame du monde de Platon aux stoïciens* (Paris 1939) 135; J. B. Gould, *The Philosophy of Chrysippus* 32 und H.-J. Krämer, *Platonismus und Hellenistische Philosophie* 115; s. u. S. 94 Anm. 3.

[6] Siehe Ps. Plutarch, *Epit.* IV 20, 2 πᾶν γὰρ τὸ δρῶν ἢ ποιοῦν σῶμα (= *D. D. G.* 410 A 6); weitere Stellen notiert M. Pohlenz, *Die Stoa* II 37.

[7] M. E. Reesor, *AJPh* 75 (1954) 43.

[8] S. Sambursky, *The Physical World of the Greeks* 155.

[9] Vgl. Aëtius, *Plac.* I 9,7 (= *D. D. G.* 308. 16–17); weiteres Material unterbreitet C. Bäumker, *Das Problem der Materie in der griechischen Philosophie* (Münster 1890) 332–333.

[10] Zu Proklos, *In Eucl.* 89. 16 siehe bes. E. Béhier, *REG* 27 (1914) 44.

ἐστί, φησὶν Ἀπολλόδωρος ... τὸ τριχῇ διαστατόν [...] τοῦτο δὲ καὶ στερεὸν σῶμα καλεῖται [11]. Daß Apollodor in dem von Diogenes Laertius (möglicherweise direkt aus Poseidonios) benutzten Kontext eine Unterscheidung zwischen physikalischen und anderen Körpern getroffen haben mag [12], kann nur vermutet werden; jedenfalls spricht diese Stelle nicht für M.E. Reesors Behauptung: „the term body in Stoic philosophy desigantes a capacity to act or to be acted upon, and *not* a three-dimensional solid" (a. a. O.).

Nun, die Vermutung, daß die Stoiker ‚Dreidimensionalität' und ‚Solidität' [im Sinne von *Widerstandsfähigkeit*] als Bedingungen der Fähigkeit zu ποιεῖν und πάσχειν annahmen, gewinnt aus den Texten zweier Autoren an Gewicht; es sind dies (Ps.) Galen und Plotin.

Der Autor der Schrift *Daß die Qualitäten unkörperlich sind* [13] argumentiert gegen die stoische Lehre von der Körperlichkeit der Qualitäten. Er definiert σῶμα als τριχῇ τινα διαστατὰν τὴν οὐσίαν ἀντίτυπον und stellt (platonisierend und aristotelisierend) kategorisch in Abrede, daß die Akzidentien körperlich sein können. – Diese Argumentation braucht uns im Einzelnen nicht zu beschäftigen. Klar ist soweit, daß diese antistoische Argumentation nur dann zur Sache sprechen kann, wenn die Stoiker tatsächlich diese Definition des physikalischen Körpers zugrundegelegt hatten. Und es besteht kein guter Grund zu der Annahme, daß der Stoa hier aus einer schiefen Problemsicht etwa eine Position unterstellt wird, die sie nicht geteilt hätte.

Aufschlußreicher sind zwei Stellen aus Plotins Fundamentalattacke gegen die stoische Ontologie in VI 1 (42) 25–31 [14].

(1) Aus 26. 20–21 [εἰ δὲ κοινὸν ἐπὶ σώματος τὸ τριχῇ διαστατὸν μαθηματικὸν λέγουσιν. εἰ δὲ μετὰ ἀντιτυπίας τὸ τριχῇ, οὐχ ἓν λέγουσιν] ist zu erschließen, daß in der stoischen Schule der Bestimmung ein und desselben Dinges (nämlich des *physikalischen* Körpers) offenbar zwei Bedingungen gesetzt wurden, welche in der Sicht Plotins qua Kriterien auf zwei verschiedene Arten von ‚Körpern' bezogen werden müssen: Im Hinblick auf die (für den physikalischen Körper offenbar korrekt gefaßte) Bestimmung πᾶν σῶμα ἐξ ὕλης καὶ ποιότητος (26. 18–19 [= *S. V. F.* 2, 315] sieht Plotin hier eine Inkonzinnität. Tatsächlich sind ‚Dreidimensionalität' und ‚Solidi-

---

11 Apollodor, *F* 6 (= *S. V. F.* III, S. 259. 24–29).
12 M. E. Reesor, *AJPh* 75 (1954) 57.
13 Diese Schrift wurde von C. Kühn in den *Claudii Galeni Opera Omnia* XIX (Leipzig 1875) ediert und von E. Orth dem Mittelplatoniker Albinus zugeschrieben: *Ant Class* 16 (1947) 113–114.
14 Die Grundtendenzen dieser Kritik versuchte in „Plotinus and the Stoic Categories of Being" zu skizzieren (*Plotinus and the Stoics* 87–100).

tät' für ihn generisch verschiedene Konzepte (vgl. II 7 [40] 6. 48–49 [οὐδὲ τὸ διαστατὸν τριχῇ. Ἡ δὲ στερεότης αὐτῷ, οὐ κατὰ τὴν διάστασιν τριχῇ, ἀλλὰ κατὰ τὴν ἀντείρησιν δηλονότι]). Nicht entscheidend ist dabei der Gesichtspunkt, daß ἀντιτυπία eine *Qualität* sein soll, die von der Summe der übrigen Bestimmungen eines Körpers gewissermaßen konstituiert wird; wichtig für Plotin scheint vielmehr der Gedanke, daß nach der Abstraktion z. B. von κουφόν, θερμότης, λαμπρόν und mithin auch von ἀντιτυπία nur noch ‚Dreidimensionalität' übrigbleiben würde (II 7 [40] 2. 11–13). Den Stoikern hält Plotin vor, daß sie begrifflich distinkte Vorstellungen nicht entsprechend streng trennen, sondern das eine [i. e. Solidität = Widerstandsfähigkeit] als Implikat des anderen [i. e. Dreidimensionalität] verstehen. Fraglich ist, ob Plotins Kritik die stoische Position wirklich trifft. Die Quellenlage erlaubt hier keinen eindeutigen Bescheid. So, wie sich das Problem abzuzeichnen scheint, ist damit zu rechnen, daß die Stoiker gemäß der für Poseidonios mehrfach bezeugten Unterscheidung der Existenz κατ᾿ ἐπίνοιαν/ καθ᾿ ὑπόστασιν (z. B. F 16 *Edelstein-Kidd*) auf ihre Wahrnehmungslehre rekurriert haben könnten, um zu sagen: Der mathematische Körper ist ein Gedankending und hat keine durch eine *Phantasia* erfahrbare Realität. Das von Plotin unterstellte Implikationsverhältnis ‚(x) (Dx → Sx)' würden die Stoiker womöglich nur dann anerkennen, wenn es sich bei ‚x' um eine Variable handelt, für die alle möglichen durch eine Phantasia erfahrbaren Dinge eingesetzt werden könnten. Und diese hieße: Mit Rücksicht auf ‚mathematische' Körper spricht Plotin von ‚y', d. h. von einem anderen Typus von Ding.

Fraglich bleibt also die Extension des Terminus *Körper*. Darüberhinaus ergibt sich einmal mehr der Verdacht auf einen Zirkel. Denn die stoische Erkenntnis- bzw. Wahrnehmungslehre stellt ja als *sichere* Objekte nur solche in Rechnung, die eine φαντασία καταληπτική ermöglichen (s. o. S. 56 Anm. 44). Ein derartiger Wahrnehmungsprozeß kann aber nur dann stattfinden, wenn das Objekt seinerseits über jene Eigenschaften verfügt, die man dem physikalischen Körper zuschreibt.

(2) In 28. 17–20 [πάντων τε θαυμαστότατον τὸ τῇ αἰσθήσει πιστουμένους ἕκαστα τὸ μὴ αἰσθήσει ἁλωτὸν τιθέναι τὸ ὄν. οὐδὲ γὰρ ὀρθῶς τὸ ἀντιτυπὲς αὐτῇ διδόασιν] nimmt Plotin daran Anstoß, daß die Stoiker ἀντιτυπία als ποιότης ansehen, obschon sich doch gerade diese Eigenschaft durch den Augenschein eben nicht erfassen läßt [15]. Daß Plotin hier einen Widerspruch vermuten muß, ist leicht zu sehen. Den sofern ἀντιτυπία eine Qualität ist

[15] Vgl. Sextus Empiricus, *Pyrrh.* 3, 38–55, bes. 45 ἀκατάληπτος δέ ἐστι καὶ ἡ ἀντιτυπία.

(26. 22), muß sie für die Stoiker *a fortiori* wahrnehmbar sein; sicher hätte dieser Gedanke mehr Gewicht, wenn Plotin in diesem Zusammenhang eine kritische Diskussion der Konzeption der ἄποιος ὕλη eröffnet hätte. (Aber damit würde er die Problematik der eigenen Position offen herauskehren.)

Was das ‚Argument' als solches angeht, so zeigt sich Plotin nicht hinreichend informiert. Denn einmal durften die Stoiker von augenfälligen Sachverhalten auf nicht augenfällige Sachverhalte vermittels der σημεῖον-Beziehung ‚zurückschließen' (s. o. S. 57). Zum anderen konnten die Stoiker von ἀντιτυπία vielleicht als ‚gemeinsamer Qualität' gesprochen haben (vgl. 26. 20–21). Und dies bedeutet – wie Simplicius erläutert – daß es sich hierbei um ein κοινὸν τῆς ποιότητος [16] handeln würde, welches nicht von der Substanz abstrahiert werden darf. Unter welchen Umständen die sogenannten gemeinsamen Qualitäten unter die ἀσώματα gerechnet wurden, ist schwer zu sagen. Als generischer Begriff fällt ἀντιτυπία natürlich unter die νοητά. Da aber von Solidität in Objekt-bezogener Sprache immer nur von einem bestimmten physikalischen Körper die Rede sein kann, müßte Solidität gemäß der bei Aëtius, *Plac.* VI 9, 14 (= *D. D. G.* 398. 5–8) für Chrysipp angegebenen Unterscheidung zwischen dem νοητόν-Sein der gemeinsamen Qualität als solcher und dem αἰσθητόν-Sein ihres Vorkommens am partikularen Objekt natürlich αἰσθητόν sein; dies aber genau in dem Sinn, daß ἀντιτυπία im Prinzip durch die Sinne erfahren werden kann, wenn auch nicht durch den Augenschein. Auch hier müßte man wiederum die Möglichkeit zu einem Rückschluß (σημεῖον) in Betracht ziehen. Auf die *Tiefe* etwa – sie tritt ja perpektivisch nicht in Erscheinung (Diogenes Laertius 7, 135) – kann ‚geschlossen' werden, aus der Faktizität der Dreidimensionalität *a fortiori* auch auf Solidität.

Es scheint soweit glaubhaft, daß die Stoiker unter einem physikalischen Körper etwas *dreidimensionales solides* verstanden und nicht primär etwa „a capacity to act or to be acted upon" [17]. Bei ποιεῖν und πάσχειν handelt es sich aller Wahrscheinlichkeit nach um die allgemeinsten Kriterien, nach Maßgabe derer eine Reihe von Stoikern einen Entscheid darüber fällten, ob etwas unter die Klasse der *seienden* (man muß sagen: daseienden) Dinge zu rechnen ist (s. o. S. 90). Erfüllt werden diese Bedingungen aber nur von solchen Dingen, die dreidimensional und widerstandsfähig sind; hier besteht offenbar eine Klassenidentität. Beide Begriffe sind extensional äquivalent.

---

[16] *In Cat.* 223. 30 (= *S. V. F.* 2, 378); dazu siehe O. Rieth, *Grundbegriffe der stoischen Ethik* 64–69. 79.

[17] M. E. Reesor, *AJPh* 75 (1954) 57.

§ 3   Prinzipien[1]

Das Textkontinuum bei Diogenes Laertius (354. 8–18) gibt einige Rätsel
auf. Einmal ist der für die Darstellung der stoischen Physik nicht beispiel-
lose Fall gegeben, daß sich Poseidonios einmal mehr als letzter Gewährsmann genannt findet; man hat also die Möglichkeit in Betracht zu ziehen,
daß Diogenes Laertius direkt aus Poseidonius schöpft. Aber wieweit reicht
der so autorisierte Text? Für den Passus 354. 15–18 wird kein Gewährsmann angegeben. Belangvoll ist diese Frage im Hinblick auf das Problem,
ob in Z. 17 σώματα oder ἀσωμάτους zu lesen ist. Und ein Entscheid für das
eine oder andere müßte vielleicht mit Rücksicht auf die womöglich eigenständige Position des Poseidonios gefällt werden, der eine gegenständliche
Unterscheidung zwischen ὕλη und πρώτη οὐσία als *gedankliche Konstruktion* betrachtete (s. u. S. 105) und der *Hyle* qua *Hyle* den Status einer logischen Präsumption zuerkannt haben mochte.

Nun läßt sich ein derartiger Gedankengang nicht ohne weiteres umkeh-
ren. Und zwingende Rückschlüsse auf die Eigentümlichkeit oder gar
Authentizität des für Zenon und Chrysipp Dargestellten würden sich auch
nicht für den Fall ergeben, daß Poseidonios als ‚Quelle' des von Diogenes
7, 134 Berichten wahrscheinlich gemacht werden könnte.

Was den Versuch einer philologischen Rekonstruktion der Position Zenons angeht, so hat sich jede Erklärung dieses Textkontinuums darüber im
Klaren zu sein, daß sie auf Grund der auch sonst wenig guten Überlieferung
zirkulär verfährt.

Die Zeugnisse belegen soweit unzweideutig, daß Zenon – wie die Stoiker nach ihm – mit zwei Prinzipien rechnete[2]. Jene Eigenschaften, die Platon vielleicht in Form einer Hypothese[3] als Kriterien dessen ausgab, was
eine Kennzeichnung als „existent" erlaubt, erscheinen hier also als Prinzipien dessen, was kosmogonisch wie kosmologisch erklärt werden soll, i. e.

---

[1] Diogenes Laertius 7, 134.

[2] Außer den unter *S. V. F.* 1, 85 notierten Texten siehe auch Sextus Empiricus *Adv.
   Log.* 1, 11; Alexander, *De Mixtione* 224. 33 (im Ganzen *S. V. F.* 2, 299–328).

[3] Vgl. *Sophistes* 247 D 2 – E 5 (s. o. S. 90). F. Solmsens Stellungnahme „It seems to
   be primary applicable to the relation between physical objects" (*Aristotle's System of
   the Physical World* [Ithaca 1960] 358) scheint mir ungerechtigt. Zur Einschätzung
   dieser Stelle siehe auch F. M. Cornford, *Plato's Theory of Knowledge* (London 1936)
   234 und N. R. Murphy, *The Interpretation of Plato's Republic* (Oxford 1951) 149
   und Anm. 1.
   Natürlich muß Zenon nicht unbedingt die Platon-Stelle vor Augen gehabt haben.

die Welt. Die Beschreibung erweckt ganz unverdächtig den Eindruck, daß die Stoa die an sich schwierig zu verstehende Prinzipienreihe des Aristoteles (εἶδος, στέρησις und ὕλη [*Phys.* 189 A 11 – 189 B 29] zu einer einfachen Polarität von *Struktur* und *Materie* verengt. Ebensowenig läßt sich aber der Gedanke abweisen, daß Zenon hier in einer bestimmten Weise auf den platonischen *Timaios* reagiert[4]. Die in der Doxographie freilich kaum verbreitete Annahme, daß Platon im *Timaios* zwei Prinzipien einander gegenüberstellt, nämlich Gott und Materie, kann freilich auf Theophrast selber zurückgeführt werden[5]. Gerade im Hinblick auf den Umstand, daß „gemäß dem verschiedenen historischen Ursprung der beiden zu einander in Korrelation gesetzten Begriffe ὕλη und λόγος [...] das konkrete Verhältnis dieser beiden Prinzipien zueinander bei Zenon ein höchst eigentümliches [ist]"[6], wird man hier mit den bei Rekonstruktionen historischer Beziehungen gern verwendeten Begriffen wie ‚Beeinflussung' und ‚Abhängigkeit' sehr behutsam umzugehen haben.

Das für die historisch wie systematisch rekonstruktive Erklärung des stoischen Lehrstückes entscheidende Problem stellt sich also in Gestalt der Frage nach dem Wesen dessen, was „ἀρχή" in stoischer Sicht bedeuten soll. Auf dem Hintergrund der einmal ausgebildeten stoischen Ontologie in ihrem Zusammenhang mit der Lehre von den λεκτά als System semantischer

---

[4] Ungeachtet es überaus spärlichen Informationsgehaltes der Quellen kann man jene Beziehung, die z.B. J. Moreau zwischen den Eckpfeilern des stoischen Systems und dem des platonischen *Timaios* zu erkennen glaubt (*L'âme du monde de Platon aux stoïciens* 158 ff.) als glaubhaft ansehen; gegen seine Platon-Interpretation sind freilich Bedenken geltend zu machen: siehe etwa H. F. Cherniss, *AJPh* 58 (1948) 121–126. Weiterhin vgl. auch W. Wiersma, *Mnemosyne* III, 11 (1940) 214 und H.-J. Krämer, *Platonismus und hellenistische Philosophie* 114 ff.

[5] Vgl. Simplicius, *In Phys.* 26. 11–13 (= Arius Didymus, *Phys. Fr.* 48. 19 = Theophrast, F 9 *Wimmer*). – Theophrast scheint Platon (wie schon mutatis mutandis sein Lehrer Aristoteles) einer bestimmten geschichtsphilosophischen Konstruktion zu unterwerfen (siehe bes. J. B. McDiarmid, *HSCPh* 61 [1953] 83. 129, und O. Gigon, „Die Archai der Vorsokratiker bei Aristoteles und Theophrast", in *Naturphilosophie bei Aristoteles und Theophrast* [Heidelberg 1969] 114–123).
Im Hinblick auf H.-J. Krämers Stellungnahme [„Daß diese Systematisierung des *Timaios* ... die stoische Prinzipienlehre nennenswert beeinflußt hatte, ist unwahrscheinlich. Die Äußerung ist dafür zu singulär und wird durch die lebendigen Kontakte, die – anders als Im Falle Theophrasts – zwischen der Akademie und der jungen Stoa bestanden, vielfach aufgewogen"] (*Platonismus und hellenistische Philosophie* 120 Anm. 60) ist z.B. zu sagen, daß etwas das vehemente Mißverständnis der platonischen im Sinne von (aristotelischer) *Hyle* = Materie gewiß nicht von der kontaktfreudigen Akademie inauguriert wurde (s. u. S. 100).

[6] K. von Fritz, „Zenon von Kition", in *RE* X, A (1972) 101. 14–18.

Repräsentationen würde sich die Antwort darauf folgendermaßen ausnehmen müssen: Das Wort ἀρχή bezeichnet isomorph die Intension; diese ist
aber als σημαινόμενον in jedem Fall etwas unkörperliches. Dann bleibt zu
fragen, ob diesem (unvollständigen) λεκτόν etwas außenweltliches entspricht. Oder ist das, was vom Terminus ἀρχή denotiert wird und zur Klasse
der logischen Präsumptionen gehört ein Begriff zweiter Ordnung, der für die
Stoiker (wie bekanntlich *Zeit, Raum* und *Leeres*), die uns helfen, die Welt
zu organisieren und verstehbar zu machen, obschon ihnen in der erfahrbaren
Welt nichts derartiges entspricht?

Nun, wenigstens die ersten Zeilen unseres Zeugnisses lassen lassen keinen Zweifel daran aufkommen, daß es in der Außenwelt Dinge von der Art
geben soll, daß wir sie – als Stoiker – „ἀρχαί" nennen: Das, was *tut*, und
das, was *leidet*, i. e. *Logos* = Gott einerseits, und *Bestand* [Substanz] =
Materie andererseits. Aber handelt es sich hier wirklich um Dinge, die uns
in der Erfahrung gegeben sind und somit einer artikulierbaren Vorstellung
zugrunde liegen, so daß wir über das in ihr Begriffene [φαντασθέν] Aussagen treffen können, die Wahrheitswerte haben? Vermutlich handelt es
sich um etwas, das vermittels einer „nicht-sinnlichen" Vorstellung begriffen
und gefolgert werden kann?[7] Oder handelt es sich doch um funktionale
Begriffe wie ‚Aktivität' und ‚Passivität', die in der stoischen Kosmologie
eine Verdinglichung erfahren?

Als Ursprünge im kosmogonischen Sinne der Vorsokratik nehmen sich
die durch den Ausdruck ἀρχή denotierten Prinzipien als Dinge aus: Aus
ihnen ist das entstanden, was die Stoiker als Summe aller Existenz betrachten konnten.

Verstehen die Stoiker ihre Prinzipien aber nicht nur als kosmogonische
Realitäten, sondern auch im Sinn einer kosmologischen bzw. physikalischen
Betrachtung der Außenwelt als dasjenige, was jeden beliebigen Prozeß, jeden Vorfall oder Sachverhalt prinzipiell gesehen erklärbar machen soll, so
scheinen sie ihr Augenmerk auf Arten von Gegebenheiten zu richten und
den Terminus ἀρχή zur Bedeutung von Seinsstrukturen verwenden zu wollen, ähnlich vermutlich wie Aristoteles, wenn er εἶδος, στέρησις und ὕλη
als *Prinzipien des Seienden* ausgibt. Setzt man freilich an, daß die für die
spekulative Kraft des Philosophierens platonisch-aristotelischer Observanz
wichtige Annahme einer formalen Entsprechung zwischen ‚Gedanke' und
‚Objekt' für die Stoa keine Geltung hat[8], so ergibt sich umsomehr der Verdacht auf eine Wendung zum Reflexionsbegriff[9].

---

[7] S. o. S. 40 und Anm. 7.   [8] S. o. S. 19.

[9] In einer anregenden Studie hatte W. Wieland einige Grundbegriffe der aristotelischen

In diesem Sinn wäre es sicher nicht inkonsequent, von den ἀρχαί als *Incorporalia* zu sprechen (s. u. S. 103).

Was die Polarität von ποιεῖν und πάσχειν angeht, so ergibt sich hier ein weiterer Anhaltspunkt dafür, daß die stoische Physik entgegen einer weit verbreiteten Annahme eben nicht sozusagen bruchlos an die Vorsokratik angeknüpft hatte. Denn ‚vorsokratisch' im strengen Sinne guter Bezeugung [10] ist das ποιεῖν/πάσχειν-Schema ohne hin nicht; und im Fall der von Platon (im Anschluß an den Hinweis auf Hippokrates und die Wahrheit im *Phaidros* 279 C 9–10) explizierten Dichotomie (σκοπεῖν τὴν δύναμιν αὐτοῦ τίνα πρὸς τί πέφυκε εἰς τὸ δρᾶν ἔχον ἢ τίνα εἰς τὸ παθεῖν ὑπὸ τοῦ [270 D 4–5] ὅτῳ τι ποιεῖν ἢ παθεῖν ὑπό τοῦ πέφυκεν [271 A 10–11] kommt die Quellenforschung über Mutmaßungen bekanntlich nicht hinaus [11]. Aber mit Rücksicht auf eine Passage im hippokratischen Traktat *De Prisca Medicina* 22–23 läßt sich immerhin sagen: „As far as antecedents for Plato's power to act and to suffer, the medical writers may well have approximated this conception more closely than the Presocratic physicists." [12]

Jedenfalls hat Platon, der ποιεῖν und πάσχειν als Gesichtspunkte der κίνησις herausstellt (*Theaitet* 156 A), die Beziehung dieses Schemas auf den in der Vorsokratik verwurzelten Gedanken von der analogen bzw. nicht-analogen Seinsweise insofern explizit gemacht, als er die Auffassung vertrat: τὸ γὰρ ὅμοιον καὶ ταὐτὸν αὑτῷ γένος ἕκαστον οὔτε τινα μεταβολὴν ἐμποιῆσαι δυνατὸν οὔτε τι παθεῖν ὑπὸ κατὰ ταὐτὰ ὁμοίως τε ἔχοντος (*Timaios* 57 A 3–5).

Diese Annahme bestimmt dann auch (vgl. *De Gen. et Corr.* 421 B 18–22 [charakteristisch ist aber die Möglichkeit zur doppelten Perspektive: 324 A

Physik einer analytischen Sprachkritik unterzogen (*Die aristotelische Physik* Göttingen 1962) und dabei wiederholt auch von Funktional-Begriffen gesprochen. Durch die Entgegnungen von E. Tugendhat, *Gnomon* 35 (1963) 543–555; H. Wagner, *Aristoteles. Die Physikvorlesung* (Berlin 1967) 337–360 und H. Happ, *Hyle. Studien zum aristotelischen Materiebegriff* (Berlin 1970) 47–49 ist W. Wielands Ansatz sicher nicht als ‚verkehrt' erwiesen.

[10] Im Index zu den *V. S.* (s. v. ποιεῖν) führt W. Kranz (III 361) ποιεῖν und πάσχειν unter *Doxographi* auf. Wenigstens in einem Fall lassen sich die Angaben des Aristoteles sicher überprüfen: So substituiert er den Begriffen ὠφέλησις und βλάβη sein Schema ποιεῖν/πάσχειν (*V. S.* 64 B 2). Daß eine derartige Ersetzung auf der Hand liegen konnte, zeigt auch Platons *Lysis* 214 E 5.

[11] Verschiedene Aorschläge wurden unterbreitet: M. Pohlenz, *Hippokrates und die Begründung der wissenschaftlichen Medizin* (Göttingen 1931) 74 und H. Diller, *Hermes* 80 (1952) 285.

[12] F. Solmsen, *Aristotle's System of the Physical World* 360.

15–24 [13]]) den Grundgedanken der aristotelischen Theorie vom Werden
der Elemente und der Deduktion der Eigenschaften (*De Den. et Corr.* II
1–5), wonach gelten soll: δεῖ δὲ ποιητικὰ καὶ παθητικὰ εἶναι ἀλλήλων τὰ
στοιχεῖα. γίγνονται γὰρ μεταβάλλει κτλ. (329 B 22–23). Aristoteles benutzt
(und *benötigt*) ‚Wirken‘/‚Leiden‘ einmal im Zusammenhang mit der Selek-
tion der vier primären Qualitäten [‚warm‘, ‚kalt‘, ‚flüssig‘, ‚fest‘] [14], die
den Elementen bzw. einfachen Körpern Aussehen, Eigenschaft und Wirkung
verleihen. Zum anderen benötigt er es zur Erklärung der μῖξις, i. e. die
Entstehung anderer Stoffe aus diesen Elementen (*De Den. et Corr.* II
4–7) [15], – beide Gesichtspunkte scheinen für die Stoiker, wie zu sehen sein
wird, belangvoll gewesen zu sein.

Ein weiterer Punkt der aristotelischen Auffassung von *Wirken* und *Leiden* betrifft nun deren Ansehung als ‚Eckpfeiler‘ eines kosmologischen Schemas, das durch eine Abgrenzung des sogenannten infralunaren Bereiches von
dem supralunaren Bereich gekennzeichnet ist. Auf eine Stelle in den Pragma-
tien läßt sich dieser Gedanke nicht zurückführen; er ergibt sich aber aus der
Kombination zweier doxographischer Zeugnisse (Aëtius, *Plac.* II 4, 12 [=
D. D. G. 332. 4–6] und Hermias, *Irris. Gentil. Philos.* 11 [= *D. D. G.*
653. 30 – 654. 3]) [16], mit der Bemerkung bei Olympiodor (*In Phaed.* 180.
22), wonach Aristoteles die ποίησις ὅλη den Sternen zuschreibe (= *De Phil.*
F 22 W./R.) [17]. Möglicherweise hat also Aristoteles das ποιεῖν/πάσχειν-
Schema in seiner Schrift *Über die Philosophie* zur Kennzeichnung des Be-
reiches der ‚Kontingenz‘ einerseits, und des der ‚Invarianz‘ andererseits her-

---

13 Dazu siehe G. A. Seeck, *Über die Elemente in der Kosmologie des Aristoteles* (Mün-
    chen 1964) 48–49 und in seiner Nachfolge: I. Düring, *Aristoteles* (Heidelberg 1967)
    378.

14 Diese Grundqualitäten sind reziprok „aktiv" und „passiv"; dies gilt einmal für die
    Glieder eines jeden Paares, zum anderen auch in dem Sinn, daß ‚warm‘/‚kalt‘ gegen-
    über ‚flüssig‘/‚fest‘ aktiv ist.

15 Die systemimmanenten Schwierigkeiten dieser Lehrstücke wurden von G. A. Seeck
    gut herausgearbeitet (*Über die Elemente in der Kosmologie des Aristoteles* 38–61).

16 *D. D. G.* 322. 4–6 Ἀριστοτέλης τὸ ὑπὸ τὴν σελήνην μέρος παθητικὸν ἀπεφαίνετο,
    ἐν ᾧ καὶ τὰ κτλ., *D. D. G.* 653. 31–33 οὗτος ἀρχὰς ὁρίζεται τὸ ποιεῖν καὶ τὸ
    πάσχειν. καὶ τὸ ποιοῦν ἀπαθὲς εἶναι τὸν αἰθέρα, τὸ δὲ πάσχον ἔχειν ποιότητας
    τεσσάρας.

17 Richtig vermerkt B. Effe: „Diese Bemerkung läßt sich aus den erhaltenen Schriften
    nicht belegen. Wenn man nicht mit einer sehr freien Wiedergabe von Meteor. A 2
    rechnen will, so bleibt nur die von Ross gezogene Konsequenz, an ein Dialogzitat
    zu denken. Das ist umso wahrscheinlicher, als der Verfasser dieses Kommentarteiles
    auch sonst Kenntnis der Dialoge verrät . . ." (*Studien zur Kosmologie und Theologie
    der aristotelischen Schrift über die Philosophie* 38).

angezogen, – gewissermaßen in einer vergröberten Analogie zu der Differenz zwischen μορφή und ὕλη, die sich für ihn ja ebenfalls nach Maßgabe des ποιεῖν/πάσχειν-Schemas darstellen läßt: πότερον ὡς ὕλην καὶ πάσχον ἢ ὡς εἶδός τι καὶ ποιοῦν (De Gen. Anim. 724 B 6).

Wie dieser Zusammenhang systematisch expliziert worden sein mochte, läßt sich nicht mehr feststellen [18]. Entscheidend für die Beurteilung des Neuansatzes der Stoiker mag sich die Überlegung ausnehmen, daß sämtliche hier für Aristoteles notierten Gesichtspunkte von Zenon aufgenommen werden konnten. Belangvoll für die Beurteilung des Zusammenhanges des Berichtes bei Diogenes Laertius ist zunächst die Polarität von ὕλη und λόγος [19] bzw. Gott [20].

Systematisch-rekonstruktiv ergibt sich die Überlegung, daß Zenons Gegenüberstellung eines aktiven und passiven Prinzips in zweifacher Hinsicht an Aristoteles angeknüpft haben konnte.

(1) Der eine Berührungspunkt besteht in der grundsätzlichen Anerkennung des *Materials* als des Prinzips aller Passivität [21] und der *Form* bzw. *Struktur* als desjenigen der Aktivität. (Daß nun die Stoiker keineswegs *nur* die sogenannte *causa efficiens* berücksichtigten, wurde gesagt: Die Logos-Natur der ποιότης soll und kann genau jene Funktion übernehmen, die Aristoteles fast zwangsläufig auf separate Gründe delegiert wissen wollte; und an die Stelle der begrifflichen, nur im Geiste abtrennbaren Form rückt hier der *Logos* i. e. die Qualität der der als solcher unqualifizierten Substanz, bzw. des Bestandes [s. o. S. 96]). Auch den Begriff der *Hyle* als des jeglicher Struktur und Form gegenüber unbestimmten Baumaterials [22] dürfte Zenon von Aristoteles übernommen haben. – Tatsächlich legt aber die Formulierung ἐν αὐτῇ [. . .] διὰ πάσης αὐτῆς [23] die Überlegung nahe, daß die Stoiker der ‚Materie‘ noch jene Funktion anhängten, die Platon der χώρα qua ὑποδοχὴ τῆς γενέσεως zugeschrieben hatte,

---

[18] Die Konstruktionen bei J. Pépin, *Théologie cosmique et théologie chrétienne* (Paris 1966) 359 ff. basieren auf z. T. fragwürdigen Voraussetzungen.

[19] Dazu siehe die Bemerkung von K. von Fritz (s. o. S. 95 Anm. 6).

[20] Die Tatsache, daß die „Gegenüberstellung von ὕλη und θεός ganz im Stil der späteren Doxographie" ist (W. Wiersma, *Mnemosyne* III, 11 [1940] 195 Anm. 3).

[21] Zu ὕλη als πάσχον siehe noch *De Gen. et Corr.* 342 B 18, 335 B 29; weitere Stellen notiert und bespricht A. Mansion, *Introduction à la physique aristotélicienne* (Paris 1954) 253 Anm. 23.

[22] Eine gute Diskussion des technischen Verständnisses dieses Begriffes gibt F. Solmsen, „Aristotle's Word for Matter", in *Didascaliae* (New York 1961) 396–408.

[23] Zu Platon, *Timaios* 50 D 1 (ἐν ᾧ) und der *Silva*-Definition bei Chalcidius (*In Tim.* 294, 2) s. u. S. 114.

Nun weiß man zwar, daß jegliche Interpretation der platonischen Raum-
Abstraktion als *Hyle* unangemessen ist. Dieses Mißverständnis ist aber sozusagen notorisch [24] und durch Aristoteles selbst aktenkundig gemacht worden [25]. Mithin konnten die Stoiker den der (aristotelischen) ὕλη zugeordne-
ten Begriff ἄμορφος [26] ebenso im Hinblick auf *Timaios* 52 B gerechtfertigt
sehen, wie sich später in einer bestimmten platonischen Tradition entsprechend die Tendenz abzeichnet, Platons Auffassung von ,Materie' aus
bestimmten Gründen [27] mit stoischer Begrifflichkeit zu umkleiden. Grundsätzlich gilt aber für die Stoa das, was Aristoteles über die *Hyle* gesagt hatte:
λέγω δ' ὕλην ... καθ' αὑτὴν μήτε τι μήτε πόσον μήτε ἄλλο μηδὲν λέγεται
(*Metaph.* 1029 A 20). Daß die Stoiker nun gleichwohl als οὐσία aller Dinge
eben die *Hyle* ausgeben, ist der bei all dem wohl überraschenste Gesichtspunkt [28]. Er soll im Zusammenhang der beiden folgenden Kapitel (s. u. S.
108) näher zur Sprache kommen.

(2) Der andere Gesichtspunkt mit dem aristotelischen ποιεῖν/πάσχειν-
Schema besteht darin, daß Zenon das Merkmal der Aktivität generell Gott
(bzw. dem *Logos*) zuschreibt, das der Passivität dem demiurgischen Korrelat, der Materie. (Diese Annahme eines Berührungspunktes gilt unter der
Voraussetzung, daß Aristoteles das πάσχειν-Schema in seiner Schrift *Über
die Philosophie* zu einer sehr generalisierenden Kennzeichnung des Bereiches der Kontingenz einerseits, des der Invarianz andererseits in Anspruch
genommen hatte [s. o. S. 98]).

Dieser im Prinzip am kosmogonischen Modell des platonischen *Timaios*
orientierte Gedanke kann aber – sofern ja die Trennung zweier sozusagen
substanziell unterschiedener Bereiche buchstäblich als Kluft verstanden wird
– für Zenon keine allzuweit gehende Verbindlichkeit gehabt haben. Denn
sofern Gott auch als Summe oder geradezu als Inbegriff aller in dieser

---

24 Ein sehr typisches Beispiel findet man bei Okkelos, *De Univ. Nat.* 2. 3–6 (20–24
    Harder), mit einem ,Zitat' aus *De Gen. et Corr.* 329 A 32 – B 2. – Siehe auch Albinus,
    Epit. VIII 2 *Louis*.
25 Zu Aristoteles, *Phys.* 209 B 11–17 und *De Gen. et Corr.* 329 A 24 siehe J. B. Skemp,
    „Hyle and Hypodoche", in *Aristotle and Plato in the Mid-Fourth Century* (Göteborg
    1960) 201–212 und D. Keyt, „Aristotle on Plato's Receptacle", *AJPh* 81 (1960)
    291–300.
26 Vgl. J. Moreau, *L'âme du monde de Platon aux stoïciens* 158–159.
27 Siehe mein *Plotinus and the Stoics* 13.
28 Richtig sagt W. Charlton: „Prime Matter seems to make its first appearance since
    the Stoics, who added the doctrine of which no trace is to be found either in Plato
    or in Aristotle, that prime matter is *ousia*, reality" (*Aristotle's Physics* [Oxford 1970]
    142).

Welt tätigen Formkräfte vorgestellt wurde, in dem systematisch gesehen die Funktion des platonischen Demiurgen und die des aristotelischen εἶδος bzw. der μορφή ebenso zusammenfallen wie die der platonischen Weltseele und der aristotelischen *Physis*[29], ist der *Logos* als in der Materie wirksames Formprinzip von dem real vorhandenen Bestand [οὐσία] nicht wirklich abtrennbar: Es gibt ja auch nichts ‚Leeres‘ innerhalb dieser (stoischen) Welt. – Aitiologisch betrachtet (s. o. S. 88) sind *Aktivität* und *Passivität* genau genommen nur logisch distinkte Züge an dem, was in der voll ausgebauten Lehre Chrysipps als eine Art von dynamisches Kontinuum verstanden wird; und dies sagt: es gibt nur *eine* Physik. Denn überall sollen die gleichen Gesetze Geltung haben.

Damit wird nun auch die kaum zu überschätzende Wendung gegen Platon und Aristoteles deutlich. Denn Zenon übernimmt mit dem Gedanken der Aktivität und Passivität sozusagen nur das Organisationsmodell, mit dessen Hilfe Platon und Aristoteles die Totalität der Welt als Gegenstand der Physik (bzw. Metaphysik) darzustellen versuchten. Die Anerkennung dieses Instrumentars betrifft offenbar die Funktionsfähigkeit des Organisationsmodells. Doch handelt es sich mit Rücksicht auf den Gegenstand selbst (der ja spekulativ erfahren wird, *ex hypothesi*) offenbar nicht mehr um ein und dasselbe. Expliziert sich diese Welt für Platon als ein Projektionsverhältnis von Urbild und Abbild, das physikalisch bzw. metaphysisch als Umschlag von Idealität zu Realität gedacht wird, so rechnet Aristoteles mit einer Summe von selbstidentischen οὐσίαι, deren Beziehung zu einander verständlich gemacht werden soll.

Zenon postuliert einen Aggregatzustand einer energischen Materie, welcher bestimmte Strukturen zu erkennen gibt. Man wird sich fragen, ob dieser Gesichtspunkt der *impliziten Destruktion* des aristotelischen und platonischen Weltmodells als originäre Leistung Zenons anzusprechen ist. Hier mag es bei der Vermutung belassen bleiben, daß Zenon eine Reihe von Fragen in ihren Problemlinien ausgezogen haben mußte, die Theophrast interessiert hatten[30]. (Tatsächlich bergen die z. T. ausgesprochen rationali-

---

[29] Im Prinzip richtig sagt F. Solmsen: „For their concepts of fire and *logos,* and even for the identity of both, the Stoics doubtless owe some debt to Heraclitus, although we should not underrate the influence of more recent philosophical and scientific thought upon both these concepts. The doctrine that the Fire-Logos proceeds in the manner of a craftsman could not be found in Heraclitus. Here the Stoics evidently are in the debt of their immediate philosophical predecessors" (*JHI* 26 [1963] 496).

[30] Einen solchen Ansatz versuchte E. Grumach aufzuzeigen (*Physis und Agathon in der alten Stoa*; M. Pohlenz, *Die Stoa* I 49 gibt zu erkennen, daß ihm der Gedanke an die Möglichkeit des Einflusses des Aristoteles-kritischen Theophrast auf die Stoa fern

stisch anmutenden Dokumente der Beschäftigung Theophrasts mit dem
Lehrgut des Aristoteles das Potential des Materialismus eines Straton von
Lampsakos. In Anbetracht des im Ganzen noch sehr ungesicherten Materials [31] muß der Gedanke an eine Beziehung auf Theophrasts Aristoteles-
Kritik wenigstens als heuristisches Prinzip im Auge behalten werden, welches uns in die Lage versetzen könnte, diese eigentümliche Frontwendung
gegen Platon *und Aristoteles* durch die orthodoxe Stoa besser verstehen zu
lernen.)

Was Zenons Prinzipien-Dualismus als solchen schwer verständlich
macht, ist die Überlegung, daß ‚Gott‘ und ‚Materie‘ real unterschieden sein
sollten, sofern ihr Vorhandensein den Prozeß der Weltentstehung (i. e. Formung der *Usia*) ja erst ermöglichen kann. Stehen aber Gott und Materie
gleichermaßen ungeworden [ἀγένητοι] am Anfang? Anders als S. 354. 16
könnte die Formulierung in Z. 10 [τοῦτον ἀίδιον ὄντα] zu der Überlegung
veranlassen, daß womöglich ein Unterschied zwischen „ἀίδιος“ und ‚Gott‘
auf der einen Seite und „ἀγένητος“ und *Hyle* auf der anderen Seite in Rechnung zu stellen ist; im Lichte der Aussage von F 87 scheint sich eine derartige Annahme zwar zu verbieten. Gleichwohl verbinden wir aber mit dem
Lehrstück von der Weltverbrennung [ἐκπύρωσις] den Gedanken, daß Gott
nach bestimmten Zeitabläufen die gesamte Substanz (und dies ist ja *per definitionem* die πρώτη ὕλη [32]) in sich absorbiert [ἀναλίσκων]; und das dazu
komplementäre Lehrstück müßte besagen, daß Gott die Materie als demiurgisches Korrelat dann auch wieder aus sich heraus schafft (vgl. Diogenes
Laertius 7, 137; S. 356. 1–3). Diese Auffassung müßte freilich der anderen

steht.). H.-J. Krämers Untersuchung „Zur Vorgeschichte der stoischen Prinzipienlehre" kulminiert in der Feststellung, daß man nicht umhin können wird, „die Physik
   der älteren Akademie als das eigentliche Ursprungsfeld der stoischen Prinzipienlehre
   in Rechnung zu stellen" (*Platonismus und hellenistische Philosophie* 131). – Den Beweis bleibt er m. E. schuldig.
31 P. Steinmetz konstatiert bereits apodiktisch: „[ist] Zenon von Kition in seiner Kosmologie von den Grundlagen des theophrastischen Systems abhängig" (*Die Physik
   des Theophrastos von Eresos* [Bad Homburg 1964] 330).
32 Der Begriff der πρώτη ὕλη ist natürlich interessant. In den erhaltenen Schriften des
   Aristoteles (siehe F. Solmsen, *JHI* 19 [1958] 243–252) findet er nie *so* Verwendung.
   Aristoteles spricht von der „ersten Materie" einmal im Gegensatz zur ἐσχάτη ὕλη
   [i. e. für die eherne Säule ist Erz die *letzte* = *unmittelbare* Materie, Wasser aber die
   erste, aus welchem Erz zustande gekommen ist] (*Metaph.* 1015 A 7–11); auf der
   anderen Seite spricht Aristoteles von der πρώτη als der *letzten* vor der Form (*Phys.*
   193 A 29, *Metaph.* 1014 B 32, 1044 A 18) und von der ἐσχάτη ὕλη als der *ursprünglichen Materie* (*Metaph.* 1016 A 19–20, 1069 B 35–37; dazu siehe C. Bäumker, *Das
   Problem der Materie in der griechischen Philosophie* 296).

widersprechen, wonach die Materie als σύγχρονος mit Gott betrachtet wurde (so jedenfalls bei Epiphanius, *Adv. Haer.* 1, 5 [= *D. D. G.* 588. 17–18]). Soweit spricht also nichts gegen die Annahme, daß Zenon allen Ernstes die Existenz einer πρώτη ὕλη postuliert hatte, aus welcher bzw. in welcher zunächst die vier Elemente und dann der *Kosmos* gebaut wurde. – Eine derartige Auffassung birgt aber eine ernstzunehmende Schwierigkeit. „Seiend" im Sinne von raum-zeitlich bestimmbarer Existenz sind für die Stoa ja nur solche Dinge, auf die die Bezeichnung „Körper" zutrifft; Körper ist aber etwas, wie auch Plotin zu verstehen scheint (VI 1 [42] 26. 18–19), ἐξ ὕλης καὶ ποιότητος bestehendes (*S. V. F.* 2, 315). Und die πρώτη ὕλη kann also, *ex hypothesi* ὕλη, nicht unter den Begriff σῶμα fallen!? Das gleiche müßte aber mutatis mutandis auch auf Gott zutreffen, sofern er ja an sich ein Gebilde o h n e *Hyle* sein soll; verhält er sich der gesamten οὐσία gegenüber sozusagen als die Totalität aller möglichen Qualitäten, so müßte Gott qua ποιότης freilich die Kennzeichnung „Körper" vertragen. Und als *aktives Prinzip* oder Prinzip aller Aktivität müßte Gott *a fortiori* über alle jene Merkmale verfügen, die einem raum-zeitlich bestimmbaren Seienden gesetzt sind? Rein systematisch gesehen bleiben diese Schwierigkeiten in der einen oder anderen Form offenbar doch bestehen[33].

Dies im Auge zu behalten ist insofern wichtig, als Poseidonios eine, wie es scheint, eigenständige Position formuliert haben mußte; sie kann als solche nur dann einigermaßen zufriedenstellend erklärt werden, wenn man sie zugleich als Versuch versteht, Schwierigkeiten der genannten Art zu überwinden. Und Poseidonios könnte der Gewährsmann sein, dem Diogenes Laertius für die Abfassung auch der etwas nachhängenden Erklärungen bezüglich ἀρχαί und στοιχεῖα verpflichtet gewesen ist.

Ganz konkret werden unsere Verständnisschwierigkeiten von dem Problem der Lesart in Z. 17 berührt: ist σώματα oder ἀσωμάτους in den Text zu nehmen? Unsere Kenntnis der Überlieferung beschränkt sich darauf, daß die sogenannten guten HSS nur σώματα haben[34]. „Ἀσωμάτους" ist eine Emendation, die Lipsius an Hand des Suda-Textes vornahm[35].

---

[33] Richtig bemerkt G. W. F. Hegel: „Auch jene Beziehung Gottes, der absoluten Form, auf die Materie ist zu keiner entwickelten Klarheit gekommen ... Das Wesentliche der Vereinigung und Entzweiung dieses Gegensatzes fehlt" (*Vorlesungen über die Geschichte der Philosophie* II [Theoria-Werkausgabe, Frankfurt 1971] 266).

[34] Stephanus u. a. mochten HSS mit ἀσώματα gekannt haben; vgl. H.-G. Hübner, *Diogenes Laertius* II 178.

[35] Vgl. Suidas [s. v. ἀρχή] I (Leipzig 1928) 367. 14–16. Für „ἀσωμάτους" entscheiden sich u. a. H. von Arnim, H. Cobet, R. F. Hicks, J. Moreau, H. H. Long, G. Verbeke und mit aller Vorsicht C. H. Kahn, *AGPh* 51 (1969) 168.

Was einen Entscheid gegen die *lectio difficilior* „ἀσωμάτους" von je her
als unproblematisch erscheinen ließ, war der Umstand, daß die Doxographie
bekanntlich nie müde wird, auf die Körperlichkeit des stoischen Gottes
hinzuweisen[36]. Etwas subtiler, aber im Prinzip nicht anders gelagert ist der
Einwand, daß die Stoiker ihre Prinzipien nicht ‚rein' zu denken vermögen
(Plutarch, *De Comm. Not.* 1085 B–C); Alexander von Aphrodisias glaubt
die Stoiker zu dem Eingeständnis zwingen zu können, daß Gott entweder
eine Art von πεμπτὸν σῶμα sei, oder aber ein aus den vier Elementen erst
produzierter Stoff angesehen werden müsse, der mithin der ‚Materie' gegenüber ontologisch später sei (*De Mixtione* 224.32 – 225.1). Ganz entsprechend – wahrscheinlich nicht unbeeinflußt von Alexander – bewegt sich
die Kritik Plotins, welche indes noch weniger zur Sache spricht, weil sie die
stoische Positionen an den Voraussetzungen des aristotelischen πρότερον/
ὕστερον-Denkens von Aktualität und Potentialität bemißt[37].

Hinzu kommt eben das Argument, daß die Stoiker „ἀσώματον" bekanntlich folgendermaßen explizieren: οὔτε ποιεῖν τι πέφυκε οὔτε πάσχειν (Sextus
Empricus, *Adv. Log.* 2, 263); die Behauptung der *Körperlosigkeit* gerade
der Prinzipien müßte sich also als absurd ausnehmen?

Nun wissen wir aber, daß der physikalische Körper für die Stoa etwas
ἐξ ὕλης καὶ ποιότητος bestehendes ist. Und zumindest die πρώτη ὕλη kann
nicht ohne weiteres unter den Begriff σῶμα fallen. Berücksichtigt man ferner, daß eben diese ὕλη mit dem πάσχον identisch sein soll, und daß die
Fähigkeit zu wirken und leiden nur dem eigenen kann, was die Stoiker
‚dreidimensionales und widerstandsfähiges Ding' nennen, dann muß freilich auch die ὕλη als Spezifikation von σῶμα betrachtet werden. – Im Grunde
kommt die Diskussion hier nicht recht weiter.

Eine Klärung dieses Fragenkomplexes kann aber auf dem Umweg einer
Klärung des Ausdrucks ἄμορφος (S. 354.18) erleichtert werden.

Bereits R. Hirzel[38] hatte sich für „ἀσωμάτους" mit dem Hinweis entschieden, daß ἀσώματος im mathematischen Sinn (darauf deute ἄμορφος
hin) verstanden werden müsse. So erklärt dann G. Verbeke: „La significa-

---

[36] Vgl. Aristocles, VII F 8; Ps. Galen, *Hist. Philos.* 16 (= *D. D. G.* 608.16–19; Tatian,
   Adv. Graec. 25 oder Origenes, *C. Cels.* 6,71; dazu siehe die einschlägigen Bemerkungen bei A. Schmekel, *Die Positive Philosophie in ihrer geschichtlichen Entwicklung*
   243.245, sowie M. Pohlenz, *Die Stoa* II 38.

[37] Vgl. mein *Plotinus and the Stoics* 13–14 u.ö.

[38] *Untersuchungen zu Ciceros Philosophischen Schriften* II 756 Anm.1 (gegen M.
   Heinze, *Die Lehre vom Logos* 91).

tion du terme ἀσώματος n'est pas „immateriel" mais bien „incorporel", c'est-à-dire amorphe." [39]

Präzis läßt sich das Verständnis des Terminus ἄμορφος aber aus zwei Poseidonios-Zeugnissen gewinnen: ἔφησε δὲ ὁ Ποσειδώνιος τὴν τῶν ὅλων οὐσίαν καὶ ὕλην ἄποιον καὶ ἄμορφον εἶναι καθ' ὅσον οὐδὲν ἀποτεταγμένον ἴδιον ἔχει σχῆμα οὐδὲ ποιότητα καθ' αὑτήν, ἀεὶ δ' ἔν τινι σχήματι καὶ ποιότητι εἶναι. Διαφέρειν δὲ τὴν οὐσίαν τῆς ὕλης τὴν ⟨αὐτὴν⟩ [Hirzel] οὖσαν κατὰ τὴν ὑπόστασιν, ἐπινοίᾳ μόνον (F 92 Edelstein-Kidd) [40]. Komplementär dazu heißt es zu „θεός": Ποσειδώνιος πνεῦμα νοερὸν καὶ πυρῶδες οὐκ ἔχον μὲν μορφὴν μεταβάλλον δ' εἰς ὃ βούλεται (F 101 Edelstein-Kidd) [41].

Mit Rücksicht auf die Explikation der *Qualitätslosigkeit* der *Hyle* ergibt sich also, daß ‚Formlosigkeit' bedeuten muß: *immer schon* (i. e. n u r) *mit Eigenschaften versehen vorkommen, die nicht die eigenen sind* (vgl. Diogenes Laertius 7, 134; S. 355. 13–14 [τὰ δὲ τέτταρα στοιχεῖα εἶναι ὁμοῦ τὴν ἄποιον οὖσαν τὴν ὕλην]). Fällt die „οὐσία der ὑπόστασις nach mit der ὕλη zusammen" [42] und findet zwischen „der Substanz und der Materie [. . .] wie Poseidonios lehrt, nur ein begrifflicher, kein realer Unterschied statt" [43], so ist es richtig zu sagen: „Die οὐσία ist real, die ὕλη dagegen, d. h. das Korrelat zum Logos des Demiurgen, ist nur in unserer Vorstellung." [44] Erkennt man also an, daß Poseidonios die vier Elemente als dasjenige zugrunde legt, was immer schon existiert [45], dann muß die *Hyle* in der Tat als eine Art von „logical presupposition" begriffen werden [46]. Dies bedeutet aber, daß dasjenige, was dem *significatum* „ὕλη" entspricht, eine gedankliche Konstruktion ist und als solche nichts anderes als die *Lekta* generell sowie ‚Zeit', ‚Art' und ‚Leeres' zu der Klasse der ἀσώματα gehören müßte. Denn Existenz „κατ' ἐπίνοιαν" bedeutet unter keinen Umständen etwas anderes als einen *Beitrag unseres Denkens* (vgl. *S. V. F.* 2, 488), dem in der Außenwelt nichts Gegenständliches entspricht.

---

[39] *L'évolution de la doctrine du pneuma* (Paris 1945) 40.

[40] = Arius Didymus, *Phys. Fr.* 20 = *D. D. G.* 458. 8–11.

[41] In diesen Zusammenhang gehören, wie R. Hirzel sah (*Untersuchungen zu Ciceros philosophischen Schriften* II 759 Anm. 2), auch Plutarch, *De Comm. Not.* 1088 A–B; Diogenes Laertius 7, 136–137 und Chalcidius, *In Tim.* § 291 (s. u. S. 112).

[42] R. Hirzel, *Untersuchungen zu Ciceros philosophischen Schriften* II 795 Anm. 2.

[43] C. Bäumker, *Das Problem der Materie in der griechischen Philosophie* 337 Anm. 6.

[44] K. Reinhardt, „Poseidonios", in *RE* 22, 2 (1953) 643. 2–4.

[45] Müßte Poseidonios dann nicht anders als Zenon und Chrysipp auch definitiv die Ewigkeit der Welt postuliert haben?

[46] L. Edelstein, *AJPh* 67 (1937) 290 [a. a. O. 291: He agrees with Aristotle in the denial of the existence of matter destitute of all attributes".]. Vgl. auch sein *The Meaning of Stoicism* 87.

Wie steht es aber mit dem sogenannten aktiven Prinzip? Eine entsprechende Deutung läßt sich augenscheinlich nicht widerspruchslos durchführen.
Denn die Auffassung von Gott als u. a. einer in der Materie wirksame Kraft
wird ja bei Diogenes Laertius 7, 134 (S. 354. 14) Poseidonios ebenso zugeschrieben wie Zenon, Kleanthes und Chrysipp. Und der Zeugniswert würde
in diesem Fall – so könnte man meinen – noch erhöht, falls sich Diogenes
Laertius tatsächlich an einem Bericht des Poseidonios orientiert hatte. Kann
in einem solchen Bericht, der direkt oder doch mittelbar auf Poseidonios
zurückgeht, eine so schwerwiegende Differenz sozusagen unter den Tisch
gefallen sein?

Nun, die Aufteilung des Komplexes in einen Teil, der unter allen Umständen als gemeinstoische *Doxa* ausgewiesen werden kann, und einen anderen, der an einem Lehrstück des Poseidonios orientiert gewesen sein
müßte, dürfte die Möglichkeit offenlassen, daß die hier präsentierte formale
Übereinstimmung nicht auch den Gedanken beinhaltet, daß Poseidonios
dem ‚gemeinstoischen Lehrstück‘ auch die entsprechend traditionelle Rechtfertigung bzw. Begründung unterlegt haben mußte; Diogenes Laertius
konnte hier geradezu hastig gerafft haben, mit der Absicht, schwerwiegende
Details in dem Sonderbuch über Poseidonios mitzuteilen? Jedenfalls geht
der Bericht bei Chalcidius (s. u. S. 108) von der in Rede stehenden gemeinstoischen *Doxa* aus, um dann innerhalb dieses Feldes gemeinsamer Grund-
auffassungen die nötigen Konturen erkennen zu lassen. – Modernem kritischen Denken muß dieses Vorgehen gleichwohl als gerade zu naiv erscheinen. Denn mit Rücksicht auf τὸ ποιοῦν/τὸ πάσχον bzw. *Logos* und *Hyle* reden die Stoiker dann doch nicht mehr von denselben Dingen! Hier bedeutet
„ὕλη" so etwas wie einen Funktionalbegriff, dort einen physikalischen Gegenstand. Und ist der poseidonische Gott (er wird sonderbarerweise eben
nicht als λόγος σπερματικός dargestellt[47]) wie auch sein demiurgisches Korrelat[48] eine gedankliche Konstruktion, so wird man gern wissen wollen,
warum die ἀρχαί[49] dann noch als ἀγένητοι bezeichnet werden müssen. Soll

---

[47] Vgl. K. Reinhardt, *RE* 22, 1 (1953) 642. 50–60. Unmißverständlich stellt L. Edelstein fest: „But Poseidonius does not mention such a creative power of God" (*AJPh*
67 [1936] 292) und „Poseidonius maintained that Matter alsways existed in a certain
sahpe and that God is but the administrator of the cosmos" (*The Meaning of Stoicism*
61).

[48] K. Reinhardts Darstellung (a. a. O.) ist im Ganzen (trotz 643. 2–4) etwas verunglückt.
Denn er verwechselt hier *D. D. G.* 458. 8 mit 302, 22 – 303. 2.

[49] Vgl. J. Christensen: „The terms [sc. structure and matter] serve to indicate that the
universe should be conceived as substance … nothing exists which is describable
as matter but not structure" (*An Essay on the Unity of Stoic Philosophy* 23).

dies für Poseidonios soviel besagen, wie daß die Annahme denknotwendiger Erklärungsgründe für die an die eine *Usia* gebundenen Sachverhalte auch den Gedanken der Ewigkeit und Anfangslosigkeit dieser Denotationen in sich schließt, sofern die Welt, auf welche sie sich ja beziehen, auch ewig und nicht als λόγος σπερματικός dargestellt [47]) wie auch sein demiurgisches Kor-

Ein weiteres Indiz für die Annahme, daß ἀσωμάτους die korrekte Lesart sein könnte, ist gänzlich anderer Natur: In einem für die Darstellung der stoischen Physik eigentümlichen Hang zu Digressionen bringt Diogenes Laertius 7, 140 eine Bestimmung des κενόν in Erwähnung, zu Beginn von 7, 141 auch die der Zeit als eines der ἀσώματα. Zu dem unmittelbaren Kontext weisen κενόν und χρόνος jedoch nur insofern eine Beziehung auf, als in der Definition des *letzteren* Begriffes „κόσμος" vorkommt (S. 357. 17), und das erstere im Hinblick auf die Lehre von der Umgrenzung des *Kosmos* erwähnt werden darf.

Nun findet sich S. 357. 16 ein Hinweis auf εἶναι δὲ καὶ ταῦτα ἀσώματα ὁμοίως, der im Rahmen der Darstellung selbst nicht verifiziert werden kann und eigentlich nur als Markierung der Anordnung bestimmter Lehrstücke vorstellbar ist, die dann von Diogenes Laertius eben nicht eingehalten oder nicht befolgt wurden. Hatte also die Vorlage des Diogenes einen Abschnitt über die (in der Stoa selbst noch diskutierten) *Incorporalia*? Diogenes konnte den ursprünglichen Zusammenhang in etwa der Weise umredigiert haben, daß er die diversen ἀσώματα (sofern sie wie ‚Zeit', ‚Ort', ‚Leeres' eine unmittelbare auf die Physik haben) ebenso in die jeweils benachbarten physikalisch belangvollen Zusammenhänge hineinschob, wie dies auch sonst zu geschehen pflegt, – sicher jedenfalls bei der Digression zu *Gott, Kosmos* und *Substanz*.

In diesem Sinn interessant scheint das Beispiel der Erörterung des *Körpers* in 7, 135 (auf Apollodor und Poseidonios fußend). Dieser eigentlich unprogrammäßige Exkurs konnte durch die Erwähnung der ἀρχαί als ἀσώματοι bzw. der στοιχεῖα als σώματα veranlaßt worden sein (S. 354. 17); und die Erwähnung der ἀρχαί als ἀσώματοι konnte ihrerseits aus einem ursprüngsprünglich über die Klasse der ἀσώματα handelnden Zusammenhang hierher versetzt worden sein, zur Kennzeichnung des sachlich wichtigen Unterschiedes zwischen ἀρχή und στοιχεῖον.

Wäre dies also der Fall, so müßte es ein Lehrstück über die *Incorporalia* gegeben haben, das zu dem einzigen wirklich bekannten (und in *S. V. F.* II, S. 117. 20 als gemeinstoische Auffassung referierten) Lehrstück in einem Widerspruch gestanden hatte. Nach allem, was gesagt wurde, müßte die Annahme der Existenz eines solchen ‚häretischen' Lehrstücks die Annahme

seiner Verfasserschaft durch Poseidonios nach sich ziehen. Denn die Auffassung des z. B. durch das *significatum* ὕλη Denotierten als eines ἀσώματον
setzt genau die Überlegung voraus, daß ὕλη als *solche* nicht vorkommt und
nur gedanklich als eine Struktur der gesamten *Usia* abgesondert werden
kann: Diese Überlegung ist aber so ausdrücklich nur für Poseidonios bezeugt. Kann also auf Grund des eigentümlichen Verständnisses des Begriffes ἄμορφος eine Beziehung zu Poseidonios auch als Vorlage für Diogenes
Laertius wahrscheinlich gemacht werden, so scheint auch ein Hinweis darauf angemessen, daß im Anschluß an die Definition des Körpers (= Apollodor, *F* 6) wiederum Poseidonios' spezielle Meinung Erwähnung findet (S.
354. 22 – 355. 2). Und zwar ist für diesen Zusammenhang eben jene Unterscheidung zwischen „Realität καθ' ὑπόστασιν" und „Realität ἐπινοίᾳ" von
Belang, nach Maßgabe derer Poseidonios den – wie wir im Zusammenhang
des Referates bei Chalcidius sehen werden (s. u. S. 118) – etwas obskur anmutenden Unterschied zwischen *erster Materie* und *gesamter Usia* überzeu-
gender in den Griff zu bekommen sucht.

§ 4   Bestimmungen von ‚Substanz'[1]

Über die Herkunft der Stoiker-Doxographie bei Chalcidius (§§ 289 bis
294) läßt sich definitiv noch immer nichts sagen. Zwar kann aus *„Numenius
ex Pythagorae magisterio Stoicorum hoc de initiis dogma refellens"* (§ 215;
S. 297. 7–8 *Waszink* = Numenius, *Test.* 30 Leemans) auf so etwas wie eine
Stoa-kritische Auseinandersetzung[2] geschlossen werden[3]. Darum ist freilich
noch nicht die Annahme gestattet, daß diese Doxographie in der bei Chalcidius vorliegenden Form aus Numenius stammen muß (C. M. J. van Winden,
a. a.O.)[4]; ebensowenig nachweisbar ist die Vermutung, daß diese Doxographie mit dem seinerseits führenden Kommentator und Freund der Doxographie[5] Porphpyrios in Verbindung zu bringen sei[6]. (Der Gedanke, daß
„diese Doxographie in §§ 275–301 unter dem Gesichtspunkt der ungewor-

[1] Chalcidius, *In Tim.* 289–291.
[2] Vgl. auch *F* 2 Leemans.
[3] J. M. C. van Winden, *Calcidius on Matter* (Leiden 1959) 102–103.
[4] Nur § 294 (S. 296. 16–17) ist für Numenius zu sichern, durch § 295 (S. 297. 7–8);
   im übrigen siehe E. Mensching, *Gnomon* 34 (1962) 689.
[5] Vgl. R. Beutler, „Porphyrios", in *RE* 22, 1 (1953) 282.
[6] J. H. Waszink äußert eine solche Vermutung in seiner *Praefatio* LXXX.

denen Materie gestellt ist [S. 310. 10], während Porphyrios die Materie aus dem Einen hervorgehen läßt" [7], müßte einer derartigen Vermutung indes nicht im Wege stehen: Ein Neuplatoniker würde sich in einem polemischen Zusammenhang immer auf die Behauptung versteifen können [wie Alexander, *De Mixtione* 224. 14 – 225. 15], daß die Stoiker Gott buchstäblich aus der Materie hervorgehen lassen [vgl. auch Plotin IV 7 (2) 8³. 6–9; VI 1 (41) 26–27]).

Doch nun zum Einzelnen: Der dem eigentlichen Zenon- bzw. Chrysippzeugnis (§ 290) vorausgehende Abschnitt § 289 weist eine Reihe von Eigentümlichkeiten auf. Im Interesse einer möglichst synoptisch vorgehenden Interpretation sollten sie als solche zumindest kenntlich gemacht werden.

Gleich zu Anfang findet sich die an sich verständliche Behauptung *„una essentia praeditos"* (vgl. § 294; S. 297. 1 *deum scilicet hoc esse quod silva est*) „c o r p u s e s s e". Daß die Stoiker die Summe allen konstatierbaren Geschehens auf zwei Prinzipien [i. e. das der Aktivität und das der Passivität] reduzieren und Gott als die ποιότης der gesamten Usia ansehen konnten, muß uns hier nicht weiter interessieren. Wichtiger scheint der Gesichtspunkt, daß Gott und Materie die gleiche Essenz haben, also wesensgleich sein sollen [*corpus*]? Fraglich ist, ob *essentia* hier bereits im Sinn des terminologischen Verständnisse des Begriffes durch die Stoa aufgefaßt werden soll; legt man das Verständnis zugrunde, das im Laufe der späteren Differenzierung erst erarbeitet wird, so wäre für *essentia* hier „der erste Stoff" (also „die älteste, ursprünglichste Grundlage der Dinge") anzusetzen. Im Hinblick auf Gott und Materie müßte die Antwort auf die Frage nach dem ersten Stoff bzw. nach der ältesten Grundlage also besagen: ‚Körper'! Gerade dies scheint aber weder korrekt noch überhaupt sinnvoll. Denn zumindest Gott [*Logos*] wird nie anders denn als feuriges Pneuma aufgefaßt. Die Essenz-Bestimmung würde unsere Kenntnis der in Frage stehenden Dinge um keinen Deut bereichern; ersetzt man aber „Körper" durch ‚dreidimensionales, widerstandsfähiges Ding' (und zieht in Betracht, daß ‚Körper-Sein' einen Grund der Fähigkeit zu wirken und leiden darstellt und ein raumzeitlich bestimmbares Ding bezeichnet), so ergibt sich eben die Schwierigkeit, daß die *Essentia*-Bestimmung mit der der *Virtus* kollidiert. Denn die Kennzeichnung der Aktivität bzw. Passivität soll ja unabhängig von der *Essentia*-Bestimmung nach Maßgabe der Bestimmung der Funktion gewonnen werden. Letzteres ist aber – unter der Veraussetzung, daß ‚dreidimensionales und widerstandsfähiges Ding' dem Begriff Körper substituiert

---

[7] E. Mensching, *Gnomon* 34 (1962) 690.

werden darf – in der *Essentia*-Bestimmung ohnehin enthalten. Zusätzlich
ergibt sich freilich noch die Schwierigkeit, daß der *Hyle* als solcher streng
genommen n u r das Merkmal der Passivität eignet und Gott entsprechend
nur das der Aktivität.

Körper würde aber in diesem Sinn nicht eigentlich eine Antwort auf
die Frage nach der Essenz erteilen, sofern diese eben dem Gesichtspunkt
des ältesten Stoffes etc. Rechnung tragen soll: „Körper" markiert eine Klassenzugehörigkeit und leistet als Angabe einer Antwort auf die Frage nach
der Essenz von Gott und Materie nur die Einordnung von Gott und Materie
in die Klasse der wirklich existierenden Dinge.

Nach Feststellung dieser Klassenzugehörigkeit könnte man stoischer Praxis folgend weitere Bestimmungen treffen, die an den Bedeutungsklassen
der stoischen Kategorien orientiert sein können. Erst mit Rücksicht auf die
Frage „Was ist das ὑποκείμενον von Gott", „Was ist seine οὐσία"? wäre
danach zu forschen, was Gott zugrundeliegt. Nun sind aber die οὐσία Gottes und die der Materie notwendig unterschieden; denn das, was Gott in all
seinen Erscheinungsformen zugrunde liegt, ist vermutlich reines Feuer.

Im Hinblick auf die eingangs an den Text herangetragene Fragestellung
wird man hier zu der Vermutung gedrängt, daß „*essentia*" nicht sozusagen
phänomenologisch auf das Wesen Bezug nehmen soll sondern vielmehr eine
Klassenzugehörigkeit markieren soll.

Der zweite Abschnitt (*aiunt . . . definientes*) soll das stoische Verständnis von *Silva* als *Essentia* explizieren, also die Reihe der Definitionen thema-
tisch vorbereiten.

Daß *aiunt* wirklich als Bekräftigung des Hinweises auf ein Stück stoischer Argumentation zu verstehen ist, kann kaum bezweifelt werden;
schwierig zu verstehen bleibt einmal mehr der Gesichtspunkt, daß katego-
rische Sätze der *A*-Form in der *Stoa* offenbar verpönt waren (vgl. Epiktet,
Diss. II 20, 2–3)[8]. Da wir faktisch aber nichts näheres über diesbezügliche
Regelungen wissen, kann man sich zur Not auch mit dem Gedanken zufrieden geben, daß hier streng genommen keine Behauptung von der Art „(x)
$(Ax \to Bx)$" vorliegt, sondern eine Tautologie zum Ausdruck gebracht wird:
„$(x) (Ax \to Ax)$". Denn der Gedanke ist ja der, daß alle ‚Eisendinge' ‚eisern'
sind.

In der Sache scheint nun die stoische Reduktion des Wesens der Dinge
auf das, aus dem sie sind, an jene von Aristoteles diskreditierte Tradition

---

[8] Dazu siehe W. H. Hay, *AGPh* 51 (1969) 152; C. H. Kahn, *AGPh* 51 (1969) 162 und
A. Graeser, *Hermes* 100 (1972) 492–493.

τινές anzuknüpfen, die *Phys.* 192 B 12–14 mit Antiphon in Verbindung gebracht wird. Aber dies ist nicht alles: Wissenswert wäre nun, inwieweit Zenons ,Wesensreduktion' von den ,definitorischen Prinzipien' des Sokratikers Antisthenes beeinflußt war.

Für Antisthenes gilt der *Logos* als „Darlegung dessen, was war oder ist" [9]. Unter der Voraussetzung, daß dieses Verständnis der darlegenden Funktion des Logos auch für den Logos qua Antwort auf die Frage „was ist X?" gilt [10], kann die stoische Überlegung „Alle Dinge, die Kupferdinge sind, sind (aus) Kupfer" tatsächlich als Orientierung an der Denkweise des Antisthenes begriffen werden [11].

Auffallend am Folgenden [12] ist der Umstand, daß die Stoiker geneigt schienen, innerhalb des Bereiches der raum-zeitlich existierenden Dinge Unterscheidungen nach Maßgabe des *corpulentior*-Seins (bzw. *magis … minus silvestre*) anzunehmen. Hat man hier mit einem materialistischen Analogon zu der platonischen Seinsstufung zu rechnen? *Ist* ein *x* mehr (im Sinne von *esse* (existentiae) als ein *y*, welches weniger ,*Körper*' ist als *x* (im Sinn von *esse essentiae*)? Gewiß würden die Stoiker den „ontologischen Komparativ" als Pseudo-Problem betrachten. Gleichwohl interessant ist aber die Frage, was es mit dem *corpulentior*-Sein (= σωματικώτερος?, Theophrast, *De Sensu* 37 [= D. D. G. 510. 3]) auf sich hat. Denn geht man von der An-

---

9 Vgl. Diogenes Laertius 6, 3 (= *F 45 Caizzi*); dazu siehe Alexander, *In Top.* 42. 13 (= *F 46 Caizzi*).

10 Die Interpreten, die mit Aristoteles, *Metaph.* 1043 B 23–32 kurzerhand zu der Behauptung neigen, Antisthenes stelle die Möglichkeit der ,Definition' in Abrede, machen sich die Sache vielleicht zu einfach (z. B. G. M. A. Grube, *TAPhA* 81 [1950] 21). Gegen die sog. besten HSS und D. Ross, W. Schwegler und W. Jaeger ist m. E. in 1043 B 26 ἐνδέχεσθαι zu lesen; Antisthenes scheint mit seiner ,Bestimmung' (sie entspricht für Aristoteles dem Gesichtspunkt der Qualität, vgl. auch Platon, *Timaios* 54 E τοιοῦτον) das ins Auge gefaßt zu haben, was im Rahmen der stoischen Kategorienlehre Funktion des ὄνομα ist, d. h. die Bezeichnung der eigentümlichen Qualität eines logisch distinkten Subjektes ,x' also „Dies ist Sokrates."

11 Es ist fraglich, ob aus Aristoteles, *Metaph.* 1024 B 32 (wo *Logos* sowohl ,Definition' als auch ,Prädikation' bedeuten kann) und Platon, *Sophistes* 251 B 1 (wo Antisthenes nicht namentlich erwähnt wird) die Auffassung herauszulesen, werden muß, daß Antisthenes alle Behauptungen über Dinge nur in Form von identischen Urteilen gefaßt wissen wollte. M. E. ist das Prinzip des μὴ ἀντιλέγειν für Antisthenes bereits dann gewährleistet, wenn der ,Prädikatsbegriff' nichts enthält, was nicht schon im Subjektsbegriff enthalten ist. Vgl. K. Joel, *Geschichte der antiken Philosophie* (Tübingen 1921) 891 und K. von Fritz, *Hermes* 62 (1927) 462.

12 C. M. J. van Winden vermutet: „the second half of this simile should have been the argument ,so all bodily things are body; body we call matter, so matter is a body'" (*Calcidius on Matter* 94).

nahme aus, daß „σῶμα" solche Gebilde bezeichnet, die aus Materie und
Qualität bestehen (*S. V. F.* 2, 315), dann müßte ein Terminus wie σωματικώτερος vor allem den höheren Formungsgrad herausstellen. Aber gerade
dies will Chalcidius ja gerade nicht gemeint wissen. Denn *magis* bzw. *minus
silvestris [Materia]* muß ja wohl soviel besagen wie σωματικώτερος τὴν ὕλην
und mithin auf die vergleichsweise ungeformten Materialien Bezug nehmen.
Soll ein Ding also *magis silvestre* sein, je weniger es qualitativ geformt ist? [14]

Die Pointe des hier von Chalcidius dargestellten Gedankens [15] ist jedenfalls die, daß auch dem im Hinblick auf seinen *Gegenstand* ungeformten
(aber in bestimmter Weise formbaren [*compos qualitatis*] S. 293. 15) Substrat noch ein kontinuierlicher absolut passiver Körper zugrunde liegen
soll, – und eben dieser sei *silva* und *essentia.*

Ob Chaldicius hier einen stoischen Gedanken verkürzt, in der Sache aber
angemessen darstellt, oder eine sprunghafte Reduktion auf die erste Materie durchführt, ist für uns kaum auszumachen. Von einiger Bedeutung ist
diese Frage aber insofern, als ein Entscheid in die eine oder andere Richtung
doch auch einen ziemlich sicheren Rückschluß auf die dogmatische Eigen-
heit der hier zugrundeliegenden Doxographie gestatten sollte.

Denn wenn nicht alles täuscht, dann hat Poseidonios (hier bei Chalcidius:
plerique etiam hoc pacto silvam et substantiam separant) anders als Zenon,
Kleanthes, Chrysipp sowie Archedem (vgl. Diogenes Laertius 7, 137 [S.
355. 9–11] als faktisch letztes Substrat die vier Elemente angenommen.
(Das Lehrstück bei Diogenes [S. 355. 12–14] steht eigentlich im Widerspruch zu dem, was unmittelbar zuvor berichtet wurde; aber das kümmert
Diogenes offenbar nicht!) Die in Rede stehende Passage bei Diogenes Laertius kann mit Zeugnissen bei Stobaeus, *Ecl.* I 133. 18–23 kombiniert wer-

---

[13] Dieser Begriff stammt wohl von W. Bröcker, *Hermes* 85 (1959) 415.

[14] Es scheint denkbar, daß diese Unterscheidung auf die Annahme unterschiedlicher
Arten von *Spannungen* [τόνος] in der *Pneuma*struktur der Dinge bezogen werden
konnte. Diese unterschiedlichen Spannungszustände werden allgemein nach ἕξις,
φύσις, ψυχή und auch νοῦς eingeteilt. Dazu siehe Sextus Empiricus, *Adv. Phys.* 7, 78–
81. Der ganze Passus ist freilich sowohl in dem, was die Frage der Herkunft dieses
Gedankens anbetrifft, als auch in dem, was die Systematik angeht, sehr umstritten. –
K. Reinhardt, *RE* 22, 1 (1953) 651. 18–53 hatte an Poseidonios als Urheber gedacht;
so vor ihm auch R. E. Witt, *CQ* 24 (1930) 203 und W. Theiler, *Die Vorbereitung des
Neuplatonismus* (Berlin 1931) 98. Wichtig ist die Kritik dieser Auffassungen u. a. bei
M. Pohlenz, *GGA* 178 (1926) 275–276; R. Philippson, *SO* 21 (1941) 33; L. Edel-
stein, *AJPh* 57 (1936) 299–300 und J. M. Rist, *Stoic Philosophy* 210.

[15] Das Beispiel von der *statua* ist das des Aristoteles: *Phys.* 194 B 24; *Polit.* 1256 A 10;
Part. Anim. 640 B 25; *De Gen. Anim.* 724 A 23.

den, ebenso mit Plutarch, *De Comm.Not.* 1088 A–B [τινές] sowie Chalcidius § 291 [*plerique*¹⁶]. Vermutlich handelt es sich bei dem Gedanken an
ein letztes reales Substrat tatsächlich um ein orthodoxes Lehrstück, daß
Zenon nicht ohne weiteres zu nehmen ist.

Doch nun zu der Reihe der Bestimmungen¹⁷: Die Formulierungen *quod
subiacet corpori cuncto* indiziert eine Anlehnung an Aristoteles (*Phys.* 192
A 31 λέγω γὰρ ὕλην τὸ πρῶτον ὑποκείμενον), mehr noch das *ex quo* (vgl.
Diogenes Laertius 7, 150; S. 361. 20–21 [ὕλη δέ ἐστιν ἐξ ἧς ὁτιδηποτοῦν γίγ-
νεται]). Man hat hier an die einschlägigen Stellen *Phys.* 192 A 29–30. 30–31,
194 B 34, 195 A 19; *De Gen. et Corr.* 724 A 24; *Metaph.* 1023 A 26–27,
1032 A 17 u. ö.¹⁸ zu denken. Natürlich ist festzuhalten, daß Aristoteles
von Hyle in diesem Sinne stets als von dem (relativ gesehen) ungeformten
Substrat, also von der *materia secunda* spricht. Aus Chalcidius wird hier zumindest nicht ersichtlich, ob die Stoiker diese beiden *Silva-* bzw. *Essentia-*
Definitionen auch auf das anwenden durften, was bei Diogenes Laertius 7,
150 (S. 361. 21–22) als partikulare οὐσία bzw. ὕλη (≈ ἐπὶ μέρους) Erwähnung findet; tatsächlich ist diese Frage womöglich falsch gestellt; denn ,Teil'
etc. sind für die Stoa wiederum Konzepte, Begriffe eines Organisations-
modelles, also Beiträge unseres Denkens. Aber der Duktus des Gedankens
leitet hier eher zu der Vermutung, daß Chalcidius als Gegenstand dieser
Definition τὰ ὄντα ἅπαντα zugrunde gelegt hatte.

Weniger unklar scheint der Gesichtspunkt des *„in quo"* (S. 294. 2). Denn
sofern hier – worauf ja die eigentümlich platonische Ausdrucksweise hin-
deutet – eine Anlehnung an den funktionalen Gedanken in Platons Konzeption der χώρα (*Timaios* 50 D 1 [τὸ ἐν ᾧ γίνεται]) vorausgesetzt werden
darf¹⁹, müßte *silva = essentia* in diesem Fall wohl ausschließlich die sogenannte erste Materie aller Dinge bezeichnen. (Vgl. Diogenes Laertius 7, 150
[S. 361. 19]). Der präpositionale Ausdruck „ἐν ᾧ" ist klar, wenn man berücksichtigt, daß die Stoiker von Gott ja als dem ἐν αὐτῇ [sc. τῇ ὕλῃ] wirk-
samen *Logos* sprechen können; ähnlich ist „διὰ πάσης" [Z. 11] zu verstehen.

Man hat hier natürlich im Auge zu behalten, daß die Stoiker zwar geneigt

---

¹⁶ S. o. S. 105.
¹⁷ Es fällt hier eine frappierende Ähnlichkeit mit den Bestimmungen bei Origines, *De
   Orat.* II 368 K. auf. Vielleicht hat C. M. J. van Winden recht mit seiner Annahme,
   daß eine gemeinsame Quelle zu postulieren ist (*Calcidius on Matter* 96).
¹⁸ Für weitere Stellen siehe C. Bäumker, *Das Problem der Materie in der griechischen
   Philosophie* 222 Anm. 2–3).
¹⁹ Diese Voraussetzung hält C. M. J. van Winden für angemessen (*Calcidius on Matter*
   95).

schienen, das kosmologische Modell des *Timaios* als solches zu akzeptieren,
aber deshalb keineswegs auch sämtliche seiner Implikationen in Rechnung
stellen wollten. Denn Platon hatte die demiurgische Tätigkeit des Schöpfer-
gottes im *Timaios* so skizziert: καὶ ὁ μὲν δὴ ἅπαντα ταῦτα διατάξας ἔμενεν
ἐν τῷ ἑαυτοῦ κατὰ τρόπον ἤθει (42 E, offenbar in der Absicht einer Kritik an
Anaxagoras [*V. S.* 59 B 13 ἐπεὶ ἤρξατο ὁ νοῦς κινεῖν ἀπὸ . . . ἀπεκρίνετο]) [20].
Damit ist auch das für die neuplatonischen Systeme fraglos schwierige Problem angezeigt, wie eine transzendente Wesenheit gleichwohl eine auf den
Bereich der Immanenz und Kontingenz bezogene Tätigkeit ausüben kann. –
Die Stoiker scheinen ihr *aktives Prinzip* zwar bewußt mit bestimmten Zügen
des platonischen Demiurgen zu versehen; aber mit der Absage an die plato-
nische Disjunktion von *Idealität* und *Realität* entfallen auch alle Skrupel,
Gott innerhalb seines demiurgischen Korrelates (i. e. ὕλη) zu lokalisieren.

Eine Schwierigkeit scheint der präpositionale Ausdruck „ἐν ᾧ", der sich
bei Origines übrigens nicht findet, doch mit sich zu bringen. Proklos versteht
ihn (mit Rücksicht auf die platonische χώρα) als gleichbedeutend dem „ἐξ
ἧς" (*In Tim.* I 317. 15); und dies entspricht dann auch dem Verständnis
dieses Terminus im Stoiker-Referat des Chalcidius. Sonst läßt sich ein etwa
entsprechendes Verständnis freilich nicht ausmachen. Bei Seneca hat das
„*in quo*" im Rahmen der Darstellung der platonischen ‚Prinzipienreihe'
(*Epist.* 58, 8) Beziehung auf das sogenannte ἔνυλον εἶδος. Und Basilius,
Ikon. Amphil. 73 C versteht unter „ἐν ᾧ" die Andeutung der Kategorien
von Raum und Zeit [21]. Daß „ἐν ᾧ" schließlich auch in der sogenannten „prä-
positionalen" Reihe Verwendung findet [δι᾽ οὗ, ἐξ οὗ, ἐν ᾧ], die „grundsätzlich auf denselben Gott bezogen ist und die Vielheit seiner δυνάμεις bezeugt" [22], ist an sich interessant. Denn gerade im Hinblick auf die stoische
Usia-Bestimmung wird man sich fragen wollen, wie es zu dem kommt, was
H. Dörrie explizit als „stoisch-gnostische Reihe" bezeichnet [23]. Vielleicht
könnte die komplementär zu Arius Didymus, *Phy. Fr.* 20 (= Poseidonios,
F 92 *Edelstein-Kidd*) zu verstehende doxographische Notiz aus Aëtius, *Plac.*
I 7, 19 (= Poseidonios, F 101 *Edelstein-Kidd*) einen Ansatzpunkt gestatten.

Die letzte, in der Sache an „*in statu proprio manente*" (S. 294. 4) an-
knüpfende Bestimmung unterscheidet sich von der unmittelbar vorausge-

---

[20] Vgl. z. B. A. Graeser, *Probleme der platonischen Seelenteilungslehre* (München 1969)
48.
[21] Vgl. W. Theiler, *Die Vorbereitung des Neuplatonismus* 18 ff.
[22] H. Dörrie, „Die Epiphanias-Predigt des Gregar von Nazianz", in *Kyriakon* II (Münster 1969) 415.
[23] Siehe seinen Aufsatz: „Metaphysik und Präpositionen", *MH* 26 (1969) 216–228.

henden eigentlich nur darin, daß von ὕλη bzw. οὐσία nunmehr ausdrücklich als ἄποιος gesprochen wird, und zwar mit Rücksicht auf die qualitativ be-stimmten Dinge, zu denen sie in der Beziehung des (aristotelischen) Substra-tes steht. C. M. J. van Winden sagt richtig: „This definition differs from the previous one by considering matter in its relation to quality." [24] Entschei-dend im Hinblick auf das Ganze des Definitionskomplexes scheint nun aber der Umstand ins Gewicht zu fallen, daß die letzte Bestimmung offenbar an einem Gesichtspunkt der stoischen Kategorienlehre bemessen ist; es ist dies der Gesichtspunkt der relativen Disposition [πρός τι ἔχον]. Und die Ant-wort auf die Frage nach der ‚relativen Disposition' eines Dinges (die durch transitive Verben bedeutet werden kann) läßt eine Auskunft über eine solche Beschaffenheit erwarten, von der man sinnvoll nur mit Rücksicht auf etwas anderes sprechen kann. Jedenfalls dürfte die Bestimmung der *Hyle* als ἄποιος ihre Rechtfertigung in der Überlegung gefunden haben, daß von Materie im Sinne von Material (als etwas dem Produkt gegenüber noch In-definitem) vernünftigerweise nur mit Rücksicht auf dasjenige gesprochen werden kann, welches diese Relation vervollständigt. Also konnten die Stoiker von der *Hyle* als etwas sprechen, was als qualitativ unbestimmtes Substrat für jene Dinge angenommen wird, die an und für sich mit irgend-welchen Eigenschaften ausgestattet sind; man hat sich darüber im Klaren zu sein, daß dieser Ansatz zur Bestimmung der *Hyle* virtuell genau jene Kon-sequenzen birgt, die dazu führen, *Hyle* selbst als ein νοούμενον πρᾶγμα und Funktionalbegriff zu betrachten.

Jedenfalls hat Chalcidius im nun Folgenden dem Umstand Rechnung zu tragen, daß eine immerhin repräsentative Gruppe von Stoikern die Frage der Identifikation von οὐσία und ὕλη zumindest als problematisch ansah; denn auf eine Formel gebracht besagt das Zenonen- bzw. Chrysippzeugnis, daß n u r die τῶν ἁπάντων ὕλη als Kandidat für *Essenz* betrachtet werden dürfte. Oder anders gesagt: das einem jedem Ding eigentümliche Substrat ist jeweils *Hyle*, nicht aber auch *Usia*.

Diese Auffassung – sie paßt zu dem, was im einleitenden Abschnitt § 289 (= S. 293. 4–17) gesagt wurde – konstrastiert mit dem in Diogenes Laer-tius 7, 150 Berichteten, wonach die Stoiker nicht nur von *Hyle* sondern auch von *Usia* auf zwei verschiedenen Ebenen gesprochen hätten (= S. 361. 21–22). Dabei scheint eigentlich klar, daß unter ἡ ἐπὶ μέρους οὐσία z. B. das *aes* der *statua aenea* verstanden werden müßte; freilich gibt Diogenes Laertius hier keinen Gewahrsmann an. Aber zumindest für Chrysipp kann

---

24 *Calcidius on Matter* 95.

glaubhaft erschlossen werden, daß er von den οὐσίαι diskreter Dinge gesprochen hatte: So augenscheinlich im Fall der individuell, nämlich substanziell qualifizierten ἀρεταί [25], und auch im Rahmen der berüchtigten Fragestellung, ob zwei dikrete Dinge ein und dieselbe *Usia* haben können [26].

Für Zenon bieten sich zwei Zeugnisse bei Galen an (*F* 92); und es ist schlecht vorstellbar, daß die Implikationen dieser Lehrstücke im Widerspruch zu der für Zenon und Chrysipp gleichermaßen bezeugten Vorstellung οὐσίαν τῶν ὄντων ἢ τῶν ἁπάντων πρώτην ὕλην stehen sollen.

Ist also davon auszugehen, daß Zenon und Chrysipp den Terminus οὐσία zur Kennzeichnung zweier (verschiedener) Typen von Substrat verwendeten, so wird aus dem bei Chalcidius Berichteten nun verständlich, daß οὐσία einmal Essenz bedeutet, zum anderen aber Substanz. Diese Unterscheidung kann in den griechischen Quellen natürlich nicht so klar zum Ausdruck kommen; sie ist aber jedem geläufig, der Aristoteles gelesen hat. Aristoteles unterscheidet zwischen eine πρώτη οὐσία und einer δεύτερα οὐσία: „Substanz im eigentlichen ersten und vorzüglichen Sinn ist die, die weder von einem Subjekt ausgesagt wird, noch in einem Subjekt ist" (*Cat.* 2 A 11; *Metaph.* 1017 B 10–26; 1028 B 33 – 1029 A 2; 1042 A 24–31). *Usia* in diesem Sinn ist also das konkrete Einzelding, das Fundament eines Komplexes von Erscheinungen. *Usia* im anderen Sinn ist aber das εἶδος, das *Wesen*, welches mit der *causa formalis* zusammenfällt (*Metaph.* Z 3, 11; *Phys.* A 1; *An. Pr.* I 22) [27].

Nur mit der Anwendung dieser im Bericht bei Chalcidius vorausgesetzten Begriffsdistinktion erledigen sich jene systematischen Schwierigkeiten, die andernfalls zu einer Reihe von inkonsistenten Behauptungen führen müßten. Als *Essenz* nahmen Zenon und Chrysipp also die erste, ursprüngliche Materie an; Substanzen sind *Teile* dieser Essenz [28].

Durchaus anders gelagert zu sein scheint der Grundgedanke jener Unterscheidung zwischen οὐσία und ὕλη, von der Chalcidius in § 291 zu berichten

[25] Vgl. Galen, *De Hipp. et Plat. Plac.* 586. 1–4 und Plutarch, *Virt. Mor.* 441 B (dazu s. u. S. 140).

[26] Dazu siehe M. E. Reesor, *AJPh* 75 (1954) 45–47; J. M. Rist, *Stoic Philosophy* 160–163 und J. B. Gould, *The Philosophy of Chrysippus* 105–106 Anm. 1.

[27] Diese knappe Darstellung soll nicht darüber hinwegtäuschen, daß man mit dem Versuch einer saubereren Trennung für Aristoteles systematische Schwierigkeiten entstehen, die namentlich im Hinblick auf *Cat.* I von jeher diskutiert wurden (vgl. z. B. E. Buchanan, *Aristotle's Theory of Being* [Cambridge, Mass. 1962]).

[28] Leider ist J. B. Gould dieser Frage nicht weiter nachgegangen; er spricht allerdings von „conflicting testimonies" (*The Philosophy of Chrysippus* 96 Anm. 3).

weiß. Danach unterscheiden sich *Essentia* und *Silva* nur im funktionalen Denken des Baumeisters.

Aus dem Text geht nicht mit absoluter Sicherheit hervor, ob mit *Silva* jeweils (ausschließlich) die sogenannte πρώτη ὕλη gemeint ist; die Orientierung an der Vorstellung von *Essentia* als *Fundamentum* eines Werkes verweist uns auf die Überlegung, daß man in diesen stoischen Kreisen auch von den Teilen der *Essentia* im Hinblick auf die aus ihr zu konstituierenden Werke als *Essentia* und nicht als *Substantia* gesprochen haben müßte.

Aber diese Frage ist für unseren unmittelbaren Zusammenhang nicht ein mal von entscheidender Bedeutung; bemerkenswert scheint hier ein Moment aristotelischer Denkweise. Denn wenn *Hyle* im Sinn von πρώτη ὕλη als eine Art Funktionalbegriff verstanden wird, der keine wirkliche Extension hat, so bedeutet dies eine Umkehrung eines für Aristoteles wichtigen Gedankens: In seinem Bemühen, die sogenannten Phänomene begrifflich beschreibbar zu machen, ging Aristoteles ja soweit, die Frage nach dem „Was-Sein" eines Dinges vermittels einer Auskunft über die nur gedanklich abtrennbare Form zu beantworten (*Metaph.* Z–H). Wirklich „οὐσία" ist in diesem Sinne nur das, was begriffliches Denken von der Materie abstrahie-hierend in Gestalt von einer Wesensdefinition festzuhalten vermag.

Anders gestattet die bei Chalcidius zugrunde liegende stoische Auffassung die Überlegung, daß die Essenz aller Dinge in genau jenem Bereich zu suchen ist, den Aristoteles als Substrat [i. e. *Hyle*] anspricht. Während aber ein Wesensforscher aristotelischer Observanz vom ‚Substrat' absieht, sieht ein Vertreter jener in Rede stehenden Gruppe von Stoikern von der Summe aller Formungen ab. Wenn sich für diese Stoiker nun das materielle Fundament eines Dinges als dessen Essenz herausstellt, dann muß der aristotelisch konzipierte Begriff der *Hyle* als des bloßen Baumaterials (i. e. der heuristische Gegensatz zu *Form*) seinen Sinn verlieren.

Offenbar konvergiert dieser Gedanke mit dem anderen, der bei Stobaeus, *Ecl.* I 133. 18–23 (aus Arius Didymus, *Phys. Fr.* 20) Poseidonios zugeschrieben wird. Danach ist ja die τῶν ὅλων οὐσία καὶ ὕλη insofern qualitätslos, als sie stets in irgendeiner Weise geformt sei (= Poseidonios, F 92 *Edelstein-Kidd*). Besser vielleicht als R. Hirzel [„Die οὐσία fällt der ὑπόστασις nach mit der ὕλη zusammen" [29]] oder C. Bäumker [„Zwischen der Substanz und der Materie findet, wie Poseidonios lehrt, nur ein begrifflicher kein realer Unterschied statt" [30]] und L. Edelstein [„But this matter can be distingui-

---

[29] *Untersuchungen zu Ciceros Philosophischen Schriften* II 759 Anm. 2.
[30] *Das Problem der Materie in der griechischen Philosophie* 337 Anm. 6.

shed only by thought. It ist a kind of logical presupposition" [31]] trifft m. E.
K. Reinhardt den Gedanken: „Die οὐσία ist real, die ὕλη dagegen, d. h. das
Korrelat zum Logos des Demiurgen ist nur in unserer Vorstellung." [32]

Daß Chaldicius hier auf ein Lehrstück zurückgreift, das uns anderweitig
als Position des Poseidonios begegnet [33], kann schlecht bezweifelt werden.
Mit Rücksicht auf den komplementären Gedanken über Gott (Poseidonios,
F 101) ergibt sich die Überlegung, daß ‚Materie' und ‚Gott' in diesem Sinn
nichts an sich qua ὕλη und qua λόγος existierendes sind, sondern als Begriffe
interpretiert wurden, mit deren Hilfe man als Stoiker sämtliche raumzeitlichen Vorgänge strukturell in ihre denknotwendigen Komponenten zu zer-
legen sucht [34]. In dem, was die Frage nach der οὐσία angeht, scheint Poseidonios den Kerngedanken der anti-aristotelischen Substanz- bzw. Essenzspeku-
lation zu seiner extremen wiewohl sinnfälligen Konsequenz getrieben zu
haben.

Wieweit er aber die vage artikulierbaren Positionen Zenons und Chrysipps nun tatsächlich hinter sich zurückläßt, ist gleichwohl schwer zu sagen.
Rein an dem bemessen, was die Zeugnisse bei Chalcidius zum Ausdruck
bringen, kann die Auffassung Zenons und Chrysipps etwa folgendermaßen
beschrieben werden:

> (1) Die Substanz jedes raum-zeitlichen Dinges ist nicht, wie Aristoteles meint, die
> vorgegebene Einheit von Form und Materie. *Substanz* ist vielmehr dasjenige, was
> übrigbleibt, wenn man von der spezifischen Formung oder Strukturiertheit eines
> ἰδίως ποιόν absieht.
>
> (2) *Essenz* ist entsprechend nicht, wie Aristoteles meint, das ontologische Korrelat
> der Definition dessen, was sich von der Materie eines Dinges absehenden Denkens
> definitorisch darbietet. Essenz ist vielmehr dasjenige, was übrigbleibt, wenn man
> von dem Bestand absieht, der ein materiales Substrat als Substanz von bzw. für
> ein ἰδίως ποιόν ansprechbar macht.
>
> (3) Die *Essenz* aller Dinge ist also ein und dieselbe. D. h.: rein an der Essenz be-
> messen besteht zwischen den Dingen k e i n Unterschied. Und diese ist in jedem
> Fall identisch mit der Urmaterie, aus welcher die Elemente erst geformt werden.

Poseidonios schien die Annahme einer faktisch qua Materie existierenden ‚ersten Materie' als unbegründet zu betrachten [35]. Was immer schon

---

31 *AJPh* 57 (1936) 290.
32 *RE* 22, 1 (1952) 643. 2–4.
33 S. o. S. 105.
34 Der Terminus *contemplatio* bei Chalcidius dürfte genau das bezeichnen, was das für
   Poseidonios mehrfach bezeugte Wort „ἐπίνοια" besagt (vgl. auch C. M. J. van Winden, *Calcidius on Matter* 91; siehe auch L. Edelstein, *AJPh* 57 [1936] 302).
35 Vgl. L. Edelstein: „he agrees with Aristotle in the denial of the existence of matter

‚substrathaft‘ existiert, sind die vier Elemente, – kosmologisch gesehen gibt es nichts, was diesem realen Urbestand vorausginge. Entsprechend ist die Essenz dann dasjenige, was dieser Bestand darstellt: ein bestimmter Aggregatzustand. Und die Annahme der Existenz einer *Hyle* als solcher beruht auf der Konvention eines technischen Denkens.

§ 5   ‚Substanz‘ und ‚Essenz‘ [1]

Mit der soweit sicher bezeugten Annahme, daß die οὐσία aller Dinge die erste Materie ist, ergibt sich ein weiterer Anhaltspunkt für die Annahme, daß Zenon die von Aristoteles ins Auge gefaßten Problemstellungen keinesfalls ignorierte. Freilich hätte Aristoteles seine bekannte Frage „Was ist Kandidat für οὐσία?" nicht wirklich für jenes Problem fruchtbar machen können, welches Zenon belangvoll scheint; versteht er nämlich die Summe aller konstatierbaren Vorgänge als Aggregatzustand einer energetischen Materie, so kann sich die aristotelische Frage nach dem, was unberührt vom Wandel der Kontingenz beharrt, für Zenon nur dann als interessant ausnehmen, wenn sie bewußt *nicht* im Hinblick auf *Einzeldinge* (ἰδίως ποιά, bzw. aristotelische ‚Dinge‘) gestellt wird. Insofern läßt sich schon sagen, daß Zenon die aristotelische Frage an einem Interesse bemißt, welches die Vorsokratiker bei ihrer Suche nach dem Urstoff aller Dinge bestimmt hatte. Nur ist es freilich nicht korrekt, diesen Ansatz des stoischen Philosophierens dahingehend zu interpretieren, daß Zenon die Geschichte der Ontologie einfach ignoriert hätte, um geradewegs – aus einem sozusagen unterentwikkelten Problembewußtsein heraus – Zuflucht in der Vorsokratik zu suchen, als wären Platon und Aristoteles nie gewesen.

---

destitute of all attributes" (*AJPh* 57 [1936] 291). Seine andere Stellungnahme „Poseidonius also refutes the Platonic dogma according to which matter is unqualified" impliziert, daß auch Poseidonis Platons Konzeption der χώρα mißverstanden haben mußte. – Dies wäre aber schwer zu beweisen, trotz des Befundes, der an Poseidonios' Interpretation von Platons *Timaios* 35 A auszumachen ist; dazu siehe P. Merlan, *From Platonism to Neoplatonism* (Den Haag 1953) 30–51. M. E. hat Poseidonios den νόθος λογισμός in *Timaios* 52 B vermutlich im Sinne seiner „ἐπίνοια" interpretiert, und ist dabei – anders als L. Edelstein meint – nicht notwendig in eine Frontstellung zu Platon gelangt.

1 Diogenes Laertius 7,150. Stobaeus, *Ecl.* I 132. 26–30 = Arius Didymus, *Phys. Fr.* 20, = *D. D. G.* 457. 25–458.

Gerade die stoische *Usia*-Spekulation zeigt, daß man sich der Bedeutung oder besser: der Funktionsfähigkeit des vor allem durch Aristoteles geschaffenen begrifflichen Instrumentars bewußt war. Daß ὕλη im gewissen Sinn als Kandidat für οὐσία in Betracht gezogen werden kann, leidet für Aristoteles selbst keinen Zweifel[2] (*Phys.* 192 A 5–6 [τὴν μὲν ἐγγὺς καὶ οὐσίαν πως τὴν ὕλην], *Metaph.* 1042 A 32 [ὅτε δ᾽ ἐστὶν οὐσία καὶ ὕλη, δῆλον])[3]. *Hyle* darf, sofern sie das Substrat aller möglichen Bestimmungen ist, auch als δύναμις der übrigen Kategorien begriffen werden[4]. Daß aber eine derartige *Essenz*-Bestimmung für Aristoteles unzureichend ist, und daß ὕλη eben nur in einem gewissen und sehr beschränkten Sinn „οὐσία" heißen darf, kommt in *Metaph.* 1029 A 32 (φανερὰ δέ πως) klar zum Ausdruck: Als *ex hypothesi* unqualifiziertes Substrat kann sie nicht als Kandidat für eine οὐσία konstituierendes Wesen in Betracht gezogen werden.

Zenons Frage nach dem Kandidaten für οὐσία mochte sich am Leitfaden eines Gedankens orientiert haben, den Aristoteles selbst als zulässig betrachtet (*Metaph.* 1029 A 1–2 μάλιστα γὰρ δοκεῖ εἶναι οὐσία τὸ ὑποκείμενον πρῶτον τοιοῦτον δὲ τρόπον μέν τινα ἡ ὕλη λέγεται). *Materie* kann insofern als Kandidat für οὐσία in Betracht kommen, als das *konkrete Einzelding* ihr gegenüber „später" ist[5]. Und betrachtet er – sozusagen radikal-anti-aristotelisch – sämtliche Bestimmungen, die ein Ding qua ἰδίως ποιόν haben kann, als Akzidentien eines wie immer beschaffenen ursprünglichen Bestandes, so muß ihn die aristotelische Frage nach dem Kandidaten für *Usia* mit einiger Notwendigkeit also auf die nun allerdings *un*-aristotelische Frage „Welches Ding ist *Usia?*" gebracht haben.

Vermutlich hätte Aristoteles diesen ‚Sprung' – modernisierend gesagt – als Kategorienfehler im Sinne Gilbert Ryles (s. o. S. 90) gebrandmarkt. Denn Zenons Frage nach der Essenz faßt ja dann nicht das Wesen qua Wesen eines Dinges ins Auge, welches im Ding selber lokalisiert sein müßte, sondern vielmehr etwas, was in seinem Wesen erklärt werden soll.

Aber Zenon mußte sich durch diesen Einwand nicht getroffen fühlen. Denn dem phänomenologischen Anspruch des aristotelischen Fragens liegt ein Stück idiosynkratischer Metaphysik zugrunde, welche von der Annahme bestimmt ist, das Sein im vorzüglichen Sinn eben nur den ‚Substanzen', i. e. logisch distinkten und selbstsubsistenten Dingen eignet. Die Stoiker konn-

---

2 In *Phys.* 192 B 12–14 setzt sich Aristoteles mit Antiphon auseinander (= V. S. 80 B 13).

3 Dazu siehe C. H. Chen, *Phronesis* 2 (1957) 49.

4 Vgl. E. Tugendhat, *TI KATA TINOS* (Freiburg 1958) 70. 95.

5 Zu diesem Gedanken vgl. H. Wagner, *Aristoteles. Die Physikvorlesung* 441.

ten mit einem solchen selegierenden Seins-Begriff verständlicherweise
nichts beginnen, und Zenon mußte sich durch nichts zu der Überzeugung
pressen lassen, daß dem materialen Bestand weniger ontologische Realität
inhäriere als dem logisch distinkten Ding: Die unserem sprachgebundenen
Denken eigentümliche Tendenz, einen jeden Wahrnehmungskomplex [φαν-
τασία] als Gegenstand deskriptiver Sprache in ‚Subjekt‘ und ‚Prädikat‘ zu
dissoziieren, ist Sache der grammatischen Konvention. Und der Anspruch
der Metaphysiker, es handele sich hierbei um ontologisch distinkte und wert-
haft abgestufte Dinge, mußte Zenon als bloße Präsumption abgetan haben
(s. o. S. 77 [zur Ideenkritik]).

Mithin ist es auch nicht verwunderlich, daß Zenon den von Aristoteles
selbst als legitim betrachteten sprachlichen Ansatz (*Metaph.* 1029 A 1–2 [s.
o. S. 120]) radikal verfolgt, und daß seine Suche nach dem Ding, welches dem *significatum* οὐσία entspricht, bei der πρώτη ὕλη haltmacht.
dem *significatum* οὐσία außenweltlich entsprechen soll, bei der πρώτη ὕλη
haltmacht. Von der Sache her interessant nimmt sich natürlich der Umstand
aus, daß Zenon diesen Terminus (πρώτη ὕλη) offenbar un-aristotelisch verwendet [6]. Unter der Voraussetzung, daß Aristoteles den Begriff πρώτη ὕλη
im Prinzip nie anders gebraucht hatte als es in dem uns erhaltenen Schrifttum
zum Ausdruck kommt, wird man zu der Überzeugung gedrängt, daß Zenon
das durch den Begriff οὐσία Bedeutete also genau dort lokalisierte, wo es
für Aristoteles (und auch Platon) eigentlich nichts zu lokalisieren gab; diese
erstaunliche Diskrepanz gewinnt natürlich noch an Kontur, wenn man dem
aristotelischen *Hyle*-Begriff aus der Sicht der modernen Sprachanalyse [7]
keine ‚Wahrheit‘ sondern nur ‚Leistungsfähigkeit‘ beimißt und *Hyle* als
Funktionalbegriff zu verstehen sucht, dem zenonischen Pendant hingegen
Objektsbezogenheit zubilligen muß. Denn daß Zenon den Gedanken an die
konkrete Existenz einer allen Erscheinungen unterliegenden *Hyle* durchaus
ernst genommen haben dürfte, geht mit einem hohen Maß an innerer Wahrscheinlichkeit aus der kritisch reflektierten Position des Poseidonios hervor
(s. o. S. 108 und 118). Und diese läßt sich im Grunde nur dann verständlich
machen, wenn vorausgesetzt wird, daß sie aus der Notwendigkeit einer kritischen Überprüfung des entsprechenden Lehrstückes der orthodoxen Stoa
erwachsen ist.

---

[6] Zum aristotelischen Wortgebrauch s. o. S. 102.
[7] Dies ist die Position W. Wielands (s. o. S. 97 Anm. 9), die auch von I. Düring
übernommen wurde. – Der von H. Happ verfolgten Kritik (*Hyle* 47–48) messe ich
wenig Durchschlagskraft zu.

Daß die eben ins Blickfeld gerückte Diskrepanz aber selbst dann noch eine Vorstellung von der radikalen Kluft zwischen Zenon und Aristoteles zu vermitteln vermag, wenn man die Hypothese von W. Wieland beiseite läßt, kann auch aus der Wirkungsgeschichte dieser Konfrontation ermessen werden: Plotin ist sich mit Alexander von Aphrodisias, dem komponenten Aristoteles-Erklärer, darin einig, daß die Stoiker die ‚natürliche' Rangordnung aller seienden Dinge pervertieren[8].

Interessant ist nun, daß – wie aus dem Bericht bei Diogenes Laertius unzweideutig hervorgeht – der Terminus οὐσία ebenso wie ὕλη) gleichermaßen zur Kennzeichnung der gesamten Masse wie deren Teile verwendet wurde.

Wurde mit dem Begriff οὐσία qua σημαινόμενον in beiden Fällen ein und derselbe Sinn verbunden? Nun gibt es Zeugnisse, wonach ‚Ganzes' und ‚Teil' als Bewußtseinsinhalte angesehen wurden, und ‚Umgrenzung' bzw. ‚Begrenzung' als Beitrag unseren Denkens (s. o. S. 26 Anm. 11); damit könnte sich die oben angezeigte Frage streng genommen erledigen. Tatsächlich konnte aber auch Zenon nicht einfach darüber hinweggesehen haben, daß in beiden Fällen jeweils verschiedene Arten von Gegebenheiten ins Auge gefaßt werden. Denn soll „ἡ τῶν ὅλων οὐσία" [i. e. πρώτη ὕλη] die nicht weiter reduzierbare Realität der Existenz aller Dinge in ihrer Totalität bedeuten, so würde das Wort „οὐσία" hier eine uniforme, energetische Masse bezeichnen; durch den mit der Identifizierung von οὐσία und πρώτη ὕλη erfolgten Hinweis auf die Funktion dessen, was entsprechend der Kategorienlehre „deiktisch" als Subjekt bedeutet wird, ist auch angezeigt, daß οὐσία qua ὑποκείμενον den gemeinsamen Bestand bedeutet. An ihm kommen beliebig viele Qualifikationen vor. In genau diesem Sinn kann man von der in Rede stehenden οὐσία auch als *Substanz* sprechen, sofern die Stoiker diesen Fall tatsächlich ins Auge gefaßt hatten[10].

Ist es aber erlaubt, von den Teilen der *Usia* ihrerseits als „οὐσίαι" zu sprechen, so hat man sich darüber im Klaren zu sein, daß man in diesem Fall sein Augenmerk mehr oder weniger willkürlich isolierend auf einen Komplex von Gegebenheit richtet. Und dieser Bestand wird analog dem aristotelischen Gedanken an die Substanz als Existenzgrund ihrer selbst als das Fundament eines Komplexes von Erscheinungen vorgestellt. Während Aristoteles freilich diesen Komplex als etwas logisch distinktes ansieht und

8 Vgl. mein *Plotinus and the Stoics* 28–30. 94.
9 „τὸ ὅλον" denotiert die Welt unter Ausschluß des sie umgebenden *Leeren* (siehe das Material bei C. Bäumker, *Das Problem der Materie in der griechischen Philosophie* 341).
10 Nach Chalcidius (*In Tim.* 292) sprach Zenon von der „gemeinsamen Substanz".

in ihm etwas ontologisch Selbständiges vermutet (und diesem Gedanken durch die Zuordnung des Begriffes οὐσία im Sinne von Substanz Ausdruck gibt), verwenden die Stoiker zur Kennzeichnung dieses Typus von Seiendem den Terminus ἰδίως ποιόν. *Usia* im Sinn von Substanz wird folgerichtig auf das bezogen, was als Bestand und Fundament diesen Komplex von Erscheinungen ermöglicht; so betrachtet markiert die Verwendung des Begriffes Substanz durch die Stoiker eine krasse Frontstellung gegen bestimmte Implikationen der Ontologie des Aristoteles. Die Situation dieser Frontstellung scheint dadurch bestimmt, daß die stoische Ontologie anders als die aristotelische eine Ontologie nicht von Gegenständen, sondern von Tatsachen ist.

Sind aber ‚Substanzen‘ Ausschnitte der universalen Materie [11], welche als Essenz der Welt qua ὅλον *ex hypothesi* nicht nur pythagoreisch-platonisch als ‚Ausdehnung‘ sondern darüber hinaus auch als dasjenige begriffen werden muß, was den Raum füllt, so kann es sich bei *diesen* οὐσίαι ohnehin nicht um räumlich isolierte Bestandteile handeln. Der in der ausgebildeten stoischen Lehre gut lokalisierte Gedanke vom *dynamischen Kontinuum* [12] impliziert, daß die theoretisch beliebig fortschreitende Teilung nicht etwa in einer Auflösung des Kontinuums enden kann. Mit dem Gedanken, daß die Teile der Materie eben nicht durch so etwas wie den leeren Raum voneinander getrennt sind, folgen die Stoiker der Grundkonzeption des aristotelischen Kontinuums (Phys. IV 6–9).

Wenn es ferner heißt, daß die Teile dieser Materie – also die Substanzen der ἰδίως ποιά – von einem ständigen Prozeß des διαιρεῖσθαι und συγχεῖσθαι unterliegen (vgl. *S. V. F.* 2, 317), so ist zu bemerken, daß σύγχυσις in der ausgebauten stoischen Physik eine ziemlich klar umschriebene Systemstelle erhält. Und zwar bedeutet σύγχυσις jene Art Mischung von Substanz und Qualität, die ein neues, von beiden Bestandteilen der Mischung qualitativ verschiedenes Produkt ergibt; hier handelt es sich also um den Typus der „chemischen Mischung" [13].

Die Theorie von der σύγχυσις als einer besonderen Art von Mischung setzt natürlich den Gedanken an die Möglichkeit von Mischung voraus. Und dieser Gedanke scheint von Zenon ins Auge gefaßt worden zu sein (*F* 102

---

11 C. Bäumker spricht von „ὕλη" als dem „allgemeinen Gattungsbegriff" [i. e. des physikalischen Körpers] (*Das Problem der Materie in der griechischen Philosophie* 336). Richtig sagt m. E. A. Drews: „Der Urgrund, das absolute Wesen aller Dinge ist der an sich bestimmungslose Stoff" (*Geschichte des Monismus* [Heidelberg 1913] 266).

12 Grundlegend ist die Diskussion bei S. Sambursky, *Physics of the Stoics* Kapt. I).

13 Vgl. Alexanders Bericht in *De Mixtione* 216. 14 ff. mit dem Hinweis auf die Verhaltensweisen von Arzneimitteln, die in der Mischung ihre Eigenschaften verlieren.

σῶμα ὅλον δι' ὅλου τινὸς ἑτέρου διερχόμενον). Die Annahme der Möglichkeit
der gegenseitigen Durchdringung zweier Körper [14] erklärt dann auch den
Anspruch jener Behauptung, daß das aktive Prinzip durch die gesamte Materie dringt (διὰ ταύτης), und die Überlegung, daß aus solchen Durch-
dringungen eben prinzipiell ein Umschlag von ‚Unbestimmt-Sein' zu ‚Be-
stimmt-Sein' resultiert. Daß Zenon diese Lehrstücke bereits weitgehend
artikuliert haben muß [15], liegt auf der Hand. Wie konnte er sonst *bona fide*
behauptet haben, daß die uns vorliegende Welt aus einem Zustand des
Unbestimmt-Seins der universalen Materie hervorgegangen ist?

---

[14] Dieser Gedanke versteht sich im bewußten Gegensatz zu Aristoteles Position (vgl. *De
Anima* 418 B 17 οὐδὲ γὰρ δύο σώματα ἅμα δυνατόν ἐστιν ἐν αὐτῷ εἶναι).
[15] Vgl. *F* 92 [Ζήνων τε ὁ Κιτιεὺς ὡς τὰς ποιότητας οὕτω καὶ τὰς οὐσίας δι' ὅλου
κεράννυσθαι τὰς ποιότητας ... καὶ τὰς οὐσίας δι' ὅλων κεράννυσθαι νομίζειν].
M. E. Reesor, *AJPh* 74 (1954) 41 Anm. 5 stellt dies in Abrede, – aus Gründen heraus, die m. E. unverständlich sind. Denn sind die ποιότηται schon Körper (wie anders
kann „ποιότης" dann „αἴτιον" sein?), so bedurfte es für Zenon keiner besonderen
Leistung, das Verhältnis zwischen zwei Körpern in bestimmten Fällen als das zwischen οὐσία und ποιότης anzusprechen.

TEIL III: ZUR ETHIK

§ 1   Moralität und Indeterminismus[1]

Das Zeugnis, welches hier für eine knappe Charakterisierung von Zenons Beitrag zur Diskussion des sozusagen klassischen Problems (oder Pseudo-Problems[2]) der Willensfreiheit[3] in Anspruch genommen werden soll, entstammt dem Zusammenhang jenes Berichtes bei Cicero, in dem auf einige wirklich originelle Neuerungen Zenons im Bereich der Logik (i. e. *Erkenntnislehre*) hingewiesen wird[4]; daß die Herstellung dieses Zusammenhanges zwischen der Erkenntnislehre auf der einen Seite und der Theorie der ‚selbstverursachten‘ Handlung auf der anderen Seite nicht nur keiner besonderen Rechtfertigung bedarf (vgl. *S. V. F.* 2, 974), sondern geradezu intendiert ist, soll im Folgenden kurz dargelegt werden.

---

[1] Cicero, *Ac. Post.* 1, 40.

[2] Der Verf. möchte hier klar zum Ausdruck bringen, daß er sich außer Stande sieht, die mit dieser Thematik aufgegebenen Fragestellungen – sie werden in unserem Sprachgebiet charakteristischerweise nur von Rechtsphilosophen berührt, in der anglo-amerikanischen Philosophie hingegen permanent diskutiert – auch nur annähernd angemessen auseinander zu setzen. Die Literatur ist praktisch nicht mehr überschaubar. Interessante geschichtliche Abrisse bieten etwa A. Alexander, *Theories of the Will in the History of Philosophy* (NewYork 1898) und V. J. Bourke, *Will in Western Thought* (New York 1964); instruktiv ist z. B. der Aufsatz von G. N. A. Vesey, „Volition“, in *Essays in Philosophical Psychology* [ed. D. F. Gustafson] (New York 1964) 41–57, sowie D. Davidson, „How is Weakness of the Will possible?“, in *Moral Concepts* [ed. J. Feinberg] (Oxford 1969) 93–113. Wichtig bleibt auch für diesen Zusammenhang die Exposition bei H. Sidwick, *The Methods of Ethics*[7] (London 1907) 57–76.

[3] F 55 *Plurima etiam in illa tertia philosophiae parte mutavit. In qua primum de sensibus ipsis quaedam dixit nova, quos iunctos esse censuit e quadam quasi impulsione oblata extrinsecus, quam ille* φαντασίαν, *nos visum appellemus licet.*

[4] Die wichtigsten neueren Arbeiten sind m. W.: D. J. Furley, *Two Studies in the Greek Atomists*, Study II: „Aristotle and Epicurus on Voluntary Action“ (Princeton 1967) 162–237; K.-H. Neuhausen, *De Voluntarii Notione Platonica et Aristotelica* (Wiesbaden 1967); F. A. Ziegler, „Voluntary and Involuntary“, *Monist* 52 (1968) 268–287 und A. A. Long, „Freedom and Determination in the Stoic Action“, in *Problems in Stoicism* 183–199.

Zunächst bringt Ciceros Zeugnis zwei Thesen zum Ausdruck: (a) Die Vorstellungen kommen (*extrinsecus*) ‚von außen'; (b) die ‚Zustimmung' oder ‚Ablehnung' (= Urteile [s. o. S. 41]) kommen von innen her, – *intrinsecus* würde Lukrez sagen. Vielleicht fand Cicero „ἐφ᾽ ἡμῖν" im Text[5]; „*voluntaria*" ist vermutlich Ciceros Exgese des zenonischen Gedankens, so wie er ihn verstand. Denn „*voluntaria*" kann kaum die Übertragung eines griechischen Ausdrucks sein. „ἑκών" bzw. „ἑκούσιος" – nur diese Ausdrücke könnten allenfalls im Text gestanden haben – charakterisiert ja *sittliche Handlungen*[6], die – wie Aristoteles auseinandersetzt – ohne äußeren Zwang und in voller Kenntnis der für den jeweiligen Zusammenhang relevanten Umstände zustande kommen (*EN* 1109 B 35; 1111 A 21–24). Was Cicero meint, ist vermutlich dies: Zenon räumt die Möglichkeit ein, einer Vorstellung die Zustimmung zu verweigern; auch gibt es keine Instanz, die den Menschen zwingen könnte, einem Vorstellungsinhalt von der Form „ich sehe *X*" wider alles bessere Wissen eine Behauptung von der Art „ich sehe *Y*" entgegenzuhalten. Daß die hier (für Cicero) präsumierte Herstellung einer Analogie zum Problem der Selbstverantwortlichkeit einer sittlichen Handlung gleichwohl hinkt, liegt auf der Hand. Denn eine Handlung sprechen wir ja dann z. B. als ‚verurteilenswert' an, wenn wir zu der begründeten Einsicht gelangen, daß eine Person *A* unter den gegebenen Umständen *anders* hätte handeln können als sie tatsächlich handelte. Nun geht es ja im Falle jener Vorstellungen, von denen Cicero spricht, um Repräsentationen von Sachverhalten und Tatsachen, die als solche kein „muß" und „kann" an den Tag legen; entsprechend handelt es sich auch bei den Behauptungen über *diese* Vorstellungsinhalte, zu denen der Verstand bei der Beurteilung der φαντασία gelangt, *nur* um „wahre" oder „falsche" Sätze. Und es wäre absurd, annehmen zu wollen, daß der Beurteilende sich vor die Wahl gestellt sieht, eine zutreffende *oder* nicht zutreffende Behaup-

---

[5] „ἐφ᾽ἡμῖν" ist für Zenon nur in dem etwas obskuren und verstümmelten Zeugnis bei Epiphanius bezeugt (=*D. D. G.* 593. 25–26 [= *S. V. F.* 1, 177]).

[6] Im Rahmen seines III. Kapitels („The Will") macht G. Ryle darauf aufmerksam, daß „while ordinary folk, magistrates, parents, and teachers, generally apply the words ‚voluntary' and ‚involuntary' to actions in one way, philosophers often apply them in quite another way" (*The Concept of Mind*[2] [Peregrine Edition: Middlesex 1968] 77). Und zwar werde im umgangssprachlichen Gebrauch ‚voluntary' und ‚involuntary' zumeist dann verwendet, wenn über Handlungen gesprochen werde, die besser nicht ausgeführt worden wären, wohingegen der philosophische Sprachgebrauch das Wort ‚voluntary' auch zur Charakterisierung lobenswerter und preiswürdiger Handlungen verwende.

tung aufzustellen. Im Gegenteil, jeder Mensch wird sich bemühen, keiner Täuschung anheimzufallen. Das von Cicero eigens betonte Moment der ‚Freiwilligkeit‘ der Zustimmung impliziert in diesem offenbar sehr allgemeingehaltenen Zusammenhang vermutlich auch den Gedanken, daß der Mensch die Möglichkeit eines Irrtums im Prinzip weitgehend ausschalten oder doch wenigstens sehr einschränken kann.

Daß die Verwendung des exegetischen „*voluntaria*" doch einen Sinn hat bzw. haben kann, zeigt sich freilich dann, wenn man Zenons Voraussetzungen für eine Beurteilung der stoischen Analyse der sittlichen Handlung fruchtbar zu machen versucht. Tatsächlich bedeutet ja Zenons Lehre von der φαντασία bzw. συγκατάθεσις einen beträchtlichen Anlauf zum Versuch einer Bewältigung jener Schwierigkeiten, die sich für Platon und Aristoteles im Anschluß an die Diskussion des sogenannten „sokratischen Paradoxes" in Gestalt etwa der Fragen ergeben müssen „Wie kann der Mensch Herr seiner Handlungen sein?" oder „Sind die Handlungen des Menschen von Faktoren bestimmt, auf die er keinen Einfluß nehmen kann?" – Entsprechend der Beschreibung des Zustandekommens von *Erkenntnissen* (καταλήψεις) auf dem Wege von Bejahungen von Tatsachenfeststellungen berücksichtigt die stoische Analyse der *sittlichen Handlung* mit den Komponenten ‚Vorstellung‘ und ‚Impuls‘ zwei Faktoren [8], deren Verhältnis zueinander die gleiche logische Beziehung aufweist wie das zwischen ‚Vorstellung‘ und ‚Zustimmung‘. So stellt ja „ὁρμή" [9], die physiologisch bzw. physikalisch als κατὰ τὴν τοῦ νοῦ τονικὴν κίνησιν [10] bestimmt werden kann (*S. V. F.* 2, 844), eine Unterklasse der συγκαταθέσεις dar (*S. V. F.* 3, 171). Diese Spezifizierung findet ihre Erklärung darin, daß „ὁρμή" als λόγος [. . .]

---

[7] Dazu siehe N. Gulley, „The Interpretation of ‚No one does wrong willingly‘ in Plato's Dialogues", *Phronesis* 10 (1965) 82–96.

[8] Vgl. Plutarch, *Adv. Colot.* 1122 C ἡ γὰρ πρᾶξις δυοῖν δεῖται φαντασίας τοῦ οἰκείου καὶ πρὸς τὸ φανὲν οἰκεῖον ὁρμῆς. Dazu siehe S. G. Pembroke, in *Problems in Stoicism* 146 Anm. 78.

[9] Es ist das Verdienst A. A. Longs, darauf hingewiesen zu haben, daß die stoische λογικὴ ὁρμή „closely analogous to Aristotle's βουλευτικὴ ὄρεξις (*EN* iii, 1113 a 9 ff.)" ist (*BISC* 15 [1968] 81). Tatsächlich besteht die leichte Modifikation darin, daß die Stoiker (a) βούλησις unter ὄρεξις subsumieren, und (b) ὄρεξις = ὁρμή unter συγκαταθέσις (*S. V. F.* 3, 171. 177), so daß ‚Streben‘ nicht wie bei Aristoteles eine vom λογικόν kontrollierte und ponderierte Aktivität des irrationalen Seelenteils bedeutet sondern eine Funktion des *Logos,* – deshalb also auch ein *Satz* [λόγος] mit präskriptivem Charakter.

[10] Vgl. auch die Bestimmung als φορά τις διανοίας ἀπό τινος ἐν τῷ πράττειν (*S. V. F.* 3, 169; vgl. 3, 337).

προστακτικός [...] τοῦ ποιεῖν [11] definiert und als *präskriptiver Satz* ausgewiesen wird; unter den συγκαταθέσεις, die von der Stoa generell offenbar als Tatsachenfeststellungen aufgefaßt werden, formen die präskriptiven Sätze also eine Sonder-Gruppe! Aber wie kommt es zu einem ‚Impuls‘ als „verbalized imperative" ? [12]

Das für die Klärung dieser Frage relevante Zeugnis bei Stobaeus, *Ecl.* II 88.1 [13] wurde m. W. von allen Interpreten offenbar wohlweislich übergangen. Diese auch in der Darstellung bei A. Bonhöfer [14] kaum übersehbare Unschlüssigkeit betrifft konkret die Frage nach dem Sinn der Behauptung, daß sich die συγκαταθέσεις auf die ἀξιώματα beziehen, die ὁρμαί hingegen auf die in den Propositionen irgendwie enthaltenen ‚Prädikate‘? [15]

Hier ist zunächst festzuhalten, daß Zenons Analyse der sittlichen Handlung aller Wahrscheinlichkeit nach Fälle von der Art ins Auge faßt, wie sie dann gegeben sind, wenn jemand beim Anblick eines Gegenstandes praktisch simultan zu dem Befund gelangt „X ist schön oder gut", und dieses emotive Urteil, wie wir heute sagen würden [16], einen präskriptiven Satz impliziert, wie z. B. „ich muß X tun", – dieser Fall erinnert etwa an die Beschreibung bei Aristoteles im dritten Buch der *Nikomachischen Ethik*: εἰ δέ τις λέγοι ὅτι πάντες ἐφίενται τοῦ φαινομένου ἀγαθοῦ, τῆς δὲ φαντασίας οὐ κύριοι, ἀλλ᾽ ὁποῖός ποθ᾽ ἕκαστός ἐστι, τοιοῦτο καὶ τὸ τέλος φαίνεται αὐτῷ (1114 A 31 – B 1). – Entgegen dieser vielleicht weit verbreiteten Annahme (entgegen aber auch der aristotelischen Implikation betreffend die Möglichkeit, *seiner Vorstellungskraft Herr zu werden*) setzt Zenon voraus, daß eine *Phantasia* unter allen Umständen w e r t f r e i i n f o r m i e r t : sie bildet Tatsachen ab. Und Tatsachen sind *eo ipso* weder ‚gut‘ noch ‚schlecht‘ etc. Das Moment des Wertes kommt ‚so wird Zenon gesagt haben, erst in dem Augenblick ins Spiel, wo menschliches Denken seinen Beitrag liefert. Dies geschieht in der Weise, daß ein Wert-Urteil getroffen wird, d. h. z. B. die Bedeutung eines Wortes aus dem Bereich der Sprache der Moral wie ‚gut‘ wird

---

11 *S. V. F.* 3, 175.

12 A. A. Long, *PhQ* 18 (1968) 337.

13 *S. V. F.* 3, 171 πάσας τὰς ὁρμὰς συγκαταθέσεις εἶναι, τὰς δὲ πρακτικὰς καὶ τὸ κινητικὸν περιέχειν. ἤδη δὲ ἄλλων μὲν εἶναι συγκαταθέσεις, ἐπ᾽ ἄλλο δὲ ὁρμάς· καὶ συγκαταθέσεις μὲν ἀξιώμασί τισιν, ὁρμὰς δὲ ἐπὶ κατηγορήματα, τὰ περιεχό-μενά πως ἐν τοῖς ἀξιώμασιν, οἷς συγκαταθέσεις.

14 *Epictet und die Stoa* 176. Auch A. A. Long, J. B. Gould und J. M. Rist gehen auf diese Problematik nicht ein.

15 Zum *kategorema* im Sinne von ‚Prädikat‘ s. o. S. 16 Anm. 31.

16 Siehe z. B. A. J. Ayer, *Language, Truth and Logic* [Pelican Edition] (Middlesex 1971) 136 ff. und Ch. L. Stevenson, *Ethics and Language* (New Haven 1944).

einem Gegenstand gleichsam als ‚essentuelles Charakteristikum' auferlegt. (Sofern ‚Bedeutung' [‚Meaning'] im Anschluß an W. V. Quine als das anzusehen ist, was aus dem Wesen wird, wenn es vom bezeichneten Gegenstand geschieden und mit dem Wort verbunden wird, kann ‚Wesen' [‚Essence] als dasjenige verstanden werden, was aus der Bedeutung wird, wenn diese vom Wort geschieden und mit dem Gegenstand verbunden wird.) Mithin richtet sich der Impuls, der zur Handlung drängt, nicht eigentlich auf den in Rede stehenden Gegenstand, sein Formal-Objekt, sondern auf bloße Intensionen (κατηγορήματα). Indem wir einem Gegenstand ein Wert-Attribut zusprechen, mit dem wir einen bestimmten Sinn bzw. eine Bedeutung verbinden, versehen wir diesen Gegenstand mit einem Charakteristikum, welches ihn (pseudo-deskriptiv) als ‚erstrebenswert' erscheinen läßt. Dieses Charakteristikum ist es, welches die ὁρμή gleichsam vor Augen hat. Und dies gilt ganz unabhängig davon, ob dem Gegenstand der ὁρμή dieses Charakteristikum tatsächlich zukommt („Tugendhaft handeln ist gut") oder nicht. Im letzteren Fall würde sich der Impuls – stoisch betrachtet – an einem Hirngespinst vernarren. Der Zusammenhang bleibt gleichwohl schwierig zu verstehen. An anderer Stelle bei Stobaeus heißt es: „Klugheit und Besonnenheit wählen wir zu haben [...] nicht aber Klugsein (d. h. klug handeln) und Besonnensein (d. h. besonnen handeln), die doch unkörperliche Dinge sind, Prädikate." [17] Bei den Gegenständen des ‚Haben-Wollens' handelt es sich demnach um moralische Dispositionen. Anders zielt der Impuls auf Handlungsarten. Eine solche Betrachtungsweise würde im Prinzip gut zu jener Auffassung passen, die das Wesen der Moral in erster Linie eben nicht in Regeln und Prinzipien, sondern in der Ausbildung bestimmter Charaktereigenschaften sieht. Und wenn Moral auch schon im Sinn der Theorien vieler ernstzunehmender Philosophen in erster Linie vielleicht etwas internes ist, so kann man sich gleichwohl nicht leicht darüber hinwegtäuschen, daß Charaktereigenschaften und sittliche Dispositionen eigentlich [17a] so etwas wie Tendenzen darstellen, unter bestimmten Umständen bestimmte Handlungen auszuführen. Gerecht-Sein beinhaltet demzufolge die Disposition, gerecht zu handeln, d. h. eine Handlungsart in Übereinstimmung mit den Prinzipien der Gerechtigkeit. Wie diese zu definieren sind, ist eine andere Frage. Zenon scheint aber die Handlungsart als einen ‚Nutzen' zu betrachten, der aus

17 Stobaeus, *Ecl.* II 93. 3–6. Unter einem anderen Gesichtspunkt habe ich mich mit dieser Stelle in *ZPhF* 26 (1972) 422 beschäftigt. Vgl. jetzt A.-J. Voelke, *L'idée de volonté dans le stoïcisme* (Paris 1973) 54–55.

17a Vgl. W. K. Frankena, *Analytische Ethik. Eine Einführung* (München 1972) 84.

physisch real existierenden Dispositionen hervorgeht (vgl. *S. V. F.* 3, 89. 91).
Daß dieser Punkt nicht immer ohne Weiteres verständlich war, zeigt die
Diskussion bei Seneca, *Epist.* 117, 1–5.

Was den expliziten Zusammenhang von *S. V. F.* 3, 91 angeht, so wird
man sich mit dem Befund begnügen müssen, daß der Impuls, der als
präskriptiver Satz artikuliert wird bzw. artikuliert werden kann, auf Grund
eines Werturteils ‚verursacht‘ wird, dessen Sinn dadurch zustande kommt,
daß der entsprechende Satz ein Wertattribut mit einem „emotive meaning"
enthält.

Die orthodoxen Stoiker beharren durchwegs auf der Position, daß die
φαντασίαι selbst keinesfalls die Impulse ‚verursachen‘. Der zur Handlung
drängende Impuls besteht vielmehr in einer vom Zentralorgan (ἡγεμονικόν,
λόγος) gesteuerten Anweisung [18]. Diese Anweisung, die ja – wie zu sehen
war – sprachlich als präskriptiver Satz („Ich muß *X* tun") artikuliert werden kann, steht prinzipiell im Ermessen eben des Verstandes, der die mit
dem Vorstellungsurteil verbundene Behauptung prüft. So betrachtet sind
sämtliche Impulse (seien sie nun ‚angemessen‘ oder auch ‚exzessiv‘, wie im
Fall des Affekts [s. u. S. 145]) für Zenon kausal mit einer entsprechenden
Funktion der Vernunft verknüpft. Und in diesem Sinn ist der Mensch offenbar als zureichender Grund sämtlicher seiner Handlungen aufgefaßt.
(Die Außenwelt verfügt in diesem Sinn nur die ὧν οὐκ ἄνευ, – aber
eben doch αἰτίαι, die den Menschen zu einer Beurteilung zwingen!) [19] Die
von Platon und Aristoteles sozusagen empirisch herausgestellte Tatsache,
daß Menschen oft genug von einem gewissermaßen a-logischen Drang über-
mannt und zu einer Handlung gedrängt werden, die man wider alles bessere

---

[18] Siehe A. A. Long: „In fact, the impulse here referred to and assent must constitute
a single, synchronous process, directly analogous to Aristotle's *deliberated desire*
[...] It seems clear that the Stoics distinguished the mechanical reaction of the
sense organs to external phenomena, which could be declined or accepted, from
practical impulse which always leads to action since it is synchronous with assent"
(*PhQ* 18 [1968] 338).

[19] Die Außenwelt verfügt also das moralisch relevante Material, über das der Mensch als
moralisches Subjekt Entscheidungen treffen muß. Nur die Moralität selbst liegt in
unserer Macht, d. h. die sittliche Qualität unserer Handlungen. – Ein in diesen Fragen scharfsinniger Kritiker wie Plotin, hat dies klar erkannt und auf dem Hintergrund der aristotelisch-stoischen Annahme der πρᾶξις-Bezogenheit der menschlichen
Existenz den Gedanken entwickelt, daß der Mensch, d. h. sein *wahres Selbst* nur
im Bereich des die Realität transzendierenden Geistes ‚Freiheit‘ finden könne. Siehe
im Einzelnen „Plotinus on Man's free Will" in meinem *Plotinus and the Stoics*
112–125.

Wissen vornimmt, scheint Zenon nicht sonderlich beeindruckt zu haben? Jedenfalls mag er diesen Sachverhalt anders interpretiert oder erklärt haben? Wir wissen, daß Chrysipps Psychologie die typisch akademisch-peripatetische Konfliktsituation unbedingt ausschließt; dies geht aus den auf Poseidonios fußenden polemischen Berichten bei Galen mit aller Deutlichkeit hervor (s. u. S. 158). Denn die Tatsache, daß er sämtliche πάθη als intellektuelle Fehlbewertungen im Hinblick auf Sein und Sollen analysierte, läßt der Annahme der Möglichkeit, daß jemand wider besseres Wissen der Vernunft von einem irrationalen Drang zu einer leidenschaftsgesteuerten Handlung getrieben werden kann, faktisch keinen Raum. Gleichwohl wird man sich fragen wollen, wie Chrysipp dieses Problem so einfach umgehen konnte; sollte er eine Erklärung bereit gehabt haben, so wurde sie von Galen bzw. Poseidonios verständlicherweise unterschlagen. Möglicherweise hatte aber auch bereits Zenon ein diesbezüglich interessantes Argument entwickelt [19]. ‚Die akademisch-peripatetische Konfliktsituation‘, so mochte er behaupten haben, ‚ist eine Fiktion, oder jedenfalls keine korrekte Beschreibung dessen, was wirklich vorgeht‘. Und zwar konnte Zenon, der ja die Klasse der Güter rigoros einschränkte und damit auch die Verwendung des von ihm wie allen anderen Philosophen deskriptiv verstandenen Wortes ‚gut‘ radikal einengte, schlicht bestritten haben, daß es sich im Falle des landläufigen akademischen bzw. peripatetischen Konfliktes überhaupt um so etwas wie eine Antinomie zwischen „Das Gute wissen“ und „Das Schlechte tun“ handelt; denn das Wissen von dem, was ‚gut‘ ist, stand – so meinten die Stoiker – ja nicht jedermann zur Verfügung. Nicht umsonst galten ihnen alle Menschen als Toren. Also müßte es sich im Falle des „Das Richtige Wissen“ oder οἱ πολλοί um so etwas wie „kraftlose Zustimmungen“ handeln? Schwache Zustimmungen signalisieren aber Impulse, die den Charakter von Affekten annehmen können. Und man mag sich immerhin fragen, ob eine schwache Zustimmung nicht entsprechend auch einen *unsicheren* Impuls anweist, so daß sich der Handelnde schließlich in einer ‚schwankenden‘ Situation findet, die wenigstens oberflächlich etwa derjenigen entspricht, welche die Platoniker und Peripatetiker als Konflikt zwischen „Das Richtige wissen“ und „Das Falsche tun“ ansprechen würden. Eine zufriedenstellende Antwort läßt sich aus den auf uns gekommenen Zeugnissen zwar nicht erarbeiten. Doch durfte Zenons Position in ihrer Differenz zu der Annahme der Situation eines Konfliktes zwischen zwei antagonistischen psychischen Instanzen durch die Überlegung charakterisiert worden sein, daß der *Logos* selbst in solchen Fällen seiner Sache nicht sicher ist.

Interessant ist in diesem Zusammenhang freilich der Gesichtspunkt,

daß Cicero auch hier – im Hinblick auf Zenons Beurteilung des Zustandekommens der πάθη – den Begriff des *Willentlichen,* also der ‚Freiwilligkeit‘
zur Geltung bringt [20]. Wenn Cicero damit der Überlegung Ausdruck geben
will, daß Zenon meinte, der Mensch sei in der Lage, die sittliche Qualität
seiner Handlungen selbst zu bestimmen, so wird man sich natürlich fragen
müssen, ob das, was wir über die stoische Auffassungen der äußeren Deter-
minanten des Menschen als ζῷον λογικόν wissen, den Schluß zuläßt, daß
der Mensch für die Verfassung seines *Logos* (der ja die präskriptiven Sätze
formuliert, welche entsprechende Handlungen nach sich ziehen) ultimativ
verantwortlich sein kann. Was – für unsere Begriffe wenigstens – gegen
einen solchen Schluß spricht, ist die Tatsache, daß bereits Kleanthes das
Phänomen der Ähnlichkeit der Kinder mit ihren Eltern auf Vererbung zu-
rückführt und Übereinstimmungen in charakterlicher Hinsicht (διάθεσις!) als
Tatsache betrachtet, die sozusagen unumstößlich ist und über die nicht
diskutiert werden braucht (*S. V. F.* 1, 518). Aber seine Ansicht, die in der
Sache auch gut zu dem Bild paßt, welches wir uns von ihm als Deterministen
par excellence machen [21], muß nicht unbedingt auch die Meinung Zenons
widerspiegeln. Eine gemeinstoische Position dürfte freilich jener Auffassung
zugrunde liegen, welche die ‚Verbiegung‘ (διαστροφή [s. u. S. 171]) der
Vernunft mit zwei Faktoren in Zusammenhang bringt, über die ein heran-
wachsendes menschliches Wesen nicht wirklich verfügen kann; es sind dies
(a) ‚die den äußeren Dingen eigene Überzeugungskraft‘, und (b) ‚Der Um-
gang mit den Verwandten‘ (*S. V. F.* 3, 288). Man kann hier generalisierend
von *Umwelteinflüssen* sprechen, die dem Menschen gleichsam zwangsläufig
falsche Vorstellungen von ‚*gut*‘ und ‚*schlecht*‘ vermitteln [22], weshalb sein
Verhältnis zum *Orthos Logos* als Interpreten der Außenwelt frühzeitig ge-
stört ist. Und man hat sich auch hier zu fragen, ob die stoische Beurteilung
der äußeren Faktoren streng genommen nicht doch in eine Plädoyer für die
These der modernen Deterministen einmünden müßte. Denn was nützt es,
wenn sich im fortgeschrittenen Alter der *Logos* als Ingenieur der Impulse
herausbildet (τεχνίτης τῶν ὁρμῶν [*S. V. F.* 3, 178]), der Mensch aber gleich-

---

[20] In der Nachfolge der Arbeiten von M. Pohlenz haben eine Reihe von Forschern die
These vertreten, daß Zenon und Kleanthes sozusagen auf den Boden der platoni-
schen Seelenteilungslehre stünden. Ich halte diese Annahme für unbegründet (s. u.
S. 159).

[21] F 207 ... *nam et perturbationes voluntarias esse putabat opinionisque iudicio suscipi
et omnium perturbationum matrem esse arbitrabatur immoderatam quandam intemperantiam.*

[22] Dazu siehe mein *Plotinus and the Stoics* 50–53.

wohl einem Prozeß der Selbstentfremdung ausgesetzt ist, dem er erfahrungs-
gemäß [„Alle Menschen sind Toren"!] wohl doch unterliegt? Als *Minimal-
bestimmung* des von Cicero in diesem Zusammenhang verwendeten Begriffes
„voluntarius" wird man für Zenon also den Gedanken in Anspruch nehmen
wollen, daß der Mensch als ζῷον λογικόν – stoisch verstanden – keineswegs
auf Alogizität hin angelegt ist (s. u. S. 151) und daß Impulsivität eben nicht
– wie Aristoteles meinte und auch Platon in seinen späteren Schriften –
Sache der *Physis* des Menschen ist.

Nun läßt aber der unmittelbare Kontext beider Stellen, in deren Zusammenhang Cicero den Ausdruck *„willentlich"* verwendet, nicht den gering-
sten Zweifel daran aufkommen, daß *„voluntarius"* mehr besagen muß, als
nur *„in unserer Macht stehend"* bzw. *„nicht von außen her = gewaltsam
verursacht"*. Kann Zenon freilich behauptet haben, daß der Mensch aus
freiem Willen heraus eine Handlung verfolgt, die objektiv gesehen als ver-
werflich betrachtet werden muß? Und begibt er sich damit also in einen
bewußten Gegensatz zur Aussage des „sokratischen Paradoxes"? Vermutlich dürfen für den Begriff *„voluntarius"* bei Cicero jene Implikationen
nicht mitgedacht werden, auf die Aristoteles in seiner (vor allem für straf-
rechtliche Belange relevanten) Analyse hingewiesen hat; denn die eine
Bedingung „In voller Kenntnis der für die Handlung relevanten Umstände"
müßte im Hinblick auf *„perturbatio voluntaria est"* eine *contradictio in
adiecto* bedeuten. So erklärt ja auch z. B. Chalcidius, daß ‚moralisch Ver-
werfliches' stoischer Meinung nach nicht absichtlich um seiner selbst willen
gewählt wird [*non spontanea esse delicta*] sondern als Konsequenz eines Irrtums im Hinblick auf Sein und Sollen zustande kommen *(S. V. F. 3, 299)*.
Konkret wird diese Irrtumsfähigkeit darauf zurückgeführt, daß jeder Mensch
zwar nach dem ‚Guten' strebt, mit dem Begriff des Guten aber jeweils
unterschiedliche und samt und sonders falsche Vorstellungen verbindet
(z. B. *voluptas, divitiae, gloria* etc.). Tatsächlich impliziert diese Auffassung
des moralischen Deliktes als Konsequenz eines Irrtums, daß der Mensch
bona fide urteilt und mit diesem Urteil, das einen präskriptiven Charakter
hat, willentlich diejenige Handlung in Angriff nimmt, von der er nach bestem Wissen und Gewissen sagt, daß sie richtig ist. Man hat sich hier also
auch der Tatsache zu vergewissern, daß „Wissen" und „Wollen" [24] für die

---

[23] Beide bei Diogenes Laertius (= *S. V. F.* 3, 288) erwähnten Gesichtspunkte werden
von Chalcidius näher expliziert (= *S. V. F.* 3, 229; vgl. auch 229 a – 236 und dazu
A. A. Long, *PhQ* 18 [1968] 336–337).

[24] Eine interessante Diskussion dieser Thematik findet man bei J. M. Rist, *Stoic Philosophy* 219–232.

Stoiker allein schon auf Grund der Auffassung von λόγος und ὁρμή als Funktion ein und derselben Instanz [ἡγεμονικόν] einander ungleich näher stehen als in der für die Ethik maßgeblichen psychologischen Theorie des Aristoteles[25]. Jedenfalls scheint die stoische Position dadurch charakterisiert, daß die Behauptung ‚p‘ („ich will X“) die Behauptung ‚o‘ („ich weiß, daß X gut ist“ [wobei ‚gut‘ zum Beispiel durch ‚erstrebenswert‘ = ‚muß getan werden‘ ersetzt werden darf[26]]) enthält, und ‚o‘ ‚p‘ impliziert. Modernes Denken wird hieran natürlich Anstoß nehmen. Aber Zenons Position befindet sich – soweit sich dies überhaupt abschätzen läßt – durchaus im Bereich des sokratisch-platonischen Axioms „Das Gute wissen und es wollen ist Eins“. Nur beschränkt Zenon die Geltung dieser Behauptung eben nicht auf den Ausnahmefall des ‚wirklich Guten‘; für ihn bedeutet dieser Satz eine psychologische Tatsache, – gleich auf welchem Niveau von ‚Gut‘ und ‚Wille‘ wir uns befinden.

Eine weitere und letzte Frage, die an Ciceros Exegese des zenonischen Gedankens herangetragen werden soll, betrifft genau jenen Punkt, der bereits als problematisch angezeigt wurde (s. o. S. 126). Und zwar geht es letztlich um die Frage, ob Zenon mit seiner Theorie der moralischen Fehlleistungen als Fehlurteile im Hinblick auf Sein und Sollen implizieren wollte, daß diese samt und sonders „willentlich“ (und das heißt, wie zu sehen war: *nach bestem Wissen und Gewissen*) verfolgten Handlungen der οἱ πολλοί gleichwohl „*unentschuldbar*“ seien. Seit Aristoteles berücksichtigen wir die Möglichkeit, Handlungen dann als „entschuldbar“ zu betrachten, wenn vom Handelnden eine volle Kenntnis der relevanten Umstände seiner Handlung nicht erwartet werden konnte. In der Sache kann eigentlich kein Zweifel daran bestehen, daß Zenon jeden Irrtum als objektiven Verstoß gegen die vom *Orthos Logos* vermittelten Verbots- und Gebotsnormen betrachten mußte. (Man muß wohl bei dem der Hermeneutik eigentümlichen Begriff der „Vermittlung“ Zuflucht suchen; denn bei der stoischen Deduktion normativer Konzepte aus empirischen Konzepten handelt es sich ja um eine Verstehensweise *sui generis*.) Ungeachtet jener Faktoren, welche die rationale, d. h. auf den universellen *Logos* hörende Existenz des Menschen negativ beeinträchtigen (s. o. S. 132), mußte Zenon im Hinblick auf seine physiko-teleologischen Voraussetzungen unbedingt an der Behauptung festhalten, daß

[25] Die stoische Position verrät hier eine m. E. unbetreitbare Affinität zu derjenigen Platons, für den Erkennen, Begehren und Lust-Empfinden auf jeder Stufe sozusagen nur verschiedene Aspekte ein und desselben Geschehens darstellen (*Probleme der platonischen Seelenteilungslehre* 26).

[26] Dazu siehe weiter ZPhF 26 (1972) 417–425.

die rationale Grundkraft dieser Welt sich derart sinnfällig manifestiere, daß der Mensch als ζῷον λογικόν die Stimme dieser Allvernunft unmöglich überhören *könne* und *dürfe*. Fehlleistungen der menschlichen Vernunft müssen, so gesehen, *unentschuldbar* sein. Aber leistet der die Welt strukturierende *Logos* wirklich das, was Zenon ihm zutraut? [27]

Aus allem, was gesagt wurde, geht hervor, daß die Freiheit, über die der stoische Σοφός verfügt, genau darin besteht, zu jeder Zeit das zu tun, was objektiv richtig ist und mit den für uns freilich undurchsichtigen Maximen der Weltvernunft im Einklang steht. Für ihn bedeutet die Freiheit der Wahl die Freiheit, sich für eine sittlich gute und gegen eine sittlich verwerfliche Handlung zu entscheiden. Aber dieser Entscheid ist durch eine extreme Disposition seiner Logos-Natur gewissermaßen präjudiziert und als solche von der Weltvernunft auch gefordert.

§ 2   ‚Lust‘ als ‚Adiaphoron‘ [1]

Da Gellius' Bericht mit dem bei Stobaeus (*Ecl.* II 58. 2–4 = F 90) in der Sache übereinstimmt, müssen sich alle Zweifel darüber erübrigen, ob Zenon die ἡδονή nicht doch eher [2] unter die κακά gerechnet hätte [3]. Daß ‚Lust‘ unter die ἀδιάφορα fallen sollte, war ein Gedanke, der nicht ohne weiteres verstanden wurde. Einmal nicht im Hinblick auf die Tatsache, daß ἡδονή von den Stoikern durchwegs als eine Form von πάθος [4] verstanden und entsprechend z. B. als ἔπαρσις ἄλογος κτλ. definiert werden konnte (Diogenes Laertius 7, 114). Zum anderen aber auch nicht mit Rücksicht auf das, was man mit der biographischen Kategorie der sogenannten sokratisch-kynischen Herkunft Zenons zum Ausdruck gebracht werden kann. So soll Antisthenes ja gesagt haben μανείην μᾶλλον ἢ ἡσθείην (F 108 A–D *Caizzi*).

Daß es sich hier freilich um ein Scheinproblem handelt [5], wird dann

---

27 Siehe auch Anhang I; u. S. 176.

1 Gellius, *Noct. Att.* IX 5, 5.

2 M. Heinze, *De Stoicorum Affectibus* 37.

3 A. C. Pearson, *The Fragments of Zeno and Cleanthes* 169.

4 Laut *S. V. F.* 3, 113 gelten die πάθη in ihrer Gesamtheit als οὐκ ἀναγκαῖα κακά [sc. πρὸς κακοδαιμονίαν]. In etwaiger Entsprechung kann man von λύπη und φόβος auch als τελικὰ κακά sprechen (*S. V. F.* 3, 106).

5 J. M. Rist scheint dies zu verkennen, wenn er sagt: „Haynes [i. e. R. P. Haynes, *AJPh* 83 (1962) 413] thinks that Zeno and Cleanthes place pleasures in the class of

klar, wenn man berücksichtigt, daß die Kennzeichnung einer Gruppe von Dingen als ἀδιάφορα ja keineswegs besagen muß, daß es sich wie im Falle der sogenannten ‚an sich irrelevanten Dinge [6] um schlechterdings Irrelevantes handeln soll. Natürlich signalisiert die Charakterisierung eines Dinges als ἀδιάφορον *ipso facto* einen Hinweis auf etwas anderes, für das ‚*x*‘ weder gut noch schlecht sondern gleichgültig und irrelevant sein soll [7]. Und ist die Extension des Terminus ‚gut‘ die Klasse derjenigen Dinge, die wir als Stoiker deshalb als ‚gut‘ bezeichnen, weil sie die Eudamonie begründen und vollenden, so ergibt sich allein aus der Tatsache dieser von den Stoikern ja ausdrücklich restringierten Verwendung des Begriffes ‚gut‘ [8], auch ein Hinweis darauf, für was z. B. ἡδονή irrelevant sein soll.

Gleichgültig und irrelevant soll ἡδονή also für die sittliche Lebensführung sein und für die Eudamonie, die in ihr beschlossen liegt. Und damit konnte Zenon nur gemeint haben, daß die Tatsache der Lustempfindung am Besitz von *x* der Erstrebenswertigkeit von *x* nicht hinzufügt. Mit anderen Worten: Die sittliche Qualität von Handlungen, die eine Kennzeichnung durch die Termini ‚gut‘ und ‚schlecht‘ erlauben, beruht in stoischer Sicht ja einzig und allein auf der Qualität des Urteils im Hinblick auf Sein und Sollen sowie auf der Intensität der Affirmation. Somit werden jene angenehmen oder auch unangenehmen Empfindungen, die für die οἱ πολλοί insofern ins Gewicht fallen, als diese eben geneigt sind, Handlungen um der sie begleitenden Empfindungen willen zu wählen, von den Stoikern deutlich als *Begleiterscheinungen* [ἐπιγεννήματα] erkannt, welche über keinen Eigenwert verfügen. Diese Erkenntnis, für die Zenon sich eigentlich auf Aristoteles beziehen müßte [9], kommt bereits in jener Argumentation zum Tragen, die

what is indifferent in respect of good and evil. This is a little misleading; what they must have placed in this class are good pleasures ...“ (*Stoic Philosophy* 46). R. P. Haynes Auffassung ist hier allerdings nicht korrekt verarbeitet (siehe *Gnomon* 44 [1972] 16–17).

[6] Darunter kann man die Dinge rechnen, die keinen Impuls (ὁρμή) zu erwecken vermögen, wie z. B. die Frage, ob die Zahl der Haare auf dem Kopf gerade oder ungerade ist (vgl. *S. V. F.* 3, 118. 119. 122).

[7] Wichtig (zu Stobaeus, *Ecl.* II 80. 8–13 [=*S. V. F.* 3, 118]) ist die Erläuterung H. Reiners: „Diese Textstelle macht zunächst deutlich, daß die Gleichgültigkeit der ἀδιάφορα von diesen stets nur in bestimmter Hinsicht ausgesagt wird, während ihre Kennzeichnung als verschieden (nicht-gleichgültig) eine andere Hinsicht im Auge hat [...] Doch haben die meisten der im Gefolge Zellers stehenden Forscher diese Stobaeus-Stelle nicht beachtet“ (*Gymnasium* 76 [1969] 341). – Siehe auch *S. V. F.* 3, 122 (III, S. 29. 24–25).

[8] Ausführlicher ist meine Diskussion in *ZPhF* 26 (1972) 418 ff.

[9] Tatsächlich verdankt diese Charakterisierung der ἡδονή als ἐπιγέννημα offenbar eini-

gegen die wahrscheinlich weitverbreitete These von der ἡδονή als *primum movens* geltend gemacht wird (*S. V. F.* 3, 178). Es ist zu vermuten, daß die Stoiker in diesem Fall „ἡδονή" nicht streng terminologisch verstanden: So soll Diogenes Laertius 7, 103 zufolge Chrysipp sich gescheut haben, ἡδονή unter die ἀγαθά zu zählen, weil es auch ‚häßliche Freuden gäbe‘ (= *S. V. F.* 3, 117 [auch Hekaton F 5 *Gomoll*]). Sollte Chrysipp dies tatsächlich gesagt haben, so müßte die Äußerung in Περὶ ἡδονῶν auf einen nicht strikt terminologischen Zusammenhang zurückweisen, – also möglicherweise auf eine mehr unverbindliche Exposition vielleicht sogar des Sprachgebrauches. Im strikten terminologischen Gebrauch wird „ἡδονή" freilich zur Charakterisierung eines bestimmten Typus von πάθος verwendet. Und diese Charakterisierung läßt nun keinen Zweifel daran zu, daß „ἡδονή" stets eine ‚falsche‘ Lust bedeutet, – eine Lust also, die auf Grund eines Irrtums über die Zugehörigkeit eines Gegenstandes *x* zu der Klasse der ‚Güter‘ zustande kommt und sich als physiologisches Korrelat zu einem bestimmten moralischen Fehlurteil manifestiert [10].

Auf dem Boden dieser terminologischen Festlegung des Sprachgebrauches erklärt sich Zenons These der Indifferenz der ἡδονή also auch aus der Überlegung heraus, daß der Weise ja gegen Fehlurteile vor allem im Hinblick auf Sein und Sollen sozusagen immun ist [11] und *ex hypothesi* keine falsche Lust oder Freude an etwas gewinnen kann, was moralisch *richtig* ist. Und die εὐπάθειαι, die er beim Vollzug sittlicher Handlungen empfindet oder empfinden kann [12], verfügen über keinerlei moralisches Eigengewicht. Sie werden von manchen Stoikern geradezu als οὐκ ἀναγκαῖα ἀγαθά bezeichnet.

Aber wie stellt sich die Beziehung zwischen ἡδονή und κακία dar? Aus der Sicht derjenigen stoischen Darstellung, die zwischen ἀναγκαῖα κακά bzw. οὐκ ἀναγκαῖα (und entsprechend zwischen ἀναγκαῖα ἀγαθά und οὐκ ἀναγκαῖα ἀγαθά) unterscheidet und die πάθη den οὐκ ἀναγκαῖα κακά zuordnet (*S. V. F.* 3, 113), könnte ein Widerspruch zu der Auffassung Zenons kon-

---

ges dem, was Aristoteles an berühmter Stelle über die *Lust* als Krönung der Aktivität sagt (*EN* 1174 B 31–33 τελειοῖ δὲ τὴν ἐνέργειαν ἡ ἡδονὴ οὐχ ὡς ἡ ἕξις ἐνυπάρχουσα ἀλλ᾽ ὡς ἐπιγινόμενόν τι τέλος). Auf diesen Zusammenhang wurde u. a. von R. P. Haynes *AJPh* 83 (1962) 414, A. A. Long, *BISC* 15 (1968) 80 und J. M. Rist, *Stoic Philosophy* 46 aufmerksam gemacht.

[10] s. u. S. 158.

[11] Vgl. *Gnomon* 44 (1972) 16 Anm. 4.

[12] Seltsamerweise gibt es mit βούλησις, εὐλάβεια und χαρά nur drei positive Kehrseiten zu den vier πάθη: „Eine vernunftgemäße Betrübnis hat im System der Stoa keinen Raum, da nach ihrer Ansicht die äußeren Ereignisse keinen vernünftigen Grund zur Trauer geben" (A. Bonhöffer, *Epictet und die Stoa* 285; im Ganzen siehe 284–298).

struiert werden, sofern dieser ἡδονή unter die Klasse der ἀδιάφορα begriff. Nun besteht die Charakterisierung der κάθη als οὐκ ἀνγκαῖα κακά gewiß nicht ohne Grund. Denn qua πάθος setzt ἡδονή eine bestimmte psychische Disposition voraus, nämlich κακία. Auf der anderen Seite könnte man freilich geltend machen wollen, daß ἡδονή qua πάθος der Immoralität des Handelnden nichts hinzufügt. Sie mag sich als Konsequenz von κακία einstellen; eine notwendige Bedingung für κακοδαιμονία ist sie nicht. Also kann sie auch als ἀδιάφορον betrachtet werden.

§ 3　Tugend oder Tugenden? [1]

Plutarch artikuliert Zenons Lehre [2] von der *untrennbaren* Einheit der Tugend in der Absicht, den Eindruck systeminhärenter Schwierigkeiten zu Tage treten zu lassen: οὐ μόνον δ᾽ ὁ Ζήνων περὶ ταῦτα φαίνεται αὐτῷ μαχόμενος, ἀλλὰ καὶ Χρύσιππος, Ἀρίστωνι μὲν ἐγκαλῶν ὅτι μιᾶς ἀρετῆς σχέσεις ἔλεγε τὰς ἄλλας εἶναι, Ζήνωνι δὲ συνηγορῶν οὕτως ὁριζομένῳ τῶν ἀρετῶν ἑκάστην (*De Stoic. Repugn.* 1034 D); hier wird zudem auf Chrysipps Stellungnahme Ariston von Chios gegenüber angespielt, d. h. auf Chrysipps Versuch einer Rechtfertigung der Position Zenons gegenüber der häretischen Lehre seines zeitweiligen Schülers.

Hat man hier wirklich mit systeminhärenten Widersprüchen zu rechnen? – Der von Plutarch insinuierte Vergleich mit Platon betrifft offenbar nicht nur die Zahl der kanonischen Tugenden. Interessant nimmt sich im Zusammenhang eines solchen Vergleiches auch der Umstand aus, daß es tatsächlich Platon war, der das in der Sokratik diskutierte Problem der Einheit der Tugend ausdrücklich thematisiert hatte. Daß ein Vergleich beider Lehrstücke gleichwohl nicht ohne Schwierigkeiten durchgeführt werden kann, erhellt bereits daraus, daß Platons Auffassung von der Einheit der Tugenden in der *Politeia* von einer psychologischen Grundlegung verschiedener Seelenteile ausgeht, und damit logisch distinkte Träger bzw. Subjekte der jeweiligen ἀρεταί annimmt [3]. Anders setzen die Stoiker, die von der

---

[1] Plutarch, *De Stoic. Repugn.* 1034 C; Plutarch, *Virt. Mor.* 441 A; Diogenes Laertius 7, 161.

[2] Daß Zenons Lehrstücke stoische *opinio communis* wurde, muß aus dem diesbezüglichen Bericht bei Stobaeus, *Ecl.* II 64. 18–23 geschlossen werden.

[3] Weiter siehe meine *Probleme der platonischen Seelenteilungslehre* 17 ff.

ἀρετή als einer διάθεσις[4] und durch den λόγος geschaffenen δύναμις[5] sprachen, ein gemeinsames, als solches logisch distinktes Substrat für sämtliche

[4] Vgl. Plutarch, *Virt. Mor.* 441 ff; Diogenes Laertius 7, 89 und Stobaeus, *Ecl.* II 71. 1–2. – Plutarch legt Wert auf die Feststellung, daß die Stoiker bei all ihren divergierenden Meinungen hinsichtlich des Problems der ‚Einheit' sich in diesem Punkt einig gewesen seien. Man hat sich darüber im Klaren zu sein, daß hier in der Wahl des Terminus διάθεσις ein Affront gegen Aristoteles liegt. Aristoteles hatte ἕξις und διάθεσις als zwei verschiedene Konditionen der Qualität dahingehend differenziert, daß *Hexis* länger währt und solideren Bestand hat (*Cat.* 8 B 27 – 28; 9 A 8–10), während *Diathesis* eine Zuständlichkeit kennzeichnet, die sich leicht ändert und ihrem Gegenteil weicht (z. B. ‚Hitze', ‚Kälte', ‚Krankheit', ‚Gesundheit'). Daß Aristoteles „ἀρετή" im Bereich der Qualitäts-Kategorie als ἕξις verstanden wissen will, ist soweit verständlich. Denn εἰσὶ δὲ αἱ μὲν ἕξεις καὶ διαθέσεις, αἱ δὲ διαθέσεις οὐκ ἐξ ἀνάγκης ἕξεις ... (*Cat.* 9 A 10–14). Die konzeptionelle Differenz, wie sie im stoischen System zu Tage tritt, darf natürlich nicht als begrifflicher Neozismus bagatellisiert werden, wie dies in der Darstellung bei J. M. Rist, *Stoic Philosophy* 3 geschieht. – Selbst Simplicius, *In Cat.* 237. 35–238. 1 (zu Arist. *Cat.* 8 B 27–29) erkennt klar, daß οὕτωσι δὲ καὶ ἀρετὰς διαθέσεις εἶναι, οὐ κατὰ τὸ μόνιμον ἰδίωμα, ἀλλὰ κατὰ τὸ ἀνεπίτατον καὶ ἀνεπίδεκτον τοῦ μᾶλλον, während ἕξεις (237. 30) ἐπιτείνεσθαί φασιν δύνασθαι καὶ ἀνίεσθαι. (Die Erklärung bei Porphyrius, *In Cat.* 137. 29 [= *S. V. F.* 3, 525] reicht hier nicht aus; vgl. *Gnomon* 44 [1972] 14–15). Entscheidend ist also die Tatsache, daß ἕξις in der stoischen Physik eine klar definierte Systemstelle erhält, nämlich als Bezeichnung des „physical state of a body" (S. Sambursky, *Physics of the Stoics* 9 und bereits O. Rieth, *Grundbegriffe der stoischen Ethik* 92); eine derartige Zuständlichkeit (i. e. von unbeseelten Körpern) kann beliebige Wandlungen durchlaufen, wohingegen διάθεσις genaugenommen eine Befindlichkeit kennzeichnet, die eine *extreme Beschaffenheit* sein soll, und keiner Abnahme oder Zunahme unterworfen ist. Anders als Aristoteles, der ἀρετή ja als μέσον zwischen zwei negativen Extremen versteht, geht es den Stoikern bei der Wahl dieses Terminus nicht um die Kennzeichnung der „most stability" (J. M. Rist, a. a. O.; oder M. E. Reesor, *AJPh* 75 [1954] 56 Anm. 47: „... the Stoics considered διάθεσις more permanent than ἕξις"), sondern um die Kennzeichnung dieser (antiaristotelisch konzipierten) *extremen Beschaffenheit* der Tugend. Dieser Gedanke kommt auch in der etwas idiosynkratischen Tugend-Bestimmung des Keanthes gut zum Ausdruck (*S. V. F.* 1, 563). – Darauf, daß „διάθεσις" auf die sog. III. Kategorie (i. e. das πως ἔχον) Beziehung nehmen kann, haben u. a. L. Stein (*Die Psychologie der Stoa* I [Berlin 1886] 49. 104. 165. 168. 174–175 u. ö.) und P. DeLacy aufmerksam gemacht (*TAPhA* 81 [1945] 261).

[5] *Dynamis* findet sich in den medizinischen Autoren, Platon, Aristoteles (hier speziell *Cat.* 9 A 14–17; *Metaph.* 1019 A 15 – 1020 A 6) und Straton von Lampsakos (*F* 42. 43. 45. 48; mit F. Wehrlis Kommentar: *Die Schule des Aristoteles* Bd. 5 [Basel 1950] 53–55); vgl. ferner J. Souihé, *Étude sur le term dynamis* (Paris 1919); K. Reinhardt, *Parmenides und die Geschichte der griechischen Philosophie* (Bonn 1916) 223–230;

Tugenden an; was einen Vergleich beider in Rede stehender Lehrstücke wirklich mit Schwierigkeiten behaftet, ist aber der Umstand, daß man im Hinblick auf Platons Tugend-Konzeption nur dann von *Einheit* bzw. *Untrennbarkeit* der ἀρετή sprechen kann, wenn beide Gesichtspunkte in der Definition der δικαιοσύνη berücksichtigt werden. Der eine betrifft das wohl für die soziale Funktion des Menschen als Kriterium gesetzte τὰ ἑαυτοῦ πράττειν, welches von jedem Individuum erfüllt werden kann. Der andere hat es auf die mehr psychologische Komponente in der Definition dieser Tugend abgesehen und macht ihre Existenz von einer harmonischen Beziehung aller Seelenteile als logisch distinkter Träger der übrigen Tugenden abhängig [6]. Daß beide in der Definition der δικαιοσύνη enthaltenen Bedingungen nur von dem Ideenphilosophen erfüllt werden können, der weiß, was Gerechtigkeit-an-sich ist, kann nicht bestritten werden. Und im Hinblick auf das entsprechende Lehrstück der Stoa bleibt zu überlegen, daß eine gewisse, äußere Übereinstimmung zwischen Platon und Zenon nur für den Fall konstruiert werden kann, daß ein *Philosoph* bzw. *Sophos* über eine Tugend verfügt und mithin auch im Besitz der anderen ist: Als Begriffe betrachtet sind die Tugenden für den Philosophen intensional verschieden aber extensional äquivalent. (Ansonsten rechnet aber Platon in der *Politeia* entschieden mit dem Fall, daß jemand z. B. nur über σωφροσύνη verfügt und dazu eben nur über δικαιοσύνη im Sinne von τὰ ἑαυτοῦ πράττειν. Allenfalls der vollgültige Besitz von δικαιοσύνη impliziert, *ex hypothesi*, den Besitz auch sämtlicher anderer Tugenden.)

Einige Kriterien zur Beurteilung dessen was Zenon wirklich im Auge hatte, und was seine Position mit derjenigen Chrysipps verbindet bzw. trennt, können vielleicht an Hand zweier anderer Text-Stücke formuliert werden. Bei Plutarch, *Virt. Mor.* 440 E–F heißt es ferner: Ἀρίστων ... τῇ μὲν οὐσίᾳ μίαν καὶ αὐτὸς ἀρετὴν ἐποίει καὶ ὑγίειαν ὠνόμαζε· τῷ δὲ πρός τι πως διαφόρους.[αὐτός: d. i. der Rückverweis auf Menedemos von Eretia, der] ἀνῄρει τῶν ἀρετῶν καὶ τὸ πλῆθος καὶ τὰς διαφοράς, ὡς μίαν οὔσης καὶ χρωμένης πολλοῖς ὀνόμασι (= S. V. F. 1, 375).

Eben auf diese Richtung wird Zenon von Plutarch dort festgelegt, wo es heißt: ἔοικε δὲ καὶ Ζήνων εἰς τοῦτό πως ὑποφέρεσθα (*Virt. Mor.* 441 A); dem Ariston wird Zenon darum zur Seite gestellt, weil er die verschiedenen Tugenden entsprechend als ‚Ausrichtung' ein und derselben ἀρετή (i. e φρόνησις) auf verschiedene Gegenstandsbereiche verstanden wissen wollte [7].

F. M. Cornford, *Plato's Theory of Knowledge* 234–238 und M. E. Reesor, *AJPh 15* (1954) 43 Anm. 11.

[6] Vgl. *Gnomon* 43 (1971) 344.   [7] Vgl. Stobaeus, *Ecl.* II 59. 3–9.

Danach handelt es sich um eine Vielheit „entièrement relative à la matière de l'action, c'est-à-dire, à la diversité des occasions ou se trouve l'agent" [8].

Für Ariston läßt sich diese Position aus einem Bericht Galens ausmachen (*De Hipp. et Plat. Plac.* 595); von dem des Plutarch unterscheidet dieser sich nur darin, daß klarer zum Ausdruck gebracht wird, daß Ariston ἀρετή als „knowledge employed in a certain sphere" [9] betrachtete. Wo liegt aber der Unterschied zwischen den Konzeptionen Zenons und Aristons? Plutarch (*De Stoic. Repugn.* 1034 C) spricht vom ‚verschieden und unterschieden-Sein' der Tugenden in Zenons Sicht; dieser Gesichtspunkt veranlaßt zu der Überlegung, daß der Sinn jener Unterscheidung, die Zenon ins Auge gefaßt hatte, mit einem Hinweis auf die Kategorie der externen Relation (σχέσις πρὸς τὰ πράγματα [Plutarch, *De Stoic. Repugn.* 1034 D]) womöglich *nicht* adäquat beschrieben werden kann.

Die Tatsache, daß Chrysipp sich zu einer Stellungnahme genötigt sieht, gewinnt um so mehr an Bedeutung, als Aristons radikal kynisierende Reaktion gegen seinen Lehrer in der Überlegung kulminierte, daß Logik und Physik als Gegenstandsbereiche der Erkenntnis [qua ἀρετή] aus der Philosophie auszubürgern seien (*S. V. F.* 1, 351–357) [10]. Und dies besag nicht mehr und nicht weniger, als daß sich ἐπιστήμη prinzipiell nur auf τὰ ἀγαθά und τὰ κακά bezieht. – Ferner muß der Umstand berücksichtigt werden, daß Chrysipp in zwei vielleicht ähnlich konzipierten Abhandlungen Περὶ τῆς διαφορᾶς τῶν ἀρετῶν und Περὶ ποιας εἶναι τὰς ἀρετάς offenbar jene Meinung erläuterte, die er als diejenige Zenons betrachtete: Sinngemäß wie bei Plutarch (*Virt. Mor.* 441 B Χρύσιππος δὲ κατὰ τὸ [τόν: Pohlenz] ποιὸν ἀρετὴν ἰδίᾳ [einige MSS ἰδίαν] ποιότητι συνίστασθαι νομίζων [der Rest muß uns hier nicht interessieren]) heißt es bei Galen, daß Chrysipp gegen Aristons Theorie von den verschiedenen σχέσεις ein und derselben Tugend (*De Hipp. et Plat. Plac.* 585.15–16 [μίαν οὖσαν ἀρετήν, ὀνόμασι πλείοσιν ὀνομάσεσθαι κατὰ πρός τι σχέσιν], Diogenes Laertius 7, 161 [ἀλλὰ κατὰ τὸ πρός τι πως ἔχειν], Plutarch, *Virt. Mor.* 440 E [τῇ μὲν οὐσίᾳ μίαν ... τῷ δὲ πρός τι πως διαφόρους καὶ πλείονας] folgende Stellung bezog: δείκνυσιν οὐκ ἐν τῇ πρός τι

---

8 J. Moreau, *REA* 50 (1948) 40; er weist mit Recht darauf hin, daß „selon Ariston, la vertu est science ou connaissance [...] pratique [...] Zénon au contraire, pour la direction effective de la conduct, substitue à cette sagesse purement rationelle un prudence empirique fondée sur les tendances de la nature et l'expérience de la vie" (a. a. O. Anm. 2).

9 M. E. Reesor, *AJPh* 78 (1957) 65.

10 Zum Ganzen siehe J. Moreau, *REA* 50 (1948) 27–48.

σχέσει γινόμενον τὸ πλῆθος τῶν ἀρετῶν … ἀλλὰ ἐν ταῖς οἰκείαις οὐσίαις ὑπολαττομέναις κατὰ τὰς ποιότητας (*De Hipp. et Plat. Plac.* 586. 1–4).

Soweit scheint klar, daß Chrysipp Ariston dahingehend versteht, daß dieser eine rein extrinsezistische Differenzierung der ἀρετή nach Maßgabe der Kategorie πρός τί πως ἔχον berücksichtigt habe, zweifelsfrei ist ebenfalls, daß Chrysipp seinerseits die Existenz einer Tugend postuliert, aber dabei in Rechnung stellt, daß die Differenz zwischen Tugenden intrinsizistisch besteht, – nämlich auf Grund substanzieller Unterschiedenheit. Diese Auffassung scheint er also auch bei Zenon gefunden zu haben (Plutarch, *De Stoic. Repugn.* 1034 D).

Aber wie ist dies genau zu verstehen? Anders als Ariston, der seine Differenzierung an dem Gesichtspunkt der sogenannten IV. Kategorie bemessen zu haben scheint, bringt Chrysipp mit dem Hinweis auf die Forderung nach einer Differenzierung κατὰ τὰς ποιότητας (Galen, *De Hipp. et Plat. Plac.* 586. 1–4) bzw. ἰδίᾳ ποιότητι (Plutarch, *Virt. Mor.* 441 B) die sogenannte II. Kategorie in Anwendung. Vom systematischen Standpunkt aus schwierig scheint aber der Gesichtspunkt, daß die substanziell eine Tugend qualitativ ihrerseits in diskrete Tugenden zerfällt (Galen, *De Hipp. et. Plat. Plac.* 586. 1–4). Tatsächlich ergibt sich aus dem Bericht bei Galen genau der Eindruck, als ob diese qualitativ verschiedenen ἀρεταί als ὑποκείμενα bzw. καθ' αὐτά existieren[11]. Aber wäre dies nicht solange widersinnig, als die Konzeption des ἡγεμονικόν πως ἔχον auch den Gedanken an ein gemeinsames Substrat der einen Tugend in sich schließt?

Die Lösung dieses Problems scheint in folgende (von O. Rieth jedoch nicht ins Auge gefaßte) Richtung zu weisen: Zwei inviduelle, i. e. nicht identische Dinge können eine οὐσία haben (s. o. S. 139). Dieses Theorem scheint auch der Konzeption des ἡγεμονικόν πως ἔχον zugrunde zu liegen. Denn Jamblich berichtet, daß φαντασία, συγκατάθεσις, ὁρμή und λόγος als Qualitäten der einen Intelligenz bezeichnet werden (= *S. V. F.* 2, 826); demnach kann man ‚Intelligenz‘ also einmal als *physisches Substrat* verstehen, zum anderen aber als *qualifizierte Substanz.* Auf den Fall der ἀρετή bezogen besagt dies, daß Intelligenz durch jede der vier Tugenden qualifiziert wird, und sämtliche in Rede stehenden Tugenden ihrerseits eine Substanz haben können, an der sie jede für sich in verschiedenen Qualifikationen vorkommen.

So könnte Chrysipp in seiner Abhandlung *Über die Unterschiede der Tugenden* dahingehend argumentiert haben, daß Zahl und Name der Tu-

---

11 Vgl. O. Rieth, *Grundbegriffe der stoischen Ethik* 86.

genden eben nicht gemäß der Kategorie der externen Disposition zu erklären sind, sondern auf Grund des Umstandes, daß die diversen Tugenden
nach Maßgabe ihrer besonderen Beschaffenheit auch als etwas jeweilig substanziell verschiedenes anzusprechen sind. (Dies entspräche dem Sinn des
bei Galen, *De Hipp. et Plat. Plac.* 586. 1–4 Berichteten.) Chrysipps Rechtfertigung dieser Annahme können wir schattenhaft dort ausmachen, wo er
(offenbar in *Darüber, daß die Tugenden qualifiziert sind*) durch die Verwendung der Verbaladjektive αἱρετέον, ποιητέον, θαρρητέον etc. einen Hinweis darauf gibt, daß jeweils verschiedene Güter im Spiel sind, d. h. intentional verschiedene Objekte. Zwar haben die Tugenden qua ἐπιστῆμαι gemeinsame θεωρήματα, aber extensional betrachtet weist die Verwendung
des Begriffes ‚gut‘ im Feld der sittlichen Handlungen durchaus unterschiedlichen Sinn auf. Kombiniert man diesen Gedanken [12] mit dem, was der
Plutarch-Stelle (*Virt. Mor.* 441 B) entnommen werden kann, so ergibt sich
die Überlegung, daß Chrysipp die Namen der Tugenden auf entsprechend
qualifizierte Dinge bezog: Jede Tugend ist individuell geformt gemäß der
Qualität, durch die sie qualifiziert wird (*S. V. F.* 3, 255); tatsächlich leitet
Chrysipp ja ἀνδρεία von ἀνδρεῖος etc. ab [13].

Aber was gibt dieser doch schwierig zu durchschauende Kategorien-
streit [14] zwischen Chrysipp und Ariston für unsere Kenntnis und Beurteilung der Position Zenons aus? Die allerdings knappe Stellungnahme bei
Diogenes Laertius 7, 161 erlaubt immerhin einen Rückschluß darauf, daß
Zenon seine Differenzierung der ‚mehreren unterschiedlichen‘ Tugenden
nicht an der Kategorie der externen Relation bemessen haben konnte. Damit ist aber streng genommen auch jener Überlegung der Boden entzogen,
die Plutarch in der Annahme bestärkte, daß Zenon und Ariston die Vielheit der Tugenden gleichermaßen als bloße Modifikationen der den Men-

---

[12] M. E. Reesor, *AJPh* 78 (1957) 68 Anm. 17 stellt für den Gedanken in Plutarch, *Virt.
Mor.* 441 B und Galen, *De Hipp. et. Plat. Plac.* 568 die Möglichkeit der Orientierung
an ein und derselben Quelle in Rechnung.

[13] „The two verbal adjectives or two qualified entities seem to have indicated the
existence of separate entities" (M. E. Reesor, *AJPh* 78 [1957] 68 Anm. 17).

[14] P. DeLacy macht auf den Ausdruck „πρὸς ἑαυτοὺς οὕτως ... πρὸς τοὺς πλησίους
ἔχει οὕτως (Plutarch, *De Stoic. Repugn.* 1041 C) aufmerksam, „which indicates that
even Chrysipp used the formula of the fourth category in discussing virtue"
(*TAPhA* 81 [1945] 261 Anm. 87). – Dieser Widerspruch kann m. E. nur dann elimi-
niert werden, wenn angesetzt wird, daß in der Sache eben nicht die ἀρετή qua
Qualität der so-und-so beschaffenen Seele gemeint ist sondern (durchaus plausibel)
das ἡγεμονικόν in seiner πρός τί πως ἔχον-Relation.

schen als Vernunftwesen leitenden Einsicht erklären konnten (*Virt. Mor.* 441 A).

Wie Zenon seine These freilich durchgeführt hatte, läßt sich mit Sicherheit nicht mehr ausmachen; denn einmal muß dahingestellt bleiben, ob Ariston tatsächlich das in Anwendung gebracht hatte, was bei Chrysipp als Orientierung an der sogenannten IV. Kategorie angesprochen wird. (Es könnte sich hier auch um eine anachronistische Hineinprojektion eines womöglich doch späteren Klassifikations-Schemas handeln.) Zum anderen müßte im Hinblick auf die Möglichkeit einer systematisch-rekonstruktiven Beurteilung des entsprechenden Lehrstücks Zenons aus der Perspektive etwa Chrysipps genau das geltend gemacht werden, was als ‚System-Zwang‘ motiviert werden kann. Nun scheint aber die Anlegung einer solchen Kategorie an den entsprechenden Zusammenhang bei Zenon insofern legitim, als Ariston genau genommen den stoischen System-Zwang als solchen diskreditierte und den Anspruch ernstzunehmenden Philosophierens auf eine Beurteilung sozusagen rein ‚moralischer Probleme‘ beschränkt wissen wollte. Mit der Ausklammerung von Logik und Physik sollte er eigentlich auch auf die Möglichkeit verzichtet haben, ethische Fragen (wie z. B. was ist ἀρετή?) in den Zusammenhang solcher Problemstellungen zu rücken, die den Träger von ἀρετή (nämlich die Seele qua ἡγεμονικόν) als fundamental physischen Gegenstand betreffen. Realisiert man auf der anderen Seite, daß Zenon bereits von der Mischung von οὐσία und ποιότης gesprochen haben müßte (*F* 92), und daß sein Vorgehen im Zusammenhang der allegorischen Deutung des Titanen Koios als ποιότης (*F* 100) eine an sich gar nicht so erstaunlich weite Anwendung der sogenannten Kategorienlehre anzeigt, so ist es zumindest gefährlich zu sagen: „Zenon kannte das Problem noch nicht, sprach aber ganz unbefangen von verschiedenen Tugenden." [15]

---

[15] M. Pohlenz, *Die Stoa* II 72 (zu I 127). – Sehr viel Wahrscheinlichkeit hat m. E. die Vermutung von M. E. Reesor für sich: „Zeno may have regarded the virtues as qualities [. . .] the words ‚several according to difference‘ [i. e. Plutarch, *De Stoic. Repugn.* 1034 C] may suggest that virtues were individually differentiated and therefore qualities" (*AJPh* 75 [1954] 41).

§ 4 Zur Definition des Affekts[1]

Probleme der Bezeugung gibt es trotz des *quidam* (*Tusc. Disp.* 4, 11) nicht; denn daß auch die zweite Hälfte des Zeugnisses in *Tusc. Disp.* 4, 11 und mithin auch der *vel brevius* folgende Passus in 4, 47 in Anspruch zu nehmen ist, sichert Stobaeus, *Ecl.* 38. 4–5. Allenfalls problematisch ist vielleicht der exakte Wortlaut der zenonischen Definition im Hinblick auf das „ἄλογος κτλ." (s. u. S. 147); daß sie in der Sache aber Chrysipp vorgelegen haben mußte, ist aus Galen, *De Hipp. et Plat. Plac.* 356. 15 zu ersehen (= *S. V. F.* 3, 476; vgl. auch *De Hipp. et Plat. Plac.* 341. 1–2 [= *S. V. F.* 3, 462]).

Entscheidend ist natürlich die Frage nach dem Verhältnis beider Definitionen zueinander. In diesem Sinn stellt sich zunächst die Frage nach der hier intendierten Bedeutung des Terminus ἄλογος. Denn gerade in der Radikalität ihrer Auffassung, daß Leidenschaften grundsätzlich naturwidrig sind[2], hebt sich Zenons Position von der des Aristoteles ab (vgl. z. B. *EN* 1111 A 29 – B 3)[3]. Dies ergibt sich ziemlich klar im Hinblick auch auf den Umstand, daß „ἄλογος" und „παρὰ φύσιν" offenbar synonym verstanden werden konnten.

Der Vorstellung einer ἄλογος κίνησις mochte vielleicht das „ἀλόγως φέρεσθαι" in Platons *Timaios* 43 E 3[4] Pate gestanden haben (vielleicht ist die nämliche Ausdrucksweise z. B. bei Galen, *De Hipp. et Plat. Plac.* 339. 4 = *S. V. F.* 3, 462 kein Zufall.), sowie überhaupt dessen Grundüberzeugung, daß jegliche seelische Regung eben als κίνησις zu verstehen ist (vgl. z. B. *Timaios* 89 E 5, *Nomoi* 896 E). Von Aristoteles wird dieser Gesichtspunkt dann thematisiert.

Von besonderer Bedeutung ist für die Stoa nun aber die Vorstellung der τονικὴ κίνησις, die alle Dinge konstituiert und gewissermaßen beherrscht. Und die den Menschen als ζῷον λογικόν auszeichnende λογικὴ σύστασις seiner Seele ist nichts weiter als eine besondere Qualität des Seelenstoffes, die durch eine bestimmte τονικὴ κίνησις geschaffen und bewahrt wird; in diesem Gedanken gründet die Überlegung, daß jede ἄλογος κίνησις eine qualitative Veränderung in dieser τονικὴ κίνησις bewirkt und somit die λογικὴ

---

[1] Diogenes Laertius 7, 110; Cicero, *Tusc. Disp.* 4, 11; Cicero, *Tusc. Disp.* 4, 47.

[2] Vgl. *Ac. Post.* 1, 39.

[3] Zu *Tusc. Disp.* (wo dieser Gesichtspunkt von Cicero nicht so klar herausgearbeitet wird) siehe O. Gigon, *Cicero. Tusculanen*[2] (München 1970) 530.

[4] Vgl. dazu A. E. Taylor, *Plato's Timaeus* (Oxford 1929) 270.

σύστασις virtuell gefährdet. (In seiner radikalen Konsequenz würde dieser Gedanke auch die Überlegung zulassen müssen, daß ein Mensch mit einer extrem depravierten Seelenverfassung zu einem ἄλογος deteriorieren könnte.)

Doch was ist nun unter „ἄλογος" genau zu verstehen? Stobaeus bzw. seine Vorlage widmet dieser Frage nach der Bedeutungsdifferenz zwischen „ἄλογος" und „παρὰ φύσιν" einen interessanten Abschnitt[5] und behauptet, daß „παρὰ φύσιν" soviel bedeutet wie „παρὰ τὸν ὀρθὸν λόγον" (S. 84. 14–16), wohingegen „ἄλογος" bedeutungsgleich sei mit „ἀπειθὴς τῷ λόγῳ" (S. 89. 5).

Nun findet sich diese Form der Substitution des Terminus ἄλογος keinesfalls nur hier. In einer Serie von Definitionen der klassischen Hauptaffekte wird „ἀπειθὴς τῷ λόγῳ" dem „ἄλογος" regelrecht substituiert (vgl. S.V.F. 3, 377. 378. 394), und Ciceros Definition des πάθος in De Officiis 1, 136 [id est motus animi rationi nimios non obtemperantes] müßte so etwas wie „κίνησις ἔκφορος [...] ἀπειθὴς τῷ λόγῳ" zugrunde liegen[6].

Seltsamerweise findet sich diese Definition nun auch in Tusc. Disp. 3, 7 – einem Kontext, der nicht als unbedingt stoisch angesprochen werden muß[7]. Jedenfalls evoziert diese Formulierung die Vorstellung vom ἄλογον als einer unabhängig vom λογικόν und gegebenenfalls wider alles bessere Wissen agierenden Instanz. Der Tatsache solcher literarisch vor allem seit den Tragödien des Euripides bekannten Konfliktsituationen[8] wollten auch die Seelenteilungslehren akademischer und peripatetischer Observanz Rechnung tragen[9]. Aber für die physikalische Theorie der Stoa ist der Gedanke an ein eigenständiges, sich der leitenden Instanz des λογικόν entziehenden ἄλογον un-

---

[5] Stobaeus, Ecl. II 89. 4–90. 6 (= S.V.F. 3, 389).

[6] Vgl. H.-J. Hartung, Ciceros Methode bei der Übersetzung griechischer philosophischer Termini 71 Anm. 2.

[7] Zur Bestimmung „motus animi rationi non obtemperantes" stellt O. Gigon fest: „Gegeben wird eine Definition des πάθος überhaupt, die in dieser Form eher peripatetisch ist" (Cicero. Tusculanen 530).

[8] Eine neue Analyse der klassischen Stellen Medea 1078 und Hippolytos 380 im Hinblick auf die späteren Seelenteilungslehren legte W. W. Fortenbaugh vor: „The Antecedents of Aristotle's Bipartite Psychology", GRBS 11 (1970) 233–250. – Die herkömmlichen Interpretationen (wie sie auch z. B. in meinem Buch Probleme der platonischen Seelenteilungslehre 19 Ausdruck finden) müssen zumindest neu überdacht werden.

[9] Dazu siehe vor allem D. A. Rees, „Theories of the Soul in the Early Aristotle", in Aristotle and Plato in the Mid-Fourth Century 191–200 und „Bipartition of Soul in the Early Academy", JHS 77 (1957) 112–118.

durchführbar; was bleibt, ist also die Alternative von *Logos*-gemäßem und *Logos*-widrigem Verhalten der Seele als solcher (vgl. auch Plutarch, *Mor.* 441 C).

Daß die namentlich gegen Chrysipp ausgerichtete Polemik hier Widersprüche zu finden weiß, und daß bestimmte Formulierungen die Notwendigkeit der Annahme eines vom λογικόν verschiedenen ἄλογον erweisen sollen, ist bekannt (s. u. S. 158). Besonders interessant in gerade diesem Sinn nimmt sich die auf Chrysipp replizierende Erörterung bei Plutarch, *De Virt. Mor.* 450 C – D aus [10]. Denn die Annahme, daß die Explikation bei Stobaeus (s. o. S. 146 Anm. 5) in dem, was ZZ. 6–9 anbetrifft, auf eine Zenon-*Exegese* Chrysipps zurückgehen mag [11], stützt sich wesentlich auf diese Plutarch-Stelle. Und daß nun die Substitution „ἀπειθὴς τῷ λόγῳ" für „ἄλογος" in der Tat von Chrysipp vorgenommen wurde, und diese Worte „a gloss of Chrysippus upon Zeno's term ἄλογος" gewesen sein mögen [12], ergibt sich wiederum mit einiger Wahrscheinlichkeit aus jenen Textstücken bei Galen, in denen Chrysipps Verständnis der stoischen Affekt-Definition ziemlich ausgiebig zur Sprache gebracht wird, z. B. διὸ καὶ οὐκ ἀπὸ τρόπου λέγεται ὑπό τινων τὸ τῆς ψυχῆς πάθος εἶναι κίνησις παρὰ φύσιν, ὡς ἐπὶ φόβου ἔχει καὶ ἐπιθυμίας καὶ τῶν ὁμοίων. πᾶσαι γὰρ αἱ τοιαῦται κινήσεις τε καὶ καταστάσεις ἀπειθεῖς τε τῷ λόγῳ εἰσὶ καὶ ἀπεσταραμμέναι· καθὸ καὶ ἀλόγως φαμὲν φέρεσθαι τοὺς τοιούτους οὐχ οἷον κακῶς ἐν τῷ διαλογίζεσθαι, ὡς ἄν τις εἴποι κατὰ τὸ ἔχειν ἐναντίως πρὸς τὸ εὐλόγως, ἀλλὰ κατὰ τὴν τοῦ λόγου ἀποστροφῆς (Galen, *De Hipp. et Plat. Plac.* 356. 13 – 357. 5 [= *S. V. F.* 3, 476]) und τὸ γὰρ „ἄλογον" τουτὶ ληπτέον „ἀπειθὲς λόγῳ καὶ ἀπεστραμμένον τὸν λόγον", καθ᾽ ἣν φορὰν καὶ ἐν τῷ ἔθει τινά φαμεν ὠθεῖσθαι καὶ ἀλόγως φέρεσθαι ἄνευ λόγου κρίσεως οὐχὶ εἰ διημαρτημένως φέρεται καὶ παριδών τι κατὰ λόγον τοῦτ᾽ ἐπισημαινόμεθα, ἀλλὰ μάλιστα καθ᾽ ἣν ὑπογράφει φοράν, οὐ πεφυκότος τοῦ λογικοῦ ζῴου κινεῖσθαι οὕτως κατὰ τὴν ψυχὴν ἀλλὰ κατὰ λόγον (a. a. O. 339. 1–9 [= *S. V. F.* 3, 462]).

Im Hinblick auf die Frage nach dem exakten Verständnis des Terminus ἄλογος ergibt sich somit, daß „ἀπειθὴς τῷ λόγῳ" [13] den Zustand des im Af-

---

[10] = *S. V. F.* 3, 390.
[11] Siehe schon C. Wachsmuths Bemerkung II 89 App. crit.
[12] A. C. Pearson, *The Fragments of Zenon and Cleanthes* 177.
[13] Dieses Verständnis des Terminus ἄλογος scheint sich an jener aristotelischen Explikation zu orientieren, die in *EN* I 13 entwickelt wird; entgegen den Auffassungen von H.-G. Ingenkamp (*Philologus* 112 [1968] 126–129) und W. W. Fortenbaugh (*Philologus* 114 [1970] 289–291) ist für 1102 B 28–29 anzusetzen, daß τὸ ἄλογον hier nicht den vom Wort objektiv bezeichneten Gegenstand bedeutet, sondern vielmehr den

fekt befindlichen Menschen kennzeichnen soll, der „ohne Vernunft" agiert.
Im Unterschied dazu wird „παρὰ φύσιν" im Sinne von „παρὰ τὸ εὔλογον"
grundsätzlich einen Fall von der Art bezeichnen, daß sich der Handelnde
über Sinn und Ziel seines Tuns im Irrtum befindet; zwar handelt er „un-
vernünftig" (i. e. anders, als es der ‚vernünftige Menschenverstand' gebieten
würde) doch deshalb nicht auch gleich ohne Vernunft. (Auch im Hinblick
auf die zweite Hälfte des Zeugnisses bei Stobaeus, *Ecl.* II bes. 89. 17 – 90. 1
wird man vor allem an solche Fälle denken, wie sie bei Aristoteles im Rahmen der Diskussion des ‚Freiwilligkeits-Begriffes' unter der Kategorie „δι'
ἄγνοιαν" begriffen werden [*EN* 1110 B 18 ff.; 1135 A 23–31, B 11–16].)
Ein im Irrtum über Sinn und Ziel seines Tuns befangener Mensch ist also
nicht notwendig im Affekt begriffen.

Im Ganzen scheint diese Unterscheidung durchaus sinnvoll. Denn die
Stoiker können ja, was näher zu erörtern sein wird (s. u. S. 158), jede Leidenschaft als Fehl-Urteil diagnostizieren. Und dies schließt den Gedanken
in sich, daß ein Affekt qua physiologische Veränderungen im Seelenpneuma
einer intellektuellen Fehlleistung im Hinblick auf Sein und Sollen korrespondiert. Die orthodox stoische Theorie vom Mechanismus φαντασία →
συγκατάθεσις → ὁρμή scheidet die Möglichkeit eines *impetus simplex* aus.
D. h.: die Möglichkeit, daß ein zum Handeln drängender Impuls zustande
kommt, *ohne* daß eine affirmative Bestätigung des Wahrheitsgehaltes des
in dem entsprechenden ἀξίωμα zum Ausdruck gebrachten Urteils erfolgt
wäre, wird nicht in Betracht gezogen. Chrysipp definiert den Impuls ja geradezu als λόγος προστακτικὸς τοῦ ποιεῖν[14]. Mit Rücksicht auf diese stoische
Voraussetzung wird man um der Klärung der Bedeutung des „ἀπειθὲς τῷ
λόγῳ" willen schon fragen müssen, ob nicht jeder ‚ohne Vernunft' Handelnde
sich mithin auch im Irrtum befindet. In diesem Fall wäre ja die Unterscheidung zwischen „ἀπειθὲς τῷ λόγῳ" und „παρὰ τὸ εὔλογον" letztlich irrelevant. Oder was würde im Hinblick auf ein πάθος (= ὁρμή πλεονάζουσα) den
Unterschied ausmachen, der mit Rücksicht auf die Bestimmung der ὁρμή als
Logos vielleicht zu berücksichtigen wäre? Ein *Logos* – hier *Satz* mit impera-

(Frege'schen) Sinn, unter dem wir die Art der Gegebenheit des bedeuteten Gegenstand zu verstehen haben; B 28–29 besagt m. E.: „Auch der Sinn des Wortes *alogos*
scheint also ein doppelter zu sein". Diese zweierlei Arten von Gegebenheiten werden
eigens am Fall jener offenbar verschiedenen Dinge erklärt, die objektiv von ein und
demselben Wort „*alogon*" bezeichnet werden (1102 B 29–33); relevant ist für Zenon
bzw. Chrysipp nur der zweite Gesichtspunkt, der übrigens auch *EN* 1103 A 1–3 zum
Ausdruck kommt. Und zwar versteht Chrysipp „ἄλογος" = „ἀπειθὴς τῷ λόγῳ"
offenbar als Negation von „ἄλογος" = „λόγου πειθαρχικόν" etc.
[14] Vgl. *S. V. F.* 3, 175. 337.

tivem Charakter [z. B. „X ist gut → X ist erstrebenswert"] – kann für stoische Begriffe nur wahr oder falsch sein. Daß aber die Unterscheidung zwischen „ἀπειϑὲς τῷ λόγῳ" und „παρὰ τὸ εὔλογον" keineswegs irrelevant sein kann, ist bereits durch den Umstand angezeigt, daß die Problematik des Irrtums in beiden Fällen unterschiedlicher Art ist.

Nun, der hinter all dem stehende Gedanke ist eigentlich nicht schwer zu durchschauen. Denn Chrysipp konnte ja geltend machen, daß (1) zwar jedes πάϑος ein Fehlurteil ist, weil ein Impuls, der zur Handlung drängt, in jedem Fall nur auf Grund eines entsprechenden Urteils zustande kommt, (2) daß aber nicht jedes Fehlurteil im Hinblick auf Sein und Sollen auch notwendigerweise einen Affekt bedeutet. – Soll also „ἄλογος" im Sinne von „ἀπειϑὴς τῷ λόγῳ" den Zustand des einer Leidenschaft anheim gefallenen Menschen kennzeichnen, so ist damit offenbar angezeigt, daß der zum Handeln drängende Impuls in diesem Moment gewissermaßen emanzipiert ist und nicht gesteuert werden kann: οὐ γὰρ ἐν τῷ κρίνειν ἀγαϑὰ ἕκαστα τούτων λέγεται ἀρρωστήματα ταῦτα, ἀλλὰ κατὰ τὸ ἐπὶ πλέον ἐκπεπτωκέναι πρὸς τοῦ κατὰ φύσιν (Chrysipp bei Galen, *De Hipp. et Plat. Plac.* 368. 12–15 [= *S. V. F.* 3, 480]) [15]. Komplementär dazu versteht sich Chrysipps Gedanke über die μανία (in der Formulierung Galens): ἀλλὰ νὴ Δία ἴσως ἄν τις φήσειε τὸ μανιῶδες οὐ διὰ τὴν ἄλογον γίνεσϑαι δύναμιν, ἀλλὰ διὰ τὸ ἐπὶ πλέον ἢ προσῆκεν ἐξῆχϑαι τήν τε κρίσιν καὶ τὴν δόξαν, ὡς εἰ οὕτως ἔλεγε, ἀρρωστήματα γίνοϑαι κατὰ τὴν ψυχὴν οὐχ ἁπλῶς τῷ ψευδῶς ὑφειληφέναι περί τινων ὡς ἀγαϑῶν ἢ κακῶν, λλὰ τῷ μέγιστα νομίζειν αὐτά. μηδέπω γὰρ ἀρρώστημα τὴν περὶ τῶν χρημάτων εἶναι ὡς ἀγαϑῶν εἶναι, ἀλλ᾽ . . . καὶ μηδὲ ζῆν ἄξιον ὑπολαμβάνῃ τῷ στερηϑέντι χρημάτων· ἐν τούτῳ γὰρ συνίστασϑαι τήν τε φιλοχρηματίαν καὶ φιλαργυρίαν ἀρρωστήματα οὔσας (*De Hipp. et Plat.* 369. 7–370. 1 [= *S. V. F.* 3, 480]) [16]. Hier wird also der Fall ins

---

15 Wie Plutarch (s. o. S. 147 Anm. 10) versucht auch Galen aus den *Chrysippea* (die womöglich auch von Poseidonios bereits nur eklektisch benutzt wurden) Widersprüche herauszulesen, um von Chrysipp die Annahme der Existenz eines vom λογικόν verschiedenen ἄλογον = τὸ παϑητικόν zu erzwingen (richtig ist hier die Beurteilung durch J. B. Gould *The Philosophy of Chrysippus* 192–196, sowie seine kritische Analyse der Darstellung bei E. Bréhier, *Chrysippe et l'ancien stoïcisme*, 249–253 [a. a. O. 183–184]). In *De Hipp. et Plat. Plac.* 338 ff. hält Galen dem Chrysipp eine inkonsequente Benutzung des Begriffes ἄλογος vor (vgl. auch 341. 5; 342. 7; 350. 10 bes. 354. 8 und 356. 10); den Ausdruck ἄνευ λόγου legt er so aus, als habe Chrysipp das gemeint, was bei Seneca, *De Ira* II 1, 4 unter den ‚*impetus simplex*' fällt.

16 Daß auch dieser Passus wenigstens in der Substanz seiner Aussage für Chrysipp in Anspruch genommen werden darf (siehe I. Müller *ad loc.;* H. von Arnim, *S. V. F.* III, S. 130), versteht sich m. E. auf Grund der Überlegung, daß die Form der Anknüpfung

Auge gefaßt, daß ein gründliches Fehlurteil eine ὁρμή signalisiert, die notwendig exzessiv ist oder wird. Vermutlich würde die Vorlage des Stobaeus
(s. o. S. 146 Anm. 5) einen derartigen Fall unter die „ἐν πάθεσι ὄντες" [i. e.
nicht-Belehrbaren] rechnen, im Unterschied zu dem anderen Fall, daß jemand von der Grundlosigkeit seiner Ansicht überzeugt werden kann.

Viel weiter wird die Interpretation im engen Kreis dieses Zusammenhanges wohl nicht gelangen können. Denn die Belege lassen uns im Stich.
Interessant und zugleich problematisch ist etwa die Behauptung Galens,
daß Chrysipp ὅσα γὰρ οὐκ ὀρθῶς πράττουσι ἄνθρωποι, τὰ μὲν εἰς μοχθη-
ρίαν κρίσιν ἀναφέρει τὰ δὲ εἰς ἀτονίαν καὶ ἀσθένειαν τῆς ψυχῆς, ὥσπερ γε
ὧν κατορθοῦσιν ἡ ὀρθὴ κρίσις ἐξηγεῖται μετὰ τῆς κατὰ τὴν ψυχῆς εὐτονίαν
(De Hipp. et Plat. Plac. 337. 5–9). In der menschlichen Praxis scheint es –
stoischer Meinung nach – so zu sein, daß Fehlbewertungen im Bereich von
Sein und Sollen auf Grund habituell gestörter Seelenverfassung zustande
kommen; nicht umsonst legen die Stoiker auch Wert auf die Feststellung,
daß alle Menschen Toren sind. – Dem stoischen Kernsatz, wonach der
Mensch in seinem sittlichen Tun frei ist, widerspricht dieser Gedanke allerdings nicht. Denn auch eine solche Seelenverfassung fällt eindeutig in den
Bereich der menschlichen Verantwortlichkeit; sie wird durch eine Reihe von
ἀσθενεῖς συγκαταθέσεις erst erzeugt. – Natürlich ist man immer versucht,
den Regreß zu Ende zu denken. Über das Stadium, in dem sich der Logos
als τεχνίτης der ὁρμαί heranbildet (Diogenes Laertius 7, 86), sagen uns die
Zeugnisse freilich wenig.

Soweit hat sich kein Anhaltspunkt für die von Galen insinuierte Annahme ergeben, daß die immer wiederkehrende Kennzeichnung „ἀπειθὲς
τῷ λόγῳ" einen Hinweis auf die typisch sokratisch/platonisch-peripatetische
Konfliktsituation implizieren muß. Der Gedanke an einen „Kampf zwischen
δόξα und λόγος" und daran, „daß eine falsche oder übereilte δόξα über ein
richtiges Vernunfturteil obsiegt" [17], hat also fernzubleiben. Denn kein orthodoxer Stoiker scheint einen Fall von der Art ansetzen zu können, daß jemand, der auf Grund seiner Seelenverfassung in der Lage ist, zutreffende
Behauptungen über Sein und Sollen aufzustellen, von einer „voreiligen
Doxa" sozusagen noch überrannt werden könnte [18]. – Alles reduziert sich

der Stellungnahme des Poseidonios (= F 164 Edelstein-Kidd) so eigentlich eben nur
auf Chrysipp zugeschnitten sein kann.

[17] R. Philippson, RhM 86 (1937) 162.

[18] R. Philippson berücksichtigt auch den Kontext von Galen, De Hipp. et Plat. Plac.
381. 5 – 383. 9 nicht, wenn er behauptet: „An vielen Beispielen zeigt Chrysipp, daß

also auf die allerdings schwierige Frage, wie die ὁρμή (die als Triebkraft des Handelnden unentbehrlich ist) ‚überstark' werden kann.

Vermutlich kann also auch „ἀπειθὴς τῷ αἱροῦντι λόγῳ" (wie bei Stobaeus, *Ecl.* II 89. 9 oder Plutarch. *Virt. Mor.* 441 C) nicht einfach bedeuten, daß „der Trieb dem *Logos,* der befindet und bestimmt, ungehorsam sei" [19], wie jemand vielleicht wider besseres Wissen handelt. Denn entscheidend ist ja wohl der Gesichtspunkt, daß zur Zeit der Urteilsbildung eben kein „besseres Wissen" existiert. Soll man also in diesem Zusammenhang ein Verständnis wie ‚nicht dem folgend, was die Vernunft in einem solchen Fall als richtig erweisen würde' voraussetzen, also entsprechend dem „παρὰ τὸ εὔλογον"? Tatsache ist ja, daß dieser *Logos* zum fraglichen Zeitpunkt bereits – um im Bild bei Plutarch und auch bei Stobaeus zu bleiben – vom rechten Weg abgekommen ist. Wer aber ist das Pferd? Doch wohl die ὁρμή!

Im Hinblick auf die bei Stobaeus angezeigte Unterscheidung zwischen „ἄλογος" qua „ἀπειθὴς τῷ λόγῳ" einerseits und „παρὰ φύσιν" qua „παρὰ τὸν ὀρθὸν καὶ κατὰ φύσιν λόγον" andererseits bleibt noch zu vermerken, daß die orthodoxe Stoa aus der Sicht ihrer Anthropologie den Affekt folgerichtig als etwas ‚widernatürliches' und mithin ‚unmenschliches' betrachten mußte; dieser Gedanke brachte die Stoa in eine Distanz nicht nur zu Aristoteles sondern auch zu der Anthropologie Platons. Er erklärt sich aber als Konsequenz jener Annahme, die von dem Menschen geradezu aristotelisch als ζῷον λογικόν ausgeht: δεῖ δὲ πρῶτον ἐντεθυμῆσθαι, ὅτι τὸ λογικὸν ζῷον ἀκολουθητικὸν φύσει ἐστὶ τῷ λόγῳ, καὶ κατὰ τὸν ὡς ἂν ἡγεμόνα πρακτικόν (Chrysipp bei Galen, *De Hipp. et Plat. Plac.* 338. 11–13 = *S. V. F.* 3, 462). Und da die Stoa in der Konsequenz ihrer monistischen Interpretation dieser Welt als *Logos*-strukturierten Gebildes nicht auch mit der Existenz eines ἄλογον τῆς ψυχῆς rechnen darf, das analog dem für den Peripatos maßgeblichen Leitbild des Staates (in dem Herrscher und Beherrschte zusammen wirken [20]) unter der Leitung eines λογικὸν τῆς ψυχῆς einen eigenständigen Spielraum hätte, so kann sie auch nicht die Möglichkeit von naturgemäßen πάθη in Rechnung stellen.

Jede Leidenschaft ist qua πάθος naturwidrig; und der Mensch verhält sich im Grunde gegen seine Natur, die Teil der vernünftigen Gesamtnatur ist, d.h. er verhält sich so, als ob er nicht Mensch wäre: οὐ πεφυκότος τοῦ λογικοῦ

der Leidenschaftliche, auch wenn er das Richtige erkennt, also die εὐτονία besitzt [sic!], der falschen δόξα folgt (a. a. O. 166).

19 L. Stroux, *Vergleich und Metapher in der Lehre des Zenon von Kition* 26.

20 Vgl. O. Gigon, *Cicero. Tusculanen*[2] 530.

ζῴου κινεῖσθαι οὕτως κατὰ τὴν ψυχὴν ἀλλὰ κατὰ τὸν λόγον (Chrysipp bei Galen, *De Hipp. et Plat. Plac.* 339. 7–9 [= *S. V. F.* 3, 462]) und es gilt: διὸ καὶ οἱ οὕτως ἄλογοι κινήσεις πάθη τε λέγονται καὶ παρὰ φύσιν εἶναι ἅτ᾽ ἐκβαίνουσαι τὴν λογικὴν σύστασιν (Chrysipp bei Galen, *De Hipp. et Plat. Plac.* 360. 16–361. 2 [= *S. V. F.* 3, 476]) [21].

Was nun das Verhältnis beider Definitionen zueinander angeht [„ἄλογος καὶ παρὰ φύσιν ψυχῆς κίνησις" – „ὁρμὴ πλεονάζουσα"], so ist zu sehen, daß sie zwar auf ein und dasselbe Phänomen bezogen sind [22]. Denn dem Begriff κίνησις kann in diesem Zusammenhang „ὁρμή" substituiert werden; dies ist insofern legitim, als ja ὁρμή ihrerseits (aus einer physikalischen Perspektive) als „Bewegung der Seele" bestimmt werden darf [23]. Tatsächlich sollen beide Bestimmungen aber jeweils verschiedene Perspektiven ins Licht rücken. Und zwar wird der Affekt einmal – im strikten Sinne unseres Sprachgebrauches – als psychisches Phänomen angesprochen. (Einen wirklich konkreten Unterschied zwischen „psychisch" und „physisch" gibt es für die Stoa wohl nicht!) Im anderen Fall wird der Affekt unter dem Gesichtspunkt der *Handlung* betrachtet. Denn mit Rücksicht darauf, daß ὁρμή auch als ‚Bewegung der Vernunft zu einer Handlung' verstanden werden darf, bedeutet „Affekt" dann folgerichtig eine Art von Impulsivität, die zu maßlosen Handlungen führt.

Wenden wir uns nun den beiden anderen Zeugnissen zu. Auffällig ist zunächst Ciceros Begriff *perturbatio* (vgl. auch *De Finibus* 3, 35) [24]. Denn *perturbatio* scheint doch, wie O. Gigon zu *Tusc. Disp.* 3, 7 anmerkt [25], eigentlich von der Vorstellung der ταραχή auszugehen; dieser Terminus findet sich zwar bereits bei Platon (*Politeia* 602 C 12 zur Kennzeichnung der disharmonischen Beziehung der Seelenteile). Er ist aber eigentümlich epikureisch.

Richtig ist natürlich, daß „die verwandten Begriffe *pati, adfectus* und *adfectio* bereits einen Inhalt haben, so daß sie zur Übertragung des stoi-

---

[21] Dabei ist zu verstehen, daß die σύστασις solange λογική ist, als der Mensch in der Lage ist, in der Orientierung an dem universalen *Logos* zutreffende Behauptungen über Sein und Sollen zu treffen.

[22] Vgl. u. a. *De Hipp. et Plat. Plac.* 338. 15 – 339. 1 καθ᾽ ἣν φορὰν ἀμφότεροι ἔχουσιν οἱ ὅροι τῆς παρὰ φύσιν κινήσεως ἀλόγως οὕτως γινομένης καὶ τοῦ ἐν ταῖς ὁρμαῖς πλεονασμοῦ und bes. 336. 11–16 (= *S. V. F.* 3, 479).

[23] Vgl. *S. V. F.* 3, 169. 171. 173.

[24] Dazu, daß sich Cicero scheut, πάθος indiskriminiert durch *morbus* wiederzugeben, siehe auch J. M. Rist, *Stoic Philosophy* 28.

[25] *Cicero. Tusculanen²* 503.

schen πάθος nicht mehr geeignet schienen"[26]. Den Begriff *passio* (vgl. Augustin, *Civ. Dei* 8. 17) kannte er offenbar noch nicht, und so hat „Cicero in feinem Gefühl für das lateinische Sprachempfinden, um die negative Haltung der Stoa gegenüber sämtlichen πάθη zum Ausdruck zu bringen, statt *adfectio* das Wort *perturbatio* gewählt"[27]. Gleichwohl muß prinzipiell die Möglichkeit in Betracht gezogen werden, daß Cicero – ohne es zu sagen – einen älteren Terminus technicus vor Augen hatte. Dabei ist m. E. in erster Linie an den Begriff πτοία zu denken, der übrigens nicht nur für Zenons Definition bezeugt ist (*F* 206, s. u. S. 156), sondern auch geradezu als Synonym πᾶσαν πτοίαν πάθος εἶναι καὶ πάλιν πᾶν πάθος πτοίαν). Πτοία und ταραχή können übrigens synonym gebraucht werden.

Ciceros Wiedergabe des Terminus ἄλογος ist uneinheitlich. Der Ausdruck „*aversa a recta ratione*" dürfte sich an der chrysippischen Substitution des zenonischen „ἄλογος" etwa durch „ἀπεστραμμένος τὸν λόγον" orientiert und auch die Ersetzung von „παρὰ φύσιν" durch „παρὰ τὸν ὀρθὸν λόγον" berücksichtigt haben[28]. An anderen Stellen (vgl. *Tusc. Disp.* 4, 14 [*sine ratione elationem* für „ἄλογος ἔπαρσις"]) mochte Cicero die interpretierende Ersetzung „ἄνευ λόγου" aufgenommen haben; im selben Zusammenhang umschreibt er „ἄλογος συστολή" mit „*animi adversante ratione contractio*" und hat dabei offenbar Chrysipps ‚Glosse' „ἀπειθὴς τῷ λόγῳ" vor Augen; so auch dort, wo er wie in *Tusc. Disp.* 3, 7 und *De Off.* 1, 136 die erste πάθος-Bestimmung durch „*motus animi nimios rationi non obtemperantes*" umschreibt. Hier ist freilich zu vermuten, daß Cicero – vielleicht eigenmächtig – das in einem derartigen Zusammenhang terminologisch sonst nur mit ὁρμή verbundene Partizip πλεονάζουσα in den Definitionszusammenhang eingefügt hat (‚*nimios*') und damit beide Bestimmungen kontaminierte (etwa als ob im Griechischen κινήσεις τῆς ψυχῆς πλεονάζουσαι bzw. ἔκφοροι ἀπειθεῖς τῷ λόγῳ stünde).

Was bei all dem unklar bleibt, ist die Frage, ob sich Cicero hier hinreichend der Tatsache bewußt war, daß jeder Gedanke an die platonisch-peripatetische Konfliktsituation fernzubleiben hat.

Interessant ist auch Ciceros Exposition des *appetitus vehementior* als „*qui absit a natura constantia*". Ein Blick auf die entsprechenden Erörterungen Chrysipps bei Galen, *De Hipp. et Plat. Plac.* 340. 1–2 (= *S. V. F.* 3,

---

[26] G. Kilb, *Ethische Grundbegriffe der alten Stoa und ihre Übertragung durch Cicero im dritten Buch de Finibus* (Freiburg 1939) 21.

[27] H. Gomoll, *Der stoische Philosoph Hekaton* (Leipzig 1933) 8.

[28] Unzureichend ist die Behandlung bei H.-J. Hartung, *Ciceros Methode bei der Übersetzung griechischer philosophischer Termini* 71.

462) u. v. ö. zeigt, welch bemerkenswert glückliche Hand Cicero auch hier hatte. Vom Sachlichen her scheint auch die Verbindung zu *Ac. Post.* 1, 39 [... *perturbationum matrem esse arbitrabatur immoderatam quandam intemperantiam*] sehr wichtig. Denn für den Fall, daß Cicero nicht einfach eine Formulierung wie „τὴν ἀκολοσίαν εἶναι μητέρα τῶν παθῶν" vor Augen hatte, wäre diese Ausdrucksweise ja insofern glücklich, als es in der Tat die gestörte Seelenspannung ist (vgl. Galen, *De Hipp. et Plat. Plac.* 377. 5–7), die zutreffende Behauptungen im Bereich der Wert-Urteile unmöglich macht und entsprechend unangemessene ὁρμαί hervorbringt; dazu paßt auch die im eigentlich epistemologischen Zusammenhang zum Ausdruck gebrachte Auffassung ‚*errorem autem ... et uno nomine omnia quae essent aliena firmae et constantis assentionis a virtute sapientiaque removebat*' (*Ac. Post.* 1, 42). Mit anderen Worten: Unzutreffende Behauptungen über Sein und Sollen können aus einer gestörten Seelenverfassung resultieren.

§ 5   Die Erklärung des Affekts [1]

Die hier bei Stobaeus (aus der *Epitomê* des Arius Didymus [2]) Zenon zugeschriebenen Definition des πάθος als ὁρμὴ πλεονάζουσα muß auf Grund der Zeugnisse bei Diogenes Laertius 1, 110 und Cicero, *Tusc. Disp.* 4, 11; 4, 47 (= F 205, jeweils zweite Hälfte) als gesichert gelten.

Interessant ist nun die Darstellung selbst. Denn der Autor sieht ja die Differenz der Position Zenons zu der kurz zuvor (II 38. 18–39) mitgeteilten aristotelischen Auffassung darin, daß das Charakteristikum „πεφυκυῖα πλεονάζειν" für Zenons Verständnis des exzessiven Impulses nicht zutrifft. In der Sache findet sich dieser Gedanke damit wohl im Widerspruch zu dem, was bei Galen, *De Hipp. et Plat. Plac.* 348. 5–10; 405. 5–9 zum Ausdruck gebracht wird (zu F 209 s. u. S. 58). Aber dies ist gewiß nicht das Entscheidende. Störend ist etwas anderes: Die Begründung für „οὐ πεφυκυῖα πλεονάζειν" leuchtet zunächst einmal nur dann ein, wenn verstanden und vorausgesetzt wird, daß die Peripetiker die Existenz eines diskreten Seelenteils zugrunde legen, der seinem Wesen nach irgendwie auf eine Exzessivität hin angelegt ist (*Ecl.* II 38. 21–22); und für Zenon soll also gelten, daß es keine ὁρμή gibt, die qua ὁρμή auf Exzessivität [πλεονασμός] hin angelegt

---

1 Stobaeus, *Ecl.* II 39.
2 Siehe C. Wachsmuths Ausgabe, II 37 App. crit.

wäre? Nun wird aber mit der Formulierung „τὸ εὐκίνητον τοῦ παθητικοῦ" gerade die Logik dieses Gedankens sozusagen durchbrochen; denn wurde zuvor noch korrekt darauf aufmerksam gemacht, daß Zenon mit Rücksicht auf den Begriff „πλεονάζουσα" eben keinen Hinweis auf die Annahme der Existenz etwa latent im Menschen vorhandener exzessiver Impulse verbunden wissen will, so wird nun ein für peripatetische Begriffe allerdings durchaus glaubhafter Hinweis auf ein παθητικόν zum Ausdruck gebracht.

Rein systematisch-rekonstruktiv betrachtet nehmen sich die Dinge so aus, daß die stoische Sprach- und Tempuslogik von einer ὁρμή als πλεονάζουζα[3] nur dann zu sprechen erlaubt, wenn es zutrifft, daß eine ὁρμή (zum Zeitpunkt der Verbindung des grammatischen Subjektes mit einem grammatischen Prädikat) auch wirklich πλεονάζει[4]. In diesem Sinn wäre es für einen orthodoxen Stoiker streng genommen nicht möglich zu sagen, „dieser Mann verfügt über exzessive Impulsivität", wenn damit entsprechend dem Gedanken der ethischen Tugend im System des Aristoteles lediglich zum Ausdruck gebracht werden soll, daß dieser Mann oft genug exzessiv gehandelt hat und zu erwarten steht, daß dies auch in Zukunft der Fall sein wird.

Vermutlich würde Zenon nicht in Abrede stellen, daß ein Mensch mit einer gewohnheitsmäßig geschädigten, unzureichenden Seelenspannung etwa ‚potentiell' exzessiv ist; anders als Aristoteles, der hier ja auf eine entsprechende ἄλλη τις φύσις des Menschen Bezug nimmt (siehe EN 1102 B 13–14), muß Zenon auf Grund bestimmter Voraussetzungen seines Norm-Entwurfes [„Leben gemäß der Natur"] jedoch alles vermeiden, was den Eindruck erwecken könnte, daß die πάθη eine Art von autonomer Existenz hätten. (Hinzu kommt ein Weiteres: Die beschreibende Funktion des „δυνάμει" ist für den vorliegenden Fall insofern nicht angemessen, als ein Aristoteliker sich bei der Verwendung dieses Begriffes auch darüber im Klaren sein muß, daß die Möglichkeit besteht, daß etwas nicht das wird, was es δυνάμει ist. Und das bedeutet: Weder ist es notwendig, daß x die Eigenschaft E annimmt, noch ist es unmöglich, daß x die Eigenschaft E annimmt; es ist möglich, daß x die Eigenschaft E annimmt. Anders muß ein Stoiker davon ausgehen, daß es für x unmöglich ist nicht E zu sein, wenn z. B. die intellektuelle Disposition von x von der Art ist, daß sie exzessive Impulsivität nach sich zieht. Für eine entsprechend positive Disposition gilt mit Notwendigkeit das Gegenteil.)

---

[3] Die Stoiker rechneten auch das Partizip zum Verbum; siehe näher M. Pohlenz, NGG III, 6 (1939) 166.

[4] Zu Stobaeus, Ecl. I 106. 18–23 [„Nur das Präsens ist real"] siehe bes. G. Watson, The Stoic Theory of Knowledge 40 und A. A. Long, in Problems in Stoicism 89.

Man kann den Gedanken natürlich weiterspinnen; aber die radikale Differenz, wie sie für die Behandlung psycho-pathologischer Problemstellungen seitens des frühen Peripatos und der Akademie einerseits und der frühen Stoa andererseits charakteristisch ist, gewinnt hier an Kontur. Umso sonderbarer nimmt sich dann freilich der Hinweis auf die „Leichtigkeit" aus, mit der „die affektive Instanz in Bewegung versetzbar ist"; dies erlaubt in der Tat den Rückschluß auf einen peripatetischen Berichterstatter, der den stoischen Gedanken mit den Mitteln der aristotelischen Begrifflichkeit verständlich zu machen sucht.

Die andere Definition [„πάθος ἐστὶ πτοία ψυχῆς", wobei πτοία eine Konjektur C. Wachsmuths ist] ist für Zenon sonst ebensowenig verbürgt wie für andere Stoiker.

Allerdings findet sich dieser interessante Begriff gerade in einem solchen Zusammenhang bezeugt, der als gemeinstoische *Doxa* hingestellt wird: διὸ καὶ πᾶσαν πτοίαν πάθος εἶναι καὶ πάλιν πᾶν πάθος πτοίαν (Stobaeus, *Ecl.* II 88. 11–12). Danach sollen die Termini πάθος und πτοία die gleiche Extension haben. Gegen diese Auffassung scheint freilich ein Gedanke Chrysipps zu sprechen οἰκείως δὲ τῷ τῶν παθῶν γένει ἀποδίδοται καὶ ἡ πτοία κατὰ τὸ ἐνεσοβημένον τοῦτο καὶ φερόμενον εἰκῇ (*S. V. F.* 3, 476) zu sprechen; denn hier erscheint πτοία als Spezies des durch πάθος bezeichneten Genus. Daß „ἀποδίδοται" aller Wahrscheinlichkeit nach auf Zenon zurückweist, ist bereits vermutet worden[5].

Doch nun zum Begriff selbst: πτοία, für die Hesych, *Etym.* III 406 (ed. F. Schmidt [Jena 1861]) πτορμός, φόβος, πτοίαν ἢ πτοῖον: θόρυβος ἢ ταραχή, τιτοώμενον: πτοιᾶσθαι λέγεται τὸ ὁρμᾶσθαι πρὸς τὰ ἀφροδίσια, und Photius, *Lex.* 119 (ed. S. A. Naber [Repr. Amsterdam 1965]) πτοίαν: πτόησιν, θόρυβον, ταραχήν angeben, erscheint synonym mit „terror and fright" (*L. & S.-J.*, s. v. πτοία) etwa bei Plutarch, *Fab.* 11[6]. Im Sinne von „Erregung" (vgl. die lyrische Verwendung des Verbums) scheint dieser Begriff eigentümlicherweise nur von Zenon verstanden worden zu sein. Und die sonst charakteristische erotische Nuance [ἀρθείσης τῆς περὶ τὰ ἀφροδίσια πτοίας[7]], πτοίαν γὰρ εἰς ἀφροδίσια ἰσχυρὰν ἔχει βοῦς][8] läßt sich hier nicht ausmachen; auch der Sinn des Chrysipp-Zeugnisses bei Galen, *De*

[5] Vgl. A. C. Pearson, *The Fragments of Zeno and Cleanthes* 178.
[6] Vgl. auch Polybios I 39, 14; 68, 6; Philostrat, *VA* 7, 4.
[7] Porphyrius, *De Abstin.* 1, 54 = Epikur fr. 458 *Usener* (S. 296. 22).
[8] Aelian, *De Nat. Anim.* 10, 27.

Hipp. et Plat. Plac. 364. 12–14 (*S. V. F.* 3, 446, s. o. S. 156) geht nicht in diese Richtung. Was gemeint sein dürfte ist ‚Erregung' ‚Schrecken'[9].

Nun berichtet der Text bei Stobaeus ergänzend und erläuternd: ἀπὸ τῆς τῶν πτηνῶν φορᾶς [.....] παρεικάσας. – ᾽Απὸ „seems to be merely the comment of Didymus although it is possible that Zeno derives πτοίαν ἀπὸ πέτεσθαι as Wachsmuth thinks"[10]. Aber was würde πτοία in Verbindung mit πτηνά bedeuten können? Zunächst, daß Zenon πτοία vielleicht mit πέτεσθαι etymologisch in Verbindung gebracht hätte [obschon πτόησις bzw. πτοεῖν geläufig waren], scheint denkbar; die Stoa ist mit solchen Etymologien ja nie zimperlich gewesen. Vielleicht ist diese Etymologie sogar korrekt[11]. Eigentlich unklar bleibt die Verbindung mit dem *Pl. Neutr.*! Ist ‚Gefieder' gemeint, oder ‚Vögel' (wie im Lat. *volaria*)? Im Hinblick auf die Seele wird man das ‚heftige Flattern' als Illustration der Vibration des Seelenstoffes verstehen wollen. Am ehesten denkbar scheint in der Tat noch ein Vergleich mit dem unsicheren Flug und Flattern verschreckter Vögel; also würde es sich um die „ungezügelte Bewegung in der Seele" handeln, die Zenon „mit dem aufgeregten Flug des aufgeschreckten Vogels vergleicht"[12]? Oder hat man an das „Bild des Tieres" zu denken, „das sich zitternd duckt"[13]? – Das *tertium comparationis* kann nur das ‚planlose Flattern' sein: Bedenklich an den Rationalisierungsversuchen von M. Pohlenz und L. Stroux nimmt sich eben der Umstand aus, daß πάϑος und πτοία eigentlich doch die gleiche Extension haben sollen; dies impliziert aber, daß Zenon kaum *nur* das Bild des Erschreckens und der Furcht evoziert wissen wollte. Sollte er eben nicht ausschließlich das Bild des ‚furchtsamen Flattern' im Auge gehabt haben (was unwahrscheinlich ist!), dann müßte der Vergleich in einer noch allgemeineren Hinsicht auslegbar sein. Und hier hätte man also an ‚planloses Flattern' zu denken.

Irgendwie verlockend – wenngleich spekulativ – ist die Annahme, daß sich Zenon an der Metaphorik des beschwingten Seelengespanns in der Allegorie des *Phaidros*-Mythos orientiert. (Dort bedeutet das Flattern des Gefieders der Rosse ja den ‚affektiven Drang'.)

Schließlich ist noch einmal der Vermutung Ausdruck zu geben, daß der Begriff πτοία (der dem der ταραχή offenbar nahe kommen kann [s. o.

---

[9] J. B. Hofman, *Etymologisches Wörterbuch des Griechischen* (Heidelberg 1950) 288.
[10] A. C. Pearson, *The Fragments of Zeno and Cleanthes* 178.
[11] Durch Abtönung zu *pta* = niederstürzen, und schwere Basis zu *pet* = fliegen: J. B. Hofman, a. a. O. 288 Anm. 9.
[12] M. Pohlenz, *Die Stoa* I 124.
[13] L. Stroux, *Vergleich und Metapher in der Lehre des Zenon von Kition* 149.

S. 156]) vielleicht sogar Ciceros Übersetzung von πάθος = *pertubatio animi*
zugrunde gelegen hatte. Die Übersetzung selbst legt ja den Gedanken nahe,
daß Cicero von einem anderen *Terminus technicus* ausging. Sollte dies aber
ausgerechnet der Begriff ταραχή gewesen sein, der doch stark in die Richtung der epikureischen Schule weisen müßte [14]?

§ 6   Urteil und Affekt [1]

Auffällig an den Stellungnahmen Galens ist sowohl, daß eine tiefgrei-
fende Differenz zwischen den Auffassungen Zenons und Chrysipps in Rechnung gestellt wird [2], wie auch daß Chrysipp systemimmanente Widersprüche
[καὶ ἑαυτῷ μάχεται] angelastet werden.
  Verwunderlich ist eigentlich keines von beiden. Denn Galen hatte offenbar starkes Interesse, Poseidonios, dessen Περὶ παθῶν er benutzt, als ‚Platoniker‘ bester Observanz darzustellen [3] und umgekehrt Chrysipp als Häre-
tiker *par excellence* zu entlarven [4].
  Sehr instruktiv für eine Beurteilung der geschichtsphilosophischen Konstruktion im Werk Galens sind besonders die Stellen 396. 1–4; 401. 13–15
[über Pythagoras], 405. 9–14; 461. 4–6; 463. 1–3 [über Platon], 432.
1–3 [über Aristoteles], 362. 5–11; 458. 12–13; 456. 4 [über Zenon],
456. 4; 654. 2–3 [über Kleanthes].
  Im Ganzen ungeklärt bleibt die Frage, inwieweit Galen seine Informationen über Chrysipp noch dem Schrifttum Chrysipps selber entnommen
haben konnte, und ob das über Zenon und Kleanthes Gesagte wiederum
ausschließlich an einer entsprechenden Darstellung bei Poseidonios orientiert ist. Wenigstens in einem Punkt scheinen die Beziehungen doch ziem-

---

[14] Vgl. O. Gigon, *Cicero. Tusculanen*[2] 509.
[1] Galen, *De Hipp. et Plat. Plac.* 405. 5–9; Galen, *De Hipp. et Plat. Plac.* 348. 5–12;
  Themistius, *In De An.* 107. 17–18.
[2] Wichtig sind die Diskussionen bei R. Philippson, *RhM* 86 (1937) 151–168 und M.
  Pohlenz, *NGG* II, 9 (1938) 188–198.
[3] Über Galens Selbstverständnis als ‚Platoniker‘ handelt P. DeLacy, „Galen’s Platonism“ *AJPh* 93 (1972) 27–39.
[4] Gut bemerkt I. G. Kidd: „For example, it was to Galen’s advantage to use Posidonius
  in support of Plato against Chrysippus, and one must allow for the possibility that
  in doing so he represented Posidonius as more of a Platonist than he was“ (in *Problems in Stoicism* 201).

lich überschaubar zu sein; denn die Beurteilung des ‚inneren Monologes' bei Kleanthes [5] basiert zugestandenermaßen auf einer Exposition bei Poseidonios (a. a. O. 2–3), mithin also auch die Art der Ausdeutung, die für Kleanthes und implicite auch für Zenon eine Zweiteilung der Seele in λογικόν und ἄλογον annimmt. Natürlich hatte Poseidonios ein vom λογικόν gesondertes ἄλογον = παθητικόν angenommen [6].

Im Hinblick auf Zenon kann eine derartige Annahme als gegenstandslos erwiesen werden (F 202); und bemessen an dem, was den Zeugnissen entnommen werden kann, gibt es keinen Anhaltspunkt, der Poseidonios' Interpretation in irgendeiner Weise stützen könnte [7]. So spricht die Behauptung „Zenons Psychologie fand Poseidonios auch bei Kleanthes wieder …" [8] spricht also nicht wirklich zur Sache; denn auch die Versicherung, daß Poseidonios die Verse [i. e. des Kleanthes] „doch wohl … noch im Zusammenhang gelesen hat" (M. Pohlenz, a. a. O.), hat den Charakter einer schlecht begründeten Hypothese: Eigentlich möchte man schon annehmen, daß Poseidonios seine Interpretation (auf die ja einiges ankommt) leicht besser belegt und begründet haben könnte, hätte ihm nur ein entsprechend aussagekräftiger Zusammenhang bei Kleanthes vorgelegen [9]. – Auf jeden Fall muß die Möglichkeit in Betracht gezogen werden, daß Galen die für eine Analyse der Position Zenons und Chrysipps relevanten Lehrstücke bewußt in einen Gegensatz brachte.

Zu den Zeugnissen: Anders als aus der Notiz bei Themistius ergibt sich aus der Darstellung bei Galen definitiv der Eindruck, daß Chrysipp die πάθη als physiologische Veränderungen „unmittelbar, auch zeitlich mit den κρίσεις verbunden" dachte, „während Zenon sie als Folgeerscheinungen abgesondert hatte" [10]. Ob es sich hier, wie M. Pohlenz meint [11], um grundsätzliche Differenzen handelt, soll uns nicht schon jetzt beschäftigen. Sachlich geboten scheint vielmehr der Versuch, die Überlegungen Zenons mit Rücksicht auf

---

[5] Galen, *De Hipp. et Plat. Plac.* 456. 3–14 (=*S. V. F.* 1, 570).

[6] Ausführlich haben darüber gehandelt: A. Modrze, *Philologus* 87 (1932) 405 und G. Nebel, *Hermes* 74 (1939) 56.

[7] R. Hirzels Versuch, Poseidonios Ausdeutung an Aëtius, *Plat.* IV 5, 11 (= *D. D.G.* 392 B 3 [= *S. V. F.* 1, 523]) zu verifizieren (*Untersuchungen zu Ciceros philosophischen Schriften* II 147–160), ist forciert und nicht schlüssig. Vgl. auch G. Verbeke, *Kleanthes van Assos* 166–170.

[8] *NGG* II, 9 (1938) 195.

[9] Treffend bemerkt A. C. Pearson, „that Posidonius must have been hard pressed for an argument to rely on this passage at all" (*The Fragments of Zeno and Cleanthes* 307).

[10] *NGG* II, 9 (1938) 194.

die Frage auszuleuchten, ob sich in der Sache ein Widerspruch zu dem ergibt, was als stoische *opinio communis* angesprochen werden darf.

Daß Zenon die Affekte als physiologische Veränderungen ansah, scheint sicher. „Bei Ausdrücken wie συστολή müssen wir uns gegenwärtig halten, daß sie nicht wie unsere ‚exaltiven' und ‚depressiven' Zustände bildlich zu fassen sind, sondern für die Stoa den Affekt nach seiner physiologischen Erscheinung als Veränderung im körperlich gedachten Seelenpneuma bezeichnen." [12] Dabei scheint es so zu sein, daß der bei dem Mediziner Herophilos zur Beschreibung der Kontraktion des Herzens verwendete Begriff συστολή (Aëtius, *Plac.* IV 22, 3 [= D. D. G. 431. 11]) von Zenon zur Kennzeichnung des physiologischen Korrelats von λύπη eingesetzt wird. Interessant ist hier aber die Tatsache, daß Theophrast ihm darin offenbar vorausgegangen ist [ὁ γὰρ θυμούμενος μετά τινος λύπης καὶ λεληθυίας συστολῆς] [13]; Zenon wird sich bei dieser physiologischen Beurteilung des Affekts an Theophrast orientiert haben, der ja für die Ethik die Dimension von Medizin und Biologie eröffnete. Auch für Epikur läßt sich dieses Verständnis des Begriffes συστολή wahrscheinlich machen [14].

Diese Illustration eines Phänomens der ethischen Sphäre durch einen Begriff der Physiologie wurde offenbar stoische *Doxa* [15].

Der zunächst genannte Begriff διάχυσις wurde von I. Müller an Stelle von λύσις eingesetzt. Im Lichte von Cicero, *Tusc. Disp.* 3, 61 [*ex quo ipsam aegritudinem* λύπην *Chrysippus quasi solutionem totius hominis appellatam putat*] scheint diese Änderung allerdings absolut unangebracht; die Stoiker stellten hier einen etymologischen Zusammenhang her! Freilich wird der Begriff διάχυσις (als medizinischer *terminus technicus* bei Hippokrates, *De Victu* 2, 60), den Aristoteles im Gegensatz zu πῆξις sieht (*Meteor.* 282 A 30), auch in dem etwa vergleichbaren Zusammenhang von *De Hipp. et Plat. Plac.* 337. 12–13 wohl als Gegenstück zu ἔπαρσις genannt. Nach Diogenes Laertius 7, 114 [ὑπὸ τὴν ἡδονὴν τάττεται] müßte er als Spezies unter das Genus ἔπαρσις fallen; in der Suda wird ἡδονή als ἄλογος διάχυσις definiert

---

11 Vgl. auch *Die Stoa* I 88–89, II 52.

12 M. Pohlenz, *NGG* II, 9 (1938) 194.

13 Mark Aurel 2, 10 (= F 77 *Wimmer* [*Theophrasti Opera Omnia* III 182]). W. Teiler, *Marc Aurel. Wege zu sich selbst* (Zürich 1951) 309 erklärt: „aber der Ausdruck συστολή ist stoisch". – Da aber Mark Aurel auf ein Buch Theophrasts Bezug nimmt [„Vergleich der Verfehlungen"], sollte an der Authentizität der Terminologie kein Zweifel aufkommen.

14 Siehe Galen, *De Hipp. et Plat. Plac.* 337. 8 ff. bes. 12–13 (= F 410 *Usener*).

15 Vgl. *S. V. F.* 3, 391. 393. 394. 412.

(*Col.* 818). Nach Diogenes Laertius 7, 114 kann διάχυσις als ἀνάλυσις ἀρετῆς erklärt werden.

Der dritte hier genannte Begriff erscheint in den für unsere Kenntnis der stoischen Position repräsentativen Definitionen als Gegensatz zu ἔπαρσις, also zur Kennzeichnung der ἡδονή [16]. Vermutlich handelt es sich um einen stoischen Neologismus [17].

Der vierte Begriff πτῶσις läßt sich in dieses Schema (?) wohl nur insofern einordnen, als er offenbar einen Gegensatz zu ἔπαρσις bedeuten soll. Anders als im Fall von διάχυσις kann aber die Beziehung zwischen ἔπαρσις und πτῶσις nicht exakt ausgemacht werden. Gewiß, man ist geneigt, eine gewisse Nähe zu dem Begriff εὐεμπτωσία anzunehmen, der im medizinischen Sinn die Anfälligkeit für Krankheiten bedeutet [18], wie im eigentlich emotionalen Bereich eine gewisse Anfälligkeit für Affekte [19]. Cicero scheint diesen Begriff geschickt mit „*proclivitas*" wiedergegeben zu haben (*Tusc. Disp.* 4, 27–28); und aus seiner Darstellung in *Tusc. Disp.* 4, 28 wird ersichtlich, daß εὐεμπτωσία die Anfälligkeit für sämtliche Hauptaffekte bezeichnen soll [20]. Zu πτῶσις kann auch auf *demittere* ,in Trübsal verfallen' bei Cicero, *Tusc. Disp.* 4, 14 [*est aegritudo opinio recens mali praesentis, in quo demitti contrahique animo rectum esse videatur*] (vgl. auch 4, 37) verwiesen werden; von hier aus muß sich die Überlegung anbieten, daß συστολή und πτῶσις womöglich als Synonyma betrachtet werden konnten.

Im anderen Zeugnis werden zwei weitere Begriffe genannt: ταπείνωσις und δῆξις. Ob ταπείνωσις ebenso wie den bisher aufgeführten Ausdrücken eine ausdrücklich physiologische Sinngebung eignet, läßt sich nicht sagen; denkbar sollte es sein. Bei Aristoteles findet man ταπείνωσις als Gegenbegriff zu αὔξησις (*Part. Anim.* 689 A 25); Galen spricht von ταπείνωσις im Zusammenhang des Rückganges einer Schwellung (XII 816 *Kühn*). Vermerkt werden muß auch der verbale Gebrauch bei Hippokrates, *Coac.* 208 und Dioskurides, *De Nat. Med.* 2, 115. Belegbar im Zusammenhang etwa mit der Schrumpfung einer Pflanze ist das Verbum bei Theophrast, *Hist.*

---

[16] Vgl. *S. V. F.* 3, 391. 393. 394. 400.

[17] Mit κοιλίης verbunden findet sich ἔπαρσις bei Hippokrates, *Coac.* 85, mit μαστῶν bei Aristoteles, *Hist. Anim.* 581 A 27; Theophrast hat ihn im Zusammenhang des ,Bartspriessens' verwandt (F IX, 16 *Wimmer* [*Theophrasti Opera Omnia* III 143]).

[18] Vgl. neben Diogenes Laertius 7, 115 (für Poseidonios) auch Galen, *De Hipp. et Plat. Plac.* 409. 10 – 410. 2.

[19] Vgl. Stobaeus, *Ecl.* II 93. 1–6; Origines, *Comm. In Matth.* III 674 *Delar.* [εὐέμπτωτος εἰς ὀργήν]; Philodem, *Rhet. Suppl.* 26; *De Ira* 97.

[20] Vgl. O. Gigon, *Cicero. Tusculanen*[2] 534–535.

Plant. VII 13, 9. Man kann annehmen, daß Zenon den Begriff ‚Erniederung‘ (mit δουλεία verbunden bei Polybios IX 33, 10) konkret physiologisch als Schrumpfung der Seelenstärke verstanden wissen wollte. Beweisbar ist dies freilich nicht.

Schließlich zum letztgenannten Ausdruck: δήξεις ist eine Verbesserung E. Zellers [an Stelle von δείξεις], die vom I. Müller übernommen wurde. Gerade im Hinblick auf Cicero, *Tusc. Disp.* 4, 15 [*ut aegritudo quasi morsum aliquem doloris*] und 4, 15 [*aegritudo ... morsum tamen et contractiuncula quaedam animi*] und Plutarch, *Virt. Mor.* 449 D scheint diese Verbesserung evident. Vielleicht wieder in Anlehnung an einen in der medizinischen Terminologie vorgegebenen Gebrauch wie etwa δήξιες σπλάγχων bei Hippokrates, *De Vet. Med.* verbindet Zenon mit diesem Begriff die Kennzeichnung des ‚Beißens‘ (vgl. Aristoteles, *Hist. Anim.* 623 A 1), wie nach ihm auch der Epikureer Philodem *(De Diis* 3 [Col. 22]).

Problematisch bleibt zunächst die Systematik dieser Bestimmungen und ihre Terminologie. – Daß Zenon den Affekt jeweils konkret als eine besondere Art von Veränderung in der Spannung des Seelenpneumas versteht, wurde gesagt. Und die Terminologie, in welcher diese physiologischen Veränderungen Ausdruck finden, mochte zum Teil im Schrifttum vor allem der Mediziner vorgegeben sein. Derartige Begriffe konnten leicht in die Alltagssprache eingehen. Was wir als Übertragung heterogener Begriffe registrieren, scheint in der griechischen Philosophie auf einige Traditon zurückblicken zu können. Denn eine Art von physiologischer Erklärung seelischer Phänomene gab es natürlich sowohl in der Vorsokratik im engeren Sinn[21], wie auch in den sogenannten hippokratischen Schriften, in denen „die Einheit des Physischen und Psychischen als Axiom gilt"[22]. Der entscheidende Impuls dürfte auch für Zenon von dem ‚Körper/Seele-Vergleich‘ und der ‚Arzt-Metaphorik‘ ausgegangen sein, die ja spätestens mit der Sokratik aufkommen und auch zu den eigentümlichen Konstanten im Denken Platons und Aristoteles’ gehören[23]. Nicht zu unterschätzen ist auch die Möglichkeit einer Beeinflussung durch den vor allem die Medizin und Rhetorik bestimmenden Empirismus der sophistischen Methodenlehre, der sich sogar in der Terminologie eines Isokrates niederschlug[24].

21 Vgl. F. Wehrli, *MH* 8 (1951) bes. 51.
22 W. Müri, „Bemerkungen zur hippokratischen Psychologie", in *Festschrift E. Tièche* (Bern 1947) 71.
23 Vgl. wiederum F. Wehrli, *MH* 8 (1957) 178–184.
24 Vgl. F. Wehrli, *Hauptrichtungen des griechischen Denkens* (Zürich 1964) 131.

Aber gerade hinsichtlich der so vielfältig schillernden bildhaften Vergleiche der Sokratik muß eingeräumt werden, daß Zenon das Phänomen der ‚seelischen Krankheit‘ und deren ‚Spuren‘ an und in der Seele [25] kaum noch in dem Sinne bildlich verstand, wie dies wohl für Platon, z. B. *Gorgias* 524 C 5–6 u. ö. anzunehmen ist. Jedenfalls scheint die Einordnung der F 213. 214. 215 unter die Kategorie ‚Vergleich‘ durchaus tieferer Rechtfertigung zu bedürfen, als L. Stroux zu erkennen gibt [26].

Von der Sache her fällt auf, daß die hier bei Galen dem Zenon zugeschriebenen Begriffe das eigentliche Affekten-Schema nicht wirklich ausfüllen. Wohl ließ sich συστολή als physiologisches Korrelat zu dem identifizieren, was sonst durch den Begriff λύπη bezeichnet wird; entsprechendes gilt für den Begriff ἔπαρσις, der dem der ἡδονή substituiert wird. Aber mehr läßt sich im Grunde nicht sicher sagen; womöglich fällt διάχυσις unter ἔπαρσις. Und πτῶσις hat wahrscheinlich eine Nähe zu συστολή, ebenso auch λύσις. Eine vollständige Beschreibung des Affekten-Schemas läßt sich offenbar nicht durchführen. Vermutlich ist es auch sinnvoll, physiologische *Zustände* nur bei gegenwärtigen Affekten anzusetzen. Denn die Affekte, die als ‚Erwartungen‘ verstanden werden, sind doch anders gebaut.

Im Hinblick auf die von Galen herausgestellte Differenz zwischen den Positionen Zenons und Chrysipps könnte man sich zur Not mit der Überlegung helfen, daß Zenon von den Affekten λύπη/ἡδονή jeweils als Konsequenz von φόβος und ἐπιθυμία gesprochen haben könnte. In diesem Fall wären ἡδονή und λύπη in der Tat „zeitlich abgesondert" [27] zu betrachten; und Chrysipp mochte demgegenüber klargestellt haben: πάθη sind unter allen Umständen epistemologische Aktionen oder Prozesse und als solche entsprechend zu kennzeichnen (vgl. Galen, *De Hipp. et Plat. Plac.* 336. 2–4 [ἄμεινον εἴη κρίσεις ὑπολαμβάνειν]). Ein derartiger ‚Lösungsversuch‘ würde seinerseits neue Schwierigkeiten aufwerfen. Und aus der summarischen Notiz bei Diogenes Laertius 7, 111 (S. 343. 23–24 δοκεῖ δ᾿ αὐτοῖς τὰ πάθη κρίσεις εἶναι) ergibt sich ja der Rückschluß, daß jenes Problem, welches Galen artikuliert, eben nicht das Verhältnis zwischen ἐπιθυμία bzw. ἡδονή und φόβος bzw. λύπη betraf.

In Ermangelung anderer textlicher Evidenz ist von der Problemstellung auszugehen, wie sie Galen (*De Hipp. et Plat. Plac.* 335. 12–336. 6) für Chrysipp skizziert: τὸ γάρ τοι πάθος οἷον ὁ ἔρως ἤτοι κρίσις τίς ἐστι ἢ κρίσεσι ἐπι-

---

[25] Vgl. *S. V. F. 1, 323* und Seneca, *De Ira* I 16, 7; Laktanz, *Inst. Div.* 3, 23.
[26] *Vergleich und Metapher in der Lehre des Zenon von Kition* 145–146.
[27] M. Pohlenz, *NGG* II, 9 (1938) 194 (s. o. S. 159).

γινόμενον ἢ κίνησις ἔκφορος τῆς ἐπιθυμητικῆς δυνάμεως. οὕτω δὲ καὶ ὁ χόλος ἤτοι κρίσις ἢ ἐπόμενόν τι ταύτῃ πάθος ἄλογον ἢ κίνησις σφοδρὰ τῆς θυμοειδοῦς δυνάμεως. ὁ δέ γ᾽ οὐδ᾽ οὕτως ἐγχωροῦν εἰς τρία τέμνεσθαι τὸ πρόβλημα μεταχειρίζεται τὸν λόγον ἐπιδεικνύναι πειρώμενος ὡς ἄμεινον εἴη κρίσεις ὑπολαμβάνειν αὐτὰ καὶ οὐκ ἐπιγινόμενά τινα ταῖς κρίσεσι ἐπιλαθόμενος ὧν αὐτὸς ἐν τῷ προτέρῳ περὶ ψυχῆς ἔγραψε τὸν μὲν ἔρωτα τῆς ἐπιθυμητικῆς εἶναι δυνάμεως κτλ. (= S. V. F. 3, 461). Galen läßt keinen Zweifel daran bestehen, daß es ihm darauf ankommt, Chrysipp in systematische Schwierigkeiten zu verwickeln. Wichtig im Hinblick auf die sogenannte dritte Erklärungsmöglichkeit (336. 4–7 [ἔρως als exzessive Bewegung einer ἐπιθυμετική δύναμις]) ist die auch an anderer Stelle zum Ausdruck gebrachte Behauptung, daß Chrysipp die Existenz auch solcher πάθη in Rechnung gestellt habe, die ohne κρίσις zustande kämen (vgl. 349. 12), d. h. daß Chrysipp selbstwidersprüchlich μηδὲ ὅλως ἐφάπτεσθαι... τῷ κρίσεις εἶναι τὸ πάθος (349. 14–15; 352. 15 bis 353. 1).

Allein dieser Zusammenhang erklärt, daß Galen dem Dynamis-Begriff Chrysipps hier ein sachfremdes Gedankenschema überwirft. Denn hatte Chrysipp schon – wie Galen wissen will – emotionale Regungen[28] mit einer bestimmten δύναμις der Seele in Verbindung gebracht, oder sie doch auf eine solche zurückgeführt, so dürfte er damit etwas anderes gemeint haben: „Dynamis" bezeichnet die aktive Äußerungsform eines individuell qualifizierten Substrates, oder einfacher eben den dynamischen Aspekt einer bestimmten ποιότης des Substrates. Mit diskreten, vom ἡγεμονικόν gesondert agierenden Funktionen im aristotelischen oder auch platonischen Sinn hat dies vermutlich ebensowenig zu tun, wie mit dem klassischen Modell der platonischen Unterteilung der Seele in λογιστικόν, θυμοειδές und ἐπιθυμητικόν. Aber auf die Denknotwendigkeit eines solchen Modells, das Poseidonios adaptiert hatte, will Galen natürlich hinaus (vgl. De Hipp. et Plat. Plac. 336. 14–15; dies ist auch durch seine kritische Bemerkung in 337. 2–3 angezeigt).

So wird auch verständlich, wieso Galen zu der Meinung gelangt, daß die Frage nach dem Wesen und der Herkunft des πάθος für Chrysipp eigentlich eine dreifache Erklärungsmöglichkeit erwarten lassen müsse (a. a. O. 336. 12). Denn daß Chrysipp nur die Alternative „ἢ κρίσις ἢ κρίσει ἐπόμενον" berücksichtigt, muß genau denjenigen Interpreten irritieren, der wie

[28] Der Bestimmung „κίνησις ἔκφορος" liegt die zenonische Definition des πάθος als κίνησις παρὰ φύσιν zugrunde. Auf sie bezieht sich Chrysipp in dem Bericht in De Hipp. et Plat. Plac. 356. 13 – 357. 5.

Galen in dem Verständnis von „ἄλογος" qua „ἄνευ λόγου κρίσεως" (s. o. S. 149) einen legitimen Rückschluß auf die Existenz einer vom ἡγεμονικόν gesonderten τοῦ θυμοειδοῦς δύναμις gegeben sah.

Tatsächlich soll und kann nun diese Erklärungsmöglichkeit gar nicht auf die für Chrysipp relevante Frage „ἢ κρίσεις ἢ κρίσεσι ἑπόμενα" Bezug nehmen. (Galens Konstruktion dürfte hier eindeutig an Poseidonios Kritik der Auffassung Chrysipps orientiert sein: Dies wird evident, wenn man die für Poseidonios Theorie maßgeblichen Stellen a. a. O. 442. 1–7 und 452. 3–10 berücksichtigt. Der Kerngedanke ist nämlich folgender: Einem jeden πάθος – gleich ob im Sinne einer ‚intellektuellen Fehlbewertung' wie bei Chrysipp, oder im Sinne der nachfolgenden ‚physiologischen Veränderung' im Seelenpneuma in der Konsequenz einer solchen Fehlbewertung wie vielleicht bei Zenon – geht eine Art von παθητικὴ ὁλκή voraus [29].) Denn „ἄνευ λόγου κρίσεως" bedeutet für Chrysipp, wie sich gezeigt hatte (s. o. S. 149), nicht soviel wie poseidonisch ‚durch eine ἰδία ῥίζα des Affekts' [30].

So verbleibt tatsächlich nur die Frage nach dem Sinn jener Unterscheidung, die Chrysipp der Alternative „ἢ κρίσεις τὰ πάθη ἢ κρίσεσι ἐπιγινόμενα" beimißt. Vom rein systematischen Gesichtspunkt her ist festzustellen, daß Chrysipp seinerseits an Zenons physiologischer Kennzeichnung der Affekte im Sinne von συστολή, ἔπαρσις etc. festhielt (vgl. *S. V. F. 3, 464*). Danach war es also prinzipiell möglich zu sagen, (1) πάθη sind δόξαι bzw. κρίσεις und (2) πάθη sind physiologische Veränderungen im Seelenpneuma.

Beide Aussagen sind für Chrysipp *nicht* inkonsistent; und wenn man Galen beim Wort nehmen darf, hat Chrysipp die πάθη den κρίσεις ‚nachfolgen lassen' (a. a. O. 349. 13) und wie anderswo auch mit ihnen identifiziert (a. a. O. 349.13–14). „Wenn er die erste Ansicht nur für besser erklärte, so hielt er offenbar die zweite auch für zulässig." [31] Es ging Chrysipp aber wohl um etwas anderes, und der hinter all dem liegende Gedanke ist im Grunde nicht schwer zu durchschauen. Und zwar hat man von Zenons Auffassung der Ursächlichkeit auszugehen. Sofern nämlich kein αἴτιον dasein kann, ohne simultan [ὁμοῦ] vom οὗ αἴτιον begleitet zu werden, darf streng genommen auch keine *zeitliche* Diskontinuität zwischen κρίσις als Ursache

---

[29] Vgl. I. G. Kidd, in *Problems in Stoicism* 207–208.

[30] Der sog. ‚*impetus simplex*' [i. e. ohne *Synkatathesis*] bei Seneca, *De Ira* II 1, 4 (dazu siehe E. Holler, *Seneca und die Seelenteilungslehre und Affektpsychologie der Mittelstoa* [Diss. München 1934] 22) ist nicht chrysippisch, sondern hat ihren Platz im Zusammenhang mit Poseidonios προπάθημα-Lehre.

[31] R. Philippson, *RhM* 86 (1937) 154.

des Affekts [32] und der physiologischen Veränderung im Seelenpneuma als seiner Erscheinungsform stattfinden.

Analog gilt ja etwa φρονεῖν als Konsequenz oder – wenn man will – als Effekt von ‚Phronesis-Haben'. Und *mutatis mutandis* soll ja auch gelten, daß ein ἡγεμονικόν, in welchem sich ein wahrer Satz über einen Vorgang bildet, ‚Wahrheit' wird. Entsprechend wird man annehmen dürfen, daß einer unzutreffenden Behauptung über z. B. die ‚Erstrebenswertigkeit' von X eine bestimmte Seelenverfassung korrespondiert. Unter Berücksichtigung der Implikationen der zenonischen αἴτιον-Lehre ergibt sich für unsere Fragestellung die Überlegung, daß Zenon eine zeitliche Diskontinuität zwischen κρίσις und πάθος nicht in Rechnung gestellt haben konnte. Hätter er es getan, dann im Widerspruch zu seinen eigenen Voraussetzungen.

Und tatsächlich muß ἐπιγίνεσθαι bzw. ἕπεσθαι nicht – was Galen als selbstverständlich annimmt – einen zeitlichen Unterbruch zwischen κρίσις und der physiologischen Veränderung bedeuten. Nicht anders als der aristotelische Gedanke an die ἡδονή als Krönung der Aktivität (*EN* X 3, 1174 B 31–33) impliziert auch die stoische Lehre von den ‚Wohlergehensformen' als ἐπιγεννήματα [33], daß die εὐπάθειαι als ἐπιγεννήματα *Begleiterscheinungen* von ἀρεταί sind und diese nur logisch voraussetzen, – ebenso wie συναίσθησις als reflexiver Prozeß das Vorhandensein eines Wahrnehmungsprozesses logisch voraussetzt. So wird man also auch hinsichtlich des Affektes, den Zenon als physiologische Veränderung in der Spannung des Seelenpneumas verstanden wissen will, sagen dürfen, daß es sehr wohl *verursacht* ist, – nämlich im Sinn der Vorgängigkeit einer logischen Ursache. In der Realität müssen aber κρίσις und πάθος ebenso im gleichen Zeitablauf statthaben, wie συναίσθησις und αἴσθησις. Von hier aus gesehen kann die Differenz der Auffassungen Zenons und Chrysipps ohnehin auf keinem Dissens grundsätzlicher Art beruhen: Auch die Darlegungen bei Cicero, *Tusc. Disp.* 3, 24 und Stobaeus, *Ecl.* II 90 setzen diese αἴτιον-Lehre voraus. Und der hier zugrundeliegende Gedanke von der Gleichzeitigkeit von δόξα und πάθος verbietet jede Spekulation über einen entscheidenden Dissens der Auffassungen Zenons und Chrysipps [34].

---

[32] Vgl. *S. V. F.* 3, 385. 394.   [33] Siehe *S. V. F.* III, S. 19. 29. 32; 43. 11.

[34] Wie sehr M. Pohlenz diesen ganzen Komplex in ein schiefes Licht rückt, zeigt seine Erklärung zu Cicero, *Tusc. Disp.* 3, 24 [est igitur causa in opinione]: „Die andere Auffassung, wonach Urteile nicht das Wesen, sondern nur die Ursache der Affekte bilden [...], die uns bei Stobaeus II 90 entgegentritt [...] und die offenbar die Milderung der schrofferen Ansicht durch einen späteren aber noch orthodoxen Stoiker enthält" (*Hermes* 41 [1906] 333).

Vermutlich hatte R. Philippson, der die Dinge sonst keinesfalls klar sieht, mit der Behauptung Recht, daß Chrysipp den Affekt deshalb als κρίσις bezeichnet, „weil ihm die δόξα (κρίσις) die Hauptursache des πάθος erschien, – a potiori fit nominatio" [45]. Und die vier Hauptaffekte hat er dann nicht anders als Zenon in der Weise bestimmt, daß die jeweilige physiologische Veränderung als das οὗ αἴτιον einer bestimmten ‚Vermeinung' zu verstehen ist. – Die entscheidende Präzisierung und, wenn man will, Radikalisierung in der Sache ist darin erblicken, daß Chrysipp in einer eher ausgesprochen aitiologisch gerichteten Fragestellung den Affekt als das bestimmt wissen will, was ihn zu dem macht, was er ist und als was er sich manifestierend angesprochen wird, während Zenon eher deskriptiv vorgehend das Phänomen als solches ins Auge zu fassen suchte. Wirklich interessant ist aber nun die Frage, inwiefern er so vorgehen durfte, wie er vorgegangen zu sein scheint. Bedenkt man, daß der in einem Satz ‚A ist ursächlich für ein Geschehen B an x' zum Ausdruck gebrachten Bezeichnung des Effekts (οὗ αἴτιον) in der außenweltlichen Realität nichts derartiges entspricht, so hat man sich als Stoiker auch darüber im Klaren zu sein, daß der Vorgang ‚Dion rast' real ist, nicht aber das, was man als Effekt qua Effekt von etwas anzusprechen versucht ist: ‚Effekt' ist ein Begriff.

Entsprechendes gilt nun aber auch für die Beurteilung des Affekts. Ein πάθος ist etwas, was erlitten wird; erlitten wird es (im strikten Sinne des Wortes) vom Menschen und zwar an seiner Seele. Im normalen, von der Umgangssprache diktierten Gebrauch können wir hier deskriptiv von einer emotionalen Regung sprechen, einem Vorgang ‚B an x'. Ein akkurat denkender Stoiker wie Chrysipp, der sich zum überwiegenden Teil nur mit den Problemen im Zusammenhang semantischer Repräsentationen beschäftigte, konnte aber kaum darüber hinweg gesehen haben, daß „πάθος" als *significatum* in Bezug auf das außenweltlich Vorgegebene eine kausale *Denotation* hat; aber es ist klar, daß der *so* angesprochene Sachverhalt qua Effekt (bzw. Erlittenes, und Resultat eines Einwirkens) nichts an sich seiendes ist. Es handelt sich vielmehr um einen Begriff, um ein Gedankending. Nun wußte Chrysipp aber, daß es so etwas gibt, was als πάθος angesprochen zu werden pflegt. In einem solchen, für Chrysipp vielleicht laxen Sinn ist es für einen Stoiker möglich, den Begriff πάθος zu verwenden; korrekter muß man freilich von den sogenannten πάθη stets als πάθη *von etwas* sprechen.

Zenon scheint sich an all dem noch nicht gestoßen zu haben; vermutlich war es ihm – der sich ohnehin in der ursprünglichen Frontlinie gegen die

35 R. Philippson, *RhM* 86 (1937) 154.

Akademiker und Peripatetiker befand – auch gar nicht so wichtig. Er sprach deskriptiv über das πάθος als Effekt und sonderte es zu diesem Zweck logisch von der Ursache. Chrysipp fand dies nicht gerade falsch, mußte aber zu der Ansicht gelangt sein, daß diese Weise, sich auszudrücken, mit den Prinzipien der stoischen Bedeutungslehre nicht wirklich verträglich sein konnte.

Damit sind die wohl wesentlichen Gesichtspunkte der beiden Zenon-Zeugnisse bei Galen zur Sprache gekommen. Anhangsweise ist jedoch auch von jener Theorie zu sprechen, die m. W. seit M. Pohlenz Abhandlung „Zenon und Chrysipp" (1938) unter dem Kennwort ‚Intellektualisierung der Affekte' weithin bekannt wurde. Sie besagt im Grunde nichts anderes, als „daß Zenon die Definition des πάθος anders gemeint hat als Chrysipp, daß er den Affekt noch nicht in dem streng intellektualistischen Sinn aufgefaßt hat, in dem Chrysipp seine Bestimmung auslegt" [36]. – Wieso M. Pohlenz in diesem Zusammenhang ausgerechnet auf den Begriff ‚Intellektualismus' [37] verfällt, ist eine Frage für sich. Denn sicherlich konnte es niemals einen Disput über die Frage gegeben haben, ob die Affekte ‚rational' oder ‚irrational' seien [38].

Aber auch der Gedanke, daß Chrysipps Anschauung der Emotion als einer Art ‚state of mind' soviel bedeutet wie eine ‚Rationalisierung' oder ‚Intellektualisierung' der Affekte ist eigentlich irreführend. Ausgehend von der eminent platonischen Frage nach dem Zusammenhang zwischen spekulativem Erkennen und sittlichem Tun sieht die stoische Philosophie den eigentlichen Akt des sittlichen Erkennens (‚X ist gut') und den moralischen Imperativ, der zum Handeln drängt (‚du solltest X tun) sogar als begrifflich untrennbar verbunden [39]. Physisch oder – wenn man will – ontologisch erklärt sich diese Annahme sinnvoll durch den Gedanken, daß Moralität

---

[36] NGG II, 9 (1938) 193. Diese Hypothese bildet übrigens den Grundstock zu einer weitgespannten Konstruktion, die um der Sache willen besser nicht im Einzelnen nachgezeichnet werden soll. Es genügt, folgende Behauptung anzuführen: „und schon Poseidonios hat gewiß mit Recht ausgesprochen, daß Zenon eine solche Definition niemals aufgestellt haben würde, wenn man für ihn wie Chrysipp das Hegemonikon der Seele seinem Wesen nach reiner Logos gewesen wäre [sic!]. Er konnte sie nur geben, weil er wie die Früheren die Triebe aus einem selbständigen alogischen Vermögen der Seele ableitete . . ." (*Die Stoa* I 89–90).

[37] *Die Stoa* I 89.

[38] J. M. Rist, *Stoic Philosophy* 31 (vgl. A. Graeser, *Gnomon* 44 [1972] 14). Richtig sagt G. Watson: „πάθος then, is also a λόγος but λόγος which is bad and undisciplined and which owes its driving force to a mistaken judgement" (*The Stoic Theory of Knowledge* 61).

[39] Wichtig hierzu: A. A. Long, *PhQ* 18 (1968) 338.

und Intelligenz als Eigenschaften ein und derselben Pneuma-Spannung verstanden werden müssen [40].

Schließlich ist noch darauf aufmerksam zu machen, daß es wohl Platon war, der das ins Auge gefaßt zu haben schien, was M. Pohlenz bei Chrysipp findet: In Politeia 577 A – 580 D erkennt man die Konzeption einer Parallelisierung von spezifisch intellektueller Leistung, spezifischem Affekt (i. e. Lust und Begierde) und spezifischer Tugend als Funktion ein und desselben Seelenteiles. Und das platonisch-sokratische Dogma ‚Niemand ist freiwillig ungerecht' erklärt sich sinnvoll nur unter der Voraussetzung, daß jeder sittlichen Fehlleistung ein intellektuelles Versagen vorausgeht. – Auch Platon bemüht sich um eine Klarstellung jener Zusammenhänge, die es ihm gestatten, das sokratische Dogma ‚wer das Gute kennt, will es auch (tun)' sinnfällig zu machen. (Schließlich ist auch ein Hinweis auf Nomoi 896 E angebracht: Hier haben an der sogenannten ontologischen Priorität des Seelischen vor dem Körperlichen sogar jene ‚irrationalen' Regungen teil, die im Timaios 69 C 5 und 42 A 5 noch dem affektiven, sterblichen ἄλογον zugeordnet waren [41].)

Noch wichtiger scheint ein kursorischer Hinweis auf Aristoteles. In einer Reihe von Arbeiten hat W. W. Fortenbaugh gezeigt, *„that we can understand Aristotle's conception of moral virtue only if we understand his conception of emotional response and therefore the alogical side of his bipartite psychology [...] that emotions such as anger and fear are cognitive in that they involve necessarily certain kinds of judgments. Part of being angry is thinking oneself outraged and part of being frightened is thinking danger imminent. Since moral virtue is a disposition in regard to emotions such as anger and fear, it is concerned in part at least with the judgements that are essentially involved in these emotions"* [42] Und daß die stoische λογικὴ ὁρμή ziemlich analog zu dem aristotelischen Gedanken der βουλευτικὴ ὄρεξις konzipiert ist [43], wurde bereits gesagt.

Endlich ist noch auf das Zeugnis des Aristoteles-Kommentators Themistius einzugehen: Unter Berufung auf die wohl klassische stoische Doxa [οἱ ἀπὸ Ζήνωνος] meint er, daß die Stoiker nicht schlecht beraten waren [οὐ κακῶς], die Emotionen in eine Beziehung zu dem *erlebnisfähigen Denken* zu setzen. Genau dies ist der Sinn, den *er* mit der Formel πάθος = ἡμαρτημένη λόγου κρίσις verbindet, und zwar im Hinblick auf sein allerdings kaum

---

[40] Vgl. S. V. F. 3, 471. 473.
[41] Dazu siehe ausführlicher Probleme der platonischen Seelenteilungslehre 49–50. 70.
[42] Arethusa 4 (1971) 137.
[43] Vgl. A. A. Long, BISC 15 (1968) 81.

korrektes Aristoteles-Verständnis [44]. Für Themistius besteht also der Berührungspunkt mit der stoischen Auffassung darin, daß Aristoteles ebenso wie schon Platon eine bestimmte Gruppe der Affekte dem νοῦς παθητικός selber zugeordnet hätte (*In De An.* 107. 6–7). Entsprechend wichtig scheint ihm also der Gedanke, daß „ἄλογος" differenzierter gesehen werden müsse. Denn nur die der menschlichen Seele eigentümlichen ἐλπίς, φόβος und θυμός dürfen nicht schon deshalb als schlechthin ἄλογα betrachtet werden, als die ja ‚der Kontrolle der Vernunft unterworfen sind und auf diese hören können'. – Von den anderen (auch den vernunftlosen Wesen eigentümlichen) Affekten λύπη und ἡδονή heißt es, daß sie die Vernunft überhaupt nicht verstünden [ἀσύνετα λόγου παράπασιν] „oder doch kaum auch nur schattenhafte Spuren der Vernunft erkennen ließen" (*In De An.* 107. 7–10). D. h.: Die unter die erste Gruppe fallenden Affekte sind ihrer Wesensart nach nicht *vernunftlos* sondern nur maßlos (a. a. O. 107. 16–17).

Soviel scheint wenigstens klar: Themistius sieht in dem, was er als ‚Perversion der Vernunft' und ‚im Irrtum befindliche Urteile der Vernunft' bezeichnet, ein Indiz für die Richtigkeit seiner Auffassung, wonach bestimmte Affekte nicht eigentlich ἄλογα sondern ἄμετρα sind. Dies an sich wäre noch keine Verzerrung der stoischen Position; was den Vergleich als schief erscheinen läßt, ist die Tatsache, daß die Stoiker die Affekte eben nicht wie Aristoteles oder auch Platon zu einem eigentümlichen παθητικόν in Beziehung gesetzt hatten. Ob Themistius hier ein Mißverständnis unter laufen ist, läßt sich kaum mit Sicherheit ausmachen; vielleicht handelt es sich hier eben nur um ein unambitiöses ‚statement'. Auf jeden Fall mochte sich seine Auffassung des stoischen Lehrstückes an jenen Berichten orientiert haben, in denen „ἄλογος" durch „ἀπειδὴς τῷ λόγῳ" ersetzt war. Und daß diese Ausdrucksweise *leicht* im Sinne der akademisch-peripatetischen Unterordnung eines παθητικόν unter ein λογικόν mißverstanden werden konnte, wurde wiederholt gesagt (s. o. S. 146).

Hinzu kommt freilich noch etwas anderes: Von der Sache her mußte Themistius wohl impliziert haben, daß die Stoiker bei ihrer Erklärung der διαστροφή als ‚Perversion der Vernunft' eben nur jene Affekte ins Auge gefaßt hatten, die er nicht als schlechthin ἄλογα betrachtet. Ihrer Voraussetzung nach ist diese Annahme freilich nicht korrekt. Denn die Stoiker betrachten die seit Gorgias, *Helena* 14, Platon, *Laches* 191 D u. v. ö. kanoni-

---

[44] Im Hinblick auf *De Anima* 430 A 5–30 unterscheidet Themistius zwischen dem sog. leidenden Geist und dem anderen, der der Möglichkeit nach ist (*In De An.* 105. 22 ff.; 108. 12 ff.). Zu dieser Unterscheidung siehe W. Theiler, *Aristoteles. Über die Seele* (Darmstadt 1961) 143.

schen Hauptaffekte gleichermaßen als *Vermeinungen von etwas* [45]. Interessant ist nun auch die Terminologie als solche. „Διαστροφὴ λόγου" werden die Stoiker weniger den Affekt qua Affekt als vielmehr spezifisch die entsprechende *Logos*-Natur (bzw. Verfassung) der menschlichen Seele genannt haben [46].

Dem Gedanken der διαστροφή muß wohl aristotelisches Schrifttum Pate gestanden haben [47]. Wo er herkommt und wie er sich entwickelt hat, ist seltsamerweise nicht mehr auszumachen. Sollte er wirklich erst in der Stoa thematisiert worden sein?

Auffällig ist auch die andere Ausdrucksweise: πάθη = λόγου κρίσεις ἡμαρτημέναι. Die Bedeutung des Verbum ἁμαρτάνειν [intr. im Sinne von ‚fehlgehen'] fügt sich für die Stoiker komplementär zu dem, was διασρέφει im Sinne von ‚vom Richtigen abbringen' besagen soll. Platon vergleicht z. B. die ὀρθή *Politeia* mit den übrigen bzw. ἡμαρτημέναι (*Politeia* 449 A 2, vgl. Aristoteles, *Pol.* 1275 B 1, 1301 A 36). Und die Bedeutung ‚in die Irre gehen' im Gegensatz zu ὀρθότης liegt dem Verbum auch *EN* 1142 B 10 und *Top.* 111 A 16. 18 zugrunde. Gerade mit Rücksicht auf die wohl korrekt dargestellte Auffassung, wonach ‚das zum Irrtum Neigende' [τὸ ἁμαρτητικόν] in der κρίσις liegt (vgl. *S. V. F.* 3, 468) ist auch ein Hinweis auf Platon, *Philebos* 37 E 1 angebracht. Ob die Terminologie so exakt stoisch ist, läßt sich nicht definitiv sagen. Man könnte auch erwarten πάθη = ἡμαρτημένου λόγου κρίσεις. Denn ‚im Irrtum befindlich' ist ja der *Logos* (vgl. Plutarch, *De Stoic. Repugn.* 1042 C [λόγος ἡμαρτημένος]), – ganz augenscheinlich im Gegensatz zu dem seinerseits allerdings weiten Begriff des ὀρθός λόγος.

Für die Diskussion der angeblichen Differenzen zwischen den Positionen Zenons und Chrysipps gibt diese knappe Bemerkung des Themistius so gut wie nichts aus. Gleichwohl wird man mit der in ihrer Substanz nichtssagenden Behauptung „das bestätigt auch Themistius" [48] ebensowenig einen Fall bestreiten können wie mit dem Gebot „es widerspräche allen Grundsätzen der philologischen recensio, wollten wir der summarischen Notiz des Spät-

---

[45] Vgl. Stobaeus, *Ecl.* II 88. 22–89. 3 und Cicero, *Tusc. Disp.* 4, 14.

[46] Vgl. Diogenes Laertius 7, 89 διαστρέφεσθαι δὲ τὸ λογικὸν ζῷον ποτὲ μὲν διὰ τὰς τῶν ἔξωθεν πραγμάτων πιθανότητας ... ἐπεὶ ἡ φύσις ἀφορμὰς δίδωσιν ἀδιαστρόφους (= *S. V. F.* 3, 228), 7, 110 ἐκ τῶν ψευδῶν ἐπιγίνεσθαι τὴν διαστροφὴν ἐπὶ τὴν διάνοιαν, ἀφ' ἧς πολλὰ πάθη βλαστάνειν καὶ ἀκαταστασίας αἴτια (= *S. V. F.* 3, 412).

[47] Vgl. *EN* 1140 B 13–14 (auch 1140 A 34–36).

[48] R. Philippson, *RhM* 86 (1937) 154.

lings vor Poseidonios' präziser Angabe [sic!], die sich auf Chrysipps eigene
Worte stützt, den Vorzug geben" [49].

§ 7 　Trauer[1]

Die hier zu besprechenden Zeugnisse sind insofern interessant, als sie
einen Eindruck von der philosophischen Kritik Zenons vermitteln.

Daß Zenon, wie Galen aus Poseidonios (= F 165 *Edelstein-Kidd*) oder
Chrysipp schöpfend (= *S. V. F.* 3, 481) berichtet, von λύπη [2] als δόξα
πρόσφατος κτλ. (a. a. O. 391. 8) gesprochen hat, kann im Angesicht der bereits erwähnten stoischen *opinio communis* (vgl. *S. V. F.* 3, 391. 394)
eigentlich nicht bezweifelt werden.

Ciceros Äußerung (vgl. schon *Tusc. Disp.* 3, 25 [= *S. V. F.* 3, 385]) impliziert freilich nicht nur, daß Zenon einen Definitionszusatz („*recens*' =
πρόσφατος) vorgenommen hatte, sondern auch, daß dieser Zusatz diskutiert
wurde. Bestätigung findet diese Behauptung allerdings nur in dem Umstand,
daß der in der Exegese bei Cicero erwähnte Gedanke zu einer alternierenden Form der Definition der λύπη in Beziehung gesetzt werden kann, in
welcher der Zusatz „*frisch*' der Sache nach offenbar auf das Ereignis selbst
bezogen wird[3].

Nach allem, was gesagt wurde, kann auch kein Zweifel daran bestehen,
daß Zenon z. B. λύπη sowohl als συστολή κτλ. definieren konnte (vgl. Galen,
De Hipp. et Plat. Plac. 348. 5–12; 405. 5–9) als auch als δόξα κτλ. Systematische Schwierigkeiten mußten sich hier offenbar nicht ergeben, – entgegen der Annahme der herkömmlichen Tradition. Denn die eine Bestimmung versteht sich als Beschreibung des Affekts, sofern er als physiologische
Veränderung in der Spannung des Seelenstoffes vorgestellt wird, die andere
berücksichtigt mehr aitiologisch orientiert den kognitiven Vorgang.

---

[49] M. Pohlenz, *NGG* II, 9 (1938) 197.

[1] Galen, *De Hipp. et Plat. Plac.* 391. 5–11; Cicero, *Tusc. Disp.* 3, 74–75.

[2] λύπης ist die notwendige Verbesserung [MSS.: ἄτης] die von Conarius, Bake und
I. Müller vorgenommen wurde (vgl. A. C. Pearson, *The Fragments of Zeno and Cleanthes* 187).

[3] Vgl. A. Bonhöffer: „Aus dem Zusammenhang bei Galen geht deutlich hervor, daß
Galen resp. Poseidonios den Ausdruck πρόσφατον auf das Ereignis bezogen hat"
(*Epictet und die Stoa* 269).

Die Auffassung, wonach Emotionen bzw. Affekte als *Vermeinungen* eines zukünftigen oder gegenwärtigen ἀγαθόν bzw. κακόν sind, ist zumindest seit Platon bekannt (vgl. *Laches* 195 B 5 [im Hinblick auf φόβος/λύπη, θάρρος bzw. ἐλπίς/ἡδονή], oder auch *Protagoras* 358 D [προσδοκίαν τινα λέγω κακοῦ τοῦτο εἴτε φόβον εἴτε δέος καλεῖτε], oder auch *Nomoi* 644 C–D [φόβος und θάρρος als δόξαι μελλόντων]). In den pseudo-platonischen *Definitionen* wird diese Art der Betrachtungsweise wenigstens im Hinblick auf φόβος vermerkt (415 E) [4]; Aristoteles präsentiert sie als akademisches Lehrstück (*EN* 1115 A 9 διὸ καὶ τὸν φόβον ὁρίζονται προσδοκίαν κακοῦ [vgl. auch *Rhet.* II 5, bes. 1382 A 21]) [5]. Daß Zenon das Affekten-Schema und mithin auch die entsprechende Differenzierung von Gegenwärtigkeit und Projektion von der Akademie übernommen haben konnte, scheint soweit sicher.

Interessant ist natürlich der Gesichtspunkt, daß Zenon die herkömmlichen Bestimmungen als unzureichend empfunden haben mußte und betont haben soll, daß ,Vermeinen‘ des gegenwärtigen Unglücks müsse ,frisch‘ sein. Wie ist dies genau zu verstehen? „Bezeichnenderweise hat Zenon gar nicht erläutert, wie er dies frisch verstanden haben wollte. Die Exegese hält fest, daß gerade nicht der knappe Zeitabstand gemeint sei, sondern die dauernde Gegenwärtigkeit des Unglücks in der Vorstellung.“ [6] Überhaupt ist man geneigt zu fragen, was dieser Definitionszusatz zu leisten vermag. Denn wenn X im Hinblick auf den ihn berührenden Vorfall A zu dem Schluß gelangt, es handele sich bei A um ein Übel von der Art, daß man (oder zumindest er: X) Trauer empfinden müsse, B, so sollte der Definitionszusatz ,*recens*‘ insofern entbehrlich sein, als A „*ex hypothesi*“ ein gegenwärtiges Übel sein soll, und die entsprechende *opinio* sich auf einen solchen und keinen anderen Vorfall bezieht.

Bezeichnenderweise läßt aber der Zusatz ,*recens*‘ auch keinen Hinweis darauf zu, daß Zenon etwa an das gedacht hatte, was wir umgangssprachlich durch die Wendung „frisch in der Erinnerung“ etc. zum Ausdruck bringen können. Und gerade der Umstand, daß Zenon ,Erinnerung‘ aller Wahrscheinlichkeit nach als θησαυρισμὸς φαντασιῶν definiert hatte (s. o. S. 36), erklärt zumindest, warum der Gedanke an so etwas wie eine „frische Erinnerung“ auch tatsächlich aus der Diskussion zu bleiben hat. Denn ist der Af-

---

[4] Dazu siehe H.-G. Ingenkamp, *Untersuchungen zu den Pseudo-Platonischen Definitionen* (Wiesbaden 1967) 97.

[5] Über die Thematisierung dieses Komplexes bei Aristoteles handelt sehr eindringlich W. W. Fortenbaugh, *Arethusa* 2 (1969) 163–185; *AGPh* 52 (1970) 40–70.

[6] O. Gigon, *Cicero. Tusculanen²* 521.

fekt in diesem Fall seinem epistemologischen Wesen nach als Vermeinung der Gegenwart eines κακόν zu verstehen, so ist damit z. B. für den bei Cicero, *Tusc. Disp.* 3, 76 skizzierten Fall der andauernden Trauer der Königin Artemisia impliziert, daß etwas als gegenwärtiges Übel empfunden wird [z. B. der Tod des Gatten, d. h. daß er nicht mehr lebt]. Mithin scheidet auch der *Zeitabstand*[7] als Kriterium aus, und ebenso das, was im Hinblick auf ‚Erinnerung‘ als *frische Bewertung* eines vergangenen, i. e. nicht mehr gegenwärtigen Übels verstanden werden könnte; und für den Fall der andauernden Trauer der Artemisia wäre also anzusetzen, daß die Meinung fortdauert, es gäbe ein gegenwärtiges Übel von der Art, daß Anlaß zu Trauer besteht. (Der a-logische Charakter einer solchen Empfindung schlägt sich für einen hart gesottenen Kritiker wie Zenon in einem doppelten Befund nieder: weder wird vernünftiges Urteilen ein Vorkommnis vom Typus *A* je als *B* bewerten, noch ist – auf Artemisias Trauer bezogen – überhaupt der Fall gegeben, daß etwas vorliegt. Denn der Vorfall *A*, der unbegründet als *B* beurteilt wurde, liegt ohnehin zurück. – Zumindest im Hinblick auf die zweite Überlegung hätte sich Zenon sagen lassen können, daß der in Rede stehende Zustand sehr wohl andauert, sofern man nur voraussetzt, daß ‚das nicht mehr Leben‘ als gegenwärtiges Übel beurteilt wurde . . .)

Tatsächlich müßte der Zusatz ‚*recens*‘ bzw. πρόσφατος dem Umstand Rechnung tragen wollen, daß Trauer solange empfunden wird, als die entsprechende δόξα unter dem unmittelbaren Eindruck des Geschehens zustande gekommen ist, d. h. daß der Urteilende unter einem solch unmittelbaren Eindruck steht. – Aristoteles spricht z. B. von der πρόσφατος τροφή (*De Part. Anim.* 675 B 32); und gemeint ist in diesem Zusammenhang Speise, die noch unverdaut ist.

Entsprechend wird man für Zenons Überlegung mit dem Gedanken zu rechnen haben, daß eine ‚pathologische‘ Empfindung wie z. B. Trauer dann und nur dann vorliegt, wenn die entsprechende δόξα des Urteilenden frisch und unverdaut ist, und noch nicht der Prüfung eines kritischen Nach-Denkens unterzogen wurde. Diese Interpretation kann vermutlich mit der Exegese bei Cicero einigermaßen in Einklang gebracht werden: *quam diu in illo opininato malo vis quaedam insit vigeat et habeat quandam viriditatem tam diu appelletur recens* i. e. *opinio . . . mali praesentis in qua opinione illud insit ut aegritudinem opporteat.* Aber besagt der Zusatz ‚recens‘ bzw.

---

7 Galen vermerkt: εἶναι μὲν τὸ πρόσφατόν φησι τὸ ὑπόγυιον κατὰ τὸν χρόνον (*De Hipp. et. Plat. Plac.* 391. 11–12); aber aus dem Zusammenhang geht nicht eindeutig hervor, wie „πρόσφατον“ ursprünglich genau verstanden wurde (‚Zeitabstand‘, ‚Unmittelbarkeit‘).

πρόσφατος nicht eben doch, daß eine *frische Vermeinung* nur solange als frisch = unverdaut bezeichnet werden kann, als etwas besteht, was als Ursache für den anhaltenden unmittelbaren Eindruck zu veranschlagen ist? Hier ergeben sich in der Tat gewisse Schwierigkeiten. Tatsächlich müßte Zenon eine – wie im Falle der immer noch trauernden Artemisia – sozusagen beiderseitig unbegründbare Vermeinung als ἄλογος, sofern jemand wie die ἐν πάθεσι ὄντες [καὶ ἂν μάθωσι, καὶ μεταδιδαχθῶσιν ὅτι οὐ δεῖ λυπεῖσθαι ... ὅμως οὐκ ἀφίστανται τούτων κρατεῖσθαι τυρράνιδος] (s. S. 146 Anm. 5) womöglich einer Hysterie zum Opfer fällt. Jedenfalls legt die Exegese Wert auf die Feststellung, es müsse sich um ein frisches Übel in dem Sinne handeln, daß die Vermeinung unter einem (immer noch) unmittelbar empfundenen Eindruck zustande kommt [8].

Es ist nun interessant zu beobachten, daß eben jene Diskussion des zenonischen Zusatzes (vgl. *sic interpretantur* [9]) zu einer alternierenden Beurteilung geführt haben mußte, wie sie aus dem Zusammenhang bei Galen (bzw. Poseidonios) postuliert werden kann (s. o. S. 172). Vielleicht nimmt diese uns nicht mehr positiv faßbare Bestimmung auf jenen Gedanken Bezug, der bei Cicero [*ut non tantum illud recens esse velint quod paulo ante acciderit*] unter Berufung auf eine stoische Exegese als ungenügende Erklärung empfunden wird. Daß die zenonische Bestimmung gleichwohl als *die* stoische Lehrmeinung erscheint, darf hier freilich nicht übersehen werden [10].

---

[8] Bei Stobaeus, *Ecl.* II 89. 9 wird πρόσφατον als τὸ κινητικὸν συστολῆς ἀλόγου καὶ ἐπάρσεως bestimmt; diese Bestimmung erinnert stark an die offenbar von späteren Stoikern vorgenommene zirkuläre Definition des καταληπτικόν als das, ὃ φαντασίαν καταληπτικὴν κινεῖ (s. o. S. 39 ff.).

[9] Unklar ist die Erklärung von T. W. Dougan & R. Mittenry: „sc. Zeno et Chrysippus or Stoici" (M. *Tulli Ciceronis Tusculanarum Disputationum Libri Quinque* II [Cambridge 1936] 91).

[10] Siehe *S. V. F.* 3, 391. 393–394. Richtig bemerkt A. Bonhöffer, daß „die Stoiker den Begriff πρόσφατον nur auf falsche, nicht auch auf das richtige Urteil angewendet [haben], weshalb sie nur die πάθη nicht aber auch die εὐπάθειαι auf δόξα πρόσφατος begründeten" (*Epictet und die Stoa* 268 Anm. 1).

TEIL IV: ANHÄNGE

Anhang I: Zur Begründung der stoischen Ethik [1]

Bekanntlich geben die Stoiker orthodoxer Observanz das in der griechischen Philosophie unablässig diskutierte *„summum bonum'* als ‚Leben gemäß [wörtlich: in Übereinstimmung mit] der Natur' aus (*S. V. F.* 3, 2 ff.). Als offenbar synonym verstandene Beschreibung ein und desselben Denotatum bieten sie auch solche Bestimmungen an wie ‚Leben gemäß der Tugend', ‚Leben gemäß der Vernunft', etc. Da eine Bestimmung der anderen offenbar schadlos substituiert werden darf, ergibt sich ein Verdacht auf Zirkelhaftigkeit: „Here the circle is complete. It is reasonable to live according to nature and natural to live according to reason . . .“ [2]. Tatsächlich ist es aber schwer vorstellbar, daß die Stoiker z. B. ‚Natur' und ‚Vernunft' als logisch äquivalente Konzepte betrachtet haben sollen. Allenfalls vorstellbar ist letzteres als inhärente Eigenschaft des ersteren.

Die moderne Ethik weiß, daß sich jeder Philosoph darin schwer tun muß, Rechenschaft über die Begriffe ‚gut' und ‚das Gute' abzugeben [3]. Zwar möchte man sich ‚das Gute' als – wie auch immer – definierbar vorstellen. Aber das Gute, welches gut ist und dem ‚gut' als Attribut zugeordnet ist, ist von seinem Attribut notwendig verschieden. Und der Begriff ‚gut' ist als nicht-komplexer Begriff wie ‚gelb' vermutlich nicht analytisch definierbar.

Es ist hier nicht der Ort, jene Aporien zu diskutieren, die dann angezeigt sind, wenn man in umgangsprachlicher Art verlautet ‚Sokrates ist ein guter Philosoph' und dabei doch sagt ‚Sokrates ist ein Philosoph und gut'. – Immerhin ist mit Rücksicht auf die Tatsache der Irreduzibilität normativer Konzepte auf empirische Konzepte dem Gedanken Rechnung zu tragen, daß die Stoiker ebenso wie andere Philosophen vor ihnen und nach ihnen von

---

[1] Diesem Abschnitt liegt der gleichnamige Beitrag der *KS* 63 (1972) 213–224 zugrunde.

[2] R. D. Hicks, *Stoic and Epicurean* (London 1908) 22–23.

[3] Vgl. A. J. Ayer, *Language, Truth and Logic*[2] (Oxford 1956) Kapt. 6; G. E. Moore, *Principia Ethica* (Cambridge 1903) Kapt. 1.

Behauptungen von Tatsachen zu Wert-Urteilen übergingen. Die Quellenlage ist nicht wirklich zufriedenstellend. Gleichwohl kennen wir eine Reihe
von ἀξιώματα über ‚Natur‘ und ‚Mensch‘, die einen vorsichtigen Versuch
der Lokalisierung jenes Schrittes von Behauptungen von Tatsachen zu Wert-
Urteilen als sinnvoll und nicht aussichtslos erscheinen lassen.

Zunächst ist festzuhalten, daß man als Stoiker bei Behauptungen wie
‚x ist gut‘ (wobei ‚gut‘ aber eben nicht platonisch als F einem x auf Grund
von dessen Teilhabe an Φ a priori zukommt) wohl oder übel zu Begriffen
Zuflucht nehmen muß, als deren Extension man die Klasse eben jener
Dinge ansetzt, die – aus welchen Gründen auch immer – als ‚gut‘ bezeichnet werden, und deren ‚Deskription‘ als ‚gut‘ sich auf dem Wege äquivalen-
ter Substitutionen auch als zutreffend erweisen kann.

Und dies scheinen die Stoiker auch zu tun. Denn sie sagen, daß etwas,
was ‚gut‘ ist, auch ‚zuträglich‘, ‚nötig‘, ‚zu wählen‘ und ‚nützlich‘ ist (S. V. F.
3, 74–76). Und zwar scheint man bei der Explikation solcher Begriffe etwa
so vorgegangen zu sein, daß man etwas als ‚gut‘ = ‚zuträglich‘ ausgibt, weil
aus dem, was ‚zuträglich‘ ist, dasjenige zustande kommt, was ‚nützlich‘ ist.
Die stoischen Kettenschlüsse waren in der Tat berücksichtigt. Tatsächlich
beruht diese Rechnung auf der Annahme der extensionalen Äquivalenz aller
Prädikate im Sinne von ‚(x) (Ax ≡ Bx)‘; und hier dokumentiert sich eigentlich das, was im Zusammenhang mit dem Begriff ‚stoisch‘ unter dem Kennwort ‚Rigorismus‘ in die Philosophiegeschichte eingegangen ist: Denn Sätze
wie ‚x ist gut‘, ‚x ist nützlich‘, ‚x ist schön‘ etc. sind für uns ja kaum logisch
äquivalent. Sie waren es auch für die kritischen Zeitgenossen der Stoa nicht.
So wird von einem Sprecher akademisch-peripatetischer Observanz gegen
den stoischen Gedanken von der Klassenidentität von ‚bonum‘ und ‚honestum‘ ([P. 1] *„quod est bonum omne laudabile est“* [P. 2] *„quod autem
laudabile est, omne est honestum“*, [C.:] *„bonum igitur quod est, honestum“*) der Einwand geltend gemacht, daß es auch ‚bona‘ gäbe, die nicht
auch *‚laudabilia‘* seien[4]. Der all-quantifizierten Prämisse in der Form
‚(x) (Ax → Bx)‘ steht also eine Behauptung von der Art ‚(∃x) (Ax & ~ Bx)‘
gegenüber. Einem derartigen Einwand gegenüber konnten die Stoiker nur
dadurch vorkehren, daß sie von vornherein sagten ‚(x) (Ax ≡ Bx)‘ und mit
der Behauptung der extensionalen Äquivalenz von *‚bonum‘* und *‚laudabile‘*
klar zu verstehen gaben, daß sie mit Rücksicht auf den Begriff ‚gut‘ eine
andere Sprache sprächen als ihre Gegner; denn mit Rücksicht auf den Be-

---

4 Cicero, *De Finibus* 3, 27; 4, 48–49. Dazu siehe meine Miszelle im *Hermes* 100 (1972)
492–495.

griff des ‚*bonum*' reden die Gegner ja offenbar nicht mehr von demselben Ding. Und dies führt eben genau dahin, daß die Stoiker als Extension der Termini ‚gut', ‚nützlich' etc. n u r die Klasse der Tugenden und der damit zusammenhängenden sittlichen Handlungen annahmen. Aristoteles hätte noch sagen können „dieser Golfball ist gut, denn er verhilft meinem Spiel zum Gewinn des hochdotierten Geldpreises". Tatsächlich müssen die Stoiker selbst im Umgangsprachlichen die Verwendung *aller* jener für ‚gut' deskriptiven oder explikativen Symbole auf die Bezeichnung des sittlichen Charakters und von sittlichen Handlungen beschränken.

Doch wie gelangten die Stoiker zu Aussagen wie ‚Das Gute besteht im Leben gemäß der Natur', ‚. . . gemäß der Vernunft', etc.? Zunächst, es besteht eine Art von funktionaler Zusammenhang zwischen Mensch und Natur. ‚Natur' ist für die Stoa streng genommen eine Chiffre für die Faktizität alles konstatierbaren Geschehens. Und in der physikalischen Spekulation der Stoa existiert der Mensch als substanziell diskretes, aber keinesfalls isoliertes Feld im dynamischen Kontinuum. ‚Mensch' ist, so gesehen, einer von vielen individuell strukturierten Zügen an der universalen ‚bestimmt-befindlichen Materie'. Wenn also Chrysipp als erster explizit gesagt haben soll, daß die Natur des Menschen ein Teil der universalen Natur sei, so wollte er damit angezeigt wissen, daß $\varphi \varepsilon$ von Φ sei, weil φ die Charakteristika A, B, C aufweist, die Φ bestimmen. Tatsächlich muß er aber auch gemeint haben, daß φ eben diese Charakteristika in der Regel nicht an den Tag legt. (Nicht umsonst betrachten die Stoiker so gut wie alle Menschen als Toren.) Wie anders wäre ein Hinweis auf das ‚Leben gemäß der Natur' als faktischer Horizont der Gebotsnorm auch bedeutungsvoll?

Nun wissen wir, daß Chrysipp der bereits traditionellen Formel ‚Leben gemäß der Natur' folgenden Sinn unterlegte: ‚Leben gemäß der Erfahrungseinsicht in die sich von Natur aus = natürlich vollziehenden Geschehnisse.' ‚Natürlich' bzw. ‚von Natur aus' vonstatten gehende Prozesse sind für die Stoiker irreversibel, notwendig und in genau diesem Sinn auch ‚vernünftig'. Über die teleologischen Vorstellungen der Stoa ließe sich sehr viel sagen. Man mag sich aber auch auf folgende Feststellungen beschränken. Des Weltbaumeisters platonischen Typus, der literarischen Randfigur des *Timaios*-Dialoges, bedarf die energetische Materie ebensowenig wie eines Laplaceschen Dämons oder etwa Gottes in der Sicht Newtons, der aus der Himmelsmechanik verbannt ist und im Grunde nur noch als Lückenbüßer für das Nicht-Wissen des Menschen fungiert. Aber auch die als philosophischer Gewaltstreich anmutende aristotelische Koppelung der Zweckhaftigkeit mit der impersonalen Physis kann die Stoa nicht nachvollziehen. Denn die nahtlose Verknüpfung von Teleologie und Kinetik impliziert den systematischen Verband der ‚früher-später'-Teleologie im Zusammenhang mit dem ‚Akt-Potenz'-Schema, – von der Notwendigkeit der Annahme eines seinerseits prozeßfreien Bewegers ganz abgesehen. Und eben diese Grundfaktoren des aristotelischen Möglichkeitsdenkens entziehen sich dem Kalkül der stoischen Modalitäten-Logik: Entgegen der herrschenden Meinung, die die teleologischen Vorstellungen der Stoa apriori mit den entsprechenden Modellen bei Platon und vor allem Aristoteles in Verbindung bringt, glaube ich, daß sich das stoische Unternehmen der Hineinprojektion der Vernunft weniger von einem teleologischen Vorverständnis leiten ließ, als vielmehr vom Kalkül der megarisch-stoischen Modalitäten-Logik. Entsprechend wird man etwa mit Rücksicht auf die unbedingte Gültigkeit des Satzes vom ausgeschlossenen Dritten, derart, daß Zukunftsaussagen entweder wahr oder falsch sind, nicht mit J. Łukasiewicz meinen wollen, diese Behauptung erkläre sich als Präsumption des stoischen Determinismus. Ich vermute, muß aber den Beweis noch schuldig bleiben, daß der sogenannte stoische Determinus widerspruchsfrei nur als Konsequenz der Prinzipien der megarisch-stoischen Modalitäten-Logik zu begreifen ist.

Nun, entscheidend für unseren Zusammenhang dürfte sich wohl der Umstand ausnehmen, daß die Stoiker das platonisch-aristotelische Begründungsverhältnis von ‚Vernunft' und ‚Teleologie' auf den Kopf stellen. Denn Aristoteles' Annahme, daß *Physis* vernünftig handelt, erklärt sich recht verstanden aus der Beobachtung teleologisch zu interpretierender Vorgänge in der Natur: ‚vernünftig' weil ‚teleologisch'. – Umgekehrt verstehen sich die grandiosen Bemühungen der Stoiker um die Feststellung der Teleologie im Geschehen der Natur als Versuch einer Rettung der Vernunft als inhärenter Eigenschaft natürlichen Geschehens. Müssen sie also die irreversiblen, notwendigen Vorgänge als faktisch und in diesem Sinn vernünftig ansehen, so betrachten sie diese deshalb teleologisch, weil aus der Leugnung der Zweckhaftigkeit in der Verbindung ‚wenn *p* dann *q*' die fatale Möglichkeit ergeben könnte, mit Rücksicht auf eine nicht-eindeutige Welt der Tatsachen *auch* den Sinn des Wahrheitskriteriums hypothetischer Urteile in Zweifel zu ziehen. Denn wenn eine Implikation z. B. dann wahr sein soll, wenn das kontradiktorische Gegenteil des Nachsatzes dem Vordersatz widerspricht (*S. V. F.* 2, 215), so würde sich aus der Annahme der nicht-notwendigen Verknüpfbarkeit von ‚wenn *p*, dann *q*' ein Rückschluß dergestalt ergeben können, daß die Dinge, von denen wir meinen, daß sie vernünftigerweise nur so und nicht anders in einem *axioma* zueinander gesetzt werden müssen, selber an und für sich eben nicht ‚vernünftig‘ und ‚notwendig‘ so und nicht anders koexistieren.

Den die Moral betreffenden *axiomata* wäre damit fast jede Grundlage entzogen. Denn sollen unsere Behauptungen wahr sein, so müssen sie zur Sache sprechen. Und ausgehend von der vielleicht unverfänglichen Annahme, daß von sittlicher Entscheidung und sittlichem Tun nur dann gesprochen werden kann, wenn der Entscheidungs- bzw. Handlungsträger das Ziel seines Tuns als objektiv sinnvoll existierend voraussetzen darf, muß die Stoa die in der Natur waltende Vernunft als *Sinn* ausgeben.

Die Stoiker glauben also ansetzen zu dürfen, daß die Natur vernünftig handelt. Was sie tut, ist vernünftig, und was sie tut, ist richtig. (In der physikalischen Lehre ist diesem Gedanken durch die Annahme Rechnung getragen, daß die an sich formlose Materie durch die sie durchdringende ‚Aufrechte Vernunft‘ strukturiert wird. Tatsächlich ist aber die Vernunft im Sinne der stoischen Kategorienlehre als Qualität des Substrates zu verstehen.)

Sehen wir nun nach, ob die uns erhaltenen Behauptungen über ‚Natur‘ und ‚Mensch‘ eine sinnvolle Verknüpfung dergestalt gestatten, daß sich die stoische Ethik als ein Gerüst von Deduktionen ausweisen läßt.

In Ermangelung eines originalen, authentischen Textes wird man sich hier vor allem an den Kapiteln 85–88 des VII. Buches des Diogenes Laertius zu orientieren haben. (Das Textkontinuum versteht sich als eine Reihe von Exzerpten aus ursprünglich größeren Zusammenhängen. Philologische Kritik könnte den Nachweis dafür erbringen, daß Diogenes bzw. seine Vorlage solche Zusammenhänge überaus stark kürzte, auseinanderbrach und schließlich zu einem überblickbaren Ganzen redigierte.)

M (← O)   „Der erste Trieb, so sagen sie, der sich in einem lebenden Wesen regt, sei der der Selbsterhaltung. Dies sei eine Mitgabe der Natur, wie Chrysipp im ersten Buch ‚Über die Endziele‘ sagt mit den Worten: für jedes lebende Wesen sei seine erste ihm von sich aus zugewiesene Angelegenheit sein eigeimpl. ~ O   nes Bestehen sowie das Bewußtsein davon. *Denn es war doch nicht zu erwarten,* daß die Natur das lebende Wesen von sich entfremden würde oder daß sie dem Geschöpf, nach dem sie es einmal hervorgebracht hatte, weder die Selbstverfremdung noch die Selbstbefreundung habe angelegen sein lassen. *Es* N (→ M)   *bleibt also nur übrig zu sagen,* daß sie nach vollzogener Schöpfung es sich mit sich selbst befreundet hat. Denn so wehrt es alles Schädliche ab und verschafft allem, was seiner Eigenart dienlich ist, freien Zutritt. – Wenn aber einige behaupten ...
Da aber den lebenden Wesen zudem noch der Trieb zuteil geworden ist, mit Hilfe dessen sie sich auf die ihnen eigentümlichen Dinge fortschreiten, besteht

P   *das Naturgemäße* für diese Lebewesen darin, den Impuls entsprechend aus-
zurichten. Und da aber mit Rücksicht auf eine mehr vollkommene Rangord-
nung [sc. den Tieren gegenüber] den sprachbegabten Wesen [= den ver-
Q 1   nunftbegabten Lebewesen] *die Vernunft gegeben worden ist,* so ergibt sich
Q 2   richtigerweise das Leben gemäß der Vernunft als das ihnen Naturgemäße.
Q 3   Denn die *Vernunft kommt hinzu als Bildner des Impulses.*
Daher erklärte Zenon in seinem Buch ,Über die menschliche Natur' als das
Ziel als erster das mit der Natur übereinstimmende Leben, was soviel *wie*
R   *Leben gemäß der Tugend bedeutet.* Denn *zu dieser leitet uns die Natur ...*
S   wiederum *ist das Leben gemäß der Tugend identisch* mit dem Leben ge-
T   mäß der Erfahrungseinsicht in die natürlichen Vorgänge, wie Chrysipp im
ersten Buch ,Über die Endziele' sagt. Denn *unsere Naturen sind Teile der*
U   *Natur des Weltganzen.* Daher stellt sich als Endziel das der Natur folgende
Leben dar, d. h. das der eigenen Natur wie der des Weltganzen folgende
Leben, wobei man nichts tut, was von der Weltvernunft mit einem Verbot
verhängt ist. Und dieses eben ist die ,aufrechte Vernunft', die alles durch-
dringt und identisch ist mit Zeus, dem Strukturprinzip in der Anordnung des
Seienden [wörtl. der Leiter ...]. Und eben darin besteht auch die Tugend
des Glücklichen und der ungetrübt schöne Ablauf des Lebens, daß man sich
bei allem Tun in einem Übereinklang des individuellen Dämon mit dem
Willen dessen, der das All durchwaltet, befindet [5].

(Die pathetische Sprache namentlich im letzten Abschnitt dürfte zu La-
sten einer Formulierung des Poseidonios gehen; in seinen Berichten über
die Grundgedanken der stoischen Ethik und Physik scheint sich Diogenes
mehr als uns lieb sein kann an entsprechenden Zusammenstellungen bei
Poseidonios orientiert zu haben.)

Dem Vorgang A. A. Longs [6] entsprechend sollen die den Text begleitenden Buchstaben einzelne Schritte in der (von Diogenes sicher unvollständig
dargestellten) Argumentatio markieren.

[5] O. Apelts Übertragung liegt zugrunde (Diogenes Laertius. *Leben und Meinungen berühmter Philosophen,* Philosophische Bibliothek Bd. 54, Leipzig 1921). Da, wo O.
Apelt den übrigens nicht leichten Text definitiv falsch verstanden hat, ist der Wortlaut von mir geändert worden.

[6] A. A. Long hat diesen Abschnitt analysiert („The Logical Basis of Stoic Ethics",
PAS 1971, 97–101). Meine Darstellung unterscheidet sich von der seinigen vor
allem darin, daß ich die Behauptung „Der erste Impuls jedes Lebewesens zielt
auf Selbsterhaltung" n i c h t als „interim conclusion" betrachte (Long: S. 98),
sondern als definitiven Ausgangspunkt des stoischen Versuches, die Konzepte
von ,gut' bzw. ,nützlich' auf empirische Konzepte zurückzuführen. Ferner
erlaubt meine Exposition dann auch, die implite Behauptung „Natur handelt richtig"
nicht mit A. A. Long als eine Art *consensus omnium-Beweis* als bereits irgendwo
vorausgesetzt anzusehen, sondern sie als Nachsatz eines konditionalen Vordersatzes zu
begreifen, – im grundsätzlichen unterscheiden sich unsere Vermutungen über den *mo-*

‚M' ist fraglos die Ausgangsthese (‚Natur versieht alle Lebewesen mit
einem Selbsterhaltungstrieb'); aus Gründen, die aus dem Folgenden leicht
einsehbar sind, ist freilich anzusetzen, daß dieser Gedanke in der Sache die
Feststellung traf: ‚Selbsterhaltungstrieb ist gut bzw. nützlich für den Menschen'. Denn die nächste mit ‚~ O' markierte Behauptung impliziert ja, so
wie sie steht, die Überlegung, ‚Natur würde nicht richtig handeln, wenn sie
den von erschaffenen Lebewesen keinen Selbsterhaltungstrieb mitgäbe'. Somit stünde nach ‚M' eigentlich eine Behauptung zu erwarten von der Art ‚O'
(‚Natur handelt sichtig, tut das Richtige'). Vielleicht läßt sich also der Gedanke (‚~ O') als Negation des zu seinem Vordersatz ‚M' nunmehr im kon-
tradiktorischen Gegensatz befindlichen Nachsatzes ‚O' verstehen. Das heißt:
Entsprechend der Regel, daß nur das hypothetische Urteil wahr ist, in dem
der kontradiktorische Gegensatz des Nachsatzes dem Vordersatz widerspricht, ‚~ O' aber ‚M' in genau diesem Sinn widersprechen soll, kann somit
die Behauptung ‚wenn M, dann O' als richtig angenommen werden. In der
Tat scheint sich diese Affirmation von ‚wenn M, dann O' hinter dem mit
‚Es bleibt übrig zu sagen ...' ausgedrückten Sachverhalt zu verbergen.

Etwas schwieriger verhält es sich nun mit dem als ‚N' bezeichneten Abschnitt ‚Denn so wehrt es alles Schädliche ab ...'; ‚N' wird man sich nur als
zu ‚M' zugehörig denken wollen. Denn ‚mit einem Selbsterhaltungstrieb ausgestattet sein' heißt ‚das Schädliche von sich abwenden'. Und die Leugnung
von ‚O' muß ihrerseits implizieren, daß die Lebewesen das, was ihrer Selbsterhaltung im Wege steht, nicht abwehren.

Also mochte der erste Schritt etwa so ausgesehen haben: ‚Wenn die Natur, was der Fall ist, alle Lebewesen erschafft und sie mit einem Selbsterhaltungstrieb versieht, der für sie insofern etwas Gutes bedeutet, als er sie in
den Stand versetzt, das ihnen Schädliche abzuwehren und das ihnen zuträgliche anzunehmen, – dann tut sie offenbar das Richtige' (... es wäre nicht
richtig gewesen, die Lebewesen ohne einen derartigen Impuls zu erschaf-
fen ...).

Die nächste mit ‚P' gekennzeichnete Behauptung dürfte ursprünglich un-
mitelbar an den eben erörterten ersten Schritt angeschlossen haben. (Daß
sie es hier faktisch nicht tut, läßt sich durch den Umstand erklären, daß
Diogenes Laertius ganz offenbar – mit Rücksicht auf die stoische Widerlegung der Hypothese, daß Lust das *primum movens* sei – zwei leicht von
einander verschiedene Zusammenhänge ineinander geschoben hat.) ‚Wenn

---

dus procedendi dieser Deduktion nur darin, daß ich zu der Auffassung gekommen bin,
daß sie in stärkerem Maß noch vom Verfahren der Aussagenlogik bestimmt ist.

das, was die Natur tut, richtig [,O‘], so besteht das Naturgemäße für die Lebewesen darin, sich von diesem Impuls leiten und ausrichten zu lassen [,P‘].

Mit Rücksicht auf den Menschen als eine besondere Klasse von Lebewesen gilt nun:

,Q 1‘: Der Mensch ist ein sprachbegabtes = vernunftbegabtes Lebewesen.

,Q 2‘: Für den Fall des vernunftbegabten Lebewesens ist anzusetzen, daß die Vernunft die Funktion hat, die Impulse zu steuern.

,Q 3‘: Für den Menschen als vernunftbegabtes Lebewesen besteht das ihm spezifisch Naturgemäße darin, sich bei der Ausrichtung nach diesem Impuls (,P‘) von der Vernunft als Steuerungsprinzip der Impulse leiten zu lassen.

Die vorher gemachten Voraussetzungen wie ,Selbsterhaltungstrieb ist etwas Gutes‘, weil ,das Schädliche abwendend und das Zuträgliche annehmend‘ müssen für die Formulierung von ,Q 3‘ offenbar mitgedacht werden.

Schwierig scheint nun aber der Sprung von ,Leben gemäß der Vernunft‘ (im Sinne von ,Q 3‘) zu ,Leben gemäß der Tugend‘. Nun muß man freilich in Rechnung stellen, daß ἀρετή jener Begriff ist, der auch über den philosophischen Sprachgebrauch hinausgehend die einem Menschen oder Ding eigentümliche Leistung kennzeichnet. Wenn also das für den Menschen eigentümlich Naturgemäße darin bestehen soll, daß er sich von dem in ihm vorherrschenden = ihn auszeichnenden Prinzip leiten läßt (i. e. von der Vernunft), so erklärt sich das seiner besonderen Leistung entsprechende Leben folgerichtig als das Leben gemäß der Vernunft. Offenbar soll der Hinweis auf die „mehr vollkommene Rangordnung“ mit Rücksicht auf den Umstand, daß der Mensch vernunftbegabt sei, den Schluß auf seine entsprechende Leistungsfähigkeit sozusagen analytisch implizieren.

Eine derartige Annahme scheint glaubhaft; bekanntlich explizierte Aristoteles im ersten (und *mutatis mutandis* im zehnten) Buch der *Nikomachischen Ethik* die höchste Betätigungsform des Menschen qua Menschen als diejenige, in der sich seine eigentümliche Leistungsfähigkeit verwirklicht, d. h. im Leben gemäß der Verwirklichung des Lebens gemäß der Vernunft.

Nun wird ja die Gleichsetzung von ,Leben gemäß der Natur‘ und ,Leben gemäß der Tugend‘ mit der Behauptung gerechtfertigt: „Denn die Natur führt uns zur Tugend.“ An und für sich kann dies bedeuten wollen, daß die Natur den Menschen insofern zu seiner Bestheit leitet, als sie (qua Schöpferin) den Menschen mit einer Steuerungsmechanismus versehen hat: beides zusammen gestattet dem Menschen, all das zu tun, was für seine Selbst-

erhaltung und Selbstverwirklichung nützlich und zuträglich ist. Der Mensch
kann das werden, was er sein soll, nämlich ein konsolidiertes vernünftiges
Lebewesen [7]. Aber nun soll ja die Natur eben nicht nur als der zureichende
Grund der menschlichen Existenz verstanden werden. Als Manifestation
sich ,natürlich vollziehender = vernünftig vonstatten gehender Vorgänge'
erfüllt sie – dies will Chrysipp wohl zum Ausdruck gebracht haben – für
den Menschen auch noch die Funktion einer Orientierungsleistung. Und
dieser im Grunde doch metaphysisch anmutende Anspruch auf Anerkennung
dieser Orientierungsleistung durch die Natur rührt fraglos von der Annahme her, daß die Natur richtig und vernünftig handelt. (Denn mit einem
Selbsterhaltungstrieb ausgestattet zu sein, erweist sich für den Menschen
,nützlich' und ,förderlich', etc.: also tut die Natur etwas Richtiges.)

Wenn also ,R' (,Leben gemäß der Tugend') durch ,T' expliziert werden
darf (,Leben gemäß der Erfahrungseinsicht in die sich natürlich vollziehenden Vorgänge'), dann müssen folgende Überlegungen mitgedacht werden:
1. Wenn das vernunftgemäße Leben und das tugendgemäße Leben identisch
sind (,Q 3' = ,R'), und 2. das vernunftgemäße Leben das für den Menschen
natürliche Leben ist (,Q 3'), dann ist das tugendgemäße Leben seinerseits
dasjenige, welches mit Rücksicht aufda, was das *Naturgemäße* ausmacht, an

---

[7] Dies ist m. E. der Horizont der sogenannten *Oikeiôsis*-Lehre, über deren Inhalt und
Herkunft seit jeher gerätselt wurde (zur Formulierung des Problems siehe C. O. Brink,
„Theophrastus and Zeno on Nature in Moral Theory", *Phronesis* 1 [1956] 123–145
und S. G. Pembroke, in *Problems in Stoicism* 114–149). Aus dem Gesichtsfeld der
stoischen Physik ist das moralische Postulat der Selbstkonsolidierung so zu verstehen,
daß sich der Mensch als durch *Logos* qualifiziertes Substrat an der universalen Materie zu einem homogenen (logos-strukturierten), diskreten Feld spannt (vgl. die
Theorie vom πως ἔχον), das nach Maßgabe der stoischen Kategorie der internen Disposition bzw. Relation in eine Differenz zu anderen Feldern tritt, die nicht ebenso
strukturiert sind.
In diesem eminent physikalischen Zusammenhang ergibt sich auch ein Anhaltspunkt
für die Beurteilung des berüchtigten stoischen Individualismus (L. Edelstein, *The
Meaning of Stoicism* 20 ff.). Tatsächlich muß der Mensch, um nach Maßgabe des
Postulates der universalen Vernunft die Charakteristika aufzuweisen, die ihn als voll
integrierten Bestandteil der *vernünftig strukturierten* Natur kennzeichnen, sich als diskretes Feld behaupten bzw. erst zu einem solchen konsolidieren. In diesem Fall unterscheidet er sich nicht von den übrigen Weisen (sofern es überhaupt welche gibt) und
kann als vollgültiges Exemplar der *vernünftigen Natur* angesehen werden. *Mutatis
mutandis* ähnlich wie bei Platon wird die volle Individualität im Sinne von Selbstverwirklichung dadurch erreicht, daß der Prozeß der Individuation revidiert wird
(vgl. A. Graeser, *Probleme der platonischen Seelenteilungslehre* 30).

der Erfahrungseinsicht in natürliche bzw. sich von Natur aus vollziehende Vorgänge orientiert (‚T‘).

Dieser Gedanke beinhaltet fraglos eine Hinordnung des für den Menschen naturgemäßen Lebens auf das, was mit Rücksicht auf die universale Natur als ‚natürlich‘ anzusehen ist. Die Möglichkeit zu einer derartigen Horizontannäherung von ‚Natürlich‘ und ‚Naturgemäß‘ gründet in der Annahme, daß *natürliche Vorgänge* stets *vernünftig* sind und daß die Observation der sich in der universalen Natur vollziehenden Geschehnisse Gegenstand (nicht aber Funktion!) der Vernunft ist.

Gleichwohl schwer einzusehen ist der Gesichtspunkt, daß der Mensch diese ihm durch die Natur vorgegebene Orientierungsleistung nachvollziehen und konkret, intentional auswerten können soll. Gerade dieses Problem stellt sich ja im Hinblick auf die Tatsache, daß von der universalen Natur auch als dem ‚Allgemeinen Gesetz‘ und als ‚Aufrechter Vernunft‘ gesprochen wird: Der stoische Philosoph versteht sich qua moralisches Subjekt als Rechtsschöpfer. Er subsumiert nicht etwa konkrete Fälle unter ein abstraktes Gesetz, sondern leitet aus einem für uns eigentlich *un-denkbar allgemeinen* Gesetz konkrete Rechtssätze ab[8]. Und mit Rücksicht auf solche, sein Handeln bestimmende Sätze tritt er – wenn man so will – in einen hermeneutischen Prozeß ein. Denn die Maximen seines konkreten Tuns werden auf den Horizont dieses ‚Allgemeinen Gesetzes‘ hin befragt. Die Anerkennung seiner selbst als eines Rechtssubjektes ergibt sich für ihn natürlich aus der Annahme, daß die Natur des Menschen integraler Teil der universalen Natur ist. Also impliziert ‚T‘ den Gedanken ‚U‘, auf Grund dessen ‚T‘ als ‚V‘ expliziert werden darf.

Gewiß bemerkenswert ist der Umstand, daß sich diese Deduktion vom *Modus procedendi* der stoischen Aussagenlogik leiten läßt: ‚wenn *p*, dann *q*; nun ist *p*, also ist *q*‘ & ‚wenn *q*, dann *r*; nun ist *q*, also *r*‘ etc. Tatsächlich legten die Stoiker größten Wert auf die Feststellung, daß sich die Kette ihrer Aussagen über Natur und Mensch zu einem logisch kohärenten Gebilde fügt; in ihm darf es keinen Satz geben, der sich nicht mit Notwendigkeit als Folgerung aus einer bewiesenen Voraussetzung herleiten läßt[9].

---

[8] Diesem Gedanken muß das Prinzip der theonomen Begründung des Gesetzes bei Platon, *Nomoi* 713–714 Pate gestanden haben.

[9] Vgl. die abschließenden Bemerkungen des stoischen Sprechers bei Cicero, *De Finibus* 3, 74–75; charakteristisch sind die immer wiederkehrenden Phrasen wie z. B. *consentaneum est ex quo efficitur, cum … necesse est, ex quo intelligitur, ex quo fit ut, si non sequitur ut, e quo apparet.*

Eklatant zeigt sich dies im Rahmen der Begründung der Güterlehre, über die Hans Reiner gehandelt hat[10]. Ausgehend von der Annahme, daß für den Menschen also nur das ‚gut‘ sein kann, was der Verwirklichung seines Triebes nach Selbsterhaltung in die Hände spielt und das Leben ‚gemäß der Tugend‘ konstituiert, müssen die Stoiker als Extension des Terminus ‚gut‘ die Klasse jener Dinge annehmen, die mit Rücksicht auf dieses zu konstituierende Gute (‚Tugend‘) nützlich sind. Entsprechend ist die Extension des Terminus ‚schlecht‘ die Klasse derjenigen Dinge, die einem solchen Ziel im Wege stehen, *wenn* wir sie in der Absicht auf Erstellung von ‚Tugend‘ betrachten. Und ‚indifferent‘ müssen die Stoiker dann folgerichtig jene Dinge nennen, die mit Rücksicht auf dieses zu konstituierende ‚Gute‘ einen Null-Wert haben, also ihm gegenüber weder ‚gut‘ noch ‚schlecht‘ sind. Daß auch diese Dinge ihrerseits in der Regel ‚von Natur aus‘ = ‚natürlich‘ sind und sich das durch die Observation angezeigte Orientierungsfeld des schlechthin ‚Naturgemäßen‘ somit als die erfahrbare Welt ausweist, kümmert die Stoiker anscheinend wenig. Dem ‚Allgemeinen Gesetz‘ folgen heißt den gesamten Bereich des ‚Naturgemäßen‘ einem utilitaristischen Kalkül unterwerfen, um aus den Vorkommnissen in diesen derart geschlossenen Subbereichen Lehren zu ziehen.

Aber bieten denn diese Vorkommnisse etwas, was die Stoiker im Sinne einer Orientierungsleistung für das menschliche Handeln fruchtbar machen könnten? Die Einsicht etwa, daß diese oder jene Handlung sich nicht in einen Widerspruch zu einem ‚natürlichen Geschehen‘ setzen würde, welches wir beobachten, sagt uns bekanntlich nichts darüber, *ob* ‚Natur‘ bzw. das ‚Allgemeine Gesetz‘ auch *will*, daß wir diese oder jene Handlung in Angriff nehmen. Tatsächlich ist dies für modernes Denken sogar eine falsche Art von Fragestellung! Die Stoiker mochten dies aber als Schein-Problem betrachtet haben[11]. Denn ist der Mensch ein Teil der Natur, so befindet sich seine Existenz notwendig in jenen Zusammenhang einbezogen, den sich die Stoiker als streng determinierte Kette von Ursache/Wirkung-Beziehungen denken. Und dies bedeutet, daß die Natur den Menschen in Gestalt von Vorfällen, die auf ihnzukommen, vor Situationen stellt, die seine Entscheidung verlangen: Also *will* die Natur, daß Entscheidungen getroffen werden. Da nun aber für die Stoiker ein Entscheid für diese oder jene Handlung gleichbedeutend ist mit einem Entscheid über ‚x‘ als ‚gut‘, so weiß er sich imstande, über ‚x‘ eine wahre Behauptung aufzustellen. Ist ‚x‘ also ‚gut‘,

---

[10] ZPhF 21 (1967) 261–281; revidierte Fassung: *Gymnasium* 76 (1969) 330–351.
[11] A. A. Long vermerkt: „As far as I can see, the Stoics gave no satisfactory answer to this question" (*PAS* 1971, 102).

so drängt der moralische Imperativ in Gestalt eines Impulses zur Handlung. Denn das Bewußtsein von „x' als „gut' versteht sich zugeilch als Wissen vom Wollen der universalen Natur, die das Material verfügte, über das eine Entscheidung zu treffen ist.

An dieser Stelle gibt sich der stoische Utilitarismus also Züge des reinen „guten Willens', wie man ihn in der Ethik Kants findet. Doch darüber ist hier nicht mehr zu handeln.

Anhang II: Zenons Argumente gegen Aristoteles' These von der Ewigkeit der Welt

In seiner Schrift *De Aeternitate Mundi* spricht Philon [1] davon, daß Theophrasts Meinung nach die Vertreter der These, daß die Welt weder ungeworden noch ewig sei, hauptsächlich von vier Dingen in die Irre geführt worden seien [2]: „durch die Unebenheit des Erdbodens, durch das Zurückweichen des Meeres, durch die Auflösung jedes einzelnen Teiles des Weltganzen, durch den in ganzen Gattungen erfolgten Untergang der auf dem Trockenen lebenden Geschöpfe" [3].

Im Folgenden (§§ 118 ff.) werden die ‚Argumente' jeweils thesenhaft entwickelt und sodann mehr oder weniger ausschweifend erläutert (§§ 118 bis 119. 120–123. 124–129. 130–131), um dann einer entsprechenden Widerlegung unterzogen zu werden (§§ 132–137. 138–142. 143–144. 144 bis 145); ein Teil dieses Textes wurde von F. Wimmer unter die Theophrast-Fragmente aufgenommen [4], H. Diels ordnete den gesamten Abschnitt unter die *Physicae Opiniones* ein (F 12) [5].

---

[1] Bis zum Erscheinen der *Philonis de Aeternitate, Prolegomena* (1891) von F. Coumont wurde diese Schrift weithin für unecht gehalten. Über die Forschungsgeschichte orientiert R. Arnaldez, *Les Œuvres de Philon d'Alexandre XXX: De Aeternitate Mundi* (Paris 1969) 11–37.

[2] § 117 Θεόφραστος μέντοι φησὶ τοὺς γένεσιν καὶ φθορὰν τοῦ κόσμου κατηγοροῦντας ὑπὸ τεττάρων ἀπατηθῆναι τῶν μεγίστων, γῆς ἀνωμαλίας, θαλάττης ἀναχωρήσεως, ἑκάστου τῶν τοῦ ὅλου μερῶν διαλύσεως, χερσαίων φθορᾶς κατὰ γένη ζῴων (ed. L. Cohn und S. Reiter, *Philonis Alexandriae Opera quae supersunt* VI [Berlin 1915] 108).

[3] Übersetzung nach J. Bernays, *Über die unter Philons Werken stehende Schrift Über die Unzerstörbarkeit des Weltalls* (Berlin 1883).

[4] *Theophrasti Eresii Opera quae supersunt omnia* III (Leipzig 1862) frag. XXX.

[5] *D. D. G.* 486. 3–491. 18. Vgl. auch H. Usener, *Kleine Schriften* I (Leipzig 1912) 82–

Aus dem Kreise der notorischen Fragen, die an diesen Text herangetragen werden, zeichnen sich zwei Probleme ab. Unklar ist einmal, ob und
wieweit dieser Text tatsächlich ‚rein‘ für Theophrast in Anspruch genommen werden darf[6], zum anderen aber, auf welchen (oder welche) Denker
sich Theophrast bezieht[7].

1876 stellte E. Zeller die These auf, daß Theophrast hier gegen den
Schulgründer der Stoa polemisiere[8]. Sein Befund – er wird heute skeptisch
beurteilt[9] – stützt sich auf folgende Beobachtungen:

[1] „Die Darstellung, welche Theophrast vor Augen hatte, kann [ferner]
nicht älter sein, als die Schriften, in denen Aristoteles die Lehre von der
Ewigkeit der Welt vorgetragen hatte, da sie ausdrücklich der Ansicht entgegentritt, daß die Erde keinen Anfang habe [. . .] diese Ansicht hatte aber
vor Aristoteles, wie er selbst in De Coelo I 10. 279 b 12 erklärt und die
Geschichte der Philosophie es bestätigt, niemand aufgestellt.“

[2] Wegen der unverkennbar „aecht“ stoischen Form des Inhalts namentlich der beiden letzten Beweise kommt nur eine anti-stoische Zielset-
zung der Argumentation in Betracht.

83. – Es ist auffallend, daß H. Diels diese Einordnung vornimmt, denn in den *Prolegomena* 106–108 vertritt er die Auffassung, daß der Autor niemals Theophrast gelesen habe, und daß hier also nicht mit einem genuinen Exzept aus den *Physicae
Opiniones* zu rechnen sei.

[6] So meinte z. B. H. von Arnim, daß nur der erste Satz (s. o. Anm. 2) Theophrast ge-
höre, wohingegen der ganze Abschnitt aus einem späten Peripatetiker entnommen
worden sei, der sich seinerseits auf etwa zeitgenössische stoische Traktate stütze
(„Quellenstudien zu Philo von Alexandria“, *Philol Unters* 11 [1888] 41–52). Vgl.
auch seine Arbeit „Der angebliche Streit des Zenon und Theophrastos“, *NJbb f Philol
und Paed* 147 (1893) 449–467.

[7] Ein Résumé der Bibliographie zu diesen Fragen erstellte E. Bignone, *L'Aristotele
perduto et la formazione filosofica di Epicuro* II (Florenz 1936) 456 Anm. 3. – Seit-
her sind folgende Arbeiten zu diesen Problemen erschienen: W. Wiersma, „Der angebliche Streit des Zenon und Theophrast über die Ewigkeit der Welt“, *Mnemosyne*
III, 8 (1939) 235–243 und J. B. McDiarmid, „Theophrastus on the Eternity of the
World“, *TAPhA* 71 (1940) 239–247.

[8] „Der Streit Theophrasts gegen Zenon über die Ewigkeit der Welt“, *Hermes* 11
(1876) 422–429, – wieder abgedruckt wurde diese Arbeit in E. Zeller, *Kleine Schriften* I (Berlin 1970) 166–174. Siehe in der Nachfolge E. Zellers dann auch E. Norden,
„Über den Streit des Theophrast und Zeno περὶ ἀφθαρσίας κόσμου“, *Jbb f
ClassPhilol* Supplement 19 (1893) 440–452.

[9] Deutliche Skepsis gegenüber den Arbeiten von W. Wiersma und J. B. McDiarmid
(s. o. Anm. 7) äußert jüngst B. Effe, *Studien zur Kosmologie und Theologie der aristotelischen Schrift „Über die Philosophie“* 55 und Anm. 223. Von W. Wiersmas Argumentation nicht vollends überzeugt scheint K. von Fritz [„doch läßt sich nicht mit

[3] „Unter den Stoikern selbst aber ist es nur Einer, dessen Schriften Theophrast noch berücksichtigt haben kann: der Stifter der Schule, Zenon von Kittion." [10] – Die anfällige Frage, weshalb Theophrast seinen Gegner nicht beim Namen nennt, kann mit einem Hinweis darauf beantwortet werden, daß auch Aristoteles gegenüber seinem noch lebenden Kontrahenten (alten Freund und Mitschüler) Xenokrates „dieselbe collegiale Rücksicht beobachtet" [11].

Man hat sich darüber im Klaren zu sein, daß jeder Lösungsversuch (in welcher Richtung auch immer) notwendig im Bereich der Hypothesenbildung verbleibt und ein exakter Entscheid mithin kaum getroffen werden kann. Allerdings bedeutet E. Zellers Hauptthese einen Lösungsversuch, der vergleichsweise wenige Widersprüchlichkeiten enthält und dazu noch dem Text manch guten Sinn abzugewinnen vermag. Sie soll hier [12] wieder zur Diskussion gestellt werden und mit ihr nun auch die Vermutung, die bereits E. Bignone geäußert hatte, daß Zenon gegen Aristoteles Schrift Περὶ φιλοσοφίας polemisierte. (Damit scheint zwar nur ein weiterer Sektor möglicher Hypothesenbildungen eröffnet; tatsächlich haben aber die Studien von

---

Sicherheit sagen, wieweit er (sc. Zenon) die von Philon aufgezählten Argumente auch benutzt hat"] („Zenon von Kition", in *RE* X, A [1972] 108. 51–53). Siehe auch O. Regenbogen, „Theophrastos von Eresos", in *RE* Suppl. 7 (1940) 1539. 23 – 1540. 22 und M. Pohlenz, *Die Stoa* II 44.

10 *Hermes* 11 (1876) 425–426. 426. 427 (= *Kleine Schriften* I 170–171. 172. 172).

11 a. a. O. 428 (a. a. O. I 172).

12 Die Geschichte der Einwände, die gegen E. Zellers Argumentation (auch A. C. Pearson, *The Fragments of Zeno and Cleanthes* 110–114 wurde von ihr überzeugt) kann hier nicht im Einzelnen nachgezeichnet werden; für den gegebenen Zweck genügt ein ausführlicher Hinweis auf die Arbeiten von W. Wiersma und J. B. McDiarmid. Ersterer konstatiert: „Die Quelle Philons gab nur vier Beweise und eine Andeutung ihrer Widerlegung, die sich auf einige Worte beschränkte. Das Übrige ist Philons eigne Zutat. Die drei Beweise, deren Ursprung sich ermitteln ließ [i. e. 2. Beweis: Anaximander und Diogenes von Apollonia, *Phys. Op.* 23; 3. Beweis: die „τινες", auf die Aristoteles, *De Gen. et Corr.* 337 A 7 Bezug nimmt; 4. Beweis: Lukrez 5. 338–350] wurden keineswegs erst von späteren Bekämpfern der peripatetischen Lehre aufgestellt. Es ist nicht einmal sicher, ob sie wirklich alle von bestimmten Philosophen vertreten sind. Theophrast hat sie insgesamt den zugehörigen Widerlegungen den Schriften des Aristoteles entnommen" (*Mnemosyne* III, 8 [1939] 242–243). – J. B. McDiarmid: „In all four parts of the fragment the purpose is the same as that of Aristotle: to confute themes which seek to prove the transitoriness of the world from the transitoriness of its members ... we may conclude that not only the first sentence is to be attributed to Theophrastus but the entire fragment represents in a badly mutilated state his adaption of Aristotle's account" (*TAPhA* 71 [1940] 246).

B. Effe die Diskussion der entsprechenden ‚Lehrstücke' [13] auf eine neue Grundlage gestellt.)

Der einleitende Satz § 17 (s. o. S. 187 Anm. 2) erweckt – für sich genommen – womöglich den Eindruck, daß „von Theophrast nicht die Argumente aufgezählt werden, welche gegen die aristotelische Lehre von der Ewigkeit der Welt beigebracht worden sind" [14] (man ist versucht, die Intention dieses Passus entsprechend der in Aristoteles, *De Caelo* 219 b 4 zu verstehen [15]). Tatsächlich ist hier jedoch zu bedenken, daß das erste Argument bewußt als *argumentum e contrario* formuliert ist, – ein Umstand, der so nur dann verständlich wird, wenn es wirklich eine positive Theorie für die Ewigkeit der Welt gab, die *ad absurdum* geführt werden konnte. (Hinzu kommt natürlich der Gesichtspunkt, daß der Einsatz der kritischen Replik so artikuliert wird, als habe Theophrast tatsächlich derartige Argumente vor Augen gehabt; interessant ist dabei auch die Tatsache, daß Philon den Gedanken in ἀπατηθῆναι in § 117 dann mit ἀρκτέον γε τῆς ἀντιρρήσεως ἀφ' οὗ καὶ τῆς ἀπάτης οἱ σοφισταί in § 132 offenbar eigenwillig umformt: Fraglich ist, ob Philon die Behauptung Theophrasts wirklich so gravierend mißverstanden haben sollte? Der Vorwurf der Ignoranz zusammen mit dem Hinweis darauf, daß die Verfechter der ersten These über den Stand der Naturforschung ganz und gar nicht informiert seien, legt eher den Gedanken nahe, daß Philon – wie immer mittelbar – von solchen destruktiven Argumenten wußte und im Hinblick auf die Replik der etablierten Naturwissenschaft auch entsprechende Argumente aus dem Umkreis der aristotelischen Schule vor Augen gehabt haben mußte.)

Gleich das erste, paläontologische Argument [16] ist sicher eine Rarität

---

[14] W. Wiersma, *Mnemosyne* III, 8 (1939) 239; er fährt fort: „Er nennt nur die wichtigsten Tatsachen, die auf den ersten Blick für die entgegengesetzte Theorie zu sprechen scheinen und dadurch die Verteidiger dieser Theorie zu irrigen Anschauungen bestimmt haben. Seine Worte setzen also keine zusammenfassende Behandlung der Frage von gegnerischer Seite voraus [...] Weit besser erklärt sich der leichte Tadel, der in der in der Wahl des Wortes ἀπατηθῆναι zum Ausdruck kommt, wenn man dabei an Philosophen denkt, die in voraristotelischer Zeit lebten oder jedenfalls die entscheidenden Beweisführungen des Meisters nicht kannten" (a. a. O.).

[15] Siehe dazu die Stellungnahme von H. F. Cherniss: „He does not say that they [i. e. die Gründe für die Annahme eines ἄπειρον] were all consciously adduced to support the belief in an infinite but groups together what may be arguments really offered and unconscious, psychological needs which forced men to such a belief." (*Aristotle's Criticism of Presocratic Philosophy* [Baltimore 1935] 20).

[16] §§ 118–119 „Bezüglich des ersten Punktes argumentieren sie, wie er sagt, in folgen-

sondergleichen [17]. Aber gerade dieser Umstand sollte auch zu denken geben. Denn Theophrast wird dieses Argument nicht aus blauem Himmel heraus als einen typischen Anhaltspunkt für die Annahme der Vergänglichkeit der Welt charakterisiert haben. Tatsächlich ist diese Charakterisierung nur dann verständlich, wenn dieser Gesichtspunkt wirklich im Sinne eines Anhaltspunktes interpretiert werden konnte; und wenn dieses Argument geltend gemacht wurde – woran *bona fide* nicht gezweifelt werden kann – so bleibt zu fragen, mit welcher Absicht es geltend gemacht werden konnte: Wo liegt der unmittelbare Anknüpfungspunkt? (Gilt es eine These zu erschüttern, so entspricht es besonnener Denkweise – und die Antike bildet hier nicht notwendig eine Ausnahme – die Kritik vornehmlich an solchen Punkten aufzuhängen, welche womöglich zu Konsequenzen leiten, die wiederum gegen die These der zu kritisierenden Theorien gewendet werden können.) Verfolgen wir also schon die Hypothese, daß Theophrast tatsächlich auf eine kritische Argumentation Zenons Bezug nimmt (wobei mit philonischen Erweiterungen und Umgestaltungen namentlich im Teil der Replik zu rechnen ist [18]), so liegt auch die Vermutung nahe, daß sich Zenon bewußt und gezielt auf

der Weise. Wenn die Erde nicht begonnen hätte zu entstehen, sähe man nicht mehr, daß ein Teil von ihr sich über das übrige erhöbe, sondern alle Berge wären schon abgeflacht und alle Hügel wären in dem ebenen Land gleich. Wenn nämlich von Ewigkeit her jährlich so gewaltige Regenmassen fielen, wäre natürlicherweise das, was sich in die Höhe erhebt, teils durch Winterströme abgebrochen, teils hätte es sich gesenkt und gelockert, alles aber wäre vollständig eingeebnet worden (§ 119). So aber sind die beständigen Unebenheiten und die himmelanstrebende, riesige Höhe sehr vieler Berge Zeichen dafür, daß die Erde nicht ewig ist. Denn im Verlauf einer enendlichen Zeit wäre längst, wie ich sagte, durch das Übermaß an Regen alles von einem Ende der Erde bis zum anderen eine glatte Straße geworden. Das Wasser nämlich ist seiner Natur noch so, zumal wenn es von sehr großen Höhen hinabstürzt, daß es alles teils durch seinen gewaltigen Ansturm hinwegreißt, teils durch beständiges Tropfen völlig aushöhlt und den härtesten und steinigsten Boden nicht weniger unterarbeitet als wie Leute, die graben" (Übersetzung von K. Bormann, *Philo Werke, Deutsch* VII).

[17] W. Wiersma: „Es lohnt sich nicht, sich bei dem ersten aufzuhalten: die Unebenheit der Erdoberfläche wird in diesem Zusammenhang sonst nirgends erwähnt" (*Mnemosyne* III, 8 [1939] 239); J. B. McDiarmid: „It is hardly likely that this argument can have been a current one, since no other reference to it occurs in all Greek Philosophy" (*TAPhA* 71 [1940] 241).

[18] Im Rahmen seiner Untersuchungen zu den *Aristotelica* in Philons Schrift *De Aeternitate Mundi* hat B. Effe eine ganze Reihe von Eingriffen verschiedenster Art herauspräpariert (*Studien zur Kosmologie und Theologie der aristotelischen Schrift ‚Über die Philosophie'* 17–20 u. ö.).

einen Zusammenhang bei Aristoteles [19] bezog [20]. Und zwar müßte dieser Zusammenhang der Sache nach etwa folgendes erwähnt haben:

(a) Verschiebungen bzw. Veränderungen der Erdoberfläche,

(b) Abbau von Bergen auf Grund der Einwirkung von Wasser.

(Und soll Zenons Einwand schon von der Art gewesen sein, daß er im Hinblick auf den in Rede stehenden Zusammenhang auch verfangen konnte, so dürfte Aristoteles seinerseits in diesem Zusammenhang keine Theorie entwickelt haben, die etwa glaubhaft erklären konnte, daß Berge [i] allgemein wieder nachwachsen oder [ii] an anderer Stelle wieder aus Ebenen entstehen.) Nun ist freilich kein Text des Aristoteles auf uns gekommen, der die hier ausgeschriebenen Bedingungen voll erfüllen könnte.

Von Veränderungen der Erdoberfläche als „Regel" spricht Aristoteles in *Meteor.* 358 B 29–34. – Hier stellt sich allerdings das interpretatorische Problem, entweder mit F. H. Fobel (Harvard 1914) τὸ μὲν – τὸ δὲ in B 31 bis 32 auf καὶ γὰρ ... ὑπολαβεῖν zu beziehen und damit einen Hinweis auf eine Theorie der Ortsveränderung von Erdmassen zu gewinnen, oder aber mit J. Barthélemy-St.-Hilaire (Paris 1863) und H. D. P. Lee (Loeb-Edition 1952) zu B 31/32 auf „Wasser" und damit analog B 25–27 zu interpretieren. (Im letzteren Sinn versteht auch *L.* & *S.-J.*, s. v. ἀνέρχομαι, συγκαταβαίνω.) Dieses interpretatorische Problem ist für uns vielleicht nicht wirklich entscheidend. Immerhin impliziert dieser Text, daß *auch* die Teile der Erdmasse nicht identisch bleiben, sondern daß der ὄγκος in sich Veränderungen zulassen muß; entscheidet man sich aber für die erst genannte Text--Interpretation, so würde man wenigstens über einen Hinweis im *Corpus Aristotelicum* verfügen, der uns zu dem gedanklichen Umkreis der mit [b] und [ii] bezeichneten Überlegungen leiten könnte; diese Überlegungen müßten freilich über das hinausgegangen sein, was Aristoteles in Gestalt seiner These von der fortwährenden Veränderung der Erdoberfläche

---

[19] Aristoteles betrachtet sich als den Archegeten der Theorie, daß die Welt ungeworden und unvergänglich ist. Vgl. *De Caelo* A 10 und F. Solmsen, „Aristotle and Presocratic Cosmogony", *HSCPh* 63 [1958] 265–282).

[20] Diese Möglichkeit wird man heute nicht mehr so einfach ausklammern können, wie dies noch W. Wiersma tat: „In den letzten Jahrzehnten hat sich immer deutlicher herausgestellt, wie gering der Einfluß war, den die unveröffentlichten Lehrschriften des Aristoteles in frühhellenistischer Zeit außerhalb der Schule gehabt haben[3] [Anm. 3: W. Jaeger, *Aristoteles* 338; E. Bignone, *L'Aristotele Perduto* I 33 u. ö.]. Wenn sie, wie E. Bignone nachgewiesen hat, dem Epikur unbekannt waren, werden sie kaum dem Zenon bekannt gewesen sein. Die exoterischen Schriften hingegen wird er gelesen haben [...] Diese Schriften gehören aber sämtlich der platonisierenden Periode des Aristoteles an" (*Mnemosyne* III, 11 [1943] 192).

z. B. auch in *Meteor.* 315 B 19 ff. kaum mehr als nur anklingen läßt. Aber
in der *Meteorologie* selbst, an deren Eingang Aristoteles noch eine Behandlung sämtlicher geologischen, meteorologischen und astronomischen Phänomene des Kosmos in Aussicht stellt, findet sich keinerlei Hinweis z. B. auf
das Entstehen bzw. Verschwinden von Bergen. Eine Behandlung gerade dieses Phänomens, auf das sich Zenons erste These bezogen haben müßte, ist
freilich im Anhang des *Parisinus* 16142 [21] (der neben einer Übersetzung der
vier Bücher der *Meteorologie* einen meteorologischen bzw. geologischen Anhang enthält, welcher zum Teil mit dem sogenannten *Liber de Mineralibus
Aristotelis* identisch ist [22], auf uns gekommen sowie in der Kosmographie
des Kazwīnī [23]:

*Quandoque ex causa essentiali montes fiunt, quando scilicet ex vehementi terrae
ventis vel aquae ductu accidit et fit paulatim cavatio profunda. sicque fit iuxta eam
eminentia magna, et haec est praecipua causa montium. sunt enim quaedam terrae
molles, et quaedam durae, molles ergo aquae ductibus ventisque tolluntur, durae vero
remanent sicque fit eminentia. fit etiam generatio montium, sicut generatio lapidum,
quoniam aquaeductus adduxit illis lutum unctuosum continue, quod per longitu-
dinem temporis dessicatur, et fit lapis, et non est longe quin sit ibi vis mineralis
convertens aquas in lapides. et ideo in multis lapidibus inveniuntur quaedam partes
animalium aquaticorum et aliorum. montes per multa tempora facti sunt, ut prae-
diximus, sed nunc sunt decrescentes. substantiae autem [enim] luteae; quae reperiun-
tur in eminentiis, non sunt de illa materia lapidea, sed est de eo quod diminuitur de
montibus, vel terrestris aliqua substantia quam adducunt aquae cum lutis et herbis
quae admiscentur cum luto montis; vel forte antiquam lutum maris, quod non est
unius substantiae, unde pars eius fit lapis, pars autem non. sed mollitur et dissolvitur,
aquae qualitate vincente. maris quoque accessus et recessus quaedam loca cavat,
quaedam extollit, et quando totam terram cooperuit, inde quaedam mollia abradit,
quaedam dura reliquit, et in quibusdam locis congessit. mollia quoque quaedam ab
eo congesta cum abscederet, desiccata sunt et in montes conversa.*

Ähnlich heißt es in der Darstellung *„der Umwandlung der Ebenen in
Berge und umgekehrt'* bei Kazwīnī:

[21] Der Angabe von I. Hammer-Jensen („Das sogenannte IV. Buch der Metereologie des
Aristoteles", *Hermes* 50 [1915] 131) zufolge ist F. de Mély erstmals auf diesen Anhang
aufmerksam geworden und erkannte, daß das Stück alle die von V. de Beauvais an-
geführten Zitate des ‚IV Buches der Meteorologie' enthält; den Text veröffentlichte
er in *REG* 2 (1894) 185 ff.

[22] Die Titelangabe dieses Buches ist nicht einheitlich: siehe M. Steinschneider, *Die ara-
bische Übersetzung aus dem Griechischen,* XII. Beiheft zum Centralblatt für Biblio-
thekswesen (1893) 84.

[23] Mit I. Hammer-Jensen beziehe ich mich im Folgenden auf die Übersetzung von
H. Ethé (Leipzig 1868) 304 f.

Man sagt: wenn das Wasser sich mit Lehm vermischt, und im Lehm sich eine schlei-
mige, klebrige Masse befindet, die Sonnenhitze nun eine lange Zeit darauf einwirkt,
so wird es zu Gestein, geradeso wie man sieht, daß das Feuer, wenn es auf den
Lehm wirkt, ihn zu Ziegelstein härtet. Der Ziegel ist aber eine Art Stein, nur daß er
weich ist; und je mehr das Feuer auf ihn einwirkt, desto steinähnlicher wird er. Man
behauptet nun, daß die Berge sich erzeugen aus der Vereinigung von Wasser und
Erde, und der Einwirkung der Sonnenhitze. Was nun die Ursache dazu anlangt, daß
sie in die Höhe steigen und hoch emporragen, so kann das möglicherweise mittels
eines Erdbebens geschehen, bei dem eine Erdverschüttung stattfindet, und nun ein
Teil der Erde sich senkt, der andere in die Höhe steigt; und dann werden diese er-
habenen Teile zu Stein, nach dem eben Auseinandergesetzten. Möglicherweise kann
es aber auch eine Folge davon sein, daß die Winde den Erdstaub auf einer Stelle
forttragen, und so Hügel und Niederungen entstehen. Der verhärtete sich dann nach
dem oben Gesagten zu Stein [.........] Was nun speziell die Umwandlung der
Berge in ebenes Land angeht, so werden infolge des heftigen Glühens der Sonne, des
Mondes und der übrigen Sterne auf sie herab in der Länge der Zeit ihre Feuchtig-
keit eingezogen, und sie immer mehr und mehr dürr und trocken; und besonders bei
heftigen Gewitterschlägen zerbröckeln sie, und werden zu Stein Felsen und Sand.
Dann tragen die Gießbäche sie in die Betten der Flüsse und Wâdis, und diese wie-
der führen sie wegen ihrer heftigen Strömung den Meeren zu. Dort breiten sie sich
nun auf dem Grund des Meeres aus, eine Lage (abgesetzten Schlammes) nach der
anderen. In der Länge der Zeit schichten sie sich nun fest eins über das andere, und
so entstehen auf dem Grund der Meere Berge und Hügel, gerade wie sich durch das
Wehen der Winde die Sandhügel auf dem festen Land zusammenballen. Deswegen
findet sich auch wohl im Inneren der Steine, wenn man sie zerbricht, eine Muschel
oder ein Knochen, und das aus dem Grunde, weil sich der Lehm an diesem Orte
mit der Muschel oder dem Knochen gemischt hat.

Daß beide Texte der gleichen Vorlage folgen, kann eigentlich nicht in
Abrede gestellt werden; und wenn man aufs Ganze gesehen die Menge des
aristotelischen Gedankentums berücksichtigt, das sich in der Kosmographie
des Kazwīnī findet [24], so scheint der Schluß unausweichlich, daß auch die
plutonisch-neptunische Theorie vom Entstehen der Berge von Aristoteles
stammt [25]. Und wenn wir uns bei dem Versuch einer Beurteilung des Theo-
phrast-Zeugnisses bei Philon schon ohnehin im Bereich der Hypothesenbildung befinden, so sei hier die Vermutung geäußert, daß Zenon womöglich
einen Zusammenhang vor Augen gehabt hatte, in dem Aristoteles davon

---

[24] Daß Kazwīnī in weiten Abschnitten seine Gedanken aus Aristoteles entnimmt, ist
auch die Ansicht von E. Reitzenstein, *Theophrast bei Epikur und Lukrez* (Heidelberg 1926) 16 Anm. 2 [= *Orient und Antike* 2], der zudem im Rahmen der Ver-
gleichung der Schrift der Lauterer Brüder mit der Kosmographie Kazwīnīs auf weitere
Aristotelica aufmerksam macht (a. a. O. 19–20).

[25] I. Hammer-Jensen, *Hermes* 50 (1915) 135.

sprach, daß die Berge jetzt einem Zustand der Abnahme unterworfen seien. Zenon konnte dieser Überlegung entgegengehalten haben, daß der Zustand der Abnahme längst sein Ende gefunden haben müßte, wenn die Welt tatsächlich *ewig* wäre. Entsprechend ist also auch die These zu verstehen, daß die Erdoberfläche in dem Fall, daß die Welt ewig wäre, einem Plateau gleichen müßte.

Wenden wir uns nun der kritischen Replik bei Philon, *De Aet. Mundi* § 132 zu. Auffällig ist hier die Tatsache, daß mit § 132/133 [„Ebenso steht es mit den Bergen. Teils brechen Stücke von ihnen ab, andere aber wachsen nach. Aber erst nach langen Zeitabläufen wird erkennbar, daß etwas an ihnen gewachsen ist"] einerseits und § 137 [„Warum ist es also verwunderlich, wenn die Berge durch die Heftigkeit der Regengüsse nicht eingeebnet werden? Die Kraft, welche sie zusammenhält und auch in die Höhe wachsen läßt, ist in sie fest und stark eingesenkt. Würde das Band, das sie zusammenhält, gelöst, dann wäre es natürlich, daß die Berge sich auflösten und durch das Wasser abgetragen würden. So aber werden sie durch die Macht des Feuers fest umschlungen, erweisen sich als recht wetterfest und halten stand gegenüber der Heftigkeit des Regens"] andererseits zwei Argumentationen gebracht werden, die einander widersprechen! Gerade die Überlegung, daß einiges abbröckelt, anders nachwächst (§ 132) hätte Zenon natürlich nicht in Verlegenheit gebracht. Gerade dieses Zugeständnis hätte ihn ja in die Position gebracht, daß „Teil/Ganzes-Argument" geltend zu machen (s. u. S. 199). Schwieriger liegen die Dinge freilich im Hinblick auf die These, daß ‚einiges nachwächst'. Konnte diese Behauptung überhaupt einigermaßen glaubhaft begründet oder wahrscheinlich gemacht werden? Die gewissermaßen als klassische Erkenntnis der Wissenschaft ausgegebene These [ἔστι δ' οὔτε νέον τὸ λεγόμενον] zur Entstehung der Berge ist – sofern man sich schon an die in der Kosmographie des Kazwīnī und im Anhang des *Parisinus* 16142 genannten Erklärungen orientieren will – vermutlich nicht aristotelisch. Es scheint ohnehin fraglich, ob es sich bei dieser Theorie (§§ 134 ff.) überhaupt um eine Erklärung des Entstehens von Bergen handelt bzw. handeln soll. Denn offenbar geht es hier doch um den Versuch, die Beobachtung der Kraft eines Vulkans, einen Bergkegel aufzuschütten, in bestimmter Absicht argumentativ zu verwenden. Tatsächlich konnte Theophrast, der sich für ‚Vulkanismus' interessierte [26], Zenon entgegengehalten haben, daß es so etwas wie ein Entstehen von Bergen gäbe, sofern man sich nur das Wirken der Vulkane vor Augen halte. Vulkane sind ja, wenn man so

---

[26] Siehe P. Steinmetz, *Die Physik des Theophrast* 211–215.

will, eine Spezies von Berg. Ob Theophrast also das Entstehen von Bergen oder Gebirgen generell in Analogie zur Formung eines Vulkans zu verstehen suchte[27], oder aber das Phänomen des Entstehens von Vulkanen nur als Gegenbeispiel in der Absicht anführte, Zenons Behauptung zu erschüttern, muß problematisch bleiben. (Immerhin könnte ja die These der Erklärung des Entstehens von Bergen in Analogie zu Vulkanen auch von Philon formuliert worden sein.) Die Art und Weise, wie die Theorie der Entstehung von Vulkanen schließlich (§ 137) für die These in Anspruch genommen wird, daß die Berge [offenbar generell!] ‚durch die Macht des Feuers umschlungen werden, und sich dadurch als wetterfest erweisen und der Heftigkeit des Regens standhalten‘ (a. a. O. [diese Behauptung widerspricht der früheren, daß Berge wenigstens zum Teil abbröckeln § 132]), läßt eher auf einen massiven Eingriff von seiten Philons schließen. Vermutlich hatte Theophrast nämlich gegen Zenons These [i. e. daß auch der härteste Stein endlich durch Wasser ausgehöhlt werde, § 119 und § 125] geltend gemacht, was bereits Aristoteles behauptete (*Meteor.* 284 A 33 ff.), nämlich daß Steine nicht durch Wasser aufgelöst werden können. Der Hinweis auf die erhaltende Kraft des Feuers bei Philon § 117 läßt sich in diesem Zusammenhang wahrscheinlich auf den Umstand zurückführen, daß Feuer bei der Bildung [συνίστασθαι[28]] dieser Art von Gestein beteiligt ist. Es ist freilich klar, daß Theophrast die Behauptung der Unauflösbarkeit von Gestein durch Wasser nur auf die felsigen Teile von Bergen bzw. Gebirgen bezogen haben konnte. Tatsächlich wurde ja eingangs auch zugestanden, daß bestimmte Teile abbröckeln (also ausgetrocknete oder abgeschwemmte Teile der Erde?), so daß also die These vom unlösbaren Zusammenhalt der Berge (§ 135) nicht ohne weiteres korrekt sein kann. Wir wissen, daß die aristotelisch-theophrastische These von der Unauflösbarkeit des felsigen Gesteins durch Wasser im Rahmen der eigenen Theorie nicht unbeträchtliche Schwierigkeiten mit sich bringt[29]. Jedenfalls gibt es keinen guten Grund, weshalb sich Zenon von Aristoteles' bloßer Behauptung überzeugen lassen sollte. – Will man hier freilich einige Ordnung in den ursprünglich vielleicht durchsichtigen

---

[27] Dies ist die Ansicht von P. Steinmetz: „In seiner Erklärung über die Entstehung der Gebirge werden die Berge als Vulkane en miniature verstanden. Die bei der trockenen Anathymiasis freiwerdende latente Wärme [...] stößt erdartige Teile mit sich hoch und läßt sie, wenn ihre Kraft nachläßt, wieder sinken. Auf diese Weise erkläre sich auch die Kegelform der Berge" (a. a. O. 215).

[28] Vgl. Theophrast, *De Lapidibus* 1, 3.

[29] Dazu siehe D. E. Eichholz, *Theophrastus. De Lapidibus* (Oxford 1965) 89 und bes. 28–36, und P. Steinmetz, *Die Physik des Theophrast* 80–87.

Zusammenhang bei Theophrast bringen, so wird man also von der Annahme auszugehen haben, daß Philon wenigstens zwei unterschiedliche, ihrer Ausrichtung nach durchaus distinkte Argumentationen ineinander schob.

———————

Als weiterer Anhaltspunkt für die Annahme, daß die Welt nicht ewig sei, wird sodann das ‚Zurückweichen des Meeres'[30] angeführt. Aristoteles hat sich mit dieser ‚Beobachtung', die von einigen Vorsokratikern als Anhaltspunkt für die Annahme interpretiert wurde, daß das Meer schließlich austrocknen und versanden werde, in *Meteor.* 352 A 17 – B 18 auseinandergesetzt[31], – einem Abschnitt, der von B. Effe glaubhaft als ein (aus *De Philosophia* stammender) späterer Zusatz angesprochen wurde[32]. Übrigens ist die vielfach verbreitete Ansicht, daß die vorsokratischen Philosophen hier ein Argument gegen die Annahme der Ewigkeit der Welt sahen[33] weder stichhaltig noch überhaupt begründet. Tatsächlich berechtigt uns die philologische Evidenz soweit nur zu der Annahme, daß Aristoteles einen derartigen Zusammenhang aus Demokrit herauslas. Übrigens vermag Aristoteles selbst gegen die von ihm als These gegen die Annahme der Ewigkeit der Welt ernstgenommene Versandungstheorie, abgesehen von Gegenbeispielen mit Erfahrungstatsachen, nur die im Angesicht von 351 A 19 – B 8 vergleichsweise primitiv[35] anmutende Behauptung ins Feld führen, daß dem

30 *De Aet. Mundi* §§ 120–123. Mit anderen Interpreten teile ich die Überzeugung, daß zumindest § 121 eine Erweiterung von Seiten der Hand Philons darstellt.

31 Aus 356 B 4 ff. (= *V. S.* 68 A 99 a) geht hervor, daß Aristoteles in 352 A 17 ff. Demokrit im Auge hat. Die These von der Austrocknung des Meeres wird nach Alexander, *In Meteor.* 67. 3–22, der sich auf Theophrast beruft, von Anaximander (nicht Anaximenes, wie J. B. McDiarmid sagt: *TAPhA* 71 [1940] 247) und Diogenes von Apollonia vertreten (= *Phys. Op. Fr.* 23 [= *D. D. G.* 494. 4 – 495. 11]); vgl. auch Aëtius, *Plac.* III 16, 1 (=*D. D. G.* 381. 15–19).

32 *Studien zur Kosmologie und Theologie der aristotelischen Schrift ‚Über die Philosophie'* 53–54.

33 Vgl. z. B. W. Wiersma: „Das Argument stammt aus der vorsokratischen Naturphilosophie: Theophrast selber teilt mit, daß es von Anaximander und Diogenes von Apollonia verwendet wurde" (*Mnemosyne* III 8 [1939] 239–240).

34 Die Polemik gegen diejenigen, die „mit ihrer Theorie den ganzen Kosmos einreißen" (*De Philos,* F 18 *Walzer/Ross*) richtet sich vermutlich gegen die Atomisten. Aber absolut sicher ist dies nicht.

35 Die Verschiedenheit beider Argumentationen wurde bereits von F. Solmsen, *Aristotle's System of the Physical World* 425. 435 ff. mit Verwunderung registriert. Die Notwendigkeit eines Rückschlusses in eine eher analytische Richtung wurde erst von B. Effe klar herausgestellt (*Studien zur Kosmologie und Theologie der aristotelischen Schrift ‚Über die Philosophie'* 55 Anm. 226).

Austrocknungsprozeß eines Tages durch eine der periodischen Flutkatastrophen Einhalt geboten werde. Von dieser Behauptung brauchte sich Zenon gewiß nicht beeindruckt zu zeigen. Wenn er also die womöglich seit Alters her bekannte Versandungstheorie ins Spiel brachte, um daran eine These gegen die Annahme der Ewigkeit der Welt zu knüpfen, so konnte er dies wohl deshalb tun, weil Aristoteles in dem betreffenden Zusammenhang nicht etwa wie in *Meteor.* 351 A 19 – B 8 und 352 B 16 – A 28 eine Theorie der strengen Wechselseitigkeit entwickelte; fraglich ist, ob Aristoteles hier bereits auf umgekehrte Fälle verwiesen haben konnte, wie dies später dann auch Theophrast tat (§§ 138 ff.)? Vermutlich nicht, – oder waren die Gegenbeispiele nicht wirklich eindrucksvoll? [36]

Interessant scheint nun der Umstand, daß Zenon zum Schluß seiner Argumentation folgert „*Wenn nun das Meer weniger wird, wird auch die Erde weniger werden*" (§ 123); diese Folgerung ist unverständlich. Was hat das zweite mit dem ersten zu tun? Gerade im Hinblick auf die im Rahmen der ersten Argumentation (§§ 118 ff.) implizierten Annahme, daß die Tatsache der Einebnung der Erdoberfläche doch fortwährenden Regenguß voraussetzt, wird man sich zu fragen haben, ob Zenons Folgerung nicht latente Widersprüche enthält? Andererseits möchte man derartige Inkonzinnitäten wenigstens einem Denker von der Statur Zenons nicht zutrauen. Vermutlich handelt es sich im Falle dieser Folgerung um eine Art von *a fortiori* Argument. Denn entsprechend ihrer Annahme, daß die Weltentstehung auf Grund einer graduellen Verdichtung des Feuers vonstatten geht (wobei ‚Erde' am Ende dieser Entwicklung: *Feuer, Luft, Wasser* [37] ... steht [*S. V. F.* 2, 413]), versteht die Stoa die als Rückverwandlung erklärte Destruktion des Kosmos in der Weise, daß sich ‚Erde' zunächst in ‚Wasser' verwandelt, letzteres in ‚Luft' und diese vom ‚Feuer' resorbiert wird (vgl. *S. V. F.* 2, 413). Wenn Zenon also einen empirischen Beweis für die Annahme der Austrocknung des Meeres führen konnte, so mußte er aus der μείωσις des *Wassers a fortiori* auf eine μείωσις auch von *Erde* schließen.

Theophrast brauchte sich für den gegebenen Zweck nicht erst in einen Disput über die Verwandlungs- und Rückverwandlungstendenzen der Elemente (κατάπυξις und πίλησις) einlassen. Tatsächlich verfügte er ja über ein ausgesprochen interessantes Modell, die Umwandlung der Elemente in

---

36 Die Behauptung von J. B. McDiarmid [„There can be no doubt that both proof and refutation come ultimately from the *Meteorologica*. The parallel is complete save for two minor differences which are easily explained"] (*TAPh* 71 [1940] 242) vermag also nicht alles zu erklären.

37 Für Zenon vgl. F 102 und dazu M. Pohlenz, *Die Stoa* I 78.

einander zu erklären. Worauf es ihm hier also ankommen mußte, war etwas anderes: Zenons These von der Rückverwandlung des Kosmos in seine feurige Ursubstanz verlangt ja im Prinzip den empirischen Nachweis, daß eine beliebige μείωσις eines Elementes stattfindet, ohne daß dieser Vorgang durch einen gegenläufigen Prozeß ausgeglichen würde. Und wenn Zenon den Befund der Austrocknung bzw. Versandung des Meeres als empirischen Nachweis für seine Theorie einer sozusagen gradlinigen Rückverwandlung interpretierte, die u. a. auch gegen Aristoteles' These von der Ewigkeit der Welt ins Feld geführt werden konnte, so durfte sich Theophrast seinerseits damit begnügen, einige Erfahrungstatsachen geltend zu machen, die Zenons Annahme einer *einseitigen* bzw. gradlinigen Veränderung widersprachen. Darüberhinaus verfolgte er auch die (ebenfalls aristotelische [38]) Hypothese, welche besagt, daß hier jeweils strenge Wechselstreitigkeit vorliegt (§ 142). Die stoische *Ekpyrosis*-Theorie frontal anzugreifen, sah Theophrast sicher keinen Anlaß; vermutlich glaubte er sogar, diese Theorie *implicite* bereits so gut wie widerlegt zu haben [39].

––––––––––

Wenden wir uns nun der Exposition des dritten *Anhaltspunktes* [40] zu: Der Schluß von der Vergänglichkeit der Teile der Welt auf die Vergänglich-

––––––––––

[38] *Meteor.* 351 A 19 – B 8.

[39] Auch hier ist die Beurteilung bei J. B. McDiarmid [„The final statement of the proof, that the other elements will become fire, is clearly the common Stoic corruption of Heraclitus' doctrine. That is has no place in a proof concerned only with the diminuition of the sea is shown by the fact that no mention is made of it in the refutation"] (*TAPhA* 71 [1940] 242) leider sehr oberflächlich. W. Wiersma geht auf diesen Punkt nicht einmal ein (*Mnemosyne* III 9 [1939] 240).

[40] § 124 „Unbedingt vergeht das, dessen sämtliche Teile vergänglich sind. Alle Teile der Welt aber sind vergänglich, also ist die Welt vergänglich. – Was wir hier offen ließen, müssen wir nunmehr erörtern. Um mit der Erde zu beginnen: welcher Teil von ihr, größer oder kleiner, wird nicht durch die Zeit aufgelöst? Verwittern nicht die stärksten Steine, und werden sie nicht morsch? Durch die Kraftlosigkeit ihres inneren Zusammenhalts – das aber ist die pneumatische Spannkraft, ein nicht unzerreißbares, sondern lediglich schwer lösbares Band – zerbröckeln und zerfallen sie und lösen sich zunächst in feinen Staub auf, später dann verschwinden sie immer mehr, bis nichts mehr von ihnen übrig ist. Weiter, wenn das Wasser nicht von den Winden gepeitscht, sondern unbewegt gelassen wird, stirbt es dann nicht aus Untätigkeit? Jedenfalls verändert es sich und nimmt einen sehr üblen Geruch an wie ein Lebewesen, das der Lebenskraft beraubt ist. (§ 126) Daß die Luft zerstört wird, ist ja doch jedem klar, denn es ist für sie naturgemäß, in Verfall zu geraten, hinzuschwinden und auf gewisse Weise zu sterben. Wie nämlich kann man, wenn man nicht nach der Eleganz

keit des Weltganzen gehört offenbar zu den Spezialitäten stoischer Observanz (vgl. *S. V. F.* 2, 588. 589. 591. 592); er war aber auch für einen Philosophen epikureischer Observanz möglich (Lukrez 5. 240 ff.) [41]. Und Aristoteles gibt zu verstehen, daß eine derartige Folgerung bereits zur Annahme
der Vergänglichkeit der Welt geführt hatte (siehe wiederum *Meteor.* A 14;
daß bestimmte ‚Teile‘ nicht identisch bleiben, gesteht er 358 B 30 zu. Aber
die Ewigkeit des Ganzen impliziert die Ewigkeit seiner Teile: 356 B 8 f.).
Daß dieser Schluß aber deshalb bereits z. B. von Demokrit *formuliert* wurde,
ist gleichwohl nicht sicher. Denn die Erfahrung im interpretatorischen Um-
gang mit derartigen Texten legt immer wieder die Vermutung nahe, daß
Aristoteles im durchaus legitimen Bemühen, die Äußerungen anderer Philosophen zu verstehen, diesen Positionen eine systematische Form unterlegt,
die *uns* nicht als die einzig mögliche erscheint. Hat man sich also mit der
Vermutung zu begnügen, daß Zenon und Epikur diesen Schluß womöglich
unabhängig voneinander formuliert haben? [42] Wichtig für unseren Zusammenhang ist vor allem der Befund, daß dieser Beweis in seiner uns vorliegenden Gestalt nicht nur von Zenon konstruiert worden sein konnte, sondern geradezu typisch für ihn zu sein scheint. Hierbei muß man sich nicht
einmal an das ‚Zeugnis‘ bei Philon, *De Providentia* I 12 (ed. Aucher [Cod.
Venet. 1822]) [„*Zeno Menae filius aerem, deum, materiam et elementa
quatuor. caeterum superius dicebat: ‚cuius pars sub corruptione iacet, necesse
id est totum obnoxium esse corruptioni.‘ nec enim sine toto partes constare
possunt, neque totum sine partibus; nam mundus universus unum corpus
est e multis partibus a deo compositum*" [43]] halten [44]. M. E. beweiskräftig
ist bereits *F* 114:

> der Sprache, sondern nach Wahrheit strebt, die Pest anders bezeichnen als einen
> Tod der Luft, die das ihr eigentümliche Unheil zum Verderb von allem verbreitet, das
> Lebenskraft erlangt hat? (§ 127) Wozu soll man viel Worte über das Feuer ver-
> lieren? Geht ihm die Nahrung aus, erlischt es sofort; es ist wie die Dichter sagen, aus
> sich selbst heraus lahm geworden. Deshalb wird es aufrecht gehalten und hebt sich
> hervor, solange der angezündete Brennstoff vorhält.

[41] Auf diese Entsprechung machten u. a. E. Norden, *Jb f Kl Phil* Suppl. 12 (1893) 442
und H. von Arnim, *NJbb* 147 (1893) 456 aufmerksam.

[42] W. Wiersma tendiert zu der Auffassung, daß Theophrast dieses Argument eher aus
Epikur hat (*Mnemosyne* III 8 [1939] 241).

[43] Vgl. C. Wachsmuth, *Commentatio I De Zenone et Cleanthe Assio* (Göttingen 1874)
8 Anm. 5.

[44] Seit H. Diels Analyse (*Doxographi Graeci* 3–4. 106) kann dieser Text nicht mehr als
Zenon-Zeugnis in Anspruch genommen werden. E. Zeller (Hermes 11 [1876]) hatte
seine These auch nicht auf diesen Text bezogen.

„Nullius sensu carentis pars aliqua potest esse sentiens.
Mundi autem partes sentientes sunt.
Non igitur caret sensu mundus".[45]

Entscheidend für den Versuch zu verstehen, wie Zenon vom ‚Teil' auf das ‚Ganze' schließt, ist offenbar der Gesichtspunkt, daß dem Verständnis von ‚Teil' und ‚Ganzes' hier wohl ähnlich wie bei Platon, *Parmenides* 142 D 6 und 157 C 4 eine Art von dialektischer Bezogenheit des Teils auf das Ganze zugrunde liegt: Von ihm als *Teil* zu sprechen ist nur dann sinnvoll, wenn man von ihm zugleich als *Teil* von etwas spricht. Sextus Empiricus macht im Zusammenhang seiner Diskussion *Teil und Ganzes* (*Adv. Phys.* 1, 331–358) darauf aufmerksam, daß die Stoiker von Teil und Ganzem weder als etwas von einander Verschiedenem noch aber wiederum mit einander Identischem reden; so sei ‚Hand' mit ‚Mensch' ebensowenig identisch wie von ihm verschieden, sofern ‚Hand' ja in dem Begriff des Menschen als Menschen enthalten ist (= *S. F. V.* 2, 524)[46]. Der weitere Hinweis darauf, daß *Teil* und *Ganzes* über keinerlei reale Existenz verfügen, sondern jeweils nur Bewußtseinsinhalte sind, die unser Denken dem Komplex der Erscheinung auferlegt, kann und soll gar nicht darüber hinwegtäuschen, daß diese nominalistische Auffassung tatsächlich nicht allen Fällen gerecht wird, wo man von etwas (z. B. *Hand*) in gutem Glauben als Teil (z. B. im Sinn von *Glied*) eines Körpers spricht. Und hier liegt schließlich auch das für die Beurteilung des Beweises entscheidende Problem: Natürlich ist Theophrasts bzw. Philons Einwand nicht sauber; er geht an Zenons Überlegung insofern vorbei, als es ja nicht auf die Möglichkeit einer von außen kommenden Destruktion abgesehen hat. Zenon würde sagen: ‚Wenn jemandem die Fingerspitze abfault, – so ist dies ein sicheres Zeichen dafür, daß Mensch als Ganzes sterblich ist.' Aber was berechtigt Zenon (und die Stoiker nach ihm, siehe z. B. *S. V. F.* 2, 550) überhaupt zu der Redeweise vom *Kosmos* als ‚Ganzem' von ‚Teilen'? Es ist dies zweifellos die mit dem Begriff *Kosmos* seit geraumer Zeit auch im Hinblick auf die Welt verbundene Vorstellung einer schmuckvollen Organisation; der Gedanke an Teile, bzw. dasjenige,

---

45 Cicero, *De Nat. Deor.* 2, 22, dazu vgl. das Material bei A. S. Pease, *M. Tulli, Ciceronis De Natura Deorum, Libri Secundus et Tertius* (Cambridge, Mass. 1958) 601; zu Ciceros Übersetzungstechnik siehe H. Müller, *Ciceros Prosaübersetzungen* (Diss. Marburg 1964) 75–80.

46 Interessant für den quellenkritischen Aspekt dieser Suche ist zweifellos die Tatsache, daß Epikur (nach Sextus Empiricus, *Adv. Phys.* 1, 335) den Begriff *Teil* auf das Atom, den des *Ganzen* auf den Komplex von Atomen bezog; diese Regelung ist mit Lukrez 5. 240 nicht so leicht zu vereinbaren.

was in bestimmter Weise organisiert ist, kann von der mit dem Begriff *Kosmos* verbundenen Vorstellung also gar nicht losgelöst werden. Und die Vernichtung bereits eines der ‚Teile‘ zieht die Notwendigkeit der Vernichtung des Ganzen, also der Organisation als solcher nach sich. D. h.: Zenon nimmt das Eine zum Anlaß, auf die Vernichtung des Anderen zu schließen. Auch in diesem Punkt scheint die kritische Replik nicht wirklich auf dasjenige zu antworten, was Zenon im Auge hat. Denn der Einwand [„Würden die Elemente insgesamt zusammen während eines einzigen Augenblickes vernichtet, dann müßte man zugeben, daß die Welt der Zerstörung preisgegeben ist"] (§ 144) setzt ja eine These voraus, die Zenon doch wohl nicht zum Ausdruck gebracht hat, i. e. ‚Wenn ein Teil des Kosmos vernichtet ist, ist der gesamte Kosmos vernichtet‘.

Zenons empirische Angaben hinsichtlich der Zerstörbarkeit [47] jedes einzelnen Elementes werden so interpretiert, als verneine Zenon zugleich die „Verwandlung jedes Elementes in die Natur seines benachbarten Elementes" (§ 144). Dies ist so sicher nicht der Fall. Tatsächlich spricht ja auch der sozusagen klassische stoische Beweis [*S. V. F.* 2, 589 ἀρέσκει δὲ αὐτοῖς καὶ φθαρτὸν εἶναι τὸν κόσμον, ἅτε γεννητόν, τῷ λόγῳ τῶν δι᾿ αἰσθήσεως νοουμένων. οὖ τε τὰ μέρη φθαρτά ἐστι, καὶ τὸ ὅλον· τὰ δὲ μέρη τοῦ κόσμου φθαρτά· ε ἰ ς ἄ λ λ η λ α γ ὰ ρ μ ε τ α β ά λ λ ε ι · φθαρτὸς ἄρα ὁ κόσμος. καὶ εἴ τι ἐπιδεκτικόν ἐστι τῆς ἐπὶ τὸ χεῖρον μεταβολῆς, φθαρτόν ἐστι· καὶ ὁ κόσμος δέ· ἐξαυχμοῦται γὰρ καὶ ἐξυδατοῦται] von einem Wandel der Elemente in einander (vgl. Zenon, F 102). Aber Zenon und die orthodoxen Stoiker nach ihm betrachteten diesen Wandel der Elemente ineinander ja als ultimativ gradlinige Rückverwandlung in die feurige Ursubstanz (s. o. S. 198).

Endlich bleibt noch festzustellen, daß dieses Argument − „a generalization of which the first and the second merely give particular instances" [48] − also im Prinzip gegen jene Auffassung gerichtet sein müßte, mit der Aristoteles unter Bestreitung der (impliziten, oder doch in die Überlegung anderer Denker hineingelesenen) These, daß partielle Destruktionen auf allgemeine Vernichtung schließen lassen, jene Bedenken aus dem Wege zu räumen suchte,

---

[47] Im Zusammenhang mit der ‚Verwitterung und Morschwerdung‘ von Steinen (§ 125 [E. Bignone, *L'Aristotele perduto* II 445 machte auf Parallelen mit Lukrez 5. 235– 415 aufmerksam, so auch auf V. 306 *denique non lapides quoque vinci cernis ab aevo;* vgl. auch M. Pohlenz, *GGA* II 5 (1936) 529 und *Die Stoa* II 44]) wird auf das Nachlassen der *Pneuma*-Spannung hingewiesen; dies ist von jeher als schlagender Beweis für die stoische Herkunft dieses Argumentes interpretiert worden: vgl. u. a. auch A. C. Pearson, *The Fragments of Zeno and Cleanthes* 115–116.

[48] J. B. McDiarmid, *TAPhA* 71 (1940) 243.

die er bei anderen Denkern angedeutet oder sogar ausgesprochen fand; dies hatte Aristoteles sicher bereits in der Schrift *De Philosophia* getan: Die Abschnitte 351 B 18–352 A 17, 352 A 17–B 16 fügen sich nicht bruchlos in den Zusammenhang von *Meteor.* A 14 ein. Daß es sich hier um Stellen handelt, die auf *De Philosophia* zurückgeführt werden müssen, hat B. Effe unter Hinweis auf jene Entsprechungen bei Okkelos, *De Univ. Nat.* 38–42 mehr als nur wahrscheinlich gemacht. Sowohl Okkelos als auch *Meteor.* A 14 arbeiten mit Material aus einer dritten Schrift. Und bei dieser kann es sich der age der Dinge nach eben nur um *De Philosophia* handeln [49]. Auffällig ist hier vor allem der Umstand, daß der Einschub in *Meteor.* A 14 bereits ebenso wie dann ausdrücklich *De Univ. Nat.* 38 von der Überlegung ausgeht, daß die Ewigkeit des Ganzen auch die seiner Teile impliziert. (Entsprechend also auch das bei Aristoteles deutlich erkennbare Bemühen, partielle Veränderungen nicht als Vernichtung der Teile verstehen zu müssen.) Zenon mochte gerade diesen gedanklichen Duktus vor Augen gehabt haben. Jedenfalls bestritt er diese These [50].

––––––––––

Der vierte ‚Anhaltspunkt' [51] versteht sich, wie J. B. McDiarmid wiederum richtig sieht, als „particularization of the third" [52]. Die für unsere Be-

[49] *Studien zur Kosmologie und Theologie der aristotelischen Schrift ‚Über die Philosophie'* 59.

[50] W. Wiersma hat auch zum dritten Beweis eine andere Lösung bereit. Und zwar wolle Theophrast hier den Gedanken der τινες wiedergeben, von denen Aristoteles in *De Gen. et Corr.* 337 A 7 spricht: „Damit gewinnt aber zugleich die Vermutung einen hohen Grad von Wahrscheinlichkeit, daß Aristoteles Theophrasts unmittelbare Quelle für diesen Beweis mitsamt seiner Widerlegung war" (*Mnemosyne* III 8 [1939] 241).

[51] *De Aetern. Mundi* §§ 130–131: „Wäre die Welt ewig, dann wären auch die Lebewesen ewig und noch weiter mehr das Menschengeschlecht, insofern es ja besser ist als das Übrige. Es zeigt sich aber auch, daß es spät geschaffen wurde, wenn man die Werke der Natur erforschen will. Denn es ist wahrscheinlich oder vielmehr notwendig, daß die Künste gleichzeitig mit dem Menschen auftraten und sozusagen gleichaltrig sind, nicht nur weil einer vernunftbegabten Natur systematisches Vorgehen eigentümlich ist, sondern auch weil man ohne jene nicht leben kann. (§ 131) Betrachten wir also die Zeitangaben für eine jede Kunst, ohne zu berücksichtigen, was in den Mythen fiktiv über die Götter vorgetragen wird ... *** Wenn ⟨aber⟩ der Mensch nicht ewig ist, ist es auch kein anderes Lebewesen, und daher auch nicht die Räume, in welchen diese sich aufhalten, nämlich Erde, Wasser und Luft. Hieraus ist offensichtlich, daß die Welt vergänglich ist".
Man hat natürlich darauf aufmerksam gemacht (z. B. H. von Arnim, *Jb f Class Phil* 39 [1893] 452), daß die Überschrift in § 117 χερσαίων φθορὰ κατὰ γένη ζῴων nicht zu dem Folgenden passe: „Philon schließt aus der relativen Jugend der Künste und

griffe sicher abstruse Überlegung, daß – soll die Welt ewig sein – auch die
Lebewesen und besonders das Menschengeschlecht ewig sein müßte, hat nur
dann eine gewisse Pointe, *wenn* man voraussetzen darf, daß Aristoteles ihn
dadurch provozierte, daß er das oben genannte Prinzip [Ewigkeit des Ganzen – Ewigkeit seiner Teile] um der Systematik [53] willen auch auf das aus-
dehnte, was zu den Teilen gehört; bei Okkelos findet dieser Gedanke folgendermaßen Ausdruck: ... εἴπερ ἀληθῆς ὁ λόγος συμβιβάζει μὴ μόνον τὰ
μέρη συνυπάρχειν τῷ κόσμῳ ἀλλὰ καὶ τὰ ⟨ἐμ⟩περιεχόμενα τοῖς μέρεσιν (*De
Univ. Nat.* 40) [54]. Das bereits a. a. O. 39 artikulierte Prinzip, *wenn die Teile
der Welt ewig sind, so auch das in ihnen Enthaltene*' (i. e. Sterne, meteoro-
logische Phänomene, Tiere, Pflanzen) ist gewiß eine explizite Ausdehnung
der von Aristoteles *Meteor.* 356 B 8 angedeuteten Überlegung, daß die
Ewigkeit des Ganzen die Ewigkeit seiner Teile impliziert. Daß sie auch in
De Philosophia Ausdruck gefunden hat, kann aus dem *Aristotelicum* bei
Cicero, *De Nat. Deor.* II 15, 42 erschlossen werden (= F 21 *Walzer/Ross*) [55].
Zumindest wird hier gesagt, daß sämtliche Regionen dieser Welt Lebewesen
hervorbringen; und der Schluß auch auf die Existenz besonderer ätherischer
Lebewesen setzt ja eine bestimmte Auffassung der Beziehung zwischen ‚Gan-
zen‘ – ‚Teilen‘ – ‚dem in den Teilen Vorhandenen‘ voraus.

Zenon hatte wohl die Absicht, die aristotelische These der *Ewigkeit auch
der Teile und des in ihnen Enthaltenen auf Grund der Ewigkeit des Ganzen*
im Prinzip nicht anders als im Falle des dritten Beweises durch einen Auf-
weis der Unrichtigkeit des Folgesatzes zu widerlegen. Ist *q* falsch, welches
Aristoteles ja aus *p* folgert, so ist auch *p* für stoische Begriffe nicht korrekt.
Der These ~ *q* entsprach hier die Behauptung der χερσαίων φθορὰ κατὰ γένη
ζῴων. Philon hat diesen Zusammenhang arg verstümmelt; der Ansatz der ur-

Wissenschaften auf die Jugend der Welt und ‚kommt schließlich mit einem Salto
mortale auf den Weltuntergang hinaus'. Von einer φθορά der Tierarten ist dabei
nicht mit einem Wort die Rede. Es ist also ausgeschlossen, daß Theoprast durch die
Worte χερσαίων φθορά κατὰ γένη ζῴων diesen Beweis sollte bezeichnet haben"
(*Mnemosyne* III 8 [1939] 241). – Aus dem Folgenden soll ersichtlich werden, daß die
Annahme dieser Konsequenz nicht notwendig ist.

[52] *TAPhA* 71 (1940) 244.

[53] R. Harder hatte darauf aufmerksam gemacht, die Vorstellung der Anfangslosigkeit der
Menschheit für die peripatetische Kosmologie eine Folgerung aus der Annahme der
Ewigkeit der Welt ist (*Ocellus Lucanus. Text und Kommentar* [Berlin 1926] 116).

[54] Eine Reihe von Parallelen vermerkt W. Theiler, *Gnomon* 2 (1926) 588.

[55] Dazu siehe A. S. Pease, *M. Tulli Ciceronis De Natura Deorum Libri Secundus et
Tertius* 639 und im Einzelnen B. Effe, *Studien zur Kosmologie und Theologie der
aristotelischen Schrift ‚Über die Philosophie'* 127 ff.

sprünglichen Argumentation ist gleichwohl noch zu erkennen: Denn Zenon mußte ja $\sim q$ b e w e i s e n. Wie konnte er dies getan haben? Am einfachsten wohl durch den empirisch überprüfbaren Hinweis auf Tier-Arten, welche bereits ausgestorben waren! Aber standen ihm derartige Beobachtungen zur Verfügung? Und verstand er auf sie zu rekurrieren? Wir wissen es nicht. – Sofern wir nicht annehmen wollen, daß Philon von allen guten Geistern verlassen war, müssen wir versuchen, die Angaben Philons in ihrem richtigen Zusammenhang zu verstehen lernen. Und dabei ergibt sich nur die Möglichkeit, die These von der Vergänglichkeit der Lebewesen generell als Folgerung einer Annahme zu begreifen, die für die Stoiker zumindest unproblematisch war. Hier wird also eine Beziehung der anti-aristotelischen Argumentation Zenons zu der Behauptung der relativen Jugend der Menschen sichtbar. Denn die Behauptung $\sim q$ würde, wenn es gelänge, die Sterblichkeit des Menschengeschlechts als Ganzem wahrscheinlich zu machen, zu einem Satz *a fortiori*: Zenon kann sich ja für rangmäßige Beziehung ‚Mensch' / ‚übrige Lebewesen' auf die aristotelische Beurteilung berufen, die ‚Mensch' als privilegierte Schöpfung ansieht. Rein formal soll aber die These ‚Das Menschengeschlecht ist sterblich', auf Grund derer $\sim q$ zu einer *a fortiori* Behauptung wird, als Folgerung aus der These hervorgehen, daß das Menschengeschlecht jungen Ursprungs ist. Bei dieser These kann es sich keinesfalls um ein „nur nebensächliches Moment in der stoischen Beweisführung" [56] handeln [57]. Denn die Behauptung der Jugend = Nicht-Ewigkeit des Menschengeschlechtes wird offenbar als geeignet empfunden, aus ihr auf die Vernichtung des Menschengeschlechtes zu schließen (und diese These leitet für Zenon *a fortiori* zur Behauptung der Vernichtung der Land-Lebewesen: $\sim q$; und aus $\sim q$ folgt, daß p nicht der Fall ist). Offenbar wird für diese Folgerung die allgemein anerkannte These „Was einen Anfang hat, hat auch ein Ende" in Anspruch genommen. Und Zenon mochte gefragt haben, wie zwei Dinge in gleicher Weise ewig sein können, wenn sie unterschiedlichen Alters sind. – Die Behauptung der relativen Jugend des Menschengeschlechtes rechtfertigt sich für Zenon aus dem Befund der nachweislichen Jugend der Künste und Wissenschaften. Für Aristoteles ist diese Folgerung bekanntlich nicht zulässig, vertritt er doch die auch in der kritischen Replik (*De Aet. Mundi* §§ 146 ff.) erwähnte Auffassung, daß die Zivilisation von Zeit zu Zeit durch Naturkatastrophen faktisch auf den Nullpunkt zurückgeworfen wird – aber hat es einen solchen je gegeben? – und die technischen und wissenschaft-

---

[56] H. von Arnim, *Philol Unters* 11 (1888) 45.
[57] Vgl. auch R. Harder, *Ocellus Lucanus* 117 Anm. 1.

lichen Einsichten und Erkenntnisse stets aufs Neue wiedergewonnen werden müßten[58]. Diese Überlegung ist gewiß unrealistisch. Diejenige Zenons ist es aber nicht weniger: Der Mensch, „aus der Erde[59] geboren unter Mithilfe des Feuers [i. e. der *Pronioa*]" (*F* 124) befindet sich von Anfang an im Besitze dieser und anderer Künste? Ein Anhänger des Glaubens an das vielzitierte ‚Goldene Zeitalter' kann er nicht gewesen sein[60].

Gewiß ist gerade der vierte Beweis von Philon etwas unglücklich gestrafft worden. Der Duktus der Argumentation ist gleichwohl durchsichtig. Und daß es sich auch hierbei um eine zenonische Attacke gegen Aristoteles gehandelt haben kann[61], steht wohl außer Zweifel.

[58] Über die Katastrophentheorie im Zusammenhang mit kulturgeschichtlichen Spekulationen (vgl. *Metaph.* 1074 A 38 ff., *Pol.* 1269 A 4 ff., 1329 B 25 ff.; auch Platon, *Timaios* 22 A ff., *Kritias* 109 D, *Nomoi* 677 A ff.) siehe B. Effe, *Studien zur Kosmologie und Theologie der aristotelischen Schrift ‚Über die Philosophie'* 62–72, der hinreichend klar macht, daß „die Theorie der bei einer bestimmten Sternenkonstellation eintretenden Flutkatastrophen mit großer Wahrscheinlichkeit im ersten Buch von De phil. vorgetragen wurde. Sie bildete einen Teil der Erörterung über die Entwicklung der Kultur und Wissenschaft speziell im griechischen Bereich" (a. a. O. 72); vgl. auch Th. Cole, *Democritus and the Sources of Greek Anthropology* (Cleveland 1967) 52 u. ö.

[59] Entsprechend fällt dann Kritolaos' Kritik (*De Aet. Mundi* §§ 55 ff.) auf die Stoa zurück. Siehe F. Wehrlis Kommentar zu *F* 13 und *F* 12 (*Die Schule des Aristoteles* X Basel [1962²] 65–66).

[60] Vgl. L. Edelstein, *The Idea of Progress in Classical Antiquity* (Baltimore 1967) 138 und Anm. 14.

[61] F. Wehrli meint (mit Berufung auf *Pol.* 1269 A 5, *Gen. Anim.* 762 B 29, 763 A 3), daß die Zuschreibung der These von der Anfangslosigkeit zu Aristoteles auf einer irreführenden Dogmatisierung der Doxographen beruht (siehe seinen Kommentar zu Dikaiarch, *F* 47–48 in *Die Schule des Aristoteles* I [1967²] 56). Ich teile diese Auffassung nicht.

Literaturverzeichnis
(In Auswahl) [1]

Adorno, F.: „Sul significato del termine Ὑπάρχον in Zenone Stoico", in *Parola del Passato* 12 (1967) 151–161

Bärthlein, K.: „Der Orthos Logos in der Großen Ethik des Corpus Aristotelicum", in *Archiv für Geschichte der Philosophie* 45 (1963) 213–258

— „Der Orthos Logos und das ethische Grundprinzip in den platonischen Schriften", in *Archiv für Geschichte der Philosophie* 46 (1964) 129–173

— „Zur Lehre von der Recta Ratio in der Geschichte der Ethik von der Stoa bis Christian Wolff", in *Kant-Studien* 66 (1966) 125–155

Bäumker, C.: *Das Problem der Materie in der griechischen Philosophie* (Münster 1890)

Bonhöffer, A.: *Epictet und die Stoa* (Stuttgart 1890)

Bréhier, E.: *Chrysippe et l'ancien stoïcisme*[2] (Paris 1950)

Brink, C. O.: „Theophrastus and Zeno on Nature in Moral Theory", in *Phronesis* 1 (1956) 123–145

Christensen, J.: *An Essay on the Unity of Stoic Philosophy* (Kopenhagen 1962)

De Lacy, P.: „The Stoic Categories as Methodological Principles", in *Transactions and Proceedings of the American Philological Association* 76 (1946) 245–263

Edelstein, L.: „The Philosophical System of Posidonius", in *American Journal of Philology* 57 (1936) 283–325

— *The Meaning of Stoicism* (Cambridge, Mass. 1966)

Egli, U.: *Zur Stoischen Dialektik* (Diss. Bern, Basel 1967)

— „Zwei Aufsätze zum Vergleich der stoischen Sprachtheorie mit modernen Theorien", in *Institut für Sprachwissenschaft, Universität Bern, Arbeitspapiere* 2 (1970)

Fortenbaugh, W. W.: „Aristotle and the Questionable Meandispositions", in *Transactions and Proceedings of the American Philological Association* 99 (1968) 203–231

— „Aristotle: Emotion and Moral Virtue", in *Arethusa* 2 (1969) 163–185

— „The Antecedents of Aristotle's Bipartite Psychology", in *Greek & Roman & Byzantine Studies* 11 (1970) 233–250

— „Aristotle: Animals, Emotion and Moral Virtue", in *Arethusa* 4 (1971) 137–165

Frede, M.: *Die Stoische Logik* (Göttingen 1974)

Fritz, K. von: „Die antistheneische Erkenntnislehre und Logik", in *Hermes* 62 (1927) 453–483

---

[1] Forschungsberichte findet der Leser bei P. DeLacy, „Some Recent Publications on Hellenistic Philosophy (1937–1957)", in *Classical World* 52 (1958) 8–15. 25–27. 37–39, 57 und bei P. M. Schuhl, „L'état des études stoïciennes", in *Bulletin de l'Association Guillaume Budé* 8 (Paris 1964) 263–276.

— „Zenon von Kition", in Paulys *Realencyklopädie der classischen Altertumswissenschaft* X, A (1972) 83, 8 – 126. 46

Gigon, O.: „Zur Geschichte der sogenannten Neuen Akademie", in *Museum Helveticum* 1 (1944) 47–64

— „Die Erneuerung der Philosophie in der Zeit Ciceros", in *La Tradition Platonicienne* (Genf 1956) 25–64

— *Cicero. Tusculanen*[2] (München 1970)

Goldschmidt, V.: *Le système stoïcien et l'idée de temps* (Paris 1953)

Gould, J. B.: The *Philosophy of Chrysippus* (Leiden 1971)

Graeser, A.: „A propos *hyparchein* bei den Stoikern", in *Archiv für Begriffsgeschichte* 15 (1971) 299–305

— „Zur Begründung der Stoischen Ethik", in *Kant-Studien* 63 (1972) 213–224

— „Zur Funktion des Begriffes ‚gut' in der stoischen Ethik", in *Zeitschrift für Philosophische Forschung* 26 (1972) 417–425

— *Plotinus and the Stoics. A preliminary study* (Leiden 1972)

— „Ein un-stoischer Beweisgang bei Cicero, De Finibus 3, 27?", in *Hermes* 100 (1972) 492–496

Grumach, E.: *Physis und Agathon in der alten Stoa* (Berlin 1932)

Hadot, P.: „Zur Vorgeschichte des Begriffes Existenz: *hyparchein* bei den Stoikern", in *Archiv für Begriffsgeschichte* 13 (1969) 115–127

Haynes, R. P.: „The Theory of Pleasure of the Old Stoa", in *American Journal of Philology* 88 (1962) 412–419

Hartung, H.-J.: *Ciceros Methode bei der Übersetzung griechischer philosophischer Termini* (Diss. Hamburg 1970)

Hossenfelder, „Zur stoischen Definition von *axioma*", in *Archiv für Begriffsgeschichte* 11 (1967) 238–241

Hirzel, R.: *Untersuchungen zu Ciceros philosophischen Schriften* II (Leipzig 1883)

Ingenkamp, H.-G.: „Zur stoischen Lehre vom Sehen" in *Rheinisches Museum für Philologie* 114 (1971) 240–246

Jagu, A.: *Zénon de Cittion. Son rôle dans l'établissement de la morale stoïcienne* (Paris 1946)

Kidd, I. G.: „Stoic Intermediates and the End for Man", in *Problems in Stoicism* (London 1971) 150–172

— „Posidonius on Emotions", in *Problems in Stoicism* (London 1971) 200–215

Kilb, G.: *Ethische Grundbegriffe der alten Stoa und ihre Übertragung durch Cicero im dritten Buch De Finibus Bonorum et Malorum* (Diss. Freiburg. Br. 1934)

Krämer, H.-J.: *Platonismus und Hellenistische Philosophie* (Berlin & New York 1972)

Lloyd, A. C.: „*Nosce te ipsum* and *Conscientia*", in *Archiv für Geschichte der Philosophie* 46 (1964) 188–207

— „Activity and Description in Aristotle and the Stoa", in *Proceedings of the British Academy* 56 (1970) 227–240

— „Grammar and Metaphysics in the Stoa", in *Problems in Stoicism* (London 1971) 58–74

Long, A. A.: „Carneades and the Stoic Telos", in *Phronesis* 12 (1967) 59–90

- „Aristotle's Legacy to Stoic Ethics", in *Bulletin of the Institute of Classical Studies, University College London* 15 (1968) 72–85
- „The Stoic Concept of Evil", in *Philosophical Quarterly* 18 (1968) 329–343
- „Rez. L. Edelstein, *The Meaning of Stoicism*", in *Journal of Hellenic Studies* 78 (1968) 196–198
- „Stoic Determinism and Alexander of Aphrodisias", in *Archiv für Geschichte der Philosophie* 52 (1970) 247–268
- „The Logical Basis of Stoic Ethics", in *Proceedings of the Aristotelian Society* 1971, 85–104
- „Language and Thought in Stoicism", in *Problems in Stoicism* (London 1971) 75–113
- „Freedom and Determinism in the Stoic Theory of Human Action", in *Problems in Stoicism* (London 1971) 173–199
- *Problems in Stoicism* ed. A. A. Long (London 1971)

Luschnat, O.: „Das Problem des Fortschritts in der alten Stoa", in *Philologus* 102 (1958) 178–214

McDiarmid, J. B.: „Theophrastus on the Eternity of the World", in *Transactions and Proceedings of the American Philological Association* 71 (1940) 239–247

Mates, B.: *Stoic Logic²* (Berkeley & Los Angeles 1961)

Mattingly, J. R.: „Early Stoicism and the Problem of its Systematic Form", in *Philosophical Review* 48 (1938) 279–288

Modrze, A.: „Zur Ethik und Psychologie des Poseidonios", in *Philologus* 51 (1932) 300–331

Moreau, J.: *L'âme du monde de Platon aux stoïciens* (Paris 1938)
- „Ariston et les stoïciens", in *Revue des Études Anciennes* 50 (1940) 27–48

Nebel, G.: „Zur Ethik des Panaitios", in *Hermes* 84 (1939) 34–57

Nuchelmans, G.: *Theories of the Proposition. Ancient and medieval conceptions of the bearers of truth and falsity* (Amsterdam 1973)

Pearson, A. C.: *The Fragments of Zeno and Cleanthes* (London 1891)

Pembroke, G. S.: „Oikeiôsis", in *Problems in Stoicism* (London 1971) 115–159

Philippson, R.: „Das Sittlichschöne bei Panaitios", in *Philologus* 39 (1930) 357–413
- „Das erste Naturgemäße", in *Philologus* 41 (1932) 445–466
- „Zur Psychologie der Stoa", in *Rheinisches Museum für Philologie* 86 (1937) 140–179

Pinborg, J.: „Das Sprachdenken der Stoa und Augustins Dialektik", in *Classica et Mediaevalia* 23 (1962) 148–177

Pohlenz, M.: „Zenon und Chrysipp", in *Nachrichten der Gesellschaft der Wissenschaften zu Göttingen* II, 9 (1938) 173–210
- „Die Begründung der abendländischen Sprachphilosophie durch die Stoa", in *Nachrichten der Gesellschaft der Wissenschaften zu Göttingen* III, 6 (1939) 151–198
- *Grundfragen der stoischen Philosophie* (Göttingen 1940)
- *Die Stoa. Geschichte einer geistigen Entwicklung* I/II³ (Göttingen 1963)

Reesor, M. E.: *The Political Theory of the Old and the Middle Stoa* (Diss. New York 1951)
- „The Indifferents in the Old and Middle Stoa", in *Transactions and Proceedings of the American Philological Association* 73 (1951) 102–109

— „The Stoic Concept of Quality", in *American Journal of Philology* 75 (1954) 63–82
— „The Stoic Categories", in *American Journal of Philology* 88 (1957) 63–82
— „Fate and Possibility in the Early Stoic Philosophy", in *Phoenix* 19 (1965) 285–297
Reiner, H.: „Der Streit um die stoische Ethik", in *Zeitschrift für philosophische Forschung* 21 (1967) 261–281
— „Die ethische Weisheit der Stoiker heute" in *Gymnasium* 76 (1969) 330–356
Reinhardt, K.: „Poseidonios", in *Paulys Realencyclopädie der classischen Altertumswissenschaft* 22, 1 (1953) 558—827
Rich, A.: „The Cynic Concept of Autarkeia", in *Mnemosyne* IV, 9 (1956) 23–29
Rieth, O.: *Grundbegriffe der stoischen Ethik* (Berlin 1933)
Rist, J. M.: *Stoic Philosophy* (Cambridge 1969)
Sambursky, S.: *The Physical World of the Greeks* (London 1956)
— *Physics of the Stoics* (London 1959)
Sandbach, F. H.: „Phantasia kataleptike", in *Problems in Stoicism* (London 1971) 9–21
— „Ennoia and Prolepsis", in *Problems in Stoicism* (London 1971) 22–39
Schmekel, A.: *Die Philosophie der mittleren Stoa in ihrem geschichtlichen Zusammenhang dargestellt* (Berlin 1892)
— *Die positive Philosophie in ihrer geschichtlichen Entwicklung* I (Berlin 1938)
Simon, H. & M.: *Die ältere Stoa und ihr Naturbegriff* (Berlin 1956)
Soreth, M.: „Die zweite Telos-Formel des Antipater von Tarsos", in *Archiv für Geschichte der Philosophie* 50 (1968) 48—72
Stough, C. L.: *Greek Skepticism. A study in epistemology* (Berkeley & Los Angeles 1969)
Stroux, L.: *Vergleich und Metapher in der Lehre des Zenon von Kition* (Diss. Heidelberg 1966)
Valente, P. M.: „*L'éthique stoïcienne chez Cicéron*" (Paris 1956)
Verbeke, G.: *L'évolution de la doctrine du pneuma du stoïcisme à St. Augustin* (Paris 1951)
— *Kleanthes van Assos* (Brüssel 1949)
— „Aristotélisme et Stoïcisme dans le *De Fato* d'Alexandre d'Aphrodise", in *Archiv für Geschichte der Philosophie* 50 (1968) 73–100
— „Le stoïcisme, une philosophie sans frontières", in *Aufstieg und Niedergang der römischen Welt. Von den Anfängen Roms bis zum Ausgang der Republik* [herausgegeben von H. Temporini] I, (Berlin & New York 1973) 3–42
Voelke, A.-J.: *L'idée de volonté dans le stoïcisme* (Paris 1973)
Watson, G.: *The Stoic Theory of Knowledge* (Belfast 1966)
— „Natural Law and Stoicism", in *Problems in Stoicism* (London 1971) 216–238
Weil, E.: „Remarques sur le materialisme de stoïciens", in *Essais et Conférences* I (Paris 1970) 106–123
Wiersma, W.: „Der angebliche Streit des Zenon und Theophrast über die Ewigkeit der Welt", in *Mnemosyne* III, 8 (1939) 235–243
— „Die Physik des Stoikers Zenon", in *Mnemosyne* 111, 11 (1943) 191–216
Winden, C. M. J.: *Calcidius on Matter. His doctrine and his sources* (Leiden 1962)

REGISTER
(in Auswahl)

I. Stichwortverzeichnis

a) Antike Autoren

Aelian 156 Anm. 8

Aetius 40 Anm. 5; 69 Anm. 1; 70 Anm. 6; 78 Anm. 2; 81; 88 Anm. 35; 90 Anm. 9; 93; 114; 159 Anm. 7; 160; 197 Anm. 31

Albinus 86 Anm. 26; 91 Anm. 13; 100 Anm. 24

Alexander 9; 34 Anm. 21; 71; 75–76; 88 Anm. 35; 94 Anm. 2; 104; 109; 111 Anm. 9; 120; 123 Anm. 13; 197 Anm. 31

Ammonius 9; 11 Anm. 12; 24 Anm. 2; 73

Anaxagoras 114

Anaximander 197 Anm. 31

Anaximenes 197 Anm. 31

Antiochus 9 Anm. 2

Antipater 63 Anm. 12

Antiphon 11; 120 Anm. 2

Antisthenes 12 Anm. 17; 13 Anm. 20; 34; 72; 73; 78; 11 Anm. 9; 135

Apollodor 79 Anm. 9; 91 Anm. 11; 108

Apollonios 17 Anm. 34

Archedem 77; 82; 83 Anm. 6; 87 Anm. 30; 112

Archytas 70 Anm. 21

Aristokles 104 Anm. 36

Ariston 87; 138; 140; 141; 142; 143; 144

Aristophanes 45 Anm. 22

Aristoteles 5; 6; 9 Anm. 3; 18–19; 23; 24 Anm. 2; 25 Anm. 5; 26; 30 Anm. 2; 31 Anm. 4; 36; 57 Anm. 5; 59; 64 Anm. 17; 72; 76; 78; 80 Anm. 13. 20; 81; 82; 83 Anm. 10; 84; 85; 89; 95;

97 Anm. 10; 98; 99; 100 Anm. 25; 101; 102 Anm. 32; 105; 110; 111 Anm. 10. 11; 112 Anm. 15; 113; 116 Anm. 27; 117; 118 Anm. 35; 119; 120; 121; 122; 124 Anm. 14; 127 Anm. 9; 128; 130; 137; 139 Anm. 5; 145; 147 Anm. 13; 148; 155; 160; 161; 162; 171 Anm. 47; 173; 174; 178; 179; 189 Anm. 12; 190; 192 Anm. 19; 193; 194 Anm. 24; 197 Anm. 31; 198; 199 Anm. 38; 200; 202; 203; 204; 205; 206 Anm. 58. 61

Arius Didymus 8 Anm. 2; 69; 82; 105 Anm. 40; 114; 119 Anm. 1; 154

Arkesilaos 34 Anm 22; 41; 43 Anm. 54; 58 Anm. 9; 61; 66–67 Anm. 26; 70

Arrian 11 Anm. 14

Attikos 8 Anm. 2

Augustin 56 Anm. 1; 59 Anm. 1; 153

Basilius 114

Boethus 64 Anm. 15

Chalcidius 105 Anm. 41; 106; 108 Anm. 1; 112; 113; 114; 115; 116; 117; 117; 118 Anm. 34; 122 Anm. 10; 133

Chrysipp 8; 11; 13; 14 Anm. 22; 33; 34; 35; 36; 37; 38; 44 Anm. 18; 48; 51 Anm. 33; 52 Anm. 33; 62; 66; 68; 77; 78; 79; 80; 81; 85; 87; 88; 93; 94; 101; 105 Anm. 45; 106; 109; 112; 155; 116; 118; 131; 137; 138; 141; 142; 143; 144; 145; 147; 148; 149 Anm. 15. 16; 150; 151; 152; 153; 156;

b) Moderne Autoren

Anm. 39; 29 Anm. 16; 40 Anm. 6; **90 Anm. 7**

Eichholz, D. E.:   196 Anm. 29

Elorduy, E.:   14 Anm. 23

Ethé, H.:   193 Anm. 23

Feinberg, J.:   125 Anm. 2

Festa, N.:   52 Anm. 33

Field, G. C.:   73 Anm. 17

Flückiger, F.:   1 Anm. 4

Fobel, F. H.:   192

Fortenbaugh, W. W.:   146 Anm. 8; 147 Anm. 13; 169 Anm. 42; 173 **Anm. 5**

Frankena, W. K.:   129 Anm. 17 a

Frede, M.:   2 Anm. 9; 10 Anm. 6; 24 Anm. 2

Frege, G.:   2; 15 Anm. 26; 16 Anm. 31; 19; 24 Anm. 2

Fritz, K. von: 1 Anm. 1; 13 Anm. 20; 33 Anm. 16; 33 Anm. 18; 34 Anm. 19. 20; 36 Anm. 28; 73 Anm. 19; 95 Anm. 6; 99 Anm. 6; 99 Anm. 19; 111 Anm. 11; 189 Anm. 9

Furley, D. J.:   61 Anm. 7; 125 Anm. 4

Gadamer, H.-G.:   26 Anm. 9

Gigon, O.:   4; Anm. 58 Anm. 6; 61 **Anm.** 4; 70 Anm. 4; 95 Anm. 5; 145 **Anm.** 3; 146 Anm. 7; 151 Anm. 20; 152 **Anm.** 20; 152 Anm. 20; 158 Anm. 14; 161 Anm. 20; 173 Anm. 6

Giusta, M.:   3 Anm. 16

Gladigow, B.:   11 Anm. 9

Goldschmidt, V.:   53 Anm. 37; 70 **Anm.** 7; 71 Anm. 10; 72 Anm. 15; 78 **Anm.** 3

Gomperz, Th.:   1 Anm. 1

Gould, J. B.:   3 Anm. 13; 6 Anm. 27; 11 Anm. 10; 14 Anm. 22. 23; 33 Anm. 17; 78 Anm. 3; 90 Anm. 5; 116 Anm. 26. 28; 128 Anm. 14; 149 Anm. 15

Grilli, A.:   1 Anm. 1

Grube, G. M. A.:   13 Anm. 20; 111 **Anm.** 10

Grumach, E.:   6 Anm. 25. 26; 46 **Anm.** 22; 48 Anm. 24

Gulley, N.:   127 Anm. 7

Gustafson, D. F.:   125 Anm. 2

Hadot, P.:   28–29 Anm. 14

Haller, R.:   13 Anm. 18; 27 Anm. 12; 74 Anm. 24

Hamlyn, W.:   30 Anm. 2. 3; 32 Anm. 11

Hammer-Jensen, I.:   193 Anm. 21. 23; 194 Anm. 25

Happ, H.:   97 Anm. 9; 121 Anm. 7

Harder, R.:   4 Anm. 19; 204 Anm. 53; 205 Anm. 57

Hartung, H. J.:   48 Anm. 26; 50 Anm. 30; 51 Anm. 32; 146 Anm. 6; 153 Anm. 28

Hay, W. H.:   110 Anm. 8

Haynes, R. P.:   2 Anm. 7; 135–6 Anm. 5; 137 Anm. 9

Heidegger, M.:   6

Heinze, M.:   104 Anm. 38; 135 Anm. 2

Hegel, G. W. F.:   103 Anm. 33

Hicks, R. D.:   103 Anm. 35; 176 Anm. 2

Hirzel, R.:   13 Anm. 21; 33 Anm. 16; 45 Anm. 22; 47 Anm. 23; 50 Anm. 31; 62 Anm. 9; 63 Anm. 14. 15; 104 Anm. 117 Anm. 29; 159 Anm. 7

Hofman, J. B.:   157 Anm. 9. 11

Holler, E.:   165 Anm. 30

Hossenfelder, M.:   24 Anm. 2

Hübner, H. G.:   53 Anm. 37; 103 Anm. 34

Ingenkamp, H. G.:   31 Anm. 9; 147 Anm. 13; 173 Anm. 4

Jaeger, W.:   111 Anm. 10; 192 Anm. 20

Joel, K.:   111 Anm. 11

Kahn, C. H.:   15 Anm. 26; 17 Anm. 35; 103 Anm. 35; 110 Anm. 8

Kambartel, F.:   28 Anm. 12

Kant, I.:   79 Anm. 10

Keil, B.:   11 Anm. 10. 12

Keyt, D.:   100 Anm. 25

Kidd, I.:   158 Anm. 4; 165 Anm. 29

Kilb, G.:   153 Anm. 26

Kneale, W. & M.:   15 Anm. 26; 24 Anm. 2; 26 Anm. 10; 29 Anm. 14

Krämer, H. J.:   5 Anm. 22; 9 Anm. 2. 3;

Vesey, G. N. A.:   125 Anm. 2
Verdenius, W. J.:   86 Anm. 26
Vireux-Reymond, A.:   14 Anm. 24; 17 Anm. 37
Vlastos, G.:   83 Anm. 9
Voelke, A.-J.:   129 Anm. 17

Wachsmuth, C.:   147 Anm. 11; 154 Anm. 2; 156; 200 Anm. 43
Wagner, H.:   97 Anm. 9; 120 Anm. 5
Waszink, H.:   108 Anm. 6
Watson, G.:   1 Anm. 4; 3 Anm. 13; 19 Anm. 42; 20 Anm. 52; 26 Anm. 10; 27 Anm. 11. 12; 46 Anm. 22; 64 Anm. 18; 71 Anm. 10; 89 Anm. 40; 155 Anm. 4; 168 Anm. 38
Wehrli, F.:   139 Anm. 5; 162 Anm. 21. 23. 24; 206 Anm. 59. 61
Weische, A.:   70 Anm. 3
Welzel, H.:   1 Anm. 4

Whitehead, A. N.:   80 Anm. 16
Wieland, W.:   96 Anm. 9; 121 Anm. 7
Wiersma, W.:   6 Anm. 24; 95 Anm. 4; 99 Anm. 20; 188 Anm. 7. 9; 189 Anm. 12; 190 Anm. 14; 191 Anm. 17; 192 Anm. 20; 197 Anm. 33; 199 Anm. 39; 200 Anm. 42; 203 Anm. 50; 204 Anm. 51
Wimmer, F.:   187 Anm. 4
Winden, C. J. M. van: 108 Anm. 3; 111 Anm. 12; 113 Anm. 17. 19; 115 Anm. 24; 118 Anm. 34
Witt, R. E.:   112 Anm. 14
Wittgenstein, L.:   27 Anm. 11; 31 Anm. 7

Zeller, E.:   6; 42 Anm. 10; 45 Anm. 21. 22; 59 Anm. 14; 61 Anm. 4; 65 Anm. 19; 73 Anm. 20; 188 Anm. 8; 189 Anm. 12. 12; 200 Anm. 44
Ziegler, F.:   125 Anm. 4

II. Stellenverzeichnis

siehe auch Ia) Namen

428 A 24 – B 9: 30 Anm. 2; 429 A 3–4: 31 Anm. 4; 430 A 5–30: 170 Anm. 44

De Mem.   450 A 12–15: 31;   450 A 30: 34 Anm. 21

De Insomn.   459 A 14–22: 31; 462 A 8–31: 31

Hist. Anim.   623 A 1: 162

De Part. Anim.   640 B 25: 112 Anm. 15; 675 B 32: 174

De Gen. Anim.   724 A 23: 112 Anm. 15; 724 B 6: 99; 762 B 29: 206 Anm. 61; 763 A 3: 206 Anm. 61

Metaph.   983 A 29: 83 Anm. 10; **984 A 24: 83**; 999 B 4: 30; 1011 B 27: 25; 1014 B 32: 102 Anm. 32; 1015 A 7–11: 102 Anm. 32; 1016 A 19–20: 102 Anm. 32; 1017 B 10–26: 116; 1023 A 26–27: 113; 1024 A 30–32: 82; 1024 B 32: 111 Anm. 11; 1025 B 25: 9; 1028 B 33: 116; 1029 A 1: 120; 1029 A 2: 116, 120, 121; 1029 A 20: 100; 1032 A 17: 113; 1041 A 10: 83 Anm. 10; 1042 A 24–31: 116; 1042 A 32: 120; 1043 B 23–32: 111 Anm. 10; 1043 B 26: 111 Anm. 10; 1051 B 5: 25; 1069 B 35–37: 102 Anm. 32; 1074 A 38: 206

E. N.   1102 B 13–14: 155; 1102 B 28: 147–148 Anm. 13; 1102 B 29–33: 148 Anm. 13; 1103 B 31–32: 64 Anm. 17; 1109 B 35: 126; 1110 B 18: 148; 1111 A 21–24; 126; 1111 A 29 – B 3: 145; 1113 A 9: 127 Anm. 9; 1114 A 31 – B 1: 128; 1115 A 9: 173; 1135 A 23–31: 148; 1135 B 11–16: 148; 1140 B 13–14: 171 Anm. 46; 1142 B 10: 171; 1144 B 17: 64 Anm. 17; 1174 B 31–33: 137 Anm. 9, 166

M. M.   **1198 A 13**

Pol. 1269 A 4: 206 Anm. 58; 1269 A 5: 206 Anm. 61; 1275 B 1: 171; 1329 B 25: 206 Anm. 58; 1301 A 36: 171

Rhet.   1349 A 31: 83 Anm. 10; 1357 A 32: 59; 1357 B 36: 59; 1382 A 21: 173

Augustin, *Civ. Dei* 8, 17: 153

Contra Acad.   II 5, 11: 56 Anm. 1;

II 6, 14: 56 Anm. 1;   III 9, 21: 56 Anm. 1

Cicero, *De Rep.*   1, 41: 59

Ac. Post.   1, 39: 145 Anm. 2; 154; 1, 40: 125 Anm. 1; 1, 41: 47 Anm. 22, 51 Anm. 31; 1, 42: 154

Ac. Pr.   2, 17: 46 Anm. 22; 2, 18: 48 Anm. 26, 49 Anm. 30; 2, 26: 40 Anm. 7; 2, 54: 54 Anm. 11; 2, 56: 54 Anm. 11; 2, 66: 54 Anm. 11; 2, 77: 54 Anm. 11; 2, 77: 54 Anm. 39, 55 Anm. 42; 2, 145: 51 Anm. 31

De Fin.   3, 7: 152; 3, 27: 177 Anm. 4; 3, 35: 152; 3, 74–75: 185 Anm. 9; 4, 4: 8 Anm. 1; 4, 12: 89; 4, 48–49: 177 Anm. 4

Tusc. Disp.   3, 7: 146, 153; 3, 25: 172; 3, 61: 160; 3, 74–75: 172 Anm. 1; 3, 76: 174; 4, 11: 145 Anm. 1; 4, 14: 153, 171 Anm. 45; 4, 15: 162; 4, 27–28: 161; 4, 37: 161; 4, 47: 145 Anm. 1; 5, 69: 59

De Nat. Deor.   1, 70: 49; 2, 22: 201 Anm. 45; 2, 42: 204

De Div.   1, 6: 59

De Fato   35: 85 Anm. 17; 51: 88 Anm. 34

De Off.   1, 136: 153

Clemens, *Paed.*   1, 13: 11 Anm. 10

Protr.   VIII 26, 5: 77 Anm. 28; IX 9: 85 Anm. 17

Diogenes von Babylon   F 22: 74

Diogenes Laertius   6, 3: 111 Anm. 9; 7, 4: 59; 7, 39: 8 Anm. 1; 7, 40: 8 Anm. 1; 7, 42: 14 Anm. 22; 7, 46: 32, 39, 43 Anm. 11, 60; 7, 47: 65 Anm. 19; 7, 50: 32, 33, 39; 7, 51: 29 Anm. 16, 53 Anm. 37; 7, 52: 40, 62 Anm. 10; 7, 54: 60 Anm. 1, 63; 7, 58: 74; 7, 60: 72; 7, 61: 69; 7, 63: 29 Anm. 17, 88 Anm. 37; 7, 64: 17 Anm. 38; 7, 65: 24 Anm. 2; 7, 84: 63 Anm. 14; 7, 85–88: 180–181; 7, 86: 150; 7, 89: 139 Anm. 4, 171 Anm. 41; 7, 110: 153, 174 Anm. 45; 7, 114: 135, 160, 161; 7, 125: 82; 7, 134:

Register 221

94 Anm. 1, 102, 105, 106; 7,135: 64
Anm. 15, 90–91, 93, 107; 7,136–137:
105 Anm. 41; 7,140: 107; 7,141: 107;
7,150: 113, 115, 119; 7,158: 64 Anm.
15; 7,161: 138 Anm. 1, 141

Elias, *In Porph. Isag.* 20,18: 11 Anm.
12
Epiphanius, *Adv. Haeres.* 1,5: 103
Euripides, *Med.* 1078: 146 Anm. 8
Hippolyt. 380: 146 Anm. 8

Galen, *De Hipp. et Plat. Plac.* 335.12 –
336.6: 163164; 336.2–4: 163; 336.4–
7: 164; 336.11–16: 152 Anm. 22; 336.
12: 164; 336.14–15: 164; 337.5–9:
150; 337.8: 160; 337.12: 160; 338.4:
145; 338.1–9: 147; 338.11–13: 151;
338.15–339.1: 152 Anm. 22; 339.7–
9: 152; 340.1–2: 153; 341.1–2: 145;
341.5: 149 Anm.15; 342.7: 1149
Anm. 15; 348.5–10: 154; 348.5–12:
158 Anm. 1, 172; 349.12; 164; 349.
13: 165; 349.14: 164, 165; 349.15:
165; 350.10: 149 Anm.15; 352.15–
353.1: 164; 354.8: 149 Anm.15; 356.
13–357.5: 147.164; 356.10: 149 Anm.
15; 356.15: 145; 360.16 – 361.2: 152;
362.12–14: 157; 368.12–15: 149; 369.
7 – 370.1: 149; 381.5 – 383.9: 150
Anm. 18; 391.5–11: 172 Anm. 1; 391.
11–12: 174; 369.1–4: 158; 401.13–15:
158; 405.5–9: 154, 158 Anm. 1,'172;
405.9–14: 158; 409.1: 35 Anm.25;
409.10 – 410.2: 161 Anm. 18; 432.1–
3: 158; 442.1–7: 165; 452.3–10: 165;
456.3–14: 159 Anm. 51; 456.4: 158;
461.4–6: 158; 463.1–3: 158; 586.1–
4: 116 Anm.25, 142, 143; 654.2–3:
158
De Caus. Procat. 199: 82
In Hipp. De Med. Off. 654: 40 Anm.
5
Hist. Philos. 16: 104 Anm. 36
Gellius, *Noct. Att.* VII 2,11: 88

Hekaton *F 5*: 137

Herakleides Pontikos *F 88*: 10 Anm. 9
Hermias, *Irris. Gentil. Philos.* 11: 98
Hippokrates, *Coac.* 85: 161 Anm. 17
De Victu 2,60: 160
De Prisc. Med. 22–23: 97

Jamblich, *Vit. Pyth.* 59: 11 Anm. 11

Kleinomachos *F 32*: 24 Anm. 2

Laktanz, *Div. Inst.* 3,23: 163 Anm. 25
Lukrez 5,235–415: 202 Anm. 47; 5,240:
200, 201 Anm. 46; 5,338–350: 189
Anm. 12

Numenius *F 2*: 39 Anm. 1; *F 3* 70 Anm.
2; Test. 30: 108

Okkelos, *De Univ. Nat.* 2,3–6: 100 Anm.
24
Olympiodor, *In Phaed.* 180.22: 98
In Porph. Isag. XLII: 11 Anm. 12
Origines, *Contra Cels.* 6,71: 104 Anm.
36

Philodem, *De Diis* 3: 162
Philon, *De Prov.* 1,12: 200
De Aet. Mundi 55: 206 Anm. 59;
117: 187, 190, 203–4 Anm. 51; 118:
187,198; 119: 187,196; 120–123: 187,
197 Anm. 30; 124–126: 199 Anm. 40;
124–129: 187; 125: 196, 202 Anm. 47;
130–131: 187, 203 Anm. 51; 132: 190,
195; 132–137: 187; 134: 195; 135:
196; 137: 196; 138–142: 187; 142:
199; 143–144: 187; 144–145: 187
Platon, *Apol.* 34 B 3–4: 64 Anm. 17
Def. 415 E: 173
Euthyd. 284 A: 25 Anm. 7, 288 D
Gorg. 510 C: 41 Anm. 9; 524 C 5–6:
162
Kratyl. 385 B: 25 Anm. 7
Kritias 109 D: 206 Anm. 58
Laches 191 D: 170; 195 B 5: 173
Lysis 214 E 5: 97 Anm. 10
Parm. 132 B 3–5: 72, 83 Anm. 12;
133 D: 72; 142 D 6 – 157 C 4: 201
Phaid. 73 A 9–10: 64 Anm. 17; 100

222 Register

D: 84; 102 A–B: 72, 83 Anm. 12; 103 C: 83

Phaidr. 270 D: 97; 271 A 10–11: 97; 279 C 9–10: 97

Phileb. 37 E 1: 171; 64 Anm. 17

Politeia 449 A 2: 171; 515 D: 25; 577 A: 169; 580 D: 169; 596 A: 72, 83 Anm. 12; 602 C 12: 152

Politik. 309 C 5 – D 4: 64 Anm. 17

Protag. 330 C: 41 Anm. 9; 358 D: 173

Sophist. 245 A 8–10: 64 Anm. 17; 247 D–E: 90, 94 Anm. 3; 262 A: 16; 264 A–B: 31 Anm. 5

Theait. 156A: 97; 163 B: 15 Anm. 26; 191 C: 33; 210 E: 12 Anm. 17

Tim. 22 A: 206 Anm. 58; 37 B: 30; 38 B: 80; 41 E: 114; 42 A 5: 169; 43 E: 145; 50 D 1: 99 Anm. 23, 113; 52 B: 100, 119 Anm. 35; 53 A: 72; 55 E: 45 Anm. 22; 57 A 3–5: 97; 58 D: 45 Anm. 22; 69 C 5: 169; 89 E 5: 145

Nomoi 644 C–D: 173; 677 A: 206 Anm. 58; 713–714: 158 Anm. 8; 896 E: 145, 196

Plotin I 3 (20) 5. 9–10: 9 Anm. 5; II 7 (40) 2. 11–13: 93; II 7 (20) 5. 9–10: 9 Anm. 5; II 7 (20) 6. 48–49: 92; III 6 (26) 3. 27: 35 Anm. 24; III 6 (26) 3. 29–30: 35 Anm. 24; IV 3 (27) 26. 29: 35; IV 7 (2) 83. 6–9: 109; IV 9 (8) 2. 20: 35 Anm. 24; VI 1 (42) 26. 20–21: 91–92, 93; VI 1 (42) 26. 22: 93; VI 1 (42) 26. 17: 92, 93; VI 1 (42) 26. 18: 92, 93, 103; VI 6 (41) 1. 1: 35 Anm. 24

Plutarch, *De Virt. Mor.* 440 B: 140: 440 E: 141–142; 441 A: 87, 138 Anm. 1, 140, 144; 441 B: 86 Anm. 20, 87, 116 Anm. 25, 141, 142, 143 Anm. 12; 441 C: 147, 151; 449 D: 162; 450 C–D: 147

Quaest. 1009 C: 74

De Stoic. Rep. 1034 C: 138 Anm. 1, 141, 144 Anm. 15; 1034 D: 138, 141, 142; 1041 C: 1041 C: 143 Anm. 13; 1042 C: 171; 1056 B: 88 Anm. 34

De Comm. Not. 1081 C, F: 80 Anm. 15; 1085 B–C: 104; 1088 A–B: 105 Anm. 41; 113

Adv. Colot. 1122 C: 127 Anm. 8

Epit. IV 11, 5: 70; IV 20, 2: 90 Anm. 2

Polybios I 39, 14· 156 Anm. 6; I 68, 6: 156 Anm. 6; IX 33, 16: 162

Porphyrios, *De Abst.* 1, 54: 156 Anm. 7

Isag. 1. 6: 73

Poseidonios F 16: 64 Anm. 15, 92; F 42: 63 Anm. 13; F 88: 8 Anm. 2, 15 Anm. 25; F 89: 69 Anm. 14; F 92: 105, 114, 116, 117; F 95: 83 Anm. 6; F 101: 105; 114; 118; F 163: 35 Anm. 25; F 150 Anm. 16; F 165; 172

Seneca, *De Ira* I 16, 7: 163 Anm. 25; II 1, 4: 149 Anm. 15, 165 Anm. 30

Epist. 89, 5: 11 Anm. 10; 117, 1–5

Sextus Empiricus, *Pyrrh.* 1, 234: 70 Anm. 3; 2, 4: 39 Anm. 1; 2, 70: 32 Anm. 12; 2, 97: 60; 2, 103: 60; 2, 144: 60; 2, 164: 60; 3, 16: 85 Anm. 16; 3, 38: 92 Anm. 15; 3, 45: 92 Anm. 15; 3, 55: 92 Anm. 15; 3, 143: 80 Anm. 19; 3, 242: 39 Anm. 1

Adv. Log. 1, 11: 94 Anm. 2; 1, 16–19: 8 Anm. 2; 1, 17: 71; 1, 38: 27 Anm. 12, 63 Anm. 14, 68 Anm. 29; 1, 151: 41, 43 Anm. 11, 67 Anm. 26; 1, 154: 43 Anm. 12; 1, 159: 67 Anm. 28; 1, 161: 49; 1, 218: 45 Anm. 21; 1, 229: 35; 1, 230: 35 Anm. 26; 1, 231: 30 Anm. 1; 1, 232: 37; 1, 22–233: 32 Anm. 12, 38 35; 1, 233: 37 Anm. 1, 38 Anm. 36; 1, 235–236: 38 Anm. 35; 1, 236: 30 Anm. 1; 1, 237: 32 Anm. 12; 1, 244: 29; 1, 248: 39 Anm. 1; 1, 249: 53 Anm. 38, 54 Anm. 39; 1, 252: 54 Anm. 39; 1, 253: 60 Anm. 1; 1, 257: 46 Anm. 22; 1, 289: 45 Anm. 22; 1, 292: 45 Anm. 22; 1, 323: 37; 1, 349: 30; 1, 373: 36; 1, 402: 39 Anm. 1, 54 Anm. 39, 55 Anm. 42, 42; 1, 405: 46 Anm. 22; 1, 408: 47 Anm. 22, 54 Anm. 39; 1, 409: 54 Anm. 39, 55 Anm. 44; 1, 410: 39